Michał Talarek

Clint Eastwood

Życie po obu stronach kamery

Większość ludzi, którzy mnie zapamiętają, jeśli w ogóle zapamiętają, będą pamiętać mnie jako bohatera filmów sensacyjnych, co jest w porządku. Nie ma w tym nic złego. Ale będzie też grupka ludzi, którzy będą pamiętać mnie również z innych filmów, do których bardziej się przyłożyłem. Przynajmniej lubię tak myśleć.

Clint Eastwood

Warszawa 2012

CLINT EASTWOOD
Życie po obu stronach kamery

Autor:
Michał Talarek

Redakcja:
Marek Urbaniec

Projekt okładki i skład:
Andrzej Polatyński

Zdjęcie na okładce:
Kevin Scanlon/The New York Times/Redux/EAST NEWS

Druk i oprawa:
Createspace

ISBN-13:
978-1466244313

ISBN-10:
1466244313

Wydanie pierwsze

www.eastwood.stopklatka.pl

Michał Talarek

Clint Eastwood

Życie po obu stronach kamery

Dla Joanny

SPIS TREŚCI

lata 70.

lata 80.

Od Autora

Clint Eastwood należy do najbardziej tajemniczych gwiazd Hollywood. Mimo, iż jego kariera trwa od ponad pięćdziesięciu lat, wciąż niewiele wiadomo na temat jego życia prywatnego. Jego filmami zainteresowałem się we wczesnym dzieciństwie. Było ich tak dużo w telewizji i na wideo, że ciężko było ich nie dostrzec. Kiedy poważniej zainteresowałem się tematyką filmową, mój zbiór informacji na jego temat zaczął się powiększać. Wertowałem prasę, internet, książki i oczywiście filmy wraz z masą dodatków specjalnych. W 2003 roku założyłem również stronę, która miała pomóc udostępniać te informacje fanom Eastwooda. Dostawałem mnóstwo maili z ciekawostkami, a także zapytań i podziękowań. Wkrótce, za namową przyjaciół i internautów, zacząłem przygotowywać wszystkie informacje w jedną spójną formę, która znalazła swój wyraz w niniejszej książce.

Na temat Eastwooda ukazało się na świecie kilkanaście pozycji książkowych. Większość z nich skupiała się albo na skandalach i plotkach z życia prywatnego, albo na krytyczno-analitycznym podejściu do jego filmów. W pierwszym wypadku książki miały układ chronologiczny. Przy opisywaniu filmów lepiej zaś – ze względu na różnorodność - sprawdzała się metoda tematyczna. W mojej książce proponuję syntezę tych dwóch podejść: podzieliłem materiał chronologicznie poszczególnymi dekadami, a następnie w ich obrębie wyróżniłem poszczególne tematy (jedynie rozdział o Brudny Harrym dotyczy dwóch dekad). Przy niektórych filmach jak westerny, czy opowieści o straconych szansach, podział wydawał się być bardzo oczywisty. Przy niektórych, jak np. rozdział ostatni, wybór poszczególnych wątków był trudny. Co więcej, by zachować ciągłość, w niektórych rozdziałach streszczam wydarzenia, którego dotyczą tematycznie innej części książki, lecz są istotne dla zachowania chronologii. Te powtórzenia pozwalają nie tylko na szybkie przypomnienie powiązanych zdarzeń, ale również dają Czytelnikowi dowolność w czytaniu poszczególnych rozdziałów (czy może lepiej byłoby powiedzieć - modułów).

Liczę, że układ który przedstawiłem, znacząco ułatwi zrozumienie różnorodności zainteresowań Eastwooda na przestrzeni poszczególnych dekad. W treści poszczególnych rozdziałów zawarłem liczne wypowiedzi zarówno samego Eastwooda, jak i jego współpracowników, znajomych i krewnych. Myślę, że uwiarygodnią one istotne wydarzenia oraz ukażą sposób myślenia poszczególnych osób.

Ponieważ główną profesją Eastwooda jest robienie filmów, postanowiłem włączyć do treści fragmenty dotyczące jego warsztatu. Sporo z nich udało mi się zweryfikować w rozmowie z jego operatorem, Tomem Sternem podczas festiwalu Camerimage (niestety nie udało mi się tego zrobić z samym Eastwoodem, do którego miałem dostęp jedynie na konferencji prasowej w Cannes w 2008 roku). Myślę, że warto dowiedzieć się jak to się dzieje, że Eastwood co roku pracuje nad nowym filmem, szczególnie że wciąż sięga po nową tematykę i nowe gatunki. Jego oryginalne (i bazujące bardziej na intuicji niż intelekcie) przemyślenia dotyczące realizacji mogą przydać się filmowcom, którzy zechcą porównać je z efektami jakie reżyser osiąga na ekranie.

W pracy nad książką korzystałem z filmów Eastwooda, filmów dokumentalnych, wywiadów wideo, reportaży making-of, artykułów i wywiadów prasowych, a także licznych książek i opracowań. Największą pomocą okazały się dwie opasłe biografie. O ile autoryzowana biografia

Richarda Schickela ukazuje Eastwooda w sposób niemal hagiograficzny, to już książka uznanego dziennikarza Patricka McGilligana stoi na przeciwnym biegunie starając się go oczernić. Obaj autorzy podchodzą do tych samych wydarzeń z innej pozycji, a dla mnie było ciekawe obserwowanie powstałej w ten sposób dyskusji między nimi (pomiędzy wydaniem obu publikacji minęło pięć lat). Porównując ich zapiski akapit po akapicie starałem się wyciągnąć z tych dwóch wersji obiektywne informacje, które weryfikowałem i uzupełniałem o inne źródła. Pewne pozostaje jedynie to, że spośród tak licznych materiałów na temat Eastwooda, wiele z informacji stanowią legendy sfabrykowane przez public relations, a prawdę na jego temat zna jedynie on sam. Proponując zatem własne ujęcie tych wydarzeń, liczę że Czytelnik odbędzie fascynującą podróż przez karierę legendy kina, ikony... człowieka który zawsze podąża własnymi ścieżkami.

Michał Talarek

m.talarek@gazeta.pl

www.eastwood.stopklatka.pl

NAJWAŻNIEJSZE NAGRODY

Amerykańska Akademia Filmowa (Oskar)

2007	nominacja	Najlepsza reżyseria	„Listy z Iwo Jimy" (2006)
2007	nominacja	Najlepszy film	„Listy z Iwo Jimy" (2006)
2005	NAGRODA	Najlepsza reżyseria	„Za wszelką cenę" (2004)
2005	NAGRODA	Najlepszy film	„Za wszelką cenę" (2004)
2005	nominacja	Najlepszy aktor	„Za wszelką cenę" (2004)
2004	nominacja	Najlepsza reżyseria	„Rzeka tajemnic" (2003)
2004	nominacja	Najlepszy film	„Rzeka tajemnic" (2003)
1995	NAGRODA	Irving G. Thalberg Memorial Award	
2005	NAGRODA	Najlepsza reżyseria	„Bez przebaczenia" (1992)
2005	NAGRODA	Najlepszy film	„Bez przebaczenia" (1992)
2005	nominacja	Najlepszy aktor	„Bez przebaczenia" (1992)

Złote Globy

2010	nominacja	najlepszy reżyser	„Invictus" (2009)
2009	nominacja	najlepszy kompozytor	„Oszukana" (2008)
2009	nominacja	najlepsza piosenka	„Gran Torino" (2008)
2008	nominacja	najlepszy kompozytor	„Grace odeszła" (2007)
2007	nominacja	najlepszy reżyser	„Sztandar chwały" (2006)
2007	nominacja	najlepszy reżyser	„Listy z Iwo Jimy" (2006)
2005	NAGRODA	najlepszy reżyser	„Za wszelką cenę" (2004)
2005	nominacja	najlepszy kompozytor	„Za wszelką cenę" (2004)
2004	nominacja	najlepszy reżyser	„Rzeka tajemnic" (2003)
1993	NAGRODA	najlepszy reżyser	„Bez przebaczenia" (1992)
1989	NAGRODA	najlepszy reżyser	„Bird" (1988)
1988	NAGRODA	Cecil B. DeMille Award	
1971	NAGRODA	Henrietta Award	World Film Favorite - Male

Festiwal w Cannes

2009	Honorowa Złota Palma za całokształt twórczości		
2008	Specjalna Nagroda Jury		
2008	nominacja	Złota Palma	„Oszukana" (2008)
2003	NAGRODA	Złota Kareta	„Rzeka tajemnic" (2003)
1990	nominacja	Złota Palma	„Biały myśliwy, czarne serce" (1990)
1988	nominacja	Złota Palma	„Bird" (1988)
1985	nominacja	Złota Palma	„Niesamowity jeździec" (1985)

Nagroda Cezara

2010	NAGRODA	najlepszy film zagraniczny	„Gran Torino" (2008)
2006	NAGRODA	najlepszy film zagraniczny	„Za wszelką cenę" (2004)
2004	NAGRODA	najlepszy film zagraniczny	„Rzeka tajemnic" (2003)
1998	NAGRODA	Honorary César	
1996	nominacja	najlepszy film zagraniczny	„Co się wydarzyło w Madison County" (1995)
1989	nominacja	najlepszy film zagraniczny	„Bird" (1988)

People's Choice Awards

1988	NAGRODA	Favorite All-Time Motion Picture Star
1987	NAGRODA	Favorite Motion Picture Actor
1985	NAGRODA	Favorite Motion Picture Actor
1984	NAGRODA	Favorite Motion Picture Actor
1981	NAGRODA	Favorite Motion Picture Actor

FILMOGRAFIA

Gwiazdkami oznaczono filmy wyprodukowane przez firmę Eastwooda Malpaso Productions* i Malpaso Company**. Niektóre z filmów były produkowane tylko przez jego firmę bez osobistego udziału Eastwooda - wtedy oznaczono jako: Firma produkcyjna.

JAKO REŻYSER, PRODUCENT ORAZ AKTOR W PIERWSZOPLANOWYCH ROLACH:

*2011	J. Edgar	Reżyser, Producent
*2010	Medium (Hereafter)	Reżyser, Producent
*2009	Invictus - Niepokonany (Invictus)	Reżyser, Producent
*2008	Gran Torino	Reżyser, Aktor, Producent
*2008	Oszukana (Changeling)	Reżyser, Producent
*2007	Rails & Ties	Firma produkcyjna Reż. Alison Eastwood
*2006	Listy z Iwo Jimy (Letters From Iwo Jima)	Reżyser, Producent
*2006	Sztandar chwały (Flags of Our Fathers)	Reżyser, Producent
*2004	Za wszelką cenę (Million Dollar Baby)	Reżyser, Aktor, Producent
*2003	Rzeka Tajemnic (Mystic River)	Reżyser, Producent
*2002	Krwawa profesja (Blood Work)	Reżyser, Aktor, Producent
*2000	Kosmiczni kowboje (Space Cowboys)	Reżyser, Aktor, Producent
*1999	Prawdziwa zbrodnia (True Crime)	Reżyser, Aktor, Producent
*1997	Północ w ogrodzie dobra i zła (Midnight in the Garden of Good and Evil)	Reżyser, Producent
*1997	Władza Absolutna (Absolute Power)	Reżyser, Aktor, Producent
*1995	Co się wydarzyło w Madison County (The Bridges of Madison County)	Reżyser, Aktor, Producent
*1995	Pod niebem Henrietty (The Stars Fell on Henrietta)	Producent Reż. James Keach
*1993	Doskonały świat (A Perfect World)	Reżyser, Aktor, Producent
1993	Na linii ognia (In the Line of Fire)	Aktor
*1992	Bez przebaczenia (Unforgiven)	Reżyser, Aktor, Producent

*1990	Żółtodziób (The Rookie)	Reżyser, Aktor
*1990	Biały myśliwy, czarne serce (White Hunter, Black Heart)	Reżyser, Aktor, Producent
*1989	Różowy Cadillac (Pink Cadillac)	Aktor
**1988	Bird	Reżyser, Producent
*1988	Pula śmierci (The Dead Pool)	Aktor
**1986	Ratboy	Firma produkcyjna Reż. Sondra Locke
**1986	Wzgórze złamanych serc (Heartbreak Ridge)	Reżyser, Aktor, Producent
**1985	Niesamowity jeździec (Pale Rider)	Reżyser, Aktor, Producent
**1984	Lina (Tightrope)	Aktor, Producent
**1984	Gorący towar (City Heat)	Aktor
**1983	Nagłe zderzenie (Sudden Impact)	Reżyser, Aktor, Producent
**1982	Firefox	Reżyser, Aktor, Producent
**1982	Honkytonk Man	Reżyser, Aktor, Producent
**1980	Bronco Billy	Reżyser, Aktor
**1980	Jak tylko potrafisz (Any Which Way You Can)	Aktor
**1979	Ucieczka z Alcatraz (Escape from Alcatraz)	Aktor
**1978	Każdy sposób dobry (Every Which Way But Loose)	Aktor
*1977	Wyzwanie (The Gauntlet)	Reżyser, Aktor
**1976	Wyjęty spod prawa Josey Wales (The Outlaw Josey Wales)	Reżyser, Aktor
**1976	Egzekutor (Egzekutor)	Aktor
**1975	Akcja na Eigerze (The Eiger Sanction)	Reżyser, Aktor
**1974	Piorun i Lekka Stopa (Thunderbolt and Lightfoot)	Aktor
**1973	Breezy	Reżyser
**1973	Siła Magnum (Magnum Force)	Aktor
**1973	Mściciel (High Plains Drifter)	Reżyser, Aktor

**1972	Joe Kidd	Aktor
**1971	Brudny Harry (Dirty Harry)	Aktor
**1971	Zagraj dla mnie Misty (Play Misty for Me)	Reżyser, Aktor
**1971	Oszukany (The Beguiled)	Aktor
1970	Złoto dla zuchwałych (Kelly's Heroes)	Aktor
**1970	Dwa muły dla siostry Sary (Two Mules for Sister Sara)	Aktor
**1969	Pomaluj swój wóz (Paint Your Wagon)	Aktor
1969	Tylko dla orłów (Where Eagles Dare)	Aktor
**1968	Blef Coogana (Coogan's Bluff)	Aktor
**1967	Powieście go wysoko (Hang 'em High)	Aktor
1966	Czarownice (The Witches)	Aktor
1966	Dobry, Zły i Brzydki (The Good, the Bad and the Ugly)	Aktor
1965	Za kilka dolarów więcej (For a Few Dollars More)	Aktor
1964	Za garść dolarów (A Fistful Of Dollars)	Aktor

JAKO AKTOR W ROLACH DRUGOPLANOWYCH I EPIZODACH:

1958	Eskadra Lafayette (Lafayette Escadrille)	Reż. William A. Wellman
1958	Zasadzka na przełęczy Cimarron (Ambush at Cimarron Pass)	Reż. Jodie Copelan
1957	Escapade in Japan	Reż. Arthur Lubin
1957	The Enemy Below	Reż. Dick Powell
1956	Away All Boats	Reż. Joseph Pevney
1956	Never Say Goodbye	Reż. Jerry Hopper
1956	Pierwsza podróżująca sprzedawczyni (The First Traveling Saleslady)	Reż. Arthur Lubin
1956	Star in the Dust	Reż. Charles F. Haas
1955	Franek marynarz (Francis in the Navy)	Reż. Arthur Lubin
1955	Lady Godiva	Reż. Arthur Lubin
1955	Tarantula	Reż. Jack Arnold

1955	Zemsta potwora (Revenge of the Creature)	Reż. Jack Arnold

JAKO AKTOR W SERIALACH TELEWIZYJNYCH:

1959-1966	Rawhide	(wszystkie 217 odcinków)
1959	Maverick	(odc. *Duel at Sundown*)
1958	Navy Log	(odc. *The Lonely Watch*)
1957	West Point	(odc. *White Fury*)
1956	Death Valley Days	(odc. *The Last Letter*)
1956	Highway Patrol	(odc. *A Motorcycle*)

JAKO PRODUCENT I REŻYSER DOKUMENTÓW:

*2010	Dave Brubeck: In His Own Sweet Way	Producent, Producent wykonawczy
2009	Johnny Mercer: The Dream's on Me	Producent wykonawczy
2008	You Must Remember This: The Warner Bros. Story	Producent wykonawczy
*2007	Tony Bennett: The Music Never Ends	Producent
2005	Budd Boetticher: An American Original	Producent wykonawczy
2005	Budd Boetticher: A Man Can Do That	Producent wykonawczy
2003	Piano Blues	Reżyser
1998	Monterey Jazz Festival: 40 Legendary Years	Producent wykonawczy
*1997	Eastwood After Hours: Live at Carnegie Hall	Firma produkcyjna
*1988	Thelonious Monk: Straight, No Chaser	Producent wykonawczy
1971	The Beguiled: The Storyteller	Reżyser

JAKO KOMPOZYTOR I WYKONAWCA PIOSENEK:

*2010 Medium (Hereafter) Kompozytor

*2008 Gran Torino (autor i wykonawca: "Gran Torino")

*2008 Oszukana (Changeling) Kompozytor

2007 Grace odeszła (Grace Is Gone) Kompozytor

*2006 Sztandar chwały (Flags of Our Fathers) Kompozytor

*2004 Za wszelką cenę (Million Dollar Baby) Kompozytor

*2003 Rzeka Tajemnic (Mystic River) Kompozytor

*2000 Kosmiczni kowboje (Space Cowboys) (autor: "Espacio")

*1999 Prawdziwa zbrodnia (True Crime) (autor: "Why Should I Care")

*1997 Północ w ogrodzie dobra i zła (Midnight in the Garden of Good and Evil) (wykonawca: "Accentuate the Positive")

*1997 Władza absolutna (Absolut Power) (autor: "Power Waltz", "Kate's Theme")

*1995 Co się wydarzyło w Madison County (The Bridges of Madison County) (autor: "Doe Eyes")

*1993 Doskonały świat (Perfect World) (autor: "Big Fran's Baby")

**1986 Wzgórze złamanych serc (Heartbreak Ridge) (autor: "How Much I Care")

**1984 Lina (Tightrope) (autor: "Amanda's Theme")

**1984 Gorący towar (City Heat) (autor: "Montage Blues")

**1982 Honkytonk Man (wykonawca: "When I Sing About You", "No Sweeter Cheater Than You")

**1980 Jak tylko potrafisz (Any Which Way You Can) (wykonawca: "Beers To You")

**1980 Bronco Billy (wykonawca: "Barroom Buddies")

1970 Złoto dla zuchwałych (Kelly's Heroes) (wykonawca: "Burning Bridges", "When I Loved Her" – utwory niewykorzystane w filmie)

**1969 Pomaluj swój wóz (Paint Your Wagon) (wykonawca: "I Still See Elisa", "I Talk To The Trees", "Best Things", "Gold Fever")

DYSKOGRAFIA

1991 Heroes And Friends "Smokin' The Hive" Randy Travis (with Clint Eastwood)

1984 Slow Burn "Make My Day" T. G. Sheppard and Clint Eastwood

W 1963 roku Eastwood dla Cameo Records nagrał płytę długogrającą "Rawhide's Clint Eastwood Sings Cowboy Favorites" (wznowioną w 2010 roku) na której znalazły się piosenki:

1. Bouquet Of Roses	2:39
2. Along The Santa Fe Trail	2:47
3. The Last Round Up	2:51
4. Sierra Nevada	2:50
5. Mexicali Rose	2:58
6. Searching For Somewhere	2:44
7. I'll Love You More	2:26
8. Tumbling Tumbleweeds	2:47
9. Twilight On The Trail	2:52
10. San Antonio Rose	2:26
11. Don't Fence Me In	2:32
12. Are You Satisfied	2:24
13. Rowdy	2:46
14. Cowboy Wedding Song	2:30

Nakładem Cameo Records ukazały się wcześniej single:

1961 "Unknown Girl"

1962 "Rowdy"

1962 "For You, For Me, For Evermore"

Eastwood w 1995 roku założył wytwórnię fonograficzną Malpaso Records, która jak dotąd wydała płyty:

2003 Mystic River

2000 Space Cowboys

1997 Eastwood After Hours: Live At Carnegie Hall

1997 Midnight in the Garden of Good and Evil

1996 Remembering Madison County (kontynuacja soundtracku)

1995 The Bridges of Madison County

Nazwa Clint Eastwood jest również pseudonimem jamajskiego DJ-a, którego prawdziwe nazwisko to Robert Brammer, a jego twórczość przypadała na lata siedemdziesiąte i osiemdziesiąte. Wraz z Winstonem Hislopem tworzyli duet o nazwie Clint Eastwood & General Saint. W 1970 roku zespół The Upsetters wydał płytę z muzyką reggae o nazwie „Clint Eastwood", gdzie znalazł się również utwór pod tym samym tytułem. W tym samym roku grupa wydała też album „Eastwood Rides Again". W 2001 roku grupa Gorillaz nagrała bardzo popularną piosenkę pod tytułem „Clint Eastwood", która na całym świecie królowała na listach przebojów (a później również utwór „Dirty Harry")

Filmografia została sporządzona na podstawie: imdb.com, amazon.com, en.wikipedia.org oraz clinteastwood.net
Dyskografia nie obejmuje oficjalnych soundtracków do filmów Eastwooda nie wydanych przez Malpaso Records.

Box Office

Gwiazdkami oznaczono filmy wyprodukowane przez Malpaso Productions* i Malpaso Company**. W poniższym zestawieniu uwzględniono łączne przychody z rynku amerykańskiego i światowego a także - w miarę dostępności informacji - budżet filmu. Liczby nie obejmują inflacji, lecz wartości z danych lat (wartość dolara na przestrzeni lat można sprawdzić na stronie Federal Reserve Bank[1]).

		Budżet:	Przychody:
*2011	J. Edgar	$35,000,000	$76,906,030
*2010	Medium (Hereafter)	$50,000,000	$105,197,635
*2009	Invictus - Niepokonany (Invictus)	$50,000,000	$122,233,971
*2008	Gran Torino	$33,000,000	$269,958,228
*2008	Oszukana (Changeling)	$55,000,000	$113,020,255
*2006	Listy z Iwo Jimy (Letters From Iwo Jima)	$19,000,000	$68,673,228
*2006	Sztandar chwały (Flags of Our Fathers)	$55,000,000	$65,900,249
*2004	Za wszelką cenę (Million Dollar Baby)	$30,000,000	$216,763,646
*2003	Rzeka Tajemnic (Mystic River)	$30,000,000	$156,822,020
*2002	Krwawa profesja (Blood Work)	$50,000,000	$26,000,000
*2000	Kosmiczni kowboje (Space Cowboys)	$65,000,000	$130,000,000
*1999	Prawdziwa zbrodnia (True Crime)	$55,000,000	$16,600,000
*1997	Północ w ogrodzie dobra i zła (Midnight in the Garden of Good and Evil)	$30,000,000	$25,000,000
*1997	Władza Absolutna (Absolute Power)	$50,000,000	$50,068,310
*1995	Co się wydarzyło w Madison County (The Bridges of Madison County)	$22,000,000	$182,016,617
*1993	Doskonały świat (A Perfect World)	$30,000,000	$135,200,000
1993	Na linii ognia (In the Line of Fire)	$40,000,000	$176,997,168
*1992	Bez przebaczenia (Unforgiven)	$35, 000,000	$159,157,447
*1990	Żółtodziób (The Rookie)	---	$21,633,874

[1] http://www.minneapolisfed.org/community_education/teacher/calc/hist1800.cfm

*1990	Biały myśliwy, czarne serce (White Hunter, Black Heart)	$24,000,000	$2,000,000
*1989	Różowy Cadillac (Pink Cadillac)	---	$12,143,484
**1988	Bird	$10,000,000	$14.400,000
*1988	Pula śmierci (The Dead Pool)	$14,000,000	$37,903,295
**1986	Wzgórze złamanych serc (Heartbreak Ridge)	$15,000,000	$42,724,017
**1985	Niesamowity jeździec (Pale Rider)	$6,900,000	$41,410,568
**1984	Lina (Tightrope)	---	$47,392,179
**1984	Gorący towar (City Heat)	$25,000,000	$38,300,000
**1983	Nagłe zderzenie (Sudden Impact)	---	$67,642,693
**1982	Firefox	$18,000,000	$70,687,344
**1982	Honkytonk Man	$2,000,000	$4,500,000
**1980	Bronco Billy	$6.5,000,000	$24,265,659
**1980	Jak tylko potrafisz (Any Which Way You Can)	---	$70,687,344
**1979	Ucieczka z Alcatraz (Escape from Alcatraz)	$8,000,000	$43,000,000
**1978	Każdy sposób dobry (Every Which Way But Loose)	$5,000,000	$104,268,727
*1977	Wyzwanie (The Gauntlet)	$5,500,000	$35,400,000
**1976	Wyjęty spod prawa Josey Wales (The Outlaw Josey Wales)	$3,700,000	$31,800,000
**1976	Egzekutor (Egzekutor)	---	$46,200,000
**1975	Akcja na Eigerze (The Eiger Sanction)	---	$14,000,000
**1974	Piorun i Lekka Stopa (Thunderbolt and Lightfoot)	$4,000,000	$25,000,000
**1973	Breezy	$750,000	---
**1973	Siła Magnum (Magnum Force)	---	$44,680,473
**1973	Mściciel (High Plains Drifter)	---	$15,700,000
**1972	Joe Kidd	---	$5,800,000
**1971	Brudny Harry (Dirty Harry)	$4,000,000	$35,976,000

**1971	Zagraj dla mnie Misty (Play Misty for Me)	$750,000	$10,600,000
**1971	Oszukany (The Beguiled)	---	$1,100,000
1970	Złoto dla zuchwałych (Kelly's Heroes)	$4,000,000	$5,200,000
**1970	Dwa muły dla siostry Sary (Two Mules for Sister Sara)	$4,000,000	$4,700,000
**1969	Pomaluj swój wóz (Paint Your Wagon)	$20,000,000	$14,500,000
1969	Tylko dla orłów (Where Eagles Dare)	$7,000,000	$21,000,000
**1968	Blef Coogana (Coogan's Bluff)	---	$3,110,000
**1967	Powieście go wysoko (Hang 'em High)	$1.600,000	$11,000,000
1966	Dobry, Zły i Brzydki (The Good, the Bad and the Ugly)	$1,200,000	$25,100,000
1965	Za kilka dolarów więcej (For a Few Dollars More)	$600,000	$15,000,000
1964	Za garść dolarów (A Fistful Of Dollars)	$200,000	$14,500,000

Na podstawie danych z serwisów imdb, wikipedia i boxofficemojo oraz książki P. Brion, *Clint Eastwood. Biographie, filmographie illustree, analyse critique,* Paris 2010

NARODZINY GWIAZDY

Clint Eastwood już w momencie swojego przyjścia na świat wzbudzał zainteresowanie. Urodził się 31 maja 1930 roku jako największy noworodek w szpitalu Św. Franciszka w San Francisco. Pokazywano go innym matkom jako swego rodzaju sensację. Nie bez powodu - ważył prawie 6 kilogramów. Jego matka, Ruth Eastwood, zakochała się w nim od samego początku. Lecz świat, w jakim przyszło mu żyć, wcale go nie rozpieszczał. Ameryka była pogrążona w Wielkim Kryzysie, co odbijało się na całym społeczeństwie. Panowało duże bezrobocie. Jego ojciec, Clinton Eastwood Sr., by zapewnić swej rodzinie byt, jeździł od miasta do miasta w poszukiwaniu pracy - podobnie postępowało wielu ludzi w tym czasie. Rodzinie nie udało się osiąść w jednym miejscu na dłużej. Sprawiało to wszystko wrażenie, jakby nigdy nie mieli domu, lecz żyli w samochodzie. Zawsze w podróży. Choć Eastwood urodził się w San Francisco, jego najwcześniejsze wspomnienia dotyczą Oakland. Pomieszkiwał również w Redding, Sacramento, czy Pacific Palisades. Przez pewien czas podczas wojny żył na farmie u babci, bo rodzice pracowali z dala od domu. Jego kuzyn hodował konie, więc często wybierał się na konne przejażdżki. Matka po latach wspominała: *„On całe życie jest taki sam. Pewnego razu posiadał w domu trzynaście węży. Kiedy miał cztery lata okazało się, że ma uczulenie na koty i psy, więc zaczął zbierać węże. Myślę, że w pewnym sensie ma nadprzyrodzone zdolności."*[1]

Eastwood i jego młodsza siostra Jeanne przyjmowali podróże i ciągłe poszukiwanie pracy przez rodziców jako zwyczajną rzecz: *„Dziecku* *jest wszystko jedno, czy jest biedne czy bogate. Jeśli nie ma zabawek, bawi się kijkiem. Za to kiedy ma się dużo zabawek, a potem się je traci - zaczyna się rozumieć znaczenie dóbr materialnych. My jakoś sobie radziliśmy. Moim rodzicom trudno było związać koniec z końcem. A moja siostra i ja po prostu myśleliśmy, że takie jest życie."*[2] Wkrótce sam zaczął swe pierwsze prace: roznosił gazety, posiłki, zbierał siano. Mimo, że nie było łatwo, nie pamięta, by jako dziecko żył w biedzie. W wywiadzie dla Playboya zapytany, czy kłopoty finansowe jego rodziny wpłynęły na jego obecny stosunek do pieniędzy powiedział: *„Powiedzmy, że uczyniły mnie zapobiegliwym materialnie. Wyznaję pogląd, że jak się ma trochę gotówki, lepiej ją odłożyć na czarną godzinę, a także, że trzeba nauczyć się mądrze gospodarować swoimi pieniędzmi."*[3]

W filmie „Oszukana", którego akcja toczy się w latach dwudziestych, jest scena, kiedy syn Christine Collins granej przez Angelinę Jolie, zasiada w domu przed olbrzymim odbiornikiem radiowym, by wysłuchać swej ulubionej audycji. Scena dobrze znana Eastwoodowi z własnego życia, który we wczesnym dzieciństwie otaczał się książkami o zwierzętach i o podróżach, a także słuchał radia: *„Życie wtedy było bardzo proste, ponieważ nie siedziało się cały czas przed telewizorem. Wtedy było radio. Wszystko opierało się na słuchaniu, więc trzeba było sobie to wyobrazić."*[4] Do jego ulubionych zabawek należał czerwony rower, sanki z napisem „Rosebud" (takie jak z filmu „Obywatel Kane") i pluszowy miś, którego zachował do dzisiaj, a który niegdyś należał do jego dziadka. Pomimo bogatej wyobraźni, do życia podchodził bardzo poważnie jak na swój wiek. Rozbawiło go, że tak wielu ludzi było przerażonych inwazją kosmitów po audycjach „Wojny światów" Orsona Wellesa. On zbyt dobrze potrafił oddzielić prawdę od fikcji. *„Pamiętam, że wciąż pukali do nas ludzie. Byliśmy bardzo biedni. A oni byli jeszcze biedniejsi. Pamiętam, że niektórzy wciąż przychodzili i pytali mojego ojca: Proszę pana, w pańskim ogródku leży drewno. Czy da nam pan kanapkę, jeśli je dla pana porąbiemy? A* *potem widziałem, jak przez wiele godzin w okropnym upale rąbali drzewo, a moja mam robiła im potem kanapkę. Dziś myślę: jako dziecko widziałeś ludzi, którzy byli głodni, tu, w Ameryce. To niewiarygodne."*[5]

Jego ojciec musiał umieć myśleć naprawdę szybko zmieniając firmę za firmą w poszukiwaniu lepszej płacy i perspektyw w czasach, gdy spora część Ameryki była pozbawiona pracy. W jego działaniach, jak wspomina Eastwood, nigdy nie było paniki czy desperacji, bo zawsze miał zapewnioną nową posadę nim jego rodzina zaczęła się znowu pakować. Ślad licznych tułaczek za chlebem i wieczna niepewność odbiły się na pewno w jego późniejszej twórczości. Wielu jego bohaterów pojawia znikąd i zmierza donikąd. Są wolni i w ciągłym ruchu. Podobnie jak sam Eastwood, który jeśli akurat nie kręci jakiegoś filmu, to jeździ go promować, odbierać nagrody za całokształt twórczości, albo też dla relaksu próbować śniegu, po którym jeszcze nie jeździł, lub nowych uderzeń w golfa.

Najgorszą rzeczą z dzieciństwa było dla niego zawieranie nowych znajomości. Kiedy zdążył się już zaaklimatyzować i poznać paru kolegów, rodzina przenosiła się do kolejnego miasta. Z natury nieśmiały, stawał się jeszcze bardziej zamknięty w sobie. Zapytany o traumy z dzieciństwa mówił: *„Dla przykładu, jestem leworęczny, a w szkole mieliśmy ławki z wkładanymi kałamarzami. Moi szkolni koledzy zmuszali mnie do pisania prawą ręką, co zawsze kończyło się nieskładną bazgraniną. Prawdopodobnie jeszcze dzisiaj skrobię jak kura pazurem (śmiech). Oceniam, że byłem wtedy prawdziwym głuptasem. Zaliczałem się do średnich uczniów. Ciężko mnie było czymkolwiek zainteresować. Poza tym, po uszy tkwiłem w różnych kompleksach."*[6] Ze swoją siostrą Jeanne nigdy nie miał dobrych kontaktów. Kiedy w okolicy dziesięciu kilometrów nie było żadnego innego dziecka, musiał wymyślać sobie zabawy. Wśród rówieśników był zawsze tym nowym. I choć w szkole spotykał inne dzieci, to tak naprawdę nie znał nikogo. Zadurzał się więc na lekcjach w świecie wyobraźni. Miał zrozumiałe problemy z nauką co dodatkowo utrudniała dysleksja: *„Byłem bardzo zamknięty w sobie, łatwiej mi było walnąć kogoś w nos niż poprosić dziewczynę do tańca. Ojciec wiecznie szukał pracy i ciągnął nas ze sobą. Brak poczucia stabilizacji i ciągle wędrówki nie sprzyjały zawieraniu przyjaźni."* [7]

Eastwood wspomina swoich rodziców jako bardzo tolerancyjnych, którzy zawsze postępowali fair w stosunku do niego, jak i innych. Byli konserwatywni, jeśli szło o ich prywatne życie, i liberalni w podejściu do życia innych ludzi. Popierali politykę Roosvelta, głosując na niego w obu kadencjach. Jednak religia i polityka nie były najistotniejsze w ich życiu. *„Z całą pewnością nie odczuwam pokory przed jakimś wielkim Bogiem, a już zupełnie nie chcę mieć nic wspólnego z Kościołem. Ale odczuwam pokorę wobec piękna i wobec tego, że my, ludzie mamy zdolność rozpoznawania tego piękna. Co sprawia, ze wzruszam się do łez, słuchając Charlie'ego Parkera? Albo patrząc na Góry Skaliste? Czy stworzył je Bóg?"*[8]

Gdy w pobliżu ich nowego miejsca zamieszkania był jakiś kościół – obojętne jakiego wyzwania - szli na mszę. Eastwood, poprzez liczne podróże, wychował się w atmosferze tolerancji dla innych kultur i wyzwań, choć sam nie uważa się za osobę religijną: *„Wierzę bardzo w samopomoc. Nie jestem zwolennikiem New Age, ale wierzę w medytację i z tego powodu zawsze lubiłem buddyzm. Kiedy byłem w Japonii odwiedziłem buddyjskie świątynie i medytując tam poczułem się znacznie lepiej."*[9]

Po latach tułaczki Eastwoodowie kupili dom i osiedli w Piedmont na osiem lat, gdzie Clinton Sr. dostał posadę eksperta wydajności przemysłowej w Container Corporation of America, a Ruth zatrudniono w koncernie IBM. Tym razem Eastwoodowi udało się zawrzeć trwałe znajomości w szkole. Do jego przyjaciół należeli Jack McKnight, który przez rok mieszkał u niego w domu, Don Kincade, przez którego poznał swoją pierwszą żonę, i Fritz Manes, który później został kierownikiem produkcji w Malpaso. I choć całkiem nieźle radził sobie w koszykówce i futbolu, to w przeciwieństwie do swoich kolegów, nie był zainteresowany sportem. Tym, co go naprawdę pociągało była muzyka.

Miłość do muzyki zaszczepiono mu już w domu. Gdziekolwiek by się nie przemieszczali wśród swych licznych przenosin, Eastwoodowie zabierali ze sobą wiekowe pianino babci Andy. Eastwood korzysta z niego do dzisiaj komponując muzykę. Pamięta obraz swojego ojca z gitarą, kiedy wraz z przyjaciółmi organizował garażowy zespół, grający czasem na weselach i innych tego typu okazjach, najczęściej bezpłatnie. Ruth sporadycznie im towarzyszyła grając na mandolinie. Uważała, że jej mąż był niezłym imitatorem Binga Crosby'ego i miałby całkiem niezły głos, gdyby tylko miał czas na ćwiczenia. Dlatego dbała, aby jej syn nie zmarnował talentu. Eastwood grał na trąbce na próbach z zespołem, ale nigdy nie wystąpił publicznie. Jego rówieśnicy uwielbiali gapić się na orkiestry w czasie parad, a on obawiał się, że będzie wtedy nadmiernie widoczny przez swój spory wzrost i trochę egzotyczny instrument.

W ósmej klasie został „wrobiony" w przedstawienie szkolne. Jego nauczycielka Gertrude Falk (której imię do dziś pamięta), bez wcześniejszego przesłuchania zaangażowała go do jednoaktowej sztuki. Stwierdziła, że nadaje się idealnie do głównej roli dzieciaka z podwórka. Aktorstwo wydawało mu się niesłychanie egzotycznym zawodem, który wymagał dużo ekstrawertyzmu. Jako introwertyk nie był w stanie się przemóc, a gra w przedstawieniu miała być na ocenę. Jakby tego było mało, przedstawienie mieli oglądać uczniowie ze szkoły średniej. Próby, na które uczęszczał, wcale go nie uspokoiły i wraz z Harry'm Pendletonem, który miał grać jego ojca, poważnie myślał o symulacji choroby. Ale był zbyt tchórzliwy, by udawać chorego. Ponieważ zapamiętał swoje kwestie, postanowił wystąpić, choć do ostatniej chwili myślał o ucieczce ze sceny. Kiedy Harry'emu, który czytał gazetę, wypadła schowana w niej ściągawka z dialogami, sala zaczęła się śmiać. Ale Eastwood w pewnym momencie poczuł, że już "w tym jest" i jakoś poszło. *„Zdałem sobie sprawę, że można grać ekstrawertyka nie będąc nim, ale też że z okazywania takiej pewności siebie ludzie nie odrzucają mnie i nie śmieją się ze mnie. Miałem 15 lat, ale tego dnia naprawdę dorosłem."*[10] Po przedstawieniu chłopacy ze szkoły średniej nawet mu gratulowali. Ale całe to doświadczenie bardzo go speszyło i poprzysiągł sobie, że już nigdy w życiu nie będzie występował publicznie.

Uwielbiał jednak chodzić do kina, gdzie oglądał filmy takie jak "Przeminęło z wiatrem" czy "Sierżant York". Cary Grant miał spory wpływ na Clinta, podobnie jak James Cagney w filmie "Yankee Doodle Dandy". Cagney był typem człowieka, który uderzał pięścią w stół i mówił prawdę. Sposób w jaki wyrażał emocje i jego lakoniczny charakter przemawiały do Eastwooda. Tak jak Joel McCrea w filmie "Sullivan's Travels", który zawsze sprawiał wrażenie, jakby czuł w środku więcej, niż wyrażał na zewnątrz. Eastwood chciał być w życiu jak jego idole z wielkiego ekranu - delikatny i wrażliwy w środku, ale twardy na zewnątrz.

W bardzo młodym wieku nauczył się grać na pianinie melodie zasłyszane na płytach jazzowych, które zbierała jego matka. Przez jakiś czas opłacała mu nawet lekcje pianina w Berkeley. Kiedy zmarł Fats Weller wykupiła wszystkie jego nagrania ze sklepu, obawiając się, że może ich wkrótce zabraknąć. Kiedyś był na pewnym przyjęciu, gdzie niewiele się działo. Gdy dostrzegł pianino zaczął grać "Honky Tonk Train", jeden ze swoich ulubionych kawałków i dostrzegł, że muzyka ma dodatkowe zalety: *„W czasie imprezy siadałem przy fortepianie, zaczynałem grać i natychmiast zlatywały się wszystkie dziewczyny, aby mnie podziwiać. To mi się podobało i dlatego ćwiczyłem jak wariat. Chciałem przy fortepianie być jeszcze lepszy, nie dla siebie oczywiście, ale z powodu dziewczyn (śmiech). Jedno wiązało* *się z drugim.*"[11] Znalazł się w centrum uwagi i po raz pierwszy zaczęło mu się to podobać.

Wkrótce dostał od ojca swój pierwszy samochód - Chevy z 1932 roku - warunkiem prezentu było to, że musi zarobić na jego utrzymanie. Był jeszcze zbyt młody, by starać się o prawo jazdy, jednak większość kalifornijskich dzieciaków jeździła samochodami bez dokumentów, co było rodzajem lokalnej tradycji. Był wysoki więc nigdy nie miał problemów z drogówką. Aby zarobić na swój pojazd pracował w sklepie spożywczym przy pakowaniu żywności, nosił kije golfowe w Claremont Country Club. Wkrótce też zmienił auto na Forda z 1934 roku. Własne cztery kółka były dla niego jedyną formą niezależności, na jaką mógł sobie pozwolić, a wraz z rozpoczęciem szkoły średniej w Oakland - przydatnym narzędziem na randki.

Clinton Sr. uważał, że konieczność utrzymywania samochodu, nauczy jego syna wartości pracy. Wpajał mu wiele zasad, które sam potwierdzał w praktyce: "*Nie myśl, że świat jest ci coś winien, bo nie jest*", "*Zapomnij o forsie. Idź tam i pokaż im co potrafisz. Stań się tak wartościowym, że nie będą się mogli bez ciebie obejść.*"[12] Dom Eastwoodów był dla przyjaciół Eastwooda szczególny. Jego matka gotowała im czasem posiłki, a w obecności ojca mogli się czuć bardzo swobodnie. Był dla nich raczej jak starszy brat, niż ojciec ich kolegi. Gdy byli starsi, pozwalał im palić i pić piwo.

Niestety problemy w szkole dały znać o sobie. Eastwood czuł, że nie pasuje do bogatego społeczeństwa w Piedmont, gdzie większość mieszkańców była na kierowniczych stanowiskach. W szkole go upokarzano, gdy przyznał, że jego ojciec pracował w stoczni. Za namową asystenta dyrektora szkoły przeprowadził się do Oakland, gdzie trafił do technikum mechanicznego. Atmosfera technikum była mu bardziej przyjazna od napuszonej szkoły, do której wcześniej chodził. Był zainteresowany konserwacją silników, lecz nie wiązał z tym swoich planów na przyszłość. Jednym z jego przyjaciół był Joseph W. "Joe" Knowland, który później został wydawcą Oakland Tribune.

W latach szkolnych Eastwood nosił modną wtedy fryzurę „kaczy kuper" i skórzaną kurtkę motocyklową jaką miał Marlon Brando w „Dzikim". Do jego paczki należeli Bob Sturges i Jack McKnight. Wspólnie ścigali się dragsterami - budowanymi przez siebie pojazdami, które składały się z potężnego silnika, lekkiej ramy, szerokich opon ciężarówki z tyłu i cienkich motocyklowych z przodu. Maszyna miała za zadanie osiągnąć prędkość 110 mil na godzinę i dojechać do mety, co wcale nie było proste. Takie własnoręcznie robione pojazdy często w trakcie zawodów rozpadały się, bądź odpadały im koła. Organizowane potajemnie wyścigi najczęściej odbywały się w soboty o piątej nad ranem. Trzej Muszkieterowie, jak sami siebie nazywali, zwykli też zakradać się na przyjęcia basenowe, które odbywały się w domach bogaczy posiadających zwykle ładne córki. Uważając, że trzech facetów w kąpielówkach wygląda jak trzech innych facetów w kąpielówkach, przeskakiwali przez płot w poszukiwaniu dziewczyn. Na ogół serwowano na takich przyjęciach bufet, więc nikt nie sprawdzał listy gości.

W tamtym czasie Oakland miało największą populację czarnoskórych na Zachodnim Wybrzeżu, a w radiu często można było słyszeć rhytm and bluesa. Eastwood chodził do lokali, gdzie grano muzykę na żywo. Był oddanym fanem Dave Brubeck Trio i pojechał nawet za nimi do San Francisco na koncert. Uwielbiał też Gerry Mulligana i Cheta Bakera. Punkt zwrotny nastąpił, gdy w Shrine Auditorium w Oakland, gdzie w 1946 roku wystąpili Coleman Hawkins, Flip Phillips, Lester Young i Charlie Parker. Gra była pełna wrażliwości i wyczucia, a Parker był niezwykle pewny siebie. Zupełnie jakby istniał tylko on i jego saksofon. Wywołał niemałe wrażenie na młodym Eastwoodzie. Muzyka

Parkera wzniosła się na wyżyny sztuki przekraczając granice ras i kultur. Parker znany jako Bird, był twórcą beebopu, buntownikiem podążającym własną ścieżką nie bacząc na konwenanse. To też musiało urzec przyszłego gwiazdora, który później opierając się na biografii muzyka zrobił jeden ze swych najlepszych filmów zatytułowany „Bird".

Wtedy nic do niego nie przemawiało tak intensywnie jak muzyka Parkera. Zaczął kupować jego płyty, chcąc się dowiedzieć czegoś więcej o tym geniuszu swoich czasów. W najbliższych latach kilkakrotnie jeszcze udało mu się trafić na jego koncerty w różnych klubach w Kalifornii. Dla ówczesnych nastolatków wyprawa na koncert była przygodą: długą jazdą na południe w celu spędzenia „muzycznego weekendu". Los Angeles było sercem jazzu - miastem, gdzie gatunek ten szczególnie mocno rozkwitał. Miasto to w czasie II wojny światowej przeżywało boom związany z przemysłem zbrojeniowym, którego produkcja trwała na okrągło. Miasto Aniołów stało się w efekcie nocnym miastem, gdzie robotnicy (w przeważającej liczbie Czarni), szukali po ciężkiej pracy dobrej rozrywki. Były to też pierwsze kontakty Eastwooda z Hollywood, w którym znajdowało się mnóstwo nocnych klubów grających „Czarną muzykę". Raz nawet podczas jednego z tych wieczorowych wypadów jego koledzy wypatrzyli Howarda Hawksa, o którym Eastwood wiedział, że wyreżyserował „Sierżanta Yorka", ulubiony film swojego ojca. On sam nie myślał wtedy o graniu w filmach, a co dopiero o ich reżyserowaniu. Bycie zawodowym muzykiem wcale nie wydawało się łatwiejsze do osiągnięcia. Jednak wpływ Parkera był tak silny, że Eastwood zaczął częściej grać publicznie. Nie była to oczywiście praca zarobkowa - na jego wynagrodzenie składały się ewentualne napiwki, darmowa pizza i piwo. The Omar Club był lokalem, gdzie często przebywał wraz ze znajomymi, gdyż właściciel nie miał nic przeciwko piciu piwa przez młodzież. Spotkania w klubie przy pianinie dla jego znajomych było dobrą okazją zabicia czasu, dla niego - możliwością wyrażenia siebie w sposób głośny i wyraźny. Dotąd nieśmiały i zamknięty w sobie, dzięki graniu zyskał nie tylko swobodę wyrażania się, ale poznał też sporo dziewczyn, z którymi mógł rozmawiać nie tylko o muzyce.

Po skończeniu technikum podejmował się kilku prac, ale nadal nie wiedział, czym chciałby się zajmować w życiu. Był pewny tego, że chce być niezależny. Dlatego pracował jako ratownik w Renton Beach, w fabryce Continental Can, jako strażak a później także w tartaku. W tym czasie porzucił grę na pianinie, a nawet przestał słuchać jazzu z taką uwagą jak wcześniej. Dokuczał mu brak wiedzy intelektualnej, jakiej nie wpojono mu w technikum: „*Zawsze podziwiałem ludzi, którzy wiedzieli co chcieli robić, którzy byli ukierunkowani. Miałem przyjaciela, który chciał zostać dentystą odkąd miał 8 lat. Parł do przodu, nawet kiedy był barmanem, wiedział że musi zarobić na studia. Nigdy nie widziałem swojego ojca w jednej profesji więc nie wychowywałem się z myślą, że chcę być aptekarzem, lekarzem czy kimś innym.*"[13] Praca wśród ludzi, którzy również nie odebrali solidnego wykształcenia jak on, uwrażliwiła go na uczucia innych. To w jaki sposób udało mu się później dojść tak wysoko, zawdzięczał tylko swojemu instynktowi i szczęściu. Sam nie zamierzał wieść robotniczego życia. Kiedy po długiej zimie swoje jedyne ubranie robotnicze znalazł przemoknięte, stwierdził że ma tego dość.

Dowiedział się, że na Uniwersytecie w Seattle jest wydział zajmujący się zarówno muzyką popularną, jak i klasyką. Otworzyła się przed nim wizja odebrania gruntownego wykształcenia w tym, co chciał robić już od dawna. Wykształcenia, którego mu brakowało by mógł stanowić muzyczną konkurencję dla innych i uczynić z muzyki swoje jedyne źródło utrzymania. Szansa domknięcia dawno otwartego rozdziału i nadania wreszcie sensu jego życiu prysła jednak jak bańka mydlana.

Eastwood został powołany do wojska w najgorętszym z możliwych okresów. Był rok 1951 i trwała właśnie wojna w Korei. Wielu jego rówieśników zostało wysłanych na front. Zagubiony, zamknięty w sobie i stroniący od towarzystwa chłopak miał tam spędzić cenne dwa lata swojego życia. Był przygnębiony tym faktem nie bardziej od innych. Niemniej wojsko dało mu szkołę życia, jakiej się nie mógł spodziewać: poza lojalnością, nauczył się wykorzystywać niesprzyjające mu okoliczności na własny użytek. Odkrył, że rząd amerykański, który łoży na armię, jest największą i najgorzej zorganizowaną korporacją na świecie, a życie w wojsku jest grą polegająca na staraniu się o taką pozycję, by mieć jak najmniej do roboty. Po latach zauważył, że wojsko, poprzez branie udziału w kolektywnych działaniach, paradoksalnie uczy szanować wartości demokratyczne i wolność jednostki.

Eastwood trafił na szkolenie zasadnicze do Fort Ord w pobliżu Monterey. Sierżant werbunkowy sugerował mu, że z takim wyglądem powinien zostać oficerem, ale on nie miał zamiaru poświęcić wojsku więcej niż obowiązkowe dwa lata. Szczęście się do niego uśmiechnęło. Był zdrowy, wysportowany i nadawał się idealnie na instruktora pływania. Pracował jako ratownik, uczył rekrutów pływać, ale też zajmował się sprzątaniem. Po godzinach pracował w magazynie. Czasami był tak wycieńczony dodatkową pracą po nocy, że przysypiał na basenie. Wkrótce awansował i pozwolono mu pracować bez munduru w prywatnej odzieży. Słusznie uważał, że w wojsku podczas wojny każda praca była dobra, jeśli tylko nie zostało się wysłanym na front.

Do jego obowiązków w wojsku należało też pełnienie roli kinooperatora na zajęciach. Wyświetlał żołnierzom filmy propagandowe, spośród których najbardziej lubił „Bitwę o San Pietro" Johna Hustona, który był również narratorem filmu. W ciągu dwóch lat oglądał to jakieś pięćdziesiąt razy. Spowodowało to wzrost zainteresowania osobą reżysera, którego niezwykła charyzma bardzo mu imponowała. W późniejszych latach, gdy był już dojrzałym twórcą, poświęcił tej postaci film „Biały myśliwy, czarne serce", oparty na wspomnieniach Petera Viertela, scenarzysty „Afrykańskiej Królowej".

Teren basenu był miejscem spotkań towarzyskich dla żołnierzy z jednostki. Wśród częstych gości znaleźli się aktorzy stawiający swe pierwsze kroki w showbiznesie, a teraz odbywający służbę wojskową: Richard Long, Martin Milner i David Janssen. Ich pełne samozadowolenia zachowanie oraz rozmowy na temat cywilnych zajęć zainteresowały Eastwooda na tyle, by się z nimi zaprzyjaźnić. Norman Barthold, który zagrał w filmie „She's working, Her Way Through College" razem z Virginią Mayo i Ronaldem Reaganem, namówił go do spróbowania sił w przemyśle filmowym. Im więcej rozmawiali tym bardziej Eastwood czuł, że nauka aktorstwa była zajęciem nie pozbawionym sensu.

W czasie służby wojsku przydarzyła mu się przygoda, której nigdy nie zapomni, a która potraktował jako nauczkę. Wracając z przepustki z Seattle, gdzie spotkał się z dziewczyną, zorientował się, że żaden samolot nie jest w stanie zabrać go do jednostki, choć tą drogą dotarł do miasta. Sytuacja była bardzo poważna - jeśli by się spóźnił, został uznany za dezertera. Dostrzegł startujący bombowiec, który leciał do San Francisco. Niestety nie było w nim wolnych miejsc oprócz ciasnego pomieszczenia technicznego, na które mierzący prawie dwa metry Eastwood i tak był za duży. Kiedy samolot wystartował, drzwiczki się otwarły i prawie wypadłby z maszyny. Udało mu się je przymknąć, ale musiał je cały czas trzymać, by znowu się nie otwarły. Komunikacja wewnętrzna działała tylko jednokierunkowo. Kiedy pilot polecił mu przez głośnik, by założył maskę z tlenem, bo lecą bardzo wysoko, odkrył że maska nie działa. Następny komunikat zawierał przekaz, że pilot nie jest w stanie namierzyć bazy, więc poleci bardzo nisko pod chmurami. I wtedy zaczęło kończyć się paliwo. Pilot podjął próbę lądowania na oceanie, ale samolot wbił się nosem w wodę pionowo. Zrobiło się ciemno. Oboje ewakuowali się z tonącego samolotu, lecz kiedy Eastwood dopłynął do plaży nie mógł nigdzie znaleźć pilota, którego stracił z pola widzenia. Przeszedłszy około osiem mil udało mu się resztką sił dotrzeć do stacji radiowej, gdzie udzielono mu niezbędnej pomocy.

Nigdy później już nie był tak bliski śmierci. Przez kilka najbliższych lat unikał latania samolotem. Później wspominał, że doświadczenie, kiedy ściśnięty w małym samolocie leciał nad bezkresnym oceanem, nauczyło go jak małą jest jednostka w porównaniu z potęgą wszechświata i zauważył, że w skali planety jego osoba niewiele znaczy: *„Jeśli nie traktujesz siebie zbyt poważnie, jesteś realistą przygotowanym na to, co może się zdarzyć. Za trzydzieści lat na Ziemi będzie zupełnie nowe pokolenie ludzi, a Tom Cruise jako stary facet będzie się zastanawiał nad swoim kolejnym projektem. Taki jest świat."*[14]

Niemniej istotnym wydarzeniem z okresu służby wojskowej było odkrycie miejscowości Carmel położonej nad oceanem. Zahaczając tam ze zwykłej ciekawości przysiągł sobie, że jeśli tylko będzie miał wystarczająco dużo pieniędzy, to musi tam zamieszkać. Miasto wydało mu się przeurocze. W czasie przepustek jadał czasem w restauracji Mission Ranch, którą później w latach osiemdziesiątych wykupił i odremontował. Właśnie tam pewna kobieta zapałała obsesją na jego punkcie. Problem był o tyle poważny, że nie pozwalała mu zakończyć romansu grożąc samobójstwem. Przygoda ta później stała się podstawą scenariusza filmu „Zagraj dla mnie Misty".

Podczas pobytu na przepustce w San Francisco odwiedzał starego znajomego Dona Kincade'a, który namówił go na randkę w ciemno. W ten sposób poznał swoją przyszłą żonę, Margaret Johnson. Maggie była drobną blondynką, której poczucie humoru i uroda bardzo mu odpowiadały. Zresztą oboje przypadli sobie do gustu. Po kilku randkach przyrzekli sobie, że kiedy Eastwood zostanie przeniesiony do rezerwy, a ona skończy studia, to znów zaczną się spotykać. Dlatego Maggie po studiach zerwała ze swoim obecnym chłopakiem i wróciła do rodziców. Eastwood już wtedy nie zamierzał trwać w monogamii. Jak donoszą pewne źródła - po skończeniu służby wojskowej pojechał najpierw do Seattle, żeby pożyczyć od rodziców pieniądze na aborcję dziewczyny, która stamtąd pochodziła. Co więcej, w latach dziewięćdziesiątych zjawiła się u niego pewna czterdziestoparoletnia kobieta, która twierdziła, że jest jego córką. Ale nie zależało jej na profitach finansowych. Miała bogatego męża i kiedy odkryła po latach prawdę, chciała jedynie nawiązać kontakt ze swoim ojcem.

Eastwood przeprowadził się do Los Angeles, gdzie dostał pracę dozorcy apartamentowca, co pozwoliło mu wraz Maggie wynajmować mieszkanie za darmo. Praca okazała się niestety trudna do pogodzenia z właśnie rozpoczętymi przez niego studiami. Sytuację komplikował fakt, że z powodu naglącej potrzeby gotówki pracował również wieczorami na stacji benzynowej. Kurs zarządzania w City College, który wybrał jak sam twierdzi, gdyż nie bardzo wiedział co chciał w życiu robić, zaczął rodzić w nim poważne wątpliwości. Obowiązek rutynowej pracy od dziewiątej do piątej w porównaniu do znacznie swobodniejszego życia aktora wydawał się złym wyborem. Po latach wspominał: *„Wie pan jak zostałem aktorem?Byłem w Los Angeles City College. Przyszedł do mnie kumpel ze szkoły teatralnej i powiedział: Clint, u nas na 30 czy 40 świetnych dziewczyn przypada tylko pięciu kolesi."*[15] W końcu, jak mówił jego przyjaciel Fritz Manes, czy można wyobrazić sobie Clinta Eastwooda jako bankiera lub agenta nieruchomości zajmującego się obliczaniem podatków?

Czasami musisz przegrać zanim w końcu wygrasz.

„Ambush at Cimmaron Pass"

(1958)

Idiota Prerii

Zemsta potwora - Lady Godiva

Francis in The Navy – Tarantula

Never Say Goodbye

The First Travelling Saleslady

Lafayette Escadrille

Ambush at Cimmaron Pass

Rawhide

Hollywood w latach pięćdziesiątych przechodziło zmiany. O ile w 1949 r. do kin chodziło średnio 87 milionów Amerykanów, rok później już tylko 60 milionów i liczba ta spadła do 20 milionów w końcu lat 60-tych. W Europie po wojnie kino zyskało nową stylistykę i nowe tematy, a w Ameryce produkcja filmów nie była zbyt ambitna. Czarna Lista senatora McCarthy'ego zmusiła do wyjazdu wielu artystów podejrzewanych o prokomunistyczne sympatie. „Polowanie na czarownice" nie ominęło również Charliego Chaplina, który został zmuszony do emigracji. Epoka Złotego Hollywood odeszła w zapomnienie. Ustawa antytrustowa zmusiła wiele wytwórni do pozbycia się własnych sal kinowych na rzecz niezależnych dystrybutorów, a coraz większą publiczność zaczęła zyskiwać telewizja. Gdy odeszli wielcy założyciele wytwórni tacy jak Sam Goldwyn czy Jack Warner, zastąpili ich nie posiadający żadnej wizji artystycznej księgowi i biznesmeni.

Najlepiej w nowej sytuacji radziła sobie wytwórnia Universal, która nie posiadała własnych sal kinowych. Wytwórnia produkowała niskobudżetowe komedie z serii „Abbott i Costello", musicale Deanny

Durbin, horrory (serie o Draculi i Frankensteinie) i westerny. Kiedy Abbott i Costello zaczęli tracić na popularności a Deanna Durbin przeszła na emeryturę, strategią studia stało się: inwestowanie w tanich i nieznanych aktorów w celu wykreowania z nich gwiazd, wykorzystanie możliwości filmowania w kolorze i w plenerach (szczególnie w przypadku westernów), oraz produkowanie tanich filmów (jak „Francis i muł Bonzo", czy serie o szympansie) stosując różne chwyty w celu przyciągnięcia widowni[16]. Kontrakty z wytwórnią podpisały takie sławy jak Doris Day, Lana Turner, Cary Grant, czy Alfred Hitchcock.

Universal stopniowo zaczynała inwestować w mającą duży potencjał produkcję telewizyjną. Powstał specjalny wydział Revue Studios, który zajmował się produkcjami tylko na mały ekran. W 1950 r. nauczycielka aktorstwa Sophie Rosenstein założyła Universal Talent School, która miała pomagać w rozwijaniu młodych talentów i pośredniczyć w umowach pełniąc rolę agencji. Adepci przy okazji pobierania lekcji podstaw aktorstwa mieli służyć wytwórni w epizodycznych rolach w jej produkcjach, pozować do zdjęć, a także towarzyszyć nowym uczestnikom w zdjęciach próbnych. Lekcje aktorstwa pobierali tam m.in. Rock Hudson, Tony Curtis, czy Mamie Van Doren.

Eastwood za namową przyjaciół postanowił spróbować sił w aktorstwie. W tym czasie naprzykrzała mu się lokatorka, która chciała, żeby pomalował ściany na klatce. Eastwood, który nadal utrzymywał się z administrowania budynkiem, tłumaczył jej, że jest zarządcą, a nie dekoratorem wnętrz. Ale jej ponaglenia doprowadziły go do refleksji: *„Masz dwadzieścia cztery lata i już się dość poniewierałeś przez życie licząc, że coś się trafi. Może bycie aktorem nie wypali, ale czemu nie spróbować"*[17] Swą urodą przypominał typ Gary Coopera lub Jamesa Stewarta, ale chęć zostania aktorem nie wzbudziła entuzjazmu w rodzinie Eastwooda. Jego żona Maggie – choć pracowała jako modelka - stwierdziła, że tego nie planowała. Jej rodzice zaczęli się zastanawiać, czy dobrze zrobiła biorąc ślub z człowiekiem o niepoważnych pomysłach. Również ojciec Eastwooda nie podzielał jego entuzjazmu: *„Nie bierz się za to gówno. Nie daj się wciągnąć w tą pułapkę o spełnianiu marzeń."*[18] Eastwood zapewniał, że zamierzał spróbować swych sił tylko przez pół roku, a jeśli to nie wypali, zacznie od nowa przerwane studia.

Nie wiedział jeszcze, że jego przyjaciel Irving Glassberg rozmawiał o nim z Arthurem Lubinem, aktorem a później etatowym reżyserem wytwórni od 1935 roku, w którego dorobku znalazły się takie filmy jak: „Upiór w operze", „Ali Baba i czterdziestu rozbójników" czy pierwsze komedie z serii Abott i Costello. Był też twórcą serialu „Ed, koń który mówi". Kiedy Lubin zobaczył Eastwooda na zdjęciach, był zaskoczony jego fizjonomią. Zaaranżował dla niego zdjęcia próbne, które polegały na przejściu przed kamerą i powiedzeniu paru zdań o sobie. Kilka dni później, kiedy Eastwood zobaczył swoje zdjęcia próbne powiedział: *„Wyglądało to całkiem nieźle, ale pomyślałem, że jeśli na tym polega aktorstwo, to mam kłopoty."*[19] Jednak nie wszyscy podzielali jego krytyczny stosunek do bycia aktorem - studio dysponowało przecież warsztatami aktorstwa.

26 kwietnia 1954 wytwórnia Universal podpisała z Eastwoodem kontrakt na okres 20 tygodni gwarantujący 75 dolarów tygodniowo, z czego spokojnie można było się utrzymać. Lubin, który był prywatnie gejem, wkrótce został jego agentem (czego nie zdradził swym współpracownikom) i na zdjęciach próbnych przekonywał komisję: *„Zobaczycie, że ten człowiek ma wspaniałe ciało i cudowny uśmiech. A jeśli nie wie jak grać, my go nauczymy."*[20] Patrick McGilligan w swej książce „Clint. The Life and Legend" sugeruje wręcz, że Eastwood zawdzięcza swój kontrakt wyłącznie wyglądowi i afektowi jakim darzył go Lubin. Ale nawet jeśli Eastwood nie był zdolny grać kwestii dialogowych, to przynajmniej kiedy stał i nic nie robił dobrze się prezentował.

Zajęcia w szkole trwały 5 dni w tygodniu, od dziewiątej do szóstej. Wśród lekcji były zajęcia z tańca, śpiewu i jazdy konnej. Eastwood tak wspomina czas spędzony na zajęciach: „*Zawód aktora wymaga odrobiny szaleństwa. Gotowości do każdej próby. Próbowałem więc wszystkiego. Inni przychodzili na zajęcia raz w tygodniu, a ja codziennie. Czułem, że jest mi to potrzebne. Wieczorem uczyłem się z innymi grupami i w końcu zacząłem rozumieć czym jest granie. To trzeba poczuć.*"[21] Choć prywatnie miał ujmującą osobowość - był wygadany i zabawny - kiedy przychodziło do występu publicznego robił się chłodny i sztywny. Chciał jednak wykorzystać szansę najlepiej jak potrafił. Przewodnicząca zespołu przedmiotowego Joan McTavish postępy Eastwooda oceniała następująco: „*Jak dotąd nasza współpraca z nim przebiega pomyślnie, zapowiada się na jednego z najbardziej sumiennych chłopców jakich kiedykolwiek mieliśmy. Jest wytworny, ambitny i skłonny do współprac Jest bardzo lubiany przez swoich kolegów ze względu na swoją dobrą naturę i zapał do nauki*"[22]

Eastwood często chodził na plany filmowe, by przypatrywać się grze aktorów. Był zaskoczony nieznajomością pracy przy filmie przez swoich kolegów. Jednak później, jak sam mówi: „*Coraz bardziej zacząłem się fascynować reżyserami, gdyż nie ulegało wątpliwości, że to oni kierują całym zespołem.*"[23] Zaczął też zaglądać do biur producentów, które znajdowały się na terenie wytwórni, gdzie proponował swoją pomoc na planie filmowym w dowolnym charakterze, dzięki czemu ludzie zaczęli go rozpoznawać. Mamie Van Doren, późniejsza seksbomba lat 50-tych, która również uczyła się tu aktorstwa, wspominała żartobliwie, że Clint: „*był zawsze prosty i bezpośredni – zawsze znał najprostszą i najbardziej bezpośrednią drogę do mojej garderoby.*"[24] Jednym z częstszych gości na planach filmowych był Elvis Presley, który kręcił swe rock&rollowe musicale w sąsiadujących halach. Eastwood, który zwykle nosił przy sobie filmowy rewolwer, wspomina: „*Presley uwielbiał wyjmować broń z kabury, więc zawsze ścigaliśmy się w jej wyjmowaniu. (...) Lubiłem go. Wyglądał na fajnego faceta. W tamtym czasie po studiu kręciło się dużo ludzi."*[25]

Jack Kosslyn czasami zapraszał na zajęcia uznane gwiazdy, które zdradzali tajniki aktorstwa. Wśród nich byli Marlon Brando i Rod Steiger, wyznawcy Metody Stanisławskiego, polegającej na motywacji wewnętrznej - pełnym utożsamieniu się z rolą, również w życiu prywatnym. Niektórzy byli nią zachwyceni, uważali że zwraca uwagę na aktora, co Eastwood skomentował: *„Zwraca uwagę jak pies liżący się po podbrzuszu"*[26]. Brando przekonywał studentów, *„żeby nie próbowali 'grać', ale przychodzili i pozwalali by 'to' się działo."*[27] Dla Eastwooda to miało sens: *„Brando nie chciał mówić o tym za dużo, bo jak sądzę, nie chciał intelektualizować. Myślę, że zawsze uważał aktorstwo za coś, czego nie powinien robić jako amerykański mężczyzna."*[28]

Znaczenie gestu, które podkreślał w swych lekcjach Michaił Czechow, bardziej przemawiało do Eastwooda, który wolał zajęcia z komunikacji niewerbalnej. Uczono tam aktorstwa reakcyjnego, gdzie jedna osoba wypowiadała swe kwestie spoza kadru, a druga miała na nie reagować mową ciała. Eastwood lubił później powtarzać na planach filmowych uzasadniając swoją grę, że Gary Cooper nie bał się zwyczajnie nic nie robić[29]. Jako studenci ćwiczyli sceny, gdy stojąc przed widownią z opuszczonymi rękoma po prostu byli. Nic więcej. Na początku było to dość krępujące. Po pewnym czasie uczyło to śmiałego patrzenia na ludzi i dojścia do stanu świadomości, gdzie nie paraliżuje już niepokój, co o nich myśli widownia. Minimalizm i oszczędność ruchów ułatwiały zachowanie ciągłości w graniu, kiedy przychodziło do powtarzania jednej sceny w wielu ujęciach i ich poszczególnych dublach, co było wadą Metody, której efekty najczęściej odczuwali montażyści.

Wśród zajęć fizycznych studenci uczyli się skoków i piruetów, co miało im pozwolić na lepszą kontrolę ich ciała, a także wzmocnić zręczność i równowagę. Dzięki temu mogli poruszać się pewnie i płynnie. Odbywały się też kursy jazdy konnej i nauki pływania, które Eastwood mógł tutaj doskonalić. Zajęcia z dykcji odbywały sie indywidualnie i tutaj miał największe problemy. Jego głos był cichy i zdarzało mu się jąkać (choć jąkanie przydało mu się później, kiedy grał młodego Rowdy'ego Yatesa, który często wpadał w tarapaty). Dlatego Eastwood w przyszłości będzie preferował cedzone przez zęby krótkie kwestie.

Pod koniec półrocznego kontraktu Bill Warren napisał: „*Clintowi najwidoczniej powiedziano, że posiada łatwość w obejściu Garry'ego Coopera. Usiłujemy włączyć tą naturalną cechę w jego siłę, męskość, autorytet i wszechstronność.*[30]" Uważano, że Eastwood rokuje pewne nadzieje, ale musi pracować konsekwentniej nad sobą, dlatego przedłużono mu kontrakt. Pierwszym filmem, do którego udało mu się dostać była opowieść o niebezpiecznym Gill Manie z amazońskiej dżungli „Zemsta potwora". Był to sequel „Potwora z czarnej laguny", kręcony w modnej wtedy technologii 3D. W filmie reżyserowanym przez Jacka Arnolda, niegdysiejszego aktora Universalu, Eastwood grał młodego laboranta asystującego doktorowi, granemu przez Johna Agara. W krótkiej scenie doktor szukał zaginionych szczurów z laboratorium, które jak się okazało ukryły się w kieszeniach fartucha laboranta. Była to jedna z niewielu mówionych ról Eastwooda, choć jego nazwisko nie pojawiło się jeszcze w napisach.

W sierpniu 1954 Eastwood przez trzy tygodnie brał udział w zdjęciach do filmu Arthura Lubina, „Lady Godiva". Na planie poznał Buddy'ego Van Horna, który kilkanaście lat później został jego dublerem, koordynatorem kaskaderów, jak i reżyserem trzech filmów. W lutym Eastwood spędził cztery tygodnie przy filmie „Francis in The Navy", gdzie jego nazwisko pojawiło się w czołówce na piątej pozycji. Grał tam jednego z marynarzy, a wśród obsady znaleźli się znajomi z wojska: David Jansenn i Martin Milner. „*W tamtych czasach powstawało wiele tanich produkcji klasy B. Zawsze grałem w nich młodego porucznika, albo laboranta, który wchodził i mówił: 'on wszedł tędy', 'tak właśnie było' albo 'panie doktorze, oto prześwietlenie', a bohater odpowiadał 'spływaj mały'.*"[31] Eastwood był bardzo pozytywnie nastawiony do kolejnego filmu „Tarantula", sądząc, że poszerzy on jego doświadczenie. W opowieści o gigantycznym pająku zagrażającym miastu grał pilota myśliwca, który w finale wystrzeliwuje pociski ratując miasto. Od rekwizytora otrzymał kask, gogle i maskę, więc w efekcie jego twarz przez cały występ była zakryta i nierozpoznawalna.

W „Never Say Goodbye", gdzie Rock Hudson grał zazdrosnego lekarza, Eastwood miał zagrać laboranta, który wręcza mu zdjęcia rentgenowskie. Reżyser Jerry Hopper zasugerował mu, by założył okulary. Kiedy trafił na model, w którym dobrze wyglądał w lustrze, zaczął się zastanawiać nad przyszłością swojej kariery. Być może gdyby był aktorem charakterystycznym miałby więcej ofert filmowych i nie zostałby zwyczajnie zaszufladkowany do ról laborantów i pilotów. Tuż przed rozpoczęciem sceny poznał się z Hudsonem, który zmierzył go wzrokiem i zapytał reżysera, gdzie są jego okulary. Uważał, że skoro grał lekarza, powinien je mieć. Hudson przejrzał te same pary, i w końcu uznał, że najlepsze będą te, które nosił Eastwood. W ten sposób możliwość zagrania charakterystycznej postaci została zaprzepaszczona. Co ciekawe, Hudson nigdy już później nie grał w żadnym filmie w okularach. Kontrakt Eastwooda z wytwórnią Universal wygasł 26 października 1955 i nie został przedłużony. Razem z nim wyrzucono ze studia Burta Reynoldsa. Eastwooda, jak głosi plotka, ponieważ jego jabłko Adama było zbyt duże. Reynolds, który pracował jako kaskader, został wyrzucony po tym jak wepchnął reżysera do basenu w czasie kłótni o to, jak należy wykonywać upadek. Reynolds później żartował do swojego kolegi: "*Ja nauczę się grać, ale twoje jabłko Adama to spory problem*".[32]

Eastwood rozglądał się za pracą aktora kontraktowego w wytwórniach Warner Bros., Columbia, Paramount i Twentieth Century Fox. Bez powodzenia. Udało mu się jedynie zagrać małe epizody w telewizyjnych serialach, m.in. jako członek gangu motocyklowego w „Highway Patrol" (którą dostał tylko dlatego, że potrafił jeździć na motocyklu, a producenci byli zbyt skąpi, by płacić kaskaderom); „Death Valley Days", „Navy Log". Pojawił się nawet w serii militarnej „West Point", bo w końcu przeszedł trening wojskowy. Ale scenarzyści nie przewidzieli zbyt dużo zajęć dla będącymi bohaterami kadetów. *„Problem z tym serialem polegał na tym, ze praktycznie kadetom nic się nie przydarzało. Maszerowali, szli do klas, grali w piłkę, uczyli się i szli spać. Zaczynaliśmy odcinek z jakąś mocną dramatyczną kwestią jak 'ukradłeś mi moje pranie'. Jak daleko można z tym pójść"*?[33]

Będący z nim w zażyłych stosunkach Arthur Lubin, który teraz pracował dla wytwórni RKO, zapewnił mu rolę w komediowym westernie „The First Travelling Saleslady", gdzie grali Ginger Rogers i Carol Channing. Clint zagrał tam oficera rekrutacyjnego, który miał kilka scen flirtu z Channing. W czołówce pojawiło się jego nazwisko z podpisem „po raz pierwszy na ekranie". Zagrał też pilota Dumbo poszukującego rozbitków po katastrofie lotniczej w „Escapade in Japan", do którego zdjęcia odbywały się w Japonii. Nie udało mu się jednak zawrzeć kontraktu z RKO, której właścicielem był Howard Hughes, bo wytwórnia została wkrótce zlikwidowana.

Eastwood przez prawie rok nie dostał żadnej oferty aktorskiej, więc zaczął się zastanawiać, czy nie powinien zmienić wyglądu. Zagrał w kilku reklamach telewizyjnych, między innymi linii autokarowej Greyhound. Aby jakoś móc utrzymać siebie i żonę, podejmował się prac fizycznych. Wraz z Billem Thompkinsem, Bobem Morrisem (który później zmienił nazwisko na Donner i za namową Eastwooda grał w filmach) i

George'em Fargo sprzątał fabrykę Mode Furniture, a w weekendy kopał baseny bogaczom, regularnie dzwoniąc do agenta z pytaniem czy pojawiły się nowe oferty (co się zdarzało bardzo rzadko). Gdy już dostał się na jakiś casting, spotykał tam kilkunastu mężczyzn o podobnym wzroście i wyglądzie, zdając sobie sprawę, że nie wybrano go na indywidualne spotkanie, lecz że producenci poszukują pewnego typu. Kolega przy kopaniu basenów mówił mu: *„Powinieneś być aktorem. Uda ci się, bo ludzie cię zauważają. Nawet jak idziemy do restauracji oglądają się za tobą. Eastwood odpowiadał: Pewnie myślą, że coś ukradliśmy. Zamknij się i kop."*[34] Nawet wtedy Eastwood był lojalny wobec przyjaciół. Kiedy Fargo pewnego dnia został zwolniony, Eastwood również się spakował rezygnując z pracy przy basenach. Zapytany przez kierownika o wyjaśnienia powiedział: *„Cóż, George jest moim przyjacielem i niem ma samochodu. Muszę go odwieźć do domu."*[35]

Odmiana losu nastąpiła przy filmie „Lafayette Escadrille" Arthura Wellman, dawnego pilota i pierwszego zdobywcy Oskara w historii za film „Skrzydła". Wellman chciał spośród aktorów grających pilotów eskadry wybrać jednego do roli księcia Sinclaire'a. Eastwood specjalnie oparł się o ścianę, by wydać się niższym. Wellman to zauważył i spytał ile ma wzrostu na co Eastwood odparł: *„Muszę spełnić warunki! Straciłem zbyt dużo cholernych ról tylko dlatego, że ktoś powiedział, że jestem zbyt wysoki, zbyt taki, czy owaki. Jestem tego wzrostu"*[36] – po czym się wyprostował. Wellman powiedział, że Sinclaire był najwyższym pilotem w eskadrze, więc choć raz wzrost zadziałał na korzyść Eastwooda. Chwilowo projektem zainteresował się Paul Newman, który chciał zagrać główną rolę, lecz zrezygnował gdyż nie podobał mu się scenariusz. Kiedy Newman się wycofał rolę Sinclaira dostał David Jansenn, który był od niego niższy. Wellman chcąc Eastwoodowi wynagrodzić zmianę nie wynikłą z jego decyzji, dał mu inną mniejszą rolę. Niestety film, który miał przynieść duże pieniądze, był wielką porażką a Wellman odszedł na emeryturę i nigdy już nie reżyserował.

Eastwood trafił jeszcze na plan westernu „Ambush at Cimmaron Pass". Reżyserem był Jodie Copeland, niegdysiejszy montażysta, który powiedział że dzięki swoim umiejętnościom, sprawi że 40 Indian będzie wyglądało jak 400. Eastwood później nie bez sarkazmu stwierdził, że w rzeczywistości Copeland powiedział: „*Sprawię, że czwórka tych Indian będzie wyglądała jak czterdziestka.*"[37] Film kręcony był w czarno-białym systemie Regalscope, nowej technice która ku niczyjemu zdziwieniu po roku zniknęła z rynku: „*Podczas scen dziennych obraz był tak jasny, że trzeba było zakładać okulary słoneczne by patrzeć na ekran. W scenach nocnych było tak ciemno, że nic nie było widać. Reżyser oczywiście chciał, żeby Indianie atakowali nocą.*"[38]

W scenariuszu w jednym z dialogów pada informacja, że konie zostały skradzione, co znacznie uprościło proces kręcenia. Ponieważ produkcji nie było stać na konie, nie byli też potrzebni kaskaderzy. Eastwood był obecny na ekranie przez większą część ekranowego czasu, co nie dziwi biorąc pod uwagę małą obsadę. Nakręcony w dziewięć dni western nazwał najgorszym filmem jaki kiedykolwiek widział. Grał tu drugą główną rolę, lecz po projekcji zawstydzony niskim poziomem, zaczął poważnie zastanawiać się czy nie skończyć z aktorstwem. „Ambush at Cimmaron Pass" był jego ostatnim kinowym filmem na najbliższe sześć lat.

Eastwood chciał się podciągnąć w zawodzie i zaczął uczęszczać na warsztaty aktorstwa Mercury Stage nauczyciela zlikwidowanej Universal Talent School, Jacka Kosslyna. W przerwie między swoimi etatami udał się na spotkanie z przyjaciółką swej żony do studia CBS. Znajomy mu kiedyś doradził, by wpadł czasem do studia spotkać się z kimś, kto być może przedstawi go komuś, kto być może załatwi coś ciekawego. Nie oczekiwano, by takie spotkania mogły wiele zmienić, jednak aktorzy zawsze żyją nadzieją, a mit odkrycia młodego talentu na ulicy pozostaje nieśmiertelny. Nie inaczej było w tym przypadku. Eastwood pragmatycznie stwierdził, że jeśli będzie często widywany, to ma większe szanse na angaż, niż gdyby figurował jedynie w bazie danych. Słyszał o tym, że studio kompletuje obsadę do nowego serialu westernowego poszukując starszych aktorów: *„Mój agent nie był na tle bystry, żeby sprawdzić, że szukano kogoś poza główną rolą w moim typie."*[39]. Kiedy więc stał na korytarzu czekając na przyjaciółkę, usłyszał za sobą pytanie: „Przepraszam, czy jest pan aktorem?" Był to Robert Sparks, ważna osoba w CBS, któremu Eastwood swoim wyglądem przypominał bardzo kowboja. Sparks zaprosił go do swojego gabinetu, gdzie wraz z Robertem Marquisem Warrenem, zwanym przez przyjaciół Bill, przedstawił mu ideę serialu.

„Gunsmoke" który powstał w CBS w 1952 początkowo jako słuchowisko radiowe, stał się sensacją telewizji. Wkrótce namnożyła się liczba podobnych seriali, a CBS chciało mieć kolejny, równie dobry. „Rawhide" miał opowiadać o grupie kowbojów, którzy z Teksasu pędzą bydło aż do kolei na północ. W każdym odcinku miało dochodzić do dramatycznych wydarzeń. I choć dysponowano pełnym dostępem do studia, zdjęcia miały być kręcone w większości w plenerach, by nadać historii więcej realizmu. Akcja nie toczyła się w pojedynczych miasteczkach z opustoszałymi uliczkami i w saloonach, lecz w otwartych przestrzeniach prerii. Nawet popularny „Dyliżans" nie oferował tylu plenerów.

Serial stanowił odwzorowanie świata przedstawionego w „Rzecze Czerwonej", ze stadninami bydła od Texasu po Abilene, co miało stanowić kręgosłup każdego odcinka[40]. Główny bohater Gil Favor był wzorowany na paternalistycznym Thomasie Dunsonie z filmowego oryginału, zaś buntowniczy Rowdy przypominał Matthew Gartha, adoptowanego syna Dunsona, lub też Cherry Valance'a, młodego rewolwerowca, który został przyjacielem Gartha. Jednym ze źródeł inspiracji serialu był również pamiętnik prawdziwego hodowcy bydła George'a C. Druffielda, który pędził trzytysięczne stado do Sedalii w stanie Missouri w roku 1866, czyli wtedy kiedy zaczyna się akcja serialu[41].

Zanim Eastwoodowi przypadła rola Rowdy'ego Yatesa, „idioty prerii", jak go czasem nazywał, musiał przejść przez zdjęcia próbne. Wręczono mu stronę solidnego dialogu do nauki na pamięć. Szybko zorientował się, że scenariusz zakłada nie tylko powtórzenie tekstu z pamięci, ale również wymaga podbiegnięcia w kierunku kamery i bycia zdenerwowanym. Wszystko oczywiście zagrane w kostiumie kowboja. Eastwood zauważył, że uczestniczy w finale przesłuchań - wraz z nim było jeszcze dwoje innych aktorów w podobnym wieku. Było zbyt mało czasu, by zapamiętać cały tekst, jednakże znajdowały się w nim trzy przejścia. Uznał, że jeśli wystarczająco opanuje przejścia i przedstawi zbliżoną wersję reszty napisanego dla niego tekstu, dostanie rolę. Technikę tę opanował jeszcze podczas zajęć w szkole aktorskiej, gdzie zachęcano studentów, by skupili się na emocjach, zamiast być perfekcyjnymi w zapamiętywaniu poszczególnych słów. Kiedy w sali projekcyjnej Warren przeglądał materiał z przesłuchań, bezkonkurencyjnie wybrał Eastwooda. Cisza, którą aktor wprowadzał przed wygłoszeniem kwestii, wprowadzała dodatkowy moment napięcia. Poza tym jego sylwetka świetnie się prezentowała w kowbojskim stroju. Jednym z kandydatów do tej roli był również Bing Russell (ojciec Kurta Russella), który zrobił później karierę w serialu „Bonanza"[42]. Jednak Warren nie potrzebował już oglądać innych.

Hilda Bohem, wdowa po Endre Bohemie, który nadzorował prace scenarzystów, była zdania, że Clint zawdzięcza angaż swojej chłopięcości: *„Zatrudniono go ze względu na jego wspaniały uśmiech. Jednakże na ironię* *zakrawa fakt, że całą swą późniejszą karierę Clint zbudował na nie uśmiechaniu się w ogóle. Ale w tamtych czasach miał w sobie ten chłopięcy, słodki urok, aż przyjemnie było na niego patrzeć"*[43]. Również kierownik CBS Hubbell Robinson wybrał Eastwooda z listy kandydatów, ponieważ był przystojny i „żarliwie młody"[44], co czyniło go odpowiednim człowiekiem do towarzystwa silnemu przywódcy, jakim miał być Gil Favor. Studio zarządziło, że jeśli pilot serialu wypadnie pomyślnie, natychmiast rozpocznie produkcję trzynastu odcinków. To, czego Clint najbardziej teraz potrzebował, to stabilna praca. Oczywiście stała ekspozycja bardzo pomogłaby mu w karierze, gdyż byłby lepiej znany publice i ludziom z branży. Nakręcony w Arizonie pilot został dobrze przyjęty i wkrótce rozpoczęto kręcenie dalszych odcinków. By dodać serialowi autentyczności na planie byli obecni prawdziwi poganiacze bydła, których Eastwood chętnie obserwował a następnie imitował.

Pierwszy odcinek, jak również kilka spośród kolejnych, reżyserował Bill Warren, ale było jasne, że nie będzie on jedynym reżyserem w historii tego serialu. Wśród innych reżyserów byli Andrew V. McLagen, czy Ted Post. Mimo, iż zdjęcia rozpoczęły się w sierpniu 1958 roku, to pierwsze odcinki serialu odłożono na półkę. Było to podyktowane polityką stacji, która nie chciała emitować kolejnego westernu w dość już ciasnym czasie antenowym. W szczytowym dla westernów roku 1959 w telewizji pokazywano około dwadzieścia trzy westerny tygodniowo: „Maverick", „Bonanza", „Wyatt Earp" i inne. Seriale takie jak „Gunsmoke", czy „Cheyenne" stanowiły jedną czwartą ramówki w godzinach największej oglądalności.[45]. Poza tym producentom „Rawhide'a" nie udało znaleźć się sponsorów. Postanowiono zaczekać, aż zostanie zapełniony blok reklamowy. Ekipa miała pozostawać w gotowości, gdyż w każdej chwili mogły rozpocząć się zdjęcia do dalszych odcinków.

Eastwood znów nie był pewny, czy kiedykolwiek uda mu się wybić. Powoli zaczynał godzić się z myślą, że po raz kolejny nic nie wyjdzie z jego planów bycia prawdziwym aktorem. Nie mógł nikomu pokazać swojego talentu zarejestrowanego na taśmach, gdyż serial nie był emitowany, a producenci nie zgodzili się udostępnić taśm z nagraniami przed emisją: „*Więc znowu byłem bez pracy i innych propozycji lepszych niż powrót do kopania basenów. Wiedziałem, że jeśli tylko jakiś producent mógłby zobaczyć moje nagrania, to nie byłbym bez pracy tak długo. Ale nie było wyjścia. Byłem gwiazdą, której nikt nigdzie nie widział. Nie byłem nawet do obejrzenia w montażowni. Byłem zamknięty w sejfie. Nieprawdopodobne.*"[46] Nie mógł też zająć się graniem w czymkolwiek innym, gdyż musiał być w każdej chwili dyspozycyjny, gdyby zdjęcia do serialu wznowiono. Okres ten był dla niego psychicznie bardziej niszczący niż wyrzucenie z Universalu czy rok na bezrobociu.

Podczas nerwowego oczekiwania na dalsze losy serialu udało mu się zagrać w jednym z odcinków popularnego serialu „Maverick". Tytułową rolę w tym serialu kreował James Garner, który czterdzieści lat później zagrał u Eastwooda w filmie „Kosmiczni Kowboje". W odcinku „Pojedynek w Sundown" Eastwood zagrał pewnego siebie i niebezpiecznego rewolwerowca, który wyzywa Mavericka na pojedynek. Była to najciekawsza z jego dotychczasowych ról, w której widać kreowany powoli styl enigmatycznego, małomównego twardziela. To w tym filmie po raz pierwszy palił na ekranie mocne cygara i cedził przez zęby swe kwestie. Ciekawostka jest, że piosenka, która śpiewa jedna z dziewczyn to ta, która Eastwood zaśpiewał później pijany w filmie „Za garść dolarów". „Pojedynek w Sundown" został dołączony do specjalnej edycji filmu „Bez przebaczenia" na dvd, dostępnej również w Polsce. Dodanie tego odcinka uzasadniono tym, że Eastwood kreuje młodsze wcielenie Williama Munny'ego, zabójcy kobiet i dzieci. Choć był to tylko zabieg marketingowy, to można dopatrzyć się analogii między dwiema postaciami.

W czasie świąt Bożego Narodzenia spędzanych u swoich rodziców w Piedmont, Eastwood dostał wymarzony prezent na Gwiazdkę. Dotarł do niego telegram od studia CBS informujący go, że serial został zaakceptowany do emisji w dobrym czasie antenowym - piątki wieczorem o 20-tej. Pierwszy odcinek wyemitowano dziewiątego stycznia 1959 roku. Nie wzbudził on oczekiwanego entuzjazmu wśród telewidzów - ot kolejny westernowy serial jakich wiele. Krytycy byli podobnego zdania. Na ekranach królowała wtedy „Bonanza". Familijna atmosfera udzieliła się również bohaterom „Rawhide", którzy na swój sposób przypominali rodzinę[47]. Telewizja kultywowała wtedy wartości rodzinne. Średnia klasa widziała w niej odbicie siebie samej. Upewniała się, że postępuje dobrze, unikając intruzów, awanturników czy generalnie odmieńców. Co ciekawe, kinowe filmy jak „Rzeka czerwona" przedstawiały w tych samych warunkach zupełnie przeciwne postawy. W przeciwieństwie do kina, serialowa rodzina, zarządzana niczym dobre przedsiębiorstwo mogła być instytucją na każdy sezon, a jej głowa-lider, był zdolny rozwiązać każdy problem, gdyż wszystko wiedział najlepiej.

Po trzech tygodniach emisji „Rawhide" trafił do pierwszej dwudziestki najchętniej oglądanych seriali i utrzymywał się tam przez cztery sezony. Kiedy w drugim sezonie by zyskać rodzinną widownię emisję przesunięto z piątkowego wieczoru o 20tej o pół godziny wcześniej, serial znalazł się w pierwszej dziesiątce i stał się czwartym z najdłużej produkowanych (siedem lat produkcji, w porównaniu do ośmiu lat serialu „The Virginian", czternastu „Bonanzy" i dwudziestu „Gunsmoke")[48]. Czarno-białą produkcję kręcono 6 dni w tygodniu po 12 godzin dziennie. Podobnie jak w przypadku innych telewizyjnych produkcji, sporo scen było kręconych na terenie studia, gdzie stały gotowe dekoracje miasteczka.

Ponieważ twórcom zależało na oddaniu epickiego charakteru i atmosfery przestrzeni prerii, ekipa często wyruszała w plener. Wynikało to w końcu z istoty fabuły, która wymagała, by kowboje pędzili swe bydło przez prerie. Tytułowa piosenka skomponowana przez uznanego dla gatunku kompozytora Dimitri Tiomkina, do której słowa napisał Ned Washington, stała się jedną z najczęściej nuconych melodii, nie tylko wśród fanów serialu (jako kultowa była również wykorzystana później w filmach „Blues Brothers" czy „Shrek")[49]. Popularność serialu była tak spora, że niektóre rodziny nadawały swym nowonarodzonym dzieciom imiona takie jak Rowdy czy Clint[50].

Sukces serialu pozwolił stopniowo rozwijać lakoniczny wizerunek Eastwooda i wprowadził aktora w hollywoodzkie kręgi towarzyskie. Sam Eastwood miał ambiwalentne podejście do serialu. Był dumny z tego, że wreszcie gra jedną z głównych ról. Często mówił: „moje show", „mój serial"[51]. Praca była komfortowa: miał zapewniony stały dopływ gotówki, możliwość poznawania nowych ludzi, ale również mógł korzystać ze sławy. Zdjęcia w plenerze należały do jego ulubionych dni zdjęciowych, gdzie z daleka od żony mógł swobodnie spotykać się z dziewczynami.

Jednak zbliżający się do trzydziestki aktor ciągle grał „gapowatego" nastolatka, i nie widział zbyt wielkiej możliwości rozwoju. Rowdy - z angielskiego łobuz, chuligan - nigdy nie miał okazji naprawdę narozrabiać. Jego postać musiała być zawsze słodka i budząca sympatię. Grał miłego chłopaka, w którym co prawda kochały się nastolatki, ale który nie miał możliwości pokazania swojego seksapilu. Nie ujawniano przeszłości głównego bohatera. Producenci uważali, że jest to nieistotne dla niezależnych od siebie cotygodniowych odcinków. Wiadomo tylko, że był w wojskach konfederackich, spędził jakiś czas w więzieniu u unionistów, a potem był poganiaczem bydła. Rola Rowdy'ego miała w zamierzeniu producentów przyciągnąć przed ekran te nastolatki, które raczej nie interesowały się westernami. Eastwood chciał grać silniejszy typ postaci - kogoś bardziej tajemniczego i bardziej niezależnego niż Rowdy. Zastanawiał się, czy nie byłoby ciekawie pokazać bohatera w sposób, w jaki zwykle się pokazuje złoczyńców, zaś złoczyńcy nadać cech bohatera. W kilku odcinkach to Rowdy inicjował akcję, w wielu grał ważną rolę w rozwiązaniu konfliktu, ale w większości epizodów jego aktorstwo ograniczało się jedynie do reagowania na działania innych. Eastwood zdawał sobie sprawę, że został wybrany do serialu ze względu na swój wygląd. W tym czasie często można było znaleźć go w siłowni, gdzie pracował nad swoją muskulaturą. Scenarzyści chętnie umieszczali w scenariuszu scenę, gdzie Rowdy zdejmował koszulę, a również dziennikarze często umieszczali takie zdjęcia w prasie, gdyż Eastwood nie miał zbyt wielu fascynujących zainteresowań, a w towarzystwie raczej się nie udzielał.

W sierpniu 1959 roku „TV Guide"[52] opublikował artykuł poświęcony Eastwoodowi, w którym pozował do zdjęć na sali gimnastycznej robiąc pompki. Młody gwiazdor namawiał czytelników, by dbali o swoje zdrowie, doradzał odpowiedni odpoczynek, a także optymizm życiowy. Sugerował również odpowiednią dietę: unikanie tłuszczów, napojów z nadmiarem cukru, spożywanie owoców i warzyw, a także witamin. Dziennikarze zauważyli, że w razie czego z powodzeniem mógłby zostać kaskaderem. Artykuły na jego temat najczęściej koncentrowały się na sprawności fizycznej. Wspominano w jakich filmach chętnie by go obsadzano, choć w rzeczywistości Eastwood mógłby tylko marzyć o takim wzięciu, jakie mu przypisywano. Poza tym rozpisywano się o jego szczęśliwym życiu rodzinnym. Eastwood z Maggie pozował na szczęśliwą parę, choć aktor często wspominał o swojej potrzebie prywatności i spędzania czasu samotnie. Znaczną część tego czasu poświęcał oczywiście na spotykanie się z dziewczynami: *„Pierwszy rok* *małżeństwa był straszny. Gdybym mógł cofnąć czas, chyba zostałbym na zawsze kawalerem. Lubię robić to, na co mam ochotę. Nie chce żadnego wtrącania się... Meg musiała nauczyć się jednego: lubię robić to, co chcę. Gdyby tego nie robiła, nie bylibyśmy małżeństwem"*[53] Jedna z dziewczyn kiedyś zamknęła się u siebie w domu nie chcąc go więcej widzieć. Eastwood wyłamał drzwi, żeby dowiedzieć się o co chodzi. Kiedy dziewczyna zarzuciła mu, że jest żonaty, Eastwood był zaskoczony. Zapytał tylko, czy nie czytuje gazet[54].

Choć aktor nadal pozostawał nieśmiały i niepewny w kontakcie z mediami, to potrafił wytworzyć w czasie wywiadu ciepłą atmosferę pełną intymności. Był świadomy przemijania sławy i tego, jak ważna dla jego kariery jest obecna chwila. Nie czuł się pewnie w sprawach „autopromocji", jednak angażował się jak mógł, by wspomóc rozwój swojej kariery. W wywiadzie z 1959 roku powiedział: *„Musisz się sprzedawać przez cały czas. Zupełnie jak akwizytor sprzedający artykuły gospodarstwa domowego. Musisz wierzyć w siebie w taki sam sposób, w jaki akwizytor wierzy w swój odkurzacz. Nie jest to łatwe, ale jeśli tego nie będziesz robić, nikt się nie pozna na twojej wartości. Na pokorę w Hollywood możesz sobie pozwolić tylko wtedy, kiedy jesteś gwiazdą."*[55]

Tymczasem wszystko wskazywało na to, że gościnne występy gwiazd miały być najważniejszą atrakcją „Rawhide'a". Regularni aktorzy byli pozostawieni sami sobie, robiąc czasem za tło. Stwarzało to okazje do samodzielnej pracy nad rolą, by zrobić coś interesującego i choć na chwilę skupić uwagę na sobie. Mając zagwarantowane zatrudnienie, Eastwood miał możliwość lekkiego eksperymentowania z postacią. Taka elastyczność pozwalała mu na rozwój. Kiedy oglądał dany odcinek i zauważył, że popełnił jakiś błąd, wiedział, że lepiej go nie powtarzać w następnym odcinku. Ale miał też pewność, że będzie następny odcinek. *„Praca dla telewizji to świetna szkoła, bo trzeba robić wszystko w zawrotnym tempie. Czasem gra się rzeczy, które nie są dobre. Z kolei inne odcinki są dobre.*

Pojawiają się nowi aktorzy. Stykasz się ciągle z nowymi pomysłami, nowymi reżyserami. I zaczynasz myśleć: Chciałbym grać jak ten facet. Gdy ktoś jest kiepski, myślisz: Jeśli dostanę podobną rolę, zagram to inaczej".[56]

Przez serial przewijali się nowi aktorzy, wśród nich weterani: Peter Lorre, Victor McLagen, Burgees Meredith; nowojorscy aktorzy: Julie Christie, Rip Torn, Kim Hunter, John Cassavettes; czy zdobywający pierwsze szczeble kariery: Charles Bronson, Lee Van Cleef, James Coburn (którzy jak Eastwood zagrali później w filmach Sergio Leone) i Jeff Bridges, który zagrał z nim później w filmie „Piorun i Lekka Stopa". Sam Eastwood twierdzi, że na planie serialu poznał każdy typ osobowości. Różny wiek, poziom doświadczenia, podejścia do pracy. Zapamiętywał sobie wszystkie zaobserwowane rzeczy, które mogły mu się przydać w rozwijaniu jego warsztatu. Reżyser Ted Post cenił u Eastwooda jego wrażliwość. Jego zdaniem na planie potrafił słuchać, i bardzo mu zależało na zrozumieniu roli.

Praca przy takiej produkcji jak „Rawhide" przypominała taśmową linię fabryczną: te same kostiumy, te same dekoracje. By uprzyjemnić sobie takie „fabryczne" życie Eastwood zaczął przypatrywać się poszczególnym odcinkom z punktu widzenia reżysera. Ci zmieniali się z odcinka na odcinek. Niezmienni pozostawali tylko odtwórcy głównych ról. Eastwood skwapliwie korzystał z niewątpliwej możliwości, jaką dawał serial w przeciwieństwie do kinowego filmu - porównanie stylów różnych reżyserów w krótkim czasie. Obserwując ich zapamiętywał sobie godne naśladowania posunięcia, jak również te, których należało unikać[57]. Tam też poznawał tajniki produkcji: dlaczego jeden rekwizytor pracuje lepiej, inny gorzej, w jaki sposób jeden operator robi lepsze zdjęcia od drugiego. Uczył się również, na czym polega bycie liderem. Dlaczego w jednym tygodniu ekipa przemieszcza się z jednego planu na drugi bardzo szybko, a w następnym ślimaczy się. Odpowiedzialność za to wszystko spadała na reżysera. Wielu z nich nie miało wielkiego doświadczenia. Ustawiali kamery i nie ingerowali w grę aktorską. Po nich przychodzili kolejni, którzy wykonywali swoje obowiązki lepiej lub gorzej i znów kolejni. Eastwood wspominał: *„Nigdy nie pracowałem z wielkimi reżyserami oprócz przypadku, gdy grałem u Williama Wellmana. Ale chodziłem na plany filmowe Hitchocka i Douglasa Sirka i ludziom podobała się ta praca. Potem były czasu serialu „Rawhide", które były świetne, bo pracowało się codziennie zamiast przychodzenia tylko na dwa dni zdjęć i oczekiwania na rolę przez pół roku."*[58] Aktorzy pozostawieni sami sobie musieli wypracować własny system kontroli swoich występów. W ten sposób Eastwood wykształcił w sobie świadomość „wewnętrznego oka", dzięki czemu mógł kontrolować swoją grę z punktu widzenia reżysera. Doświadczenie to było bardzo przydatne w jego późniejszych filmach, w których sam siebie reżyserował.

Ted Post przyznał, że reżyseria na planie tego serialu polega na „przerabianiu gówna na lody waniliowe". Jeden z reżyserów pracował w takim tempie, że ekipa postanowiła nadać mu przydomek CGP (od Cut-Good-Print, czyli Cięcie-Dobre-Skopiować)[59]. Bill Warren, twórca serialu ale też reżyser, był zdaniem Eastwooda powolny i ociężały. Nie rozumiał, że każda scena posiada swój własny rytm, co za tym idzie inny sposób filmowania. Nie kierował aktorami, a wydawał im rozkazy, dając do zrozumienia, że wszystko kontroluje. Łatwo dało się zauważyć, że jego stosunków z ekipą nie otaczała dobra aura. Nastawiał jednych ludzi przeciw innym. Mówił komuś, że się z nim zgadza, a następnie postępował zupełnie przeciwnie. Uważał, że jeśli nastawi Fleminga przeciwko Eastwoodowi i odwrotnie, zgodnie z zasadą „dziel i rządź", nie będą oni w stanie przeciwstawić się jemu.

Obaj aktorzy nie pałali do siebie wielką sympatią, ale na planie pozostawali w koleżeńskich stosunkach. Serial był przełomem dla obu. Jeśli idzie o Eastwooda, była to dla niego pierwsza okazja żeby pokazać, na co go stać. Jeśli idzie o starszego od niego o 5 lat Fleminga, była to jego ostatnia okazja na dokonanie czegoś dużego. Eastwood zazdrościł koledze łatwości w zapamiętywaniu rozległych kwestii, gdyż jemu przychodziło to z wielkim trudem. Zdawał sobie sprawę z własnych ograniczeń i tego że w przeciwieństwie do reszty obsady, sam kiepsko gra. Wielu aktorów osiągając pierwsze szczyty popularności rezygnowało z grania w słabych serialach, a potem miało problemy w znalezieniu angażu. Eastwood, pamiętając o czasie kiedy był bezrobotny, nie miał zamiaru rezygnować z powodu ambicji. Czynnik bezpieczeństwa odgrywał bardzo ważną rolę. Jego wynagrodzenie rosło, a kiedy serial się skończy, będzie mógł spokojnie czekać na dobrą rolę, zamiast desperacko chwytać się czegokolwiek: *„Pierwszym aktorem filmowym, jakiego poznałem w życiu, był Cornel Wilde. Miałem wtedy dwadzieścia kilka lat i dopiero zaczynałem. Pamiętam naszą rozmowę na jakimś przyjęciu. "Czym się zajmujesz?" - zapytał. "Próbuję zostać aktorem. Na razie studiuję" - odparłem. "Oszczędzaj pieniądze" - poradził mi kategorycznie. "Z czego? Nie mam ani grosza" - odpowiedziałem zgodnie z prawdą. On na to: "Ale kiedy już będziesz miał, natychmiast zacznij. Po to, żebyś w przyszłości nie musiał brać każdej chałtury, jaką ci zaproponują." Te słowa utkwiły mi w pamięci na całe życie."*[60]

Komfort jego życia istotnie się poprawił. Razem z Maggie przeprowadzili się do większego mieszkania. Budynek w kształcie litery U miał basen, przy którym spotykali się mieszkający w nim znajomi z branży filmowej. Nad garażem Eastwood zainstalował swoją siłownię. Razem z Maggie tworzyli szczęśliwe małżeństwo, o czym chętnie wspominano w prasie. Ponieważ cenił sobie niezależność, egzekwował sobie prawo do wolności. Wieczory spędzał najczęściej ze znajomymi, choć czasem użyczali mu oni swoich mieszkań do intymnych spotkań z dziewczynami. Małżeństwo było dla niego wygodnym zabezpieczeniem - gdyby sprawy zaszły za daleko zawsze mógł powiedzieć, że żyje w szczęśliwym małżeństwie: *„Nie chcę powiedzieć, że jestem pionierem ruchu feministycznego, ale zawarliśmy z żoną układ, że każde może robić co chce. Nigdy nie było tak, że miała siedzieć w domu i zajmować się tylko nim. Zawsze żywiliśmy szacunek dla indywidualności w naszym związku, nie jesteśmy jedną osobą."*[61]

Pewnego razu jeden z jego znajomych radził się jak postąpić - czy lepiej jest pokazywać się z dziewczynami w miejscach publicznych, czy raczej ich unikać. Doświadczony Eastwood odparł, że lepiej spotykać się w miejscach publicznych. Zawsze można powiedzieć, że to spotkanie biznesowe, lub że organizuje casting[62]. Dla Eastwooda spotkania z dziewczynami stały się nałogiem, który porównywał do palenia - jeden papieros, potem drugi i jeszcze kolejny[63]. Kiedy stał się znany na całym świecie i dużo podróżował, okazji przybywało. Richard Schickel wspomina w oficjalnej biografii o zdarzeniu, które miało miejsce w Paryżu: Eastwood po skończonym bankiecie jadąc windą pokazał mu trzy klucze do hotelowych pokoi, które jakieś kobiety wsunęły mu dyskretnie do kieszeni[64].

Może nie był szczególnie lojalny wobec Maggie, ale do dzisiaj mówi się o jego lojalności wobec przyjaciół. Jeszcze w czasach „Rawhide" pomagał młodym aktorom w zdobyciu filmowego doświadczenia poprzez udział w serialu. Namówił swojego znajomego z czasów kursu w Universalu, Boba Donnera, by spróbował swych sił na ekranie. Donner zagrał na tyle dobrze w jednym z odcinków, że zaproponowano mu udział w innych produkcjach. Do dziś wspomina, że jeśli ktokolwiek odmienił jego życie, z pewnością był to Clint Eastwood. Bill Thompkins również dzięki niemu dostał angaż do jednego z odcinków. Początkowo był dublerem Eastwooda, później wszedł w skład regularnej obsady jako Toothless (Bezzębny). Przydomek wziął się stąd, że Thompkins miał sztuczne zęby, które na potrzeby zdjęć mógł swobodnie wyjmować. Zagrał również małą rolę w filmie „Za garść dolarów" (1964), gdzie był również kaskaderem. Eastwoodowi coraz bardziej we znaki dawało się psychiczne zmęczenie rolą Rowdy'ego. Studio nie wyraziło zgody na jego udział w filmie kinowym, czy nawet na gościnny występ w jakimkolwiek innym serialu. Tłumaczono to chęcią unikania niepotrzebnych konfliktów ze sponsorami. Zamiast tego zachęcono go do wzięcia udziału w rodeo. Była to okazja dodatkowego zarobku 15 tys. dolarów od występu[65]. Znudzony Eastwood wraz z kolegą z planu Shebem Wooleyem pojawił się na kilku pokazach, gdzie również śpiewał i opowiadał dowcipy. Ale dzieciaki przybiegały oglądać Rowdy'ego a nie Clinta Eastwooda. Późną zimą 1962 roku Eastwood, Fleming i Paul Brinegar polecieli na promocję do Japonii, gdzie serial cieszył się olbrzymią popularnością, a ich przybycie w mediach było porównywalne z wizytą Beatlesów w Stanach. Na lotnisku witało ich osiem tysięcy wielbicieli[66]. Eastwood już wtedy wykazywał się sporym dystansem do siebie i potrafił zjednać sobie dziennikarzy. Żartował, że japoński dubbing z pewnością jest lepszy od jego znajomości angielskiego. Kiedy jeden z dziennikarzy zapytał aktorów, który z nich jest lepszy w strzelaniu, Fleming powiedział: *„Eastwood jest naprawdę szybki w wyjmowaniu rewolweru z kabury, ale niezbyt dobrze się kontroluje. Ja jestem wolniejszy, ale doskonale kontroluję swoje ruchy."* Na co Eastwood odparł śmiejąc się: *„Jak możesz mówić, że masz doskonałą kontrolę, skoro nie korzystamy z prawdziwej broni?"* Na pytanie czy naprawdę jest dobry w obchodzeniu się z taką ilością bydła odpowiedział: *„Wolałbym obchodzić się z trzema tysiącami kobiet zamiast bydła"*[67]. Posyłał całusy do fanów i uśmiechał się, choć jego popularność była znacznie mniejsza niż Fleminga.

Działania te w żaden sposób nie mogły pchnąć jego kariery do przodu. Publika zdążyła go już poznać i polubić. A jemu zależało na rozwoju. Znany w kręgach miłośników country jako serialowy kowboj miał wyrobiony grunt, by spróbować swych sił w piosenkach. Popularnym zwyczajem było lansowanie wśród nastolatek przebojów śpiewanych przez ich idoli ze srebrnego ekranu. Zachęcony do zrobienia czegoś nowego, Eastwood nagrał singiel „Unknown girl of my dreams", który nie stał się wielkim hitem. Piosenka była typową papką o idealizowaniu dziewczyny z marzeń, za którą się tęskni. Płyta nie różniła się niczym od setek jej podobnych wydanych w tamtych czasach. Nagrał jeszcze kilka innych piosenek, które zostały wydane jako długogrający krążek „Rawhide's Clint Eastwood Sings Cowboy Songs". Jego chłopięcy baryton mógł mile zaskoczyć jego publiczność, ale nagrań tych nie sposób było traktować poważnie. Stacjom telewizyjnym zależało na kreowaniu wizerunku idoli, dlatego też celem grającego młodziutkiego Rowdy'ego miały być rzesze nastolatek wpatrzonych maślanym wzrokiem w plakat nad swoim łóżkiem. Jedynym sukcesem nagrań było ukazanie Rowdy'ego w głębszy sposób - scenariusze nie ujawniały tej części jego romantycznej duszy, jaką zawarto w piosenkach. Jeśli więc Eastwood chciał pogłębić charakter swojej postaci, osiągnął to nie poprzez ekran, lecz winylowe płyty.

Producenci również kierowali się wizerunkiem, jaki kreował w serialu, w rozmowach z nim, uważając go za miłego i niegroźnego gościa. Eastwood stwierdził, że nawet on musi czasem wybuchnąć. Na łamach „Hollywood Reporter" zapowiedział, że skoro nie ma możliwości pracy w USA, wyjedzie do Europy: *„Może mnie postrzegają jako nieśmiałego, ale mam propozycje z Rzymu i Londynu. Nie blefuję."*[68] Przekonywał, że to zapewni mu więcej pieniędzy w ciągu roku, niż trzyletnia praca nad serialem[69]. W rzeczywistości historia z Europą była wielkim blefem. Tymczasem serial spadł z listy TOP25, a stacja zgodziła się na jego gościnny występ w serialu o gadającym koniu „Mr. Ed", żeby przysporzyć „Rawhide'owi" dodatkowej reklamy. Eastwood zgodził się pod warunkiem, że nie będzie musiał grać kowboja. Scenariusz pisała Sonia Chernus, która później stała się stałą współpracowniczką Eastwooda. Ostatecznie zagrał samego siebie, co oznaczało że przez środowisko został uznany za telewizyjną gwiazdę (tak jak pojawiający się w gościnnych występach Bob Hope, John Wayne czy Frank Sinatra). Fabuła wyglądała tak, że nowym sąsiadem głównych bohaterów został Clint Eastwood, aktor grający kowboja w „Rawhide". Ed, tytułowy koń, był zazdrosny o Midnight, konia Eastwooda, gdyż czuł się przy nim jak pudel. Intryga Eda miała na celu zmuszenie Eastwooda do wyprowadzenia się z sąsiedztwa. Przewrotnym sposobem, bo odnoszącym się do zawodowego życia aktora, było odebranie przez Eda telefonu od amerykańskiego producenta. Oferował on Eastwoodowi rolą w pełnometrażowym filmie, na co Ed imitując Eastwooda odpowiedział: „nie stać cię na mnie, ty tania stara torbo". Oczywiście filmowy Clint nie dostał tej roli. W podobny sposób Ed pozbył się dziewczyny Eastwooda informując ją, że ten od roku już obiecuje ślub jego córce. Ostatecznie w finale Eastwood oświadcza, że zmienia konia, gdyż jego Midnight wyjeżdża do pracy za granicą. Wszystkie odcinki, jak również i ten, reżyserował Arthur Lubin, a sam serial nadal cieszy się sporą popularnością i co jakiś czas jest emitowany w stacjach telewizyjnych. Jednak występ nie był w stanie ani zaspokoić ambicji aktora, ani też pchnąć do przodu jego kariery. Gościnne występy gwiazd w serialach zwykle ukazywały ich jako miłych, zwyczajnych ludzi. Była to więc jedynie okazja do szerokiego zaprezentowania się oraz podkreślenie swojego statusu. I zdawało się, że już na zawsze pozostanie gwiazdą małego ekranu.

By choć na trochę odejść od rutyny gry Rowdy'ego, Eastwood szukał różnych sposobów. Podczas zdjęć w Paso Robles, zainspirowany niezwykłymi krajobrazami udał się do Warrena z prośbą o przenośną kamerę. Miał zamiar wsiąść z nią na konia i nakręcić zdjęcia wśród zwierząt, porobić zbliżenia, których kamera na statywie nie była w stanie wykonać. Eastwood obiecał, że nagra świetne ujęcia, które znacznie ożywią akcję. Wyruszył w plener wyposażony w kamerę i przywiózł ze sobą ambitne ujęcia, lecz nigdy nie zostały wykorzystane. Nie dając za wygraną wyszedł z inicjatywą wyreżyserowania jednego z odcinków serialu, w którym grał. Jednakże odmowa była równie wyraźna. Powołano się na precedens, kiedy jeden z aktorów przy innym serialu również wyskoczył z podobną propozycją, w efekcie czego zdjęcia przedłużyły się o dwa dni, co spowodowało ogromne wydatki. Od tamtego czasu nie pozwalano aktorom reżyserować odcinków, w których sami występowali.

Wszystko musiało być robione w ten sam sposób. Jeśli serial odnosił sukces, po co go zmieniać? Mentalność producentów była bardzo prostolinijna. Po zakończeniu pierwszego sezonu, kiedy odszedł Bill Warren, producentem został dotychczasowy koordynator scenariuszy Endre Bohem, pracujący przy serialu od samego początku. W latach 1961-1962 serial zaczął tracić popularność, wypadł z pierwszej dziesiątki. Następne sezony były coraz słabsze. Co roku kto inny pełnił rolę producenta, co roku wprowadzano drobne zmiany: częstsze korzystanie z gościnnych występów - rzadsze z nich korzystanie, więcej zdjęć w plenerze - mniej zdjęć w plenerze, więcej dowcipu – więcej powagi. Brak konsekwencji i kręcenie się w kółko nie mogły wyjść produkcji na dobre, podobnie jak kopiowanie ogranych westernowych schematów. W sezonie 1963-1964 postać grana przez Erica Fleminga robiła się coraz mniej wyrazista, Gil Favor tracił swój autorytet jakim otaczano liderów. Nie był w stanie wypełnić swego obowiązku, którym było udźwignięcie serialu. A Eastwood nie miał zamiaru przejmować roli Fleminga, który był na słabnącej pozycji.

Zaangażował się w romans z dwudziestodziewięcioletnią Roxanne Tunis, która czasem udzielała się na planie serialu jako dublerka, czy rzadziej jako aktorka. Negocjował dla niej role i honoraria, ale dawał to zrozumienia, że nie odejdzie od żony. Rozwiedziona Roxanne imponowała mu swoją niezależnością i stała się jego nieodłączną przyjaciółką, bez której nie mógł obyć się na planie. Ściągał ją tam, nawet wtedy, kiedy nie była potrzebna przy produkcji. Jesienią 1963 okazało się, że jest z nim w ciąży. Dyskretnie wycofała się z jego życia. Obawiając się jego reakcji nie informowała go dopóki Kimber nie skończyła roku. Nieślubna córka urodziła się 17 czerwca 1964.

Zimą 1963 roku Ericowi Flemingowi zaproponowano rolę we włoskim westernie „Wspaniały nieznajomy", który byłby kręcono w Hiszpanii. Flemingowi, który ostrzył sobie zęby na karierę w hollywoodzkich filmach oferta wydała się dziwna, a pieniądze śmieszne. Poza tym nie miał zamiaru pracować w czasie urlopu, a na najbliższy rok miał podpisany kontrakt na serial. Fleming poprzez swego agenta przekazał ofertę Włochów Eastwoodowi. Europejska koprodukcja potrzebowała aktora o wyglądzie Amerykanina do zagrania głównej roli w westernie. Musiał być na tyle rozpoznawalny, by przyciągnąć międzynarodową widownię, lecz równocześnie jego honorarium nie mogło być zbyt wysokie. Reżyserem miał być niejaki Sergio Leone.

Eastwood po wstępnych obawach przyjął propozycję i wyjechał z kraju na kilka tygodni. W czasie kiedy był w Hiszpanii, Roxanne Tunis powróciła do swojego męża. Gdy Eastwood po zagraniu w filmie Leone wrócił do Ameryki, Roxanne pokazała mu Kimber. Nie naciskała na niego, by częściej je odwiedzał. Niewielu znajomych Eastwooda wiedziało o tym związku, choć kiedy odwiedzał córkę to wychodził z nią na spacery. Regularnie łożył na jej utrzymanie a Roxanne zobowiązała Kimber do milczenia, by nie zaszkodzić Eastwoodowi w karierze. Kimber wspominała, że jako ojciec Eastwood był zawsze w pobliżu, kiedy go potrzebowała, choć koledzy uważali ją za wariatkę, kiedy mówiła że Eastwood jest jej ojcem. Kiedy miała szesnaście lat, zapytał ją jaki jest jej ulubiony kolor. Odpowiedziała, że żółty. Jakiś czas później dostarczono jej pod dom żółtego Chevroleta Camaro. W roku 1984 Kimber dostała pracę w biurze produkcyjnym filmu „Lina", w którym Eastwood grał główną rolę.[70] Kiedy doszło do jego głośnego rozstania z Sondrą Locke w 1989 roku, Kimber udzieliła pierwszych wywiadów w prasie, a Eastwood wycofał się z jej życia. Obwiniała go później o brak pomocy, gdy jako nastolatka została matką, a także za brak wsparcia jej ambicji, gdy chciała zostać aktorką. Swojego syna nazwała Clinton, by nosił takie samo imię jak jej ojciec.

W 1964 roku Eastwood wyjechał ponownie do Hiszpanii, by zagrać w drugiej części filmu Leone pt. „Za kilka dolarów więcej". Tymczasem na planie serialu „Rawhide" działo się coraz gorzej. W przerwie między sezonami nowym producentem został Ben Brady. Przyleciał na plan filmowy do Hiszpani, by porozmawiać z Eastwoodem, który czuł się już zbyt dojrzały, by nadal grać rolę 22-latka kopiącego nogą kamienie. Również grający główną rolę Eric Fleming czuł zmęczenie serialem. Należało go wręcz zmuszać do gry. Pierwszą decyzją nowego producenta miało być zwolnienie Erica Fleminga i wypromowanie Eastwooda na głównego bohatera serialu, na co ten odparł, że nie ma mowy. Nie zgodził się na zwalnianie Fleminga i dodał, że sam nie jest zainteresowany dalszym graniem. Ponieważ produkcji na nim zależało, Eastwood wynegocjował korzystny dla siebie kontrakt: gwarantowano mu wynagrodzenie za cały sezon, nawet w wypadku nie nakręcenia wszystkich odcinków.

Po powrocie z Hiszpanii Rowdy Yates stał się głównym bohaterem „Rawhide". Kiedy notowania serialu wciąż spadały, pojawiła się propozycja filmowania w kolorze. Ale CBS nie chciało rozpoczynać kolorowej produkcji, bo musieliby zrobić więcej odcinków żeby koszty się zwróciły. Poza tym nie posiadali w archiwum ujęć kolorowych materiałów z przeganianiem bydła, więc musieliby kupić lub nakręcić nowe. Kolejną zmianą w produkcji było zaangażowanie do obsady Johna Irelanda, grającego w pierwowzorze serialu - „Rzece Czerwonej" (1948) Cherry'ego Valance'a. Pierwszym czarnoskórym w historii, który miał regularną rolę w serialu został Raymond St. Jacques. Eastwood tymczasem dostał propozycję zagrania prokuratora Harveya „Dwie Twarze" Denta w serialu „Batman", ale projekt został zawieszony nim ruszyła produkcja.

Gdy Eastwood wrócił do Stanów po nakręceniu trzeciego spaghetti-westernu, zszokowały go wieści o śmierci Erica Fleminga w Peru. 41-letni aktor kręcił dla telewizji film "High Jungle". Kanoe, którym płynął Fleming przewróciło się i spłynęło w dół rzeki, a jego ciało odnaleziono dopiero po dwóch dniach. W końcu to nie zmiany obsadowe przyczyniły się do upadku serialu, lecz zmiana pory nadawania. Z regularnych piątkowych emisji serial zaczął konkurować z wtorkowym "Combat". Po trzynastu odcinkach produkcję zawieszono, ostatni odcinek został wyemitowany siódmego grudnia 1965. Wątek żadnego z bohaterów serialu nie został domknięty, tak samo jak na początku żadna z postaci nie miała swojego wprowadzenia. Eastwoodowi nakreśliło to perspektywy i upewniło co do planowanego kroku o założeniu wytwórni. Tylko w ten sposób będzie mógł bezpiecznie zarabiać. Jako producent będzie miał wpływ na swoje filmy.

Gdy człowiek
ma pieniądze
w kieszeni zaczyna cenić
sobie pokój.

„Za kilka dolarów więcej"
(1965)

Człowiek Bez Imienia

Za garść dolarów - Za kilka dolarów więcej

Czarownice - Dobry, Zły i Brzydki

Eastwood twierdzi, że obok jazzu western jest jedynym czysto amerykańskim gatunkiem[71]. Stany Zjednoczone mają krótką, bo zaledwie ponad dwusetletnią historię, potrzebowały zatem legend, który by wiązały wspólnotę. Western jako gatunek jest tak stary jak samo kino - dwa lata po wynalezieniu przez braci Lumiere kinematografu, w Stanach zaczęto pokazywać pierwsze kilkuminutowe filmy z Dzikiego Zachodu. W przeciwieństwie do filmów o gladiatorach czy rycerzach, prawdziwi rewolwerowcy z Dzikiego Zachodu często pomagali przy tworzeniu filmów (najchętniej tych, które współtworzyły ich mit). Byli wykorzystywani nie tylko jako konsultanci, ale również jako statyści, kaskaderzy, trenerzy czy nawet aktorzy. Western miał aspiracje opowiadać historię Ameryki, jednak zawsze ją idealizował. Czesław Michalski twierdzi, że: *„Dziki Zachód w westernie musi pozostać mieszaniną legendy, prawdy historycznej i doraźnych fałszów, dyktowanych modą, kalkulacją producentów czy ambicjami twórców i sławnych aktorów."*[72] Klasyczne westerny pielęgnują takie cnoty jak męstwo, przyjaźń, lojalność, czy wierność ideałom. Gatunek ten słynie z etyki, bazującej na doświadczeniach pierwszych Amerykanów, w której unikano konfliktów wartości opowiadając się za prostym podziałem świata. O ile dla Amerykanów westerny opowiadały historię ich wspólnoty, poza Stanami w filmach tych widziano wartości przede wszystkim rozrywkowe. Były to w końcu bardzo uniwersalne opowieści o walce dobra ze złem, przekazane w egzotyczny dla Europejczyków sposób. Filmy powstawały na pustyniach Kalifornii w pobliżu Hollywood, rzadko w Teksasie czy Arizonie. Jednak najczęściej realizowano je w tak zwanych „back lotach", czyli w dekoracjach zbudowanych na terenie wytwórni. Pozwalało to na dużą wygodę, gdyż na jednym planie zdjęciowym mogło powstać kilka filmów, których rocznie kręcono kilkadziesiąt. Do tej liczby doszła wkrótce produkcja telewizyjnych seriali, która szczególnie rozkwitła w połowie lat 50-tych.

„W samo południe" Freda Zinemanna zyskało cztery Oskary i - podobnie jak „Rio Bravo" Howarda Hawkesa czy „Siedmiu wspaniałych" Johna Sturgesa - było olbrzymim sukcesem kasowym. Gatunek ten jednak stawał się coraz bardziej skostniały w swych schematach, eksploatowanych jeszcze dodatkowo przez telewizyjne seriale, które szczególnie go ugładzały. Telewizję oglądało się całymi rodzinami. Seriale nie mogły zatem epatować ukazywaniem przemocy i okrucieństwa, a wręcz przeciwnie. Jak zauważył Sir Christopher Frayling[73], w okresie od 1950 do 1963 roku liczba westernów produkowanych w Stanach Zjednoczonych zmniejszyła się z 150-ciu do 15-tu rocznie. Kino stanęło do walki z telewizją i zaczęło jej ustępować miejsca, również w dziedzinie westernu. Tymczasem we Włoszech, gdzie telewizja była jeszcze mało popularna (a na południu Włoch nie było jej wcale), do kina chodziło się dwa razy w tygodniu. Gadatliwi Włosi mieli specyficzny sposób spędzania czasu w kinie, przypominający wyjście do kawiarni, gdyż w trakcie projekcji żywo się dyskutowało. Publiczność była wyrobiona i wybredna - śmiała się z Johna Wayne'a i jego „rycerskich" filmów.

W Niemczech już w latach 20-tych rozpoczęto kręcenie westernów, przy czym kierowano się dwojakim podejściem: imitowano western dobierając plenery łudząco podobne do amerykańskich, bądź też adaptowano schemat fabularny do przygodowych i sensacyjnych filmów.

Natomiast po II wojnie światowej, z racji ograniczeń importowych, oryginalny amerykański western całkowicie zastąpiły tzw. ersatz-westerny - przeróbki amerykańskich i adaptacje książkowych powieści. Kręcono je najczęściej w plenerach Jugosławii lub Hiszpanii, które były łudząco podobne do amerykańskich krajobrazów Teksasu i Arizony. Ich sukces na skalę europejską przyczynił się do zainteresowania tym tematem kinematografii włoskiej. Pomijając filmy Felliniego, Pasoliniego czy Roseliniego, które miały określoną widownię, Włosi w tym czasie realizowali widowiska dla masowej publiczności, tzw. „peplum". Zaliczały się do nich zarówno filmy o rzymskich legionistach, jak i mitologicznych herosach walczących z potworami. Western miał się stać kolejnym gatunkiem zapewniającym włoskiej kinematografii sukcesy. Okolice leżącej na południu Hiszpanii Almerii, która przypominała meksykańskie plenery, stały się Mekką dla włoskich filmowców tworzących gatunek nazwany wkrótce spaghetti-westernem.

Pierwszy z nich powstał dopiero w roku 1963. „Minnesota Clay" Sergio Corbucciego został nakręcony w scenerii amerykańskiego miasteczka pionierów, zbudowanej w Almerii jeszcze przez niemieckich filmowców. Włoskie przepisy wymagały, by część zdjęć powstawała w rodzimym kraju. Dlatego wkrótce pod Rzymem pojawiły się dekoracje, które później służyły kolejnym produkcjom. Filmy jednak w większości kręcono w Hiszpanii nie tylko ze względu na jej atuty krajobrazowe. Jak wspomina włoski producent Alberto Grimaldi[74], brak związków zawodowych za dyktatury Franco powodował, że koszty produkcji były czterokrotnie niższe niż we Włoszech. W efekcie boomu na western włoskie firmy wytwarzające rekwizyty do historycznych widowisk musiały przestawić się z sandałów na kowbojskie buty.

Dla wychowanego na amerykańskich filmach Sergio Leone Ameryka była ekwiwalentem religii. Chłonął ją z filmów gangsterskich i westernów, których bohaterowie stali się dla niego idolami. Jego wiara w ideał Ameryki pełnej ludzi honoru została zburzona, gdy do pokonanych w wojnie faszystowskich Włoch wkroczyli amerykańscy żołnierze a ich zachowanie nie było zgodne z jego wyobrażeniami. Leone już za młodu kręcił się po planach filmowych. Jako chłopiec na posyłki był świadkiem powstawania włoskiego neorealizmu na planie „Złodziei rowerów" Vittorio de Siki. Pracował także przy kręconych przez Amerykanów we Włoszech filmach kostiumowych takich jak „Quo Vadis" czy „Ben-Hur", jak również ich włoskich odmianach, wspomnianych już "peplum". Tanimi efektami filmy te stwarzały wrażenie podniosłych widowisk. Wkrótce Leone sam zaczął kręcić filmy w tym nurcie. Jego pierwsze reżyserskie dokonania: „Ostatnie dni Pompei", czy „Kolos Rodyjski" były wątpliwymi osiągnięciami, ale na pewno nauczyły go warsztatu, a także zabawy filmowymi konwencjami.

W święta Bożego Narodzenia 1963 roku Leone udał się do rzymskiego Arlecchino, gdzie wyświetlano „Straż przyboczną" Akiry Kurosawy. Japoński film wzbudził w nim podziw i polecił go obejrzeć wszystkim swoim współpracownikom uważając, że fabuła tego filmu to świetny materiał na western. W końcu Kurosawa tworząc swe historie o samurajach inspirował się nie czym innym jak właśnie amerykańskimi westernami. Andrew Sarris, autor książki „The Spaghetti Westerns", zauważa podobieństwo doświadczeń powojennych, które mogły mieć jednakowy wpływ na Leone i Kurosawę. W ich filmach bohaterowie są bardziej egzystencjalni, niż transcendentalni, gdyż Włochy i Japonia zostały pokonane w II wojnie światowej: *„Kurosawa i Leone podzielają sentymentalny nihilizm, który stawia przetrwanie ponad honorem i zemstę ponad moralnością. Stąd też bohaterowie ich filmów są bardziej przebiegli niż ich amerykańscy odpowiednicy."*[75]

Leone swym filmem pragnął przeciwstawić się amerykańskiej mitologii. Chciał pokazać pesymistyczną wizję Dzikiego Zachodu, w której trudno było wytyczyć granice między dobrem a złem, nie mówiąc już o prostych rozstrzygnięciach moralnych. Całość miała być przystrojona nostalgiczną otoczką, jaką Leone zapamiętał ze swojego dzieciństwa, kiedy oglądał amerykańskie filmy, a także dużą dawką czarnego humoru, co miało przyciągnąć publiczność. Leone chciał też wnieść do filmu trochę włoskiej commedia dell'arte, bo „Straż przyboczna" Kurosawy była inspirowana komedią Goldoniego „Sługa dwóch panów". Jego wizja była daleką od amerykańskich filmów pełnych idealnych bohaterów: *„Świat prawdziwego Zachodu był światem przemocy, strachu i instynktu... życie nie było miłe ani poetyckie. Przynajmniej nie w dosłownym znaczeniu. Prawo należało do najsilniejszego, najokrutniejszego i najbardziej cynicznego."*[76]. Ambitny reżyser zamierzał połączyć surowość włoskiego neorealizmu z poetyką kina niemego, by uwydatnić okrucieństwo świata.

Mickey Knox[77], Amerykanin zajmujący się organizacją dubbingu do włoskich filmów, wspomina, że Leone obejrzał „Straż przyboczną" może setkę razy. Postarał się nawet o specjalną kopię filmu, którą wyświetlał na swoim stole montażowym podczas pracy nad scenariuszem. W istocie Leone adaptując japoński film na włoski western postąpił podobnie jak John Sturges, który na podstawie „Siedmiu samurajów" nakręcił „Siedmiu wspaniałych" - amerykański western w gwiazdorskiej obsadzie. Remake ten odniósł olbrzymi sukces. Co więcej, Leone do swojego westernu zamierzał zaangażować grającego w „Siedmiu wspaniałych" Charlesa Bronsona lub Jamesa Coburna - potrzebował amerykańskiej gwiazdy, by przyciągnąć widownię. Jednakże budżet nie wystarczał na pokrycie gaży żadnego z wspomnianych gwiazdorów. Bronson mówił: *„Scenariusz był tak fatalny, że go odrzuciłem. Był to najgorszy tekst jaki czytałem. Nie wiedziałem wtedy, że scenariusz nie ma znaczenia, bo* *chodziło o sposób w jaki Leone reżyseruje."*[78] Również James Coburn odrzucił tekst, bo nie słyszał nic dobrego o włoskim kinie. 15 tysięcy dolarów nie było kuszącą propozycja także dla Henry'ego Fondy. Zresztą nie mogli oni poważnie traktować oferty nieznanego włoskiego reżysera, który chciał kręcić western, a zatem amerykańską specjalność. Propozycję składano wielu amerykańskim aktorom, m.in. Ericowi Flemingowi, gwiazdorowi serialu „Rawhide", który natychmiast ją odrzucił. Oferta dotarła do również grającego w tym serialu Clinta Eastwooda. Kręcony od 1959 roku „Rawhide" opowiadał o poganiaczach bydła, w którym Eastwood grał Rowdy'ego Yates'a - młodzieńca wiecznie wpadającego w tarapaty. Po pięciu sezonach trzydziestoczteroletni aktor czuł się już zmęczony swą mało ambitną rolą i szukał odmiany. Początkowo nie był zupełnie zainteresowany propozycją Leone, sądząc że europejski western to jakiś dowcip, lecz namówiony przez agenta przeczytał scenariusz. Kontrakt serialu „Rawhide" nie pozwalał mu na udział w filmach w Ameryce. Nie zabraniał jednak udziału w produkcjach w Europie.

Scenariusz filmu „Wspaniały nieznajomy" - gdyż taki tytuł początkowo nosił projekt Leone - wydał się Eastwoodowi zbyt brutalny jak na przyzwyczajenia amerykańskiej widowni. Instynktownie czuł, że film może być ciekawym doświadczeniem. Postać Joe była bardzo odległa od serialowego Rowdy'ego - Joe był męski, pewny siebie i cyniczny. Aktor postanowił wykorzystać urlop pomiędzy kolejnymi sezonami serialu na wyjazd do Europy. Uważał, że *„western utknął w martwym punkcie, pokrywając się schematami i infantylnym moralizowaniem"*[79]. Był też dość prozaiczny powód zainteresowania projektem: *„Nigdy nie byłem w Europie. Pomyślałem, że będzie to dla mnie ciekawe doświadczenie. Jeśli film okaże się sukcesem, potraktuję to jako dodatkową atrakcję. Jeśli nie, będę miał wakacje za darmo."*[80] Autor kontrowersyjnej dla wizerunku Eastwooda ksiażki „Clint. Life And Legend" Patrick McGilligan sugeruje, że na decyzję Eastwooda mógł również wpłynąć jego romans z Roxanne Tunis, aktorką z serialu „Rawhide", która wiosną 1963 r. zaszła z nim w ciążę[81].

Leone nie był zachwycony angażowaniem Eastwooda, który nie grał w filmach kinowych od sześciu lat, ale tylko on zgodził się zagrać za tak skromne wynagrodzenie. Uśmiechnięty Eastwood w kraciastej koszuli na zdjęciu, które Leone otrzymał, nie był postacią która mogłaby udźwignąć film. Leone długopisem dorysował mu zarost, poszerzył jego ramiona, domalował cygaro i zaciemnił karnację mówiąc: *„Stworzymy postać wizualnie"*[82]. Kiedy Leone zobaczył jeden z odcinków serialu pt. „Incident of the Black Sheep" spodobała mu się leniwość ruchów w wykonaniu Eastwooda. Stwierdził, że jego motoryka przypomina ruchy kota. Jak później przyznał, w tym czasie potrzebował bardziej maski, niż aktora. Żartował, że Eastwood ma dwa sposoby ekspresji: z kapeluszem i bez. Na temat odkrycia Eastwooda jako aktora mogącego zagrać Joe powiedział: *„Kiedy Michała Anioła ktoś zapytał, co takiego ujrzał w bloku marmuru, który wybrał spośród setek innych, ten odpowiedział, że zobaczył Mojżesza. Ja na pytanie: dlaczego wybrałem Clinta Eastwooda, odpowiedziałbym podobnie, ale na odwrót. Po prostu tym, co zobaczyłem, był blok marmuru. I to było właśnie to, czego szukałem."*[83]

Źródła nie są pewne, co do tego, kto miał jaki wpływ na budowanie postaci głównego bohatera. Eastwood wspomina[84], że pakując się do wyjazdu, zabrał ze sobą swój kostium z planu serialu: buty, dżinsy, kamizelkę i rewolwery z inkrustowanymi wężami - wszystko w trzech egzemplarzach. W scenariuszu było napisane, że Joe pali. Choć Eastwood był dotąd niepalący, w Beverly Hills zakupił cygara i każde pociął na trzy części, otrzymując kawałki różnej długości. Było to przydatne w utrzymaniu ciągłości sceny – zawsze mógł zapalić cygaro w podobnym rozmiarze. Kapelusz i ponczo zostały dodane dopiero na planie, a ponieważ nie miały swoich zamienników (co było sytuacją niespotykaną na planie amerykańskich filmów), Eastwood musiał je codziennie zabierać do hotelu. Gdyby zginęły, nie było możliwości ich zastąpienia. Sytuacja z rekwizytami świetnie ilustruje warunki, w jakich powstawały wszystkie włoskie filmy. W trakcie kręcenia scen na planie nieustannie toczyły się rozmowy. Włoska kinematografia tradycyjnie korzystała z postsynchronów, kompletnie ignorując wszelkie dźwięki zastane na planie. Eastwood wspomina: *„Kiedy uczestniczyłem w zdjęciach, widziałem na planie chłopaków grających w ringo, goniących gdzieś lub opowiadających sobie dowcipy, a także słyszałem rozmowy członków ekipy. To bardzo rozpraszające. Musiałem to przezwyciężyć, co dało mi powód by lepiej skoncentrować się na roli którą grałem."*[85] Leone pamiętał jak Eastwood pomiędzy ujęciami ucinał sobie drzemki na planie. Naciągając kapelusz na oczy mógł spać, lub udawać, że śpi, a jednocześnie w spokoju obserwować spod ronda rozwój wydarzeń. Kiedy nadchodziła kolej, by zagrał w danym ujęciu, po prostu wstawał, robił swoje przed kamerą, po czym z powrotem wracał na swoje miejsce i naciągał kapelusz na oczy. Eastwood tłumaczył później swoje zachowanie tym, że w ten sposób lepiej mógł się skoncentrować na roli, gdyż nie przeszkadzano mu prośbami o autograf[86].

Problemy językowe były jednymi z większych przeszkód. Ekipa, podobnie jak obsada, składała się ludzi narodowości włoskiej, hiszpańskiej i niemieckiej. Aktor niemiecki, wygłaszał swe kwestie po niemiecku, hiszpański po hiszpańsku, włoski po włosku. Ponieważ dźwięku nie nagrywano na planie, lecz w studiu w okresie post-produkcji, Eastwood został pouczony przez amerykańskiego przyjaciela, by notował sobie wszelkie zmiany w kwestiach, jakie wprowadzi na planie. Włosi mogliby zgubić notatki z planu (co też w istocie nastąpiło). Zresztą większość dialogów powstawała dopiero w czasie zgrywania postsynchronów. Dawało to możliwość wkładania w usta aktorów dowolnych słów. Podobno postacie z filmu tak często wybuchają śmiechem w trakcie wypowiadania kwestii, ponieważ słów nie można było dowolnie rozciągać, by odpowiadały ruchom warg, a czasem nie można było za nimi nadążyć[87]. Do produkcji zaangażowano tłumaczkę, która pracowała dla włoskiego oddziału Constantina w Rzymie. Była nią Elena Dressler - polska Żydówka, która w obozie koncentracyjnym nauczyła się niemieckiego. Po wojnie przeprowadziła się do Włoch, gdzie poznała włoski, zaś od obecnych tam amerykańskich żołnierzy angielskiego. Dzięki nim poznała amerykański slang, co pozwoliło jej na swobodną komunikację z Eastwoodem. Ale nie potrzebował jej, by zrozumieć wskazówki udzielane mu przez nie znającego angielskiego reżysera, obdarzonego bardzo ekspresyjną mową ciała. Ubrany w wielki kowbojski kapelusz Leone przypominał swą posturą Yosemite'a Sama - postać zbójnika znaną z kreskówek o Króliku Bugsie - szczególnie kiedy żwawo gestykulował. Miał zwyczaj mówienia *„Clint, obserwuj mnie*[88]*"*, po czym na moment stawał się aktorem, dając do zrozumienia, jaki pożądany efekt chciał osiągnąć.

Dochodziło czasem do pewnych scysji. Leone naciskał na Eastwooda, by okazywał więcej emocji, lecz aktor grał wtedy jeszcze bardziej beznamiętnie. Jak sam wspomina, zdał sobie sprawę, że im więcej mówił, tym mniej wyrazistą postać kreował. *„Po co grać relatywizm moralny, kiedy można go pokazać (...) rekwizytem, sytuacją, zdarzeniem na planie."*[89] To Eastwoodowi przypisuje się wykreślenie większości swoich kwestii ze scenariusza. Czuł, że cisza znacznie lepiej pasuje do jego postaci - zupełnie jakby parodiował klasyczne westerny z Williamem S. Hartem, który nie mówił dlatego, gdyż filmy były nieme. Przeniesienie tej zasady do filmu dźwiękowego przyniosło niezwykły efekt.

Eli Wallach, który zagrał później w filmie „Dobry, Zły i Brzydki" (1966), wspomina, że kiedy grał ze Stevem McQueenem, ten odrzucił na planie scenariusz. Twierdził, że nie ma zamiaru grać, udawać. Chciał reagować. Wallach zauważył to samo podejście u Eastwooda, który tłumaczył: *„Chciałem zagrać z minimalną ilością słów tworząc tajemniczą otoczkę wokół mojej postaci poprzez jej nastawienie i sposób poruszania się. Był to rodzaj postaci, którą planowałem wykreować już dawno, (...) a także efekt frustracji wywołany kręceniem serialu „Rawhide" przez tak długi okres czasu. Uważałem, że im mniej postać będzie mówić, tym bardziej ciekawa wyda się publiczności."*[90]

Zafascynowany „Strażą przyboczną" Leone chciał, by Eastwood odwzorowywał wiele gestów wykonywanych przez Toshiro Mifune w oryginalnym filmie. Eastwood jednak nie zgodził się na to: *„Muszę zrobić coś własnego. Mifune jest wspaniałym aktorem, jednak to zupełnie inne spojrzenie, inne czasy i inna kultura."*[91] Charakterystyczny grymas na twarzy Eastwooda - zmrużenie oczu, które później chętnie wykorzystywał w swych filmach - było efektem niezamierzonym. Mówi się, że wynikało ono z palenia mocnych cygar, a Eastwood był dotąd niepalący. On sam wspomina, że spojrzenie to było efektem hiszpańskiego słońca, które było tak jasne, że nie mógł widzieć, co się działo dookoła niego i dlatego musiał mrużyć oczy. Cygara spełniały inną rolę w jego ekspresji – wprowadzały go w wyjątkowo paskudny nastrój. Co ciekawe, cygara stały się na tyle ciekawym rekwizytem, że później Eastwood bardzo często wykorzystywał je w swych filmach.

W napisanym w scenariuszu prologu pojawiała się informacja wyjaśniająca przykre doświadczenia z dzieciństwa młodego Joe, którego matka została zabita. To dlatego pod koniec filmu Joe mówi do Marisol: *„znałem kiedyś kogoś takiego jak ty, i nie było nikogo kto chciałby jej pomóc"*. Scena ta jednak nie została nakręcona. Clint uważał, że przeszłość bohatera nie jest istotna i można to zostawić wyobraźni widzów. Leone oponował, lecz Eastwood dowcipnie przekonał go: *„W filmie klasy B mówimy wszystko wszystkim. Ale w prawdziwym filmie klasy A pozwalamy ludziom myśleć."*[92]

Trzynaście lat po powstaniu filmu, kiedy postanowiono wyemitować go w amerykańskiej telewizji, dokręcono prolog. I choć był rok 1977, kierownicy stacji uważali, że działania głównego bohatera nadal uchodzą za amoralne i należy je umotywować. Ponieważ Eastwood był niedostępny - kręcił w tym czasie „Wyjętego spod prawa Josey Walesa" (1976) - a raczej na pewno nie zgodziłby się na udział w takiej profanacji, postanowiono zatrudnić dublera. Monte Hellman został reżyserem sceny, w której Joe wychodzi z więzienia i staje przed sędzią, granym przez Harry'ego Dean Stantona, który w zamian za wypuszczenie go na wolność domaga się oczyszczenia miasteczka San Miguel z bandytów. Zdjęcia nakręcono w taki sposób, że nie widać twarzy aktora grającego postać Joe. Zbliżenia na twarz Eastwooda pochodzące z filmu domontowano później, już bez wiedzy reżysera prologu. Całość trwa około czterech minut i była pokazana tuż przed czołówką filmu, lecz tylko podczas tej jednej, jedynej telewizyjnej emisji (w tej chwili można ją odnaleźć na specjalnym wydaniu DVD). Jak wspomina Monte Hellman, kiedy jakiś czas później spotkał Eastwooda w hotelu i spytał go, czy oglądał „Za garść dolarów" w telewizji, ten odparł że tak, ale zupełnie nie mógł sobie przypomnieć kiedy kręcili pierwszą scenę filmu.

Clint Eastwood, jak sugeruje Frayling[93], zapoczątkował nowy typ bohatera. Nie tylko pod względem motywów, którymi bohater się kierował. Nie walczył o ład, czy sprawiedliwość, nie obchodziło go prawo i społeczny porządek. Walczył tylko o złoto - tytułową „garść dolarów" - która stała się motywem przewodnim kolejnych spaghetti-westernów. Spryt stał się najbardziej przydatną cechą na Dzikim Zachodzie. Eastwood, który był zafascynowany aktorstwem grającego złoczyńców James Cagneya, miał więc okazję zagrać cynicznego twardziela. Jak wspominał: *„Dla mnie to kwestia pragmatyzmu. Jeśli nie masz wyjścia, strzelasz draniowi w plecy."*[94] Był to zresztą jeden z powodów, dla których John Wayne nie akceptował westernów z Eastwoodem, który doskonale zdawał sobie sprawę z ogromnej przepaści między ich filmami, lecz świadomie ją pogłębiał. Na temat stosunku Wayne'a do siebie powiedział: *„Lubił mnie prywatnie, ale nie akceptował niektórych moich filmów, ponieważ nie symbolizowały amerykańskich wartości, tak jak on to rozumiał."* Kiedy na planie „Strzelca" Don Siegel instruował Wayne'a, by strzelił przeciwnikowi w plecy, ten odparł że tak się nie robi. Wtedy Siegel uraził go mówiąc: *„Clint Eastwood by się nie zawahał"*[95].

W Hollywood wciąż istniała silna konwencja z Kodeksu Haysa – formy nałożonej na siebie autocenzury przez filmowców. Jedna z jego zasad mówiła, że nie wolno pokazywać w jednym ujęciu strzału i osoby, która została zastrzelona. Scenę taką można było pokazać jedynie w dwóch ujęciach: w jednym wystrzał z pistoletu, w drugim jego efekt, czyli upadek ofiary. Leone nie znał tych zasad, dlatego w jego filmach widać w jednym ujęciu i strzelających i ich ofiary. Eastwood, postanowił nie wspominać Leone o tych zasadach, bo uznał, że podejście reżysera jest niezłym pomysłem[96]. Do tej pory bohater westernu był najlepszym strzelcem. Leone odwrócił tę zasadę. U niego bohaterem był ten, kto najlepiej strzelał. Świat nie dzielił się na dobrych i złych, tylko na silnych i słabych. To silni odbierają złoto słabym. W świecie bohaterów spaghetti-westernów nie istnieje również miłość, bo to oznacza słabość, a zatem przegraną. Kobiety w filmach Leone były marginalizowane i najczęściej upadłe (w dwóch następnych filmach były sceny, gdzie bohater grany przez Eastwooda jest w łóżku z prostytutką, zostały one jednak usunięte z ostatecznych wersji). Frayling sugeruje nawet, że podejście bohaterów tych filmów do kobiet było typowo neandertalskie. Gdy rewolwerowiec trafiał na kobietę, to mógł ją tylko sponiewierać, pobić i zgwałcić. Luciano Vincenzoni pamięta, jak Leone kiedyś mu wyznał: *„Jeśli aktor miałby powiedzieć kobiecie, że ją kocha, nie wiedziałbym gdzie postawić kamerę."*[97]

Bohater spaghetti-westernów nie miał zatem ani kobiety, ani przyjaciela - mógł polegać tylko na sobie. Jeśli już zawiązywał z jakimś mężczyzną spółkę, to tylko po to, by go następnie oszukać, zdradzić czy nawet zabić. Pamiętna scena ze sprawdzaniem się Eastwooda i Van Cleefa z filmu „Za kilka dolarów więcej" (1965), kiedy nadeptywali sobie na buty, a następnie strzelali w swoje kapelusze, była nawiązaniem do dzieciństwa Leone. W ten sposób wyglądały chłopięce zabawy. Teraz, w dorosłym życiu ci dwaj macho zachowują się podobnie jak chłopcy. Leone pragnął, by filmy przypominały mu świat, jakim on go widział, kiedy był dzieckiem. Częste użycie kamery z żabiej perspektywy jak najbardziej miało służyć temu celowi - widz na sali kinowej czuje się mały w porównaniu do gigantycznych rewolwerowców.

Frayling mówił też[98], że nieśpieszny sposób poruszania się Eastwooda, to jak się ubierał, a także sposób wygłaszania kwestii zapoczątkowały nowego bohatera filmów akcji. To on stał się wzorem dla bohaterów granych przez Bronsona, Schwarzeneggera, czy Willisa. Eastwood cedził swe kwestie przez zęby, które często były bon-motami: *„Widzisz przyjacielu, na tym świecie są dwa rodzaje ludzi: ci z naładowaną bronią, i ci którzy kopią. Ty kopiesz"*. W swych późniejszych filmach również wykorzystywał charakterystyczne jednolinijkowce, które stały się genialnymi hasłami: *„zrób mi przyjemność"*, czy pamiętne pytanie *„czy masz dziś farta?"*. Ale to, że bohater wyróżniał się wyglądem, poruszał się i mówił w oryginalny sposób byłoby na nic, gdyby nie był twardy. Stąd u Leone zamiłowanie do poddawania bohatera próbom w sadystycznych scenach, gdzie jest bity i torturowany. Wszystko po to, by pokazać jak bardzo jest wytrzymały, i po to by jego powrót i zemsta budziły jeszcze większy szacunek i podziw. Odtąd sadyzm i przesada stały się nieodłącznym elementem włoskich westernów. Leone nie powtórzył jednak sceny z japońskiego oryginału, gdzie bezpański pies niesie w pysku odciętą mieczem ludzką rękę.

Początkowo nic nie zapowiadało sukcesu, jakim miał cieszyć się film. W trakcie realizacji filmu tak często wybuchały kłótnie, że pewnego dnia na planie nie pojawił się nikt poza Eastwoodem. Ten mając już dość niedbalstwa na planie wrócił do hotelu i zostawił kartkę, na której napisał, że mogą go szukać na lotnisku. Na szczęście Leone udało się go złapać nim opuścił hotel i przekonać go do kontynuowania zdjęć. Niektóre ujęcia kręcono nieraz kilkakrotnie, gdyż panicznie obawiano się, by nie zostały uszkodzone. Zdarzało się, że materiały oddawane do wywołania ginęły w drodze do laboratorium. Niektóre były uszkadzane w niechlujnym procesie wywoływania. Po nakręceniu trzech czwartych zdjęć skończyły się pieniądze z budżetu. Hiszpański koproducent nie chciał wypłacić wynagrodzenia technikom, wobec czego ci przyjechali na plan do Manzanares i usunęli wszystkie okna wraz z ramami z budynków. Zdjęć nie można było kontynuować. Na szczęście producenci Papi i Colombo przyjechali z Rzymu z walizką pieniędzy (co nie było działaniem legalnym) i zapłacili technikom zaległe wynagrodzenia. Ci wstawili z powrotem okna umożliwiając dalszą pracę. Jednak Leone nie zarobił na tym filmie ani grosza. Producenci obiecali mu zapłacić, jeśli zrobi dla nich kolejny film, ale Leone nawiązał już wtedy współpracę z prawnikiem Alberto Grimaldim, który został producentem dwóch jego kolejnych filmów.

By zaoszczędzić na czasie, jednocześnie filmowały dwie ekipy. Leone, który pracował wcześniej jako asystent bądź drugi reżyser na planach amerykańskich filmów kostiumowych takich jak „Ben Hur" czy „Quo Vadis", miał doskonale wyrobiony warsztat. Powszechnie uważa się, że włoskie westerny są świetne pod względem pełnych akcji scen z pościgami i strzelaninami, lecz sceny dramaturgiczne, które wymagały od aktorów gry i dialogów, wypadały kiepsko. Wynikało to z tego, że Włosi najczęściej mieli do czynienia z drugimi ekipami amerykańskich produkcji, które nie zajmowały się niuansami gry aktorskiej. W filmie Leone sceny akcji, gdzie dochodziło do strzelanin czy bijatyk kręcił najczęściej jego drugi reżyser - Franco Giraldi. Leone poświęcał swój czas na zbliżenia na twarze aktorów, które pełniły specyficzną rolę. W Hollywood używano zbliżeń, by widzowie mogli zobaczyć emocjonalną reakcję aktora. Leone swe slynne zbliżenia traktował jako rekwizyt filmowy, element dekoracji. Pozbawiona wyrazu twarz Eastwooda w zbliżeniach dodawała jego bohaterowi więcej tajemniczości. Leone zwracał wielką uwagę na casting: dobierał aktorów nie pod względem ich talentu, lecz fizyczności. Nawet głos był nieistotny - i tak potem nagrywano postysynchrony. Niewielu reżyserów, tak jak on, dawało aktorom tyle okazji do zbliżeń - tego na czym najbardziej aktorom zależy. To Leone jako pierwszy zaczął stosować pełne zbliżenia na oczy aktora, czy na jego usta. Quentin Tarantino, który nie miał pojęcia o terminologii operatorskiej, chcąc osiągnąć zamierzony efekt zwykł mówić do operatora: „*Daj mi ujęcie Sergio Leone*"[99]. W ten sposób pisał również swe scenariusze, słusznie uważając, że takie określenie daje dokładne pojęcie o tym, czego oczekuje.

Zbliżenia w filmach Leone były zabiegiem świadomym, ale również wymuszonym przez technologię. Z racji skromnych środków, ekipa stosowała taśmy Techniscope wynalezione przez firmę Technicolor Italia[100] w 1963 r. Dawały one możliwość kręcenia dwóch klatek w cenie jednej, przy czym proporcje te powodowały większą panoramiczność obrazu. Leone miał również oryginalne podejście do formy. Poza wspomnianymi zbliżeniami, i charakterystycznym przedłużającym w nieskończoność ujęcia montażem, przywiązywał dużą uwagę do roli dźwięku. Uważał, że odpowiednio wykreowany dźwięk stanowi 40% dobrego filmu. Chciał, by wszystko było większe: pistolet brzmiał jak strzelba, strzelba jak armata, zaś armata brzmiała jak wybuch bomby atomowej. Innym aspektem tej kreacji była muzyka. Leone chciał pracować z kompozytorem, który tworzył muzykę do jego wcześniejszego filmu, „Kolosa z Rodos". Zasugerowano mu Morricone, którego ten zaakceptował dopiero, kiedy Morricone pokazał mu zdjęcie z lat szkolnych. Okazało się, że obaj chodzili do tej samej klasy, choć Leone zupełnie o tym zapomniał. Morricone od najmłodszych lat kształcony w kierunku muzycznym, miał już doświadczenie w komponowaniu muzyki do filmów, ale Leone postawił przed nim nowe wyzwania. Nie omieszkał mu powiedzieć, że jego muzyka do filmu „Pojedynek w Teksasie" była słaba, zupełnie jak bardzo zły Dimitri Tiomkin. Kompozytor odpowiedział: *„Była jak bardzo zły Dimitri Tiomkin, ale poproszono mnie o napisanie bardzo złego Dimitri Tiomkina. Musiałem z czegoś żyć."*[101] Leone nie chciał by muzyka do jego westernu była zwykłą, klasyczną ilustracją. Potrzebował czegoś mocnego. Chciał, by w muzyce wykorzystano popularną wtedy gitarę elektryczną, która z takim powodzeniem sprawdzała się w filmach z Jamesem Bondem.

Po zakończeniu zdjęć do filmu Eastwood wrócił do Ameryki. Miał mieszane uczucia co do swojego występu w europejskiej produkcji. Producenci filmu uważali nagrany materiał za nic nie wart. Eastwood spodziewał się ograniczonych projekcji i nikłego zainteresowania widowni. W sumie nie powinno to zaszkodzić jego karierze, ale nie posunie jej również do przodu. Nadal grał w serialu „Rawhide" czekając na wieści z Włoch. Pytany przez przyjaciół o urlop odpowiadał, że dobrze się bawił w Hiszpanii, lecz nie wnikał w szczegóły.

Jeszcze w trakcie postprodukcji postanowiono ukryć nazwiska twórców pod brzmiącymi z angielska pseudonimami. I tak Sergio Leone stał się Bobem Robertsonem, operatorem Jack Dalmas, zaś Ennio Morricone został zapisany jako Dan Savio. Również aktorzy otrzymali takie pseudonimy, które miały sugerować widowni, że film zrobili Amerykanie (Gian Maria Volonte to John Wells). Jedynie Eastwood i partnerująca mu na ekranie Niemka Marianne Koch pozostali przy swoich nazwiskach. Zmieniono tytuł filmu umieszczając w nim amerykańską walutę. Premiera odbyła się w Rzymie jesienią 1964 roku. Film został tam słabo przyjęto, podobnie jak później w Neapolu. Jednak niespodziewanie we Florencji odniósł sukces. Miał być wyświetlany jedynie przez tydzień, ale ponieważ sale były zawsze pełne, właściciel kina kontynuował seanse. W listopadzie wprowadzono go do szerokiej dystrybucji w całym kraju[102].

Eastwood czytając jesienią prasę dowiedział się, że we Włoszech wszystkie westerny źle sobie radzą w kinach. Jedynym wyjątkiem, który sporo zarabiał był film „Za garść dolarów". W innym artykule przeczytał swoje nazwisko połączone z tym tytułem i doszedł do wniosku, że mowa o filmie, który był mu dotąd znany jako „Wspaniały nieznajomy". Film mogli podziwiać tylko mieszkańcy Europy co dodawało mu aury tajemniczości. W czasopismach i na kampusach toczono dyskusje, opowiadano o niesamowitych scenach, a Variety odnotowywało kolejne sukcesy kasowe. Pozytywne przyjęcie filmu zwiastowało Eastwoodowi karierę. Sugerowano mu, że z dużym powodzeniem mógłby zagrać w sequelu. Ofertę taką zaproponował mu Arrigo Colombo. Aktor jednak był przede wszystkim zainteresowany tym, czy film będzie mógł zostać pokazany w Stanach. Dopiero wtedy dowiedział się o procesie o prawa autorskie z Kurosawą. Przypomniał sobie, że na planie zakazano im rozmów o inspiracji filmu. W istocie sprawy wcale wtedy nie załatwiono, gdyż nie doszło do żadnych negocjacji. Japończykom nie udało się zakazać pokazów filmu we Włoszech, gdyż projekcje te były zgodne z włoskim prawem. Jednak pokazy filmu poza Włochami zostały zablokowane. Eastwood był wściekły: zagrał w filmie, który okazał się być hitem, lecz nikt nie mógł go zobaczyć z powodu prawnych niedociągnięć, co przypomniało mu pierwsze odcinki serialu „Rawhide", które przez kilka miesięcy leżały w magazynie, bo telewizja nie chciała ich emitować.

Leone postanowił zdyskontować sukces pierwszego filmu kręcąc jego sequel, lecz Eastwood nie wyraził zgody na udział w produkcji, dopóki wpierw nie zobaczy pierwszego filmu. Wcześniej doszła do niego płyta ze ścieżką dźwiękową Ennio Morricone, podpisanym jeszcze wtedy jako Dan Savio. Eastwood nie miał okazji spotkać go osobiście, gdyż kompozytor nie był obecny na planie. Płyta zrobiła na nim wrażenie. Muzyka ta różniła się od instrumentalnych kompozycji z amerykańskich westernów. Morricone zachęcony przez reżysera do eksperymentowania dodał takie elementy jak meksykańskie trąbki, żydowskie harfy czy zdeformowane ludzkie głosy. Całość tworzyła bardzo nowatorską, niespotykaną dotąd ścieżkę dźwiękową. Kiedy Eastwood otrzymał wreszcie od Włochów kopię filmu, zamówił prywatną projekcję w studiu CBS. Obawiając się kiepskich reakcji zaprosił niewielu znajomych zachęcając ich słowami: „*Chcesz zobaczyć coś śmiesznego? Jest taka włoska rzecz, być może to kawał gówna.*"[103] Jednak po projekcji wszyscy łącznie z Eastwoodem byli zadowoleni z tego co zobaczyli.

Eastwood zgodził się na udział w sequelu, którego producentem został Alberto Grimaldi, bardziej wiarygodny i wypłacalny od swoich poprzedników. Uzyskanie pieniędzy na produkcję było o tyle łatwiejsze, że film „Za garść dolarów" zarobił we Włoszech 4,6 milionów dolarów, a Eastwood zyskał tam status ikony. W mediach cytowano słowa Sophii Loren, która powiedziała, że Eastwood jest największym gwiazdorem we Włoszech. Od atrybutu jego postaci nadano mu przydomek El Cigarillo, a jego wizerunek w kapeluszu stał się natychmiast rozpoznawalny[104]. Kiedy Grimaldi i Leone prezentowali mu w jego domu w Kaliforni zarys fabuły, Eastwood odparł na ich propozycję, że nie potrzebuje zaliczki, ale dobrego scenariusza[105]. Fabułę napisano dość szybko. Scenarzysta Luciano

Vincenzoni pamięta, jak zadzwonił do niego Eastwood z prośbą o poprawienie paru dialogów. Jak wspomina, zawsze kiedy wnosił coś od siebie, uwagi te były bardzo precyzyjne. Zwykle odnosiły się do zredukowania wieloznaczności lub poprawy dialektów. W ten sposób Eastwood miał wpływ na swe jednolinijkowce, które rzucane od niechcenia dziś stały się stałym uposażeniem bohaterów kina akcji.

Wiosną 1965 roku Eastwood ponownie zawitał do Hiszpanii. Warunki kręcenia filmu były bardzo podobne do tych z poprzedniej produkcji, choć plan był bogatszy w lokacje i dekoracje. Nie było też sporów na temat sposobu grania głównego bohatera. Eastwood zażartował, że chętnie zrezygnowałby z palenia cygar, na co Leone odparł: *„Clint, nie możemy zostawić głównego bohatera w domu. Cygaro gra pierwszoplanową rolę."*[106]

W roli rywala Eastwooda początkowo planowano obsadzić Lee Marvina (który zagrał z nim później w musicalu „Pomaluj swój wóz"), Henry'ego Fondę lub Charlesa Bronsona. Bronson tłumaczył: *„Tym razem odrzuciłem scenariusz, bo wyglądał jak pierwszy film. Rzeczywiście nim był, ale nie rozumiałem, że wszyscy chcieli, żeby tak wyglądał"*[107] Wybrano zatem tańszego Lee Van Cleefa, holenderskiego aktora o twarzy okrutnika. Włoski reżyser zapamiętał go z epizodycznych ról czarnych charakterów w takich filmach jak „W samo południe" Freda Zinemanna, „Gwiazda Szeryfa" Anthony'ego Manna czy „Pojedynek w Corralu O.K." Johna Sturgesa. Leone bardzo podobała się jego twarz, wygląd i sposób, w jaki się poruszał. W chwili, kiedy złożono aktorowi ofertę, przechodził on swe najtrudniejsze chwile. Po groźnym wypadku był ciężko schorowany i sporo pił. Zarabiał na życie jako dekorator wnętrz, a pieniędzy nie starczało mu nawet na rachunki za prąd. Rola w filmie Leone stała się dla niego wybawieniem - wkrótce stał się we Włoszech wielką gwiazdą grając w dwunastu westernach w ciągu kolejnych dziewięciu lat.

Eastwood, który wystąpił razem z Van Cleefem w jednym z odcinków serialu „Rawhide", polecił mu, by zobaczył poprzedni film Leone, aby wczuć się w klimat. Wspomniał także, że próba klasycznej gry aktorskiej, której ich uczono na lekcjach aktorstwa, przyniesie odwrotny efekt i się nie sprawdzi. Eastwood, który świetnie czuł karykaturalną i ironiczną konwencję zaproponowaną przez Leone, uznał że wreszcie gra postać, na którą długo czekał i że dzięki tej roli uwolnił się od serialowej sterylności: *„Jestem prawdopodobnie najlepiej opłacanym aktorem, który grał we włoskich filmach. W tym kraju tylko Mastroianni dostaje więcej. Po raz pierwszy w życiu mogę przebierać w rolach."*[108]

„Za kilka dolarów więcej", podobnie jak prequel, powstał z inspiracji innym filmem. „Bravados" było opowieścią o szeryfie, granym przez Gregory Pecka, który poszukuje ludzi odpowiedzialnych za zamordowanie jego żony. Jednego z bandytów, którego tropi Peck gra Lee Van Cleef. W filmie tym również istotny był wątek pozytywki - obecnej także w „Za kilka dolarów więcej" - która doprowadza szeryfa do winnych mordu. Podobieństwo tych dwóch filmów nie było przypadkowe. Ponadto w „Za kilka dolarów więcej" pojawia się słaby szeryf - w sekwencji podobnej do tej z filmu „W samo południe" - a jego odznaka zostaje wyrzucona w pył. Scena ta, podobnie jak wszystkie westerny w których grał Eastwood, bardzo drażniła Johna Wayne'a[109].

Drugi western w reżyserii Leone usprawnił warsztat Eastwooda. Aktor wypracował tu swój charakterystyczny sposób mówienia, a jego lekki kalifornijski akcent nabrał głębszego wyrazu. Doszedł do wniosku, że bardzo zmysłowy oddech podczas wypowiadana kwestii przez Marylin Monroe może być równie dobrze stosowany przez mężczyzn[110]. W ten sposób zapożyczył od seksbomby jeden ze stałych składników swej późniejszej gry aktorskiej. Vincenzoni zauważył również, że inspiracją dla Eastwooda był Enrico Maria Salerno. Włoski aktor teatralny, który podkładał głos pod jego postać w filmie „Za garść dolarów" miał bardzo powolny sposób wypowiadania słów. Eastwood po obejrzeniu włoskiego dubbingu zaczął w podobny sposób wygłaszać swoje kwestie w filmach[111].

„Za kilka dolarów więcej" odniosło porównywalny sukces z pierwszą częścią trylogii. Trylogii, bo wkrótce pojawiła się propozycja nakręcenia kolejnego spaghetti-westernu, choć nikt z ekipy jeszcze o tym nie myślał. Zachwycony przyjęciem „Za kilka dolarów więcej" Arnold Picker ze studia United Artists zapytał Vincenzoniego jaki film mają w dalszych planach. Vincenzoni spontanicznie odpowiedział, że historię o wojnie secesyjnej pod tytułem „Dobry, Zły i Brzydki". Zapytany o budżet odparł: być może 1,200,000. Natychmiast zawarto umowę, choć nie było jeszcze nawet scenariusza, a tylko trzy wymyślone na poczekaniu słowa[112].

Wytwórnia United Artists podpisując umowę na produkcję kolejnego filmu Leone, zakupiła prawa do „Za kilka dolarów więcej". Eastwood namówił wytwórnię do zakupu również praw do „Za garść dolarów", aby wszystkie trzy filmy mogły zostać zaprezentowane w Stanach. Sprawa z Kurosawą była nadal nierozwiązana. Najsłynniejszy japoński reżyser Akira Kurosawa i jego prawnicy wytoczyli proces sądowy, który ciągnął się dwa lata, blokując międzynarodową projekcję filmu. Dla Amerykanów japońskie żądania nie wydały się tak wygórowane jak dla Włochów, więc doszło do porozumienia. Amerykanie zyskali prawa do rozpowszechniania „Za garść dolarów" na całym świecie z wyjątkiem Azji, gdzie prawa te odstąpiono Kurosawie, co przyniosło mu dochód, jakiego nie zyskał żadnym z filmów, które sam reżyserował[113].

W międzyczasie Dino De Laurentiis zaproponował Eastwoodowi rolę w produkowanym przez siebie filmie „Czarownice". Film ten miał pomóc wypromować żonę sławnego producenta Silvanę Magnano, która została już nieco zapomniana. De Laurentiis nie chciał, by gwiazda pokroju Mastroianniego ją przyćmiła. Eastwood poza tym, że był przystojny i modny, nie był tak dobrym aktorem, co nie zaszkodziłoby grze Silvany a pomogłoby popularności filmu. „Czarownice" miały mieć popularną w Europie formę nowel połączonych w jeden film, każdą wyreżyserowaną przez innego reżysera. W gronie tym znaleźli się Pier Paolo Pasolini, Luchino Visconti, Mauro Bolognini, Franco Rossi oraz Vittorio De Sica, który reżyserował nowelkę z Eastwoodem. De Laurentiis zaproponował 25 tysięcy dolarów, lub 20 tysięcy i Ferrari. Ponieważ Eastwood jak sam mówił, nigdy nie wydałby tyle na tak kuszący samochód, wybrał drugą opcję. Scenariusz oferował mu szansę zagrania współczesnego mężczyzny i tym samym wyjścia z kostiumu rewolwerowca. Do wzięcia udziału w filmie przekonało go również obsadzenie Silvany Magnano, której występ w „Gorzkim ryżu" bardzo mu się podobał.

W noweli „Wieczór, jakich wiele" Eastwood grał zupełne przeciwieństwo swej postaci z filmów Leone - znudzonego pracą bankiera, pasywnego i narzekającego impotenta. Jest to zresztą jego jedyna w historii rola przedstawiciela klasy średniej. Ubrany w trzyrzędowy garnitur i okulary dał raczej kreskówkowy występ, co też narzuciła forma całego filmu. Co ciekawe, w czołówce filmu, kiedy pojawia sie jego nazwisko, wykorzystano jego zdjęcia w kowbojskim stroju. Po latach wspominał: *„Te historie nie miały odpowiedniej siły przekazu. To były po prostu wymieszane ze sobą obrazki. Ale podobało mi się, miałem wiele zabawy grając w tym filmie. Pełen eskapizm"*[114] Obserwując na planie Vittorio De Sikę, Eastwood zauważył jego niezwykłą oszczędność. Reżyser, niemalże montując film w trakcie kręcenia, potrafił przerwać zdjęcia w połowie sceny, jeśli uważał, że ma to co trzeba do ujęcia. Nauczył się tego w czasie, gdy w pierwszych latach po wojnie taśma filmowa miała najwyższą cenę w historii. Imponował Eastwoodowi swoją szybkością, co w przyszłości sam jako reżyser uczyni swym głównym atutem. *„Vittorio De Sica* *powiedział kiedyś, że dla zagranicznej publiczności uosabiam typ Amerykanina z prowincji. Tak naprawdę nie jestem typem przeciętnego Amerykanina – jestem po prostu jednym z miliona możliwych*[115]".

„Czarownice" eksponując na plakacie zdjęcie Eastwooda miały premierę w lutym 1967 roku na fali gwiazdkowego sukcesu „Dobrego, Złego i Brzydkiego". Film został słabo przyjęty, a najlepiej wypadła część, w której zagrał Eastwood. Na francuskiej premierze De Sica przedstawiał Clinta jako „*świetnego, wrażliwego aktora*"[116]. Uważał, że ma on zadatki na gwiazdora, kogoś w typie Gary'ego Coopera. Film nigdy nie był pokazywany w Stanach, nie licząc kilku festiwali filmowych, gdzie występ Eastwood stanowił raczej niespodziankę. United Artists kupując prawa do filmów Leone zakupiła również „Czarownice", żeby nikt w Stanach nie mógł zobaczyć Eastwooda w tak słabym filmie.

Eastwood przekonał Leone, aby do kolejnego spaghetti-westernu ponownie zaangażował Lee Van Cleefa, z którym bardzo dobrze mu się współpracowało. Oprócz dwóch amerykańskich gwiazdorów Leone potrzebował trzeciego bohatera. Ponownie próbował pozyskać Charlesa Bronsona, który tym razem nie miał oporów, ale był zajęty produkcją „Parszywej dwunastki". Leone wybrał więc jego kolegę z filmu „Siedmiu wspaniałych" Eli Wallacha, który grał tam meksykańskiego bandytę. Tuco z „Dobrego, Złego i Brzydkiego" stanowił w pewnym sensie rozszerzenie tej roli. Wallach, sceniczny aktor który edukację aktorską zdobył w słynnym Actors' Studio w Nowym Jorku, w przeciwieństwie do Eastwooda grał nadzwyczaj ekspresyjnie, czym praktycznie zdominował cały film przysłaniając występ Van Cleefa i Eastwooda.

Olbrzymi budżet filmu pozwolił na ogromne dekoracje, masę statystów i wybuchów. Z muzeów wypożyczono działa armatnie, uszyto specjalne uniformy, przygotowano zabytkowe pociągi - wszystko by wiernie wobec realiów stworzyć epickie dzieło jakim miał stać się „Dobry,

Zły i Brzydki". Eastwood wynegocjował dla siebie bardzo wysokie honorarium - 1,2 mln dolarów - dodatkowo zapewniając sobie 10 procent od zysków filmu. W pewnym sensie wynagrodziło mu to poczucie, że jego rola została usunięta w cień przez fenomenalnie grającego Tuco Wallacha.: *„Nie chce robić wszystkich swoich westernów we Włoszech i Hiszpanii, ale w Europie jestem w lepszej pozycji żeby pracować przy filmach przy jakich chcę."*[117] Za zdjęcia do filmu tym razem odpowiadał Tonino Delli Colli, który współpracował z Pasolinim, Polańskim i Zeffirellim. Czasem żartując sobie z tego, że Leone nie zna angielskiego pytał go: *„Co Clint powiedział? Leone wściekał się na niego: A co, do cholery, chciałbyś wiedzieć?"*[118]

Eastwood doświadczony wcześniejszą współpracą nie ufał Włochom na planie. Pouczał Eli Wallacha, by trzymał się z daleka od materiałów wybuchowych i pirotechników. To na planie tego filmu doszło do słynnej anegdoty z wysadzaniem mostu. Eastwood widząc ilość materiałów wybuchowych, wymusił na Leone by wraz z Wallachem mogli zająć znacznie dalszą pozycję od pierwotnie ustalonej w pobliżu mostu. Leone, który wraz z kamerą znalazł się bezpiecznie na wzgórzu niechętnie się zgodził. Cała akcja z wybuchem była bardzo skomplikowana - wymagała dużej koordynacji, bo mogła zostać przeprowadzona tylko raz. Detonacji miał dokonać goszczący na planie generał wojsk hiszpańskich, które pomagały filmowcom w scenach batalistycznych. Na określony sygnał miał nacisnąć guzik, lecz nieobeznany z pracą na planie filmowym, generał nie znał sygnałów jakimi posługują się filmowcy. Kiedy więc usłyszał włoskie „vai" (sygnał do uruchomienia kamery), sądząc że chodzi o niego, niefortunnie nacisnął przycisk detonatora, nim ruszyli statyści i kamera zdążyła wszystko zarejestrować. Spadające kamienie omal nie zabiły operatora, który znajdował się tam, gdzie mieli być aktorzy, niszcząc połowę Land Rovera. Eastwood, który na szczęście wraz z Wallachem znajdował się w bezpiecznej odległości, mógł tylko powiedzieć: *„Teraz widzisz, co miałem na myśli"*. Obaj nigdy nie widzieli Leone tak czerwonego ze wściekłości. Generał dyskretnie wyjechał z planu, a wojsko zaproponowało, że w kilka dni za darmo zbuduje most od nowa.

Leone w filmie „Dobry, Zły i Brzydki" - trzeciej części trylogii dolara - potępił wojnę jako źródło bezsensownych cierpień, a bohaterem uczynił szukających łatwego zarobku ludzi żyjących na granicy prawa. W takim kontekście ich amoralne działania były wydawały się niewinne wobec okropieństw wojny. W scenach gdzie reżyser ukazywał bitwę pozycyjną w okopach czy obóz jeniecki, chciał odnieść się do obu wojen światowych. Pierwszy raz w swym filmie zawarł głębsze przesłanie, które brzmiało: nie angażuj się w politykę. Przesłanie to Leone rozwinął jeszcze w swym późniejszym filmie „Garść dynamitu", którego akcja toczyła się w czasach powstania Pancho Villi w Meksyku na początku XX wieku. Eastwood doceniał filmy Leone za to, że były nowatorskie i szły pod prąd ówczesnym konwencjom i zasadom. Twierdził, że Leone był bardzo świadomym artystą i kolekcjonował obrazy, które często chciał duplikować w postaci ruchomych obrazów w filmie. Eastwood wspomina też, że Leone nigdy nie posiadał scenariusza na planie. Wszystko miał w głowie, nie musiał odwoływać się do scenariusza. Znał go na pamięć i wiedział w której scenie będzie grana jaka muzyka.[119]

W trakcie produkcji „Dobrego, Złego i Brzydkiego" Eastwood wyjechał na konferencję prasową do Rzymu, gdzie promował powstający film. Przy okazji wytoczył proces firmie Jolly Films, producentowi filmu „Za garść dolarów". Jego dawny pracodawca, kierowany chęcią zysku na popularności gwiazdora, zakupił kilka starych odcinków serialu „Rawhide". Zmontował z nich pełnometrażowy film „Niesamowity nieznajomy", który rozprowadzał w kinach.

W styczniu 1967 r. w Stanach Zjednoczonych pojawił się pierwszy film z trylogii dolara: „Za garść dolarów". Angielski dubbing nagrywano do niego dopiero trzy lata później. Eastwood bazował na swoich notatkach z planu, które sam sporządził, gdyż Włosi zgodnie z przewidywaniami swoje zgubili. Film zaskoczył Amerykanów zupełnie nowym spojrzeniem na western i na zawsze odmienił jego bohatera. Czysty, moralny i praworządny przywódca urodzony w konserwatywnej rodzinie - spuścizna ery McCarthy'ego - został odesłany do lamusa historii. Od tej pory bohater będzie podążał za własną gwiazdą, działając na swój rachunek i nie oglądając się na innych. 1967 roku w maju odbyła się amerykańska premiera filmu „Za kilka dolarów więcej", zaś na Gwiazdkę „Dobrego, Złego i Brzydkiego". W ten sposób wszystkie trzy filmy trafiły do Ameryki, choć wycięto z nich brutalniejsze sceny. Na przykład „Dobry, Zły i Brzydki" wyświetlany w USA miał 161 minut, w Wielkiej Brytanii 148, podczas gdy oryginalna włoska wersja miała 171 minut[120].

Wytwórnia United Artists, która została właścicielem praw wszystkich trzech filmów, w swej kampanii marketingowej nazwała bohatera tych filmów Człowiekiem bez imienia (The Man With No Name). Sugerowano, że bohaterem wszystkich trzech filmów Leone jest „Człowiek bez imienia", a zatem że Eastwood gra tę samą postać[121]. W rzeczywistości w każdym filmie nosił inne imię. W pierwszym filmie trylogii, postać grana przez Eastwooda miała na imię Joe - co miało tylko podkreślać, że jest on Amerykaninem (tak jakby Polaka nazwać Kowalski) - lecz tak nazywa go tylko grabarz Silvanito. Dla pozostałych bohaterów filmu Joe pozostaje nieznajomym. W kolejnym filmie postać Eastwooda ma na imię Monco, co po hiszpańsku oznacza jednorękiego, zaś we włoskim przypomina słowo „mnich". Ale w późniejszej amerykańskiej wersji filmu wycięto fragment, w którym pada to imię. W ostatniej zaś części trylogii Eastwood gra postać o imieniu Blondy, czyli Blondas. Nie był to zatem pomysł Leone, a fachowców od marketingu, którzy dodali postaci więcej tajemniczości i do dzisiaj powszechnie używa się tej nazwy mówiąc o filmach Leone.

Eastwood doszedł do wniosku, że mógłby grać przez kolejną dekadę we włoskich westernach, ale nie dawałoby mu możliwości rozwoju. Czuł, że filmy Leone stają się epickie, coraz dłuższe i bardziej skomplikowane, a sam reżyser staje się kolejnym Davidem Leanem. Na planie coraz bardziej się nudził, więc dla zabicia czasu ćwiczył grę w golfa. Jako aktor podążał w zupełnie innym kierunku. Jak wyznał Wallachowi, by mieć lepszy wpływ na swoją karierę zamierzał produkować filmy, w których będzie grał[122].

Leone wybrał się do Los Angeles, by zaproponować Eastwoodowi rolę rewolwerowca o przezwisku Harmonijka w kolejnym filmie, który miał być produkowany przez amerykańską wytwórnię Paramount, co oznaczało duże pieniądze. Eastwood wiedział, że byłby gwiazdą tego filmu, ale najlepsze role i tak przypadłyby innym - w tym wypadku Henry'emu Fondzie i Jasonowi Robardsowi. Wyraził chęć współpracy z Leone przy jakimś następnym projekcie, ale nie przy westernie. „Pewnego razu na Dzikim Zachodzie" był epicką wizją tego, co Leone zawsze chciał zrobić z westernem. Przepełniony pięknymi obrazami i brutalną ironią film, pomimo tego że poniósł klęskę kasową, stał się jednym z najwybitniejszych westernów w historii. Ostatecznie rolę Harmonijki przyjął Charles Bronson, którego kandydaturę pierwotnie rozważano przy obsadzie „Za garść dolarów". Co ciekawe, powstał nawet pomysł, by w scenie otwierającej film, gdzie na dworcu kolejowym trzech bandytów czeka na pociąg, zagrał Van Cleef, Wallach i Eastwood. Jednak z powodu odmowy tego ostatniego nie doszło do jego realizacji.

Leone poproszony kiedyś o porównanie Clinta Eastwooda i Roberta De Niro, który zagrał w jego ostatnim filmie „Dawno temu w

Ameryce" powiedział: „*Kiedy o tym pomyśleć, nie przynależą do tej samej profesji. De Niro wprawiając się w jakąkolwiek rolę, wkłada na siebie osobowość bohatera tak jak się wkłada płaszcz, naturalnie i z elegancją. Clint zaś przywdziewa zbroję i zamyka przyłbicę. (...) Eastwood porusza się wśród eksplozji i strzałów niczym lunatyk i zawsze jest taki sam – jak blok marmuru. Bobby, przede wszystkim jest aktorem. Clint, przede wszystkim jest gwiazdorem. Bobby cierpi. Clint ziewa.*"[123] Ostatni raz Eastwood spotkał się z Leone w Rzymie na kilka miesięcy przed jego śmiercią. Dedykował mu również jeden ze swych najlepszych filmów – „Bez przebaczenia" (1992), który jak dotąd jest ostatnim westernem wyreżyserowanym przez Eastwooda.

We Włoszech Leone doczekał się fali naśladowców. W Hiszpanii zaczęto realizować kolejne westerny na masową skalę, mniej lub bardziej naśladując wypracowany przez niego styl[124]. Georgio Ferroni rozpoczął realizację swej własnej dolarowej trylogii filmem „One Silver Dollar", w skład której weszły też „Fort Yuma Gold" i „Wanted". Główną rolę w tych filmach grał Giuliano Gemma, który inspirując się rolą Eastwooda dodał swej postaci więcej cech pozytywnych w dylogii Duccio Tessariego: „A Pistol for Ringo" oraz „The Return of Ringo". Sergio Corbucci próbował swych sił w westernach, ale jego filmy z lat 1964-1966 nie odnosiły sukcesów. Za to nakręcony w 1966 r. „Django" z Franco Nero w roli tytułowego bohatera stał filmem o własnej mitologii, a Nero europejskim gwiazdorem. Film wykreował mroczną postać, która ciągnąc za sobą trumnę z ukrytym w niej karabinem maszynowym, doczekała się kilkunastu kontynuacji, często połączonych z oryginałem jedynie wzmianką w tytule (w 2011 roku Quentin Tarantino przygotował własną intepretację mitu Django). Pojawiły się nawet parodie filmów Leone jak „For a Few Dollars Less". Choć spaghetti-western przez wielu krytyków jest do dziś traktowany jako kino gorszej klasy, wywarł spory wpływ na amerykańską tradycję westernową, przede wszystkim doprowadzając do odrodzenia gatunku. Jak pisze Frayling[125], starzy mistrzowie jak Fred Zinemann czy John Ford, nie zaakceptowali tych zmian, choć szanowali Leone, ale dla młodych reżyserów takich jak Sam Peckinpah, Leone był mistrzem.

Peckinpah już w swych pierwszych filmach dokonywał rewizji klasycznych westernowych schematów. W swej słynnej „Dzikiej Bandzie" wyraźnie nawiązał do twórczości Leone, inspirując się modelem antybohatera Eastwooda, meksykańską scenerią, czy też przemocą i okrucieństwem. Włoskie rozwiązania przyczyniły się do powstania zrywających z klasyką rozrachunkowych westernów, takich jak: „Mały wielki człowiek", „Przełomy Missouri", czy wreszcie „Mściciel" - jeden z najbardziej enigmatycznych filmów Clinta Eastwooda, gdzie jako reżyser polemizuje z legendarnym filmem „W samo południe". Po latach pierwszy western Leone został skopiowany. Powstały w 1997 roku a rozgrywający się w czasach prohibicji „Ostatni sprawiedliwy" George'a Roya Hilla to remake „Za garść dolarów", będący również w prostej linii remakiem „Straży przybocznej". W filmie wystąpił Bruce Willis, aktor który w swych licznych rolach również wzorował się na postaci wykreowanej przez Eastwooda. (Pod adresem http://www.bbc.co.uk/dna/h2g2/A1161271 można znaleźć porównanie produkcji włoskiej, japońskiej i amerykańskiej).

Twórczość Leone największy wpływ wywarła na najmłodsze pokolenie twórców. Frayling wspomina o potrójnych pojedynkach we „Wściekłych psach" Tarantino, ekspozycji „Bliskich spotkań trzeciego stopnia" Spielberga, przypominającej „Pewnego razu na Dzikim Zachodzie" Leone, czy „Łowcy wampirów" Johna Carpentera. Quentin Tarantino, który uważa, że „Dobry, Zły i Brzydki" to najlepiej wyreżyserowany film na świecie[126], oddał wielki hołd klasyce spaghetti-westernów w drugiej części swej dylogii o zemście „Kill Bill", gdzie nawet wykorzystał muzykę z filmów Leone. Robert Rodriguez, twórca słynnego „El Mariachi" inspirowanego również Trylogią Dolara, za namową Tarantino stworzył własną trylogię o tajemniczym mścicielu, w której skład weszły „Desperado" i „Pewnego razu w Meksyku: Desperado 2". Eastwood doskonale sobie zdawał sprawę, że zagrał w rzeczy kultowej. O Quentinie Tarantino powiedział kiedyś: *„To młodszy gość, który uwielbia westerny które robiłem z Sergiem. Przypuszczalnie na późniejszym etapie swojej kariery zechce obrać inny kierunek ukazywania przemocy."*[127]

W 2003 roku dokonano cyfrowej rekonstrukcji filmu „Dobry, Zły i Brzydki". Do obrazu dołączono 15 minut wyciętych niegdyś scen, które przetrwały we włoskojęzycznej wersji. Eastwood wspominał, że nagrywając postsynchrony po tylu latach czuł się, jakby był swoim własnym synem. Zapytany, czy zgadza się z opinią, że film ten jest klasykiem i co według niego oznacza to słowo odparł: *„Na pewno jest to jeden z najlepszych włoskich westernów, który stanowi skalę odniesienia do innych europejskich westernów z tamtego okresu. Dawno nie widziałem tego filmu. Wiem, że ma klasyczną muzykę. Ale czy jest klasykiem? Nie wiem. Myślę, że klasyk, to coś co żyje swoim własnym życiem długo po premierze. Życiem z nostalgią, która przetrwała swoją premierę i określoną popularność, która być może nigdy już nie powróci."*[128]

Wizerunek Eastwooda ze spaghetti westernów niewątpliwie uczynił go ikoną kina. Nie będzie przesadą stwierdzenie, że to właśnie western stworzył Eastwooda jako aktora. Jego jedynym sukcesem filmowym jak dotąd była gra w schematycznym serialu telewizyjnym, gdzie nie miał możliwości stworzenia interesującej roli. Możliwość taka pojawiła się nie w Ameryce, lecz w Europie, gdzie natrafił na reżysera wyrosłego z zafascynowania kulturą amerykańską. Do dzisiaj Eastwood przyznaje, że obok Dona Siegela za swojego reżyserskiego mentora również uważa Sergio Leone. Jednak znacznie więcej od włoskiego reżysera zapożyczył jako aktor, a nie reżyser[129]. Cedzone przez zęby jednolinijkowce, chmurne spojrzenie i tajemnica co do przeszłości bohatera stały się stałym elementem kreowanych przez niego postaci. Człowiek bez imienia znalazł swych licznych naśladowców i wpłynął na zmianę sposobu gry, nie tylko w westernach lecz również w filmach akcji. Sam Eastwood wpłynął na jej ewolucję kreując jej kolejne reinkarnacje w reżyserowanych przez siebie westernach takich jak „Mściciel" - stanowiący polemikę z filmem Zinnemanna „W samo południe, „Wyjęty spod prawa Josey Wales" - jeden z pierwszych filmów ukazujących Indian w pozytywnym świetle, „Niesamowity Jeździec" - pełen alegorycznych odniesień do Biblii, czy wreszcie nagrodzony Oskarami wielki przebój „Bez przebaczenia", gdzie Eastwood zdemitologizował kult przemocy, który w przeszłości sam współtworzył.

Wszystkie kobiety,
które znałem dotąd
były urodzonymi
kłamczuchami,
ale nie wiedziałem jak to
jest z zakonnicami aż do
teraz...

„Dwa muły dla siostry Sary" (1970)

Gwiazdor Hollywood

Powieście go wysoko - Blef Coogana

Tylko dla orłów - Pomaluj swój wóz

Dwa muły dla siostry Sary

Złoto dla zuchwałych

Clint Eastwood dzięki westernom Sergio Leone zyskał międzynarodową sławę, ale dopóki filmy te nie trafiły do amerykańskich kin, w Stanach uchodził za sławę z małego ekranu. Kiedy w 1965 roku Sophia Loren przyjechała do Hollywood i pytała o największą gwiazdę, człowieka za którym szalała cała Europa, nikt nie potrafił jej pomóc. Pytali z niedowierzaniem: *„Eastwood, chodzi o tego gościa z telewizyjnego serialu?”*[130] Tymczasem wytwórnia United Artists, która nabyła prawa do filmów Leone i szykowała się do ich amerykańskiej dystrybucji, była coraz częściej naciskana przez europejskich partnerów o kolejne westerny z Eastwoodem, których domagała się widownia. Włosi, którzy czuli się urażeni tym, że Eastwood nie chce z nimi kontynuować współpracy choć pomogli mu zaistnieć w kinie, postanowili wykorzystać modę na spaghetti-western przemontowując fragmenty serialu „Rawhide”, które następnie prezentowali jako pełnometrażowe westerny (filmy były dubbingowane, więc mogli podłożyć dowolne dialogi). A ponieważ oryginalny serial był kręcony na czarno-białej taśmie Włosi zastosowali trochę prymitywne kolorowanie, które choć trochę miało uatrakcyjnić przekaz. Powstałe w efekcie „The Magnificent Stranger” (Jolly Film) i „El Grighero” (Lucas) spowodowały natychmiastowe oświadczenie prasowe Eastwooda na łamach pism branżowych[131]. Wkrótce za pośrednictwem

United Artists wytoczył on włoskim producentom procesy sądowe a podrabiane westerny zniknęły z europejskich kin.

Patrząc na swoją karierę Eastwood zauważył: „*Hollywood jest dziwne. Każdy szuka formuły. Jednego rok jest to dwóch facetów na motorach, innego dziewczyna umierająca na raka i zapełniają rynek takimi imitacjami. Przez lata byłem odprawiany bez angażu bo, mój głos był zbyt miękki, zęby nierówne, zbyt często mrużyłem oczy, byłem zbyt wysoki - całe to poniżanie mogło mnie doprowadzić albo do bycia lepszą osobą albo kompletnym palantem. I nawet gdybym teraz wszedł na casting i nikt nie wiedział, że jestem Eastwoodem, powiedziano by mi to samo. (...) ale teraz po filmach które robiłem w Hiszpanii inni faceci którzy są wysocy i marszczą czoło są na topie! I bądź tu mądry.*"[132]

Chcąc zyskać kontrolę nad swoim wizerunkiem a także filmowymi rolami i scenariuszami, Eastwood założył własną wytwórnię. Ponieważ jego doradca biznesowy Irving Leonard odradzał mu wyjazd do Hiszpanii mówiąc że to będzie zły krok, a co w efekcie okazało się przełomem dla jego kariery, Eastwood nazwał przewrotnie swą wytwórnię Malpaso (z hiszpańskiego: „zły krok"). Do współpracy zaprosił Roberta Daleya, którego poznał jeszcze w 1954 roku. Mieszkali w tym samym budynku i w weekendy przy basenie często rozmawiali o filmach. Obaj pracowali dla Universalu: Eastwood jako aktor, Daley jako księgowy. Później Daley był zaangażowany w produkcję serialu „Rawhide". Z serialu do nowej firmy Eastwooda trafiła też Sonia Chernus, odpowiedzialna za wyszukiwanie dla niego potencjalnych scenariuszy. Prezesem został jego dotychczasowy prawnik Irving Leonard, który pomógł mu wcześniej kupić ziemie w Carmelu i w Monterey. Malpaso miało służyć głównie do kontrolowania finansów a sam Eastwood nie posiadał w firmie oficjalnego stanowiska. Ale wynajmując swoje usługi aktorskie poprzez firmę mógł znacząco wzbogacić się bo zaoszczędzał na podatkach. Firma miała też zajmować się w przyszłości wypożyczaniem sprzętu filmowego oraz ekipy do produkcji filmów, w których grał, co również przekładało się na większe faktyczne zyski. Warunki dla wytwórni brzmiały - chcąc kręcić film z Eastwoodem musisz zaangażować jego firmę. Dzięki Malpaso Eastwood mógł sprawować kontrolę nad produkcją filmu (wybór scenariusza, casting, ekipa, montaż) korzystając z minimalnej liczby pracowników i skromnego budżetu. Jak sam wspominał: *„Mam sześciopak piwa pod ręką, kilka kartek papieru, ołówków i jestem w biznesie."*[133]

Eastwood jeszcze w czasie kursu aktorskiego w wytwórni Universal często zastanawiał się z kolegami, czy lepiej być dobrym aktorem, czy ekranowym gwiazdorem: *„Wszyscy uważali, że dobrym aktorem. Ale jeśli się nad tym dłużej zastanowić, to właśnie gwiazdor otrzymuje najciekawsze role. A poza tym przyjemnie jest jako aktor panować nad sytuacją i wybierać takie propozycje, na które ma się ochotę."*[134] Aby ułatwić sobie rozwój kariery w amerykańskich filmach na początek musiał grać w westernach.

Carl Foreman, ceniony pisarz i producent z lat czterdziestych i pięćdziesiątych który odniósł sukces „Działami Nawarony", zaproponował Eastwoodowi rolę w filmie „Złoto McKenny". Jego agent, Lenny Hirshan, uważał, że powinien przyjąć rolę, gdyż była wręcz uszyta dla niego. Zapowiadało się na amerykański (tym razem) western w gwiazdorskiej obsadzie. Eastwood jednak nie rozumiał scenariusza historii poświęconej poszukiwaniom zakopanego złota i bohaterów, którzy chcieli je odnaleźć. Nie było też nic pociągającego w postaci, którą Eastwood miał zagrać, a poza tym chciał wreszcie grać pierwszoplanową postać a zanosiło się na kolejne trio. Cały film uważał za rozszerzoną wersję „Rawhide'a" zbyt zbieżną z „Dobrym, Złym i Brzydkim". Odrzucił zatem rolę, którą ostatecznie zagrał Gregory Peck a partnerowali mu Omar Sharif, Telly Savalas i znany z filmów Leone Eli Wallach.

Wkrótce do Malpaso trafił scenariusz zatytułowany „Powieście go wysoko", w którym Eastwood odnalazł interesujące go tematy niesprawiedliwości i kary śmierci. Autorem był Leonard Freeman, twórca serialu „Hawaii Five-0", a jego tekst początkowo powstał jako pilot serialu. Eastwood uważał, że postać głównego bohatera Jeda Coopera - przedstawiciela prawa szukającego prywatnej zemsty - oferuje mu jako aktorowi możliwości, których nie miał w trakcie pracy z Leone. Dzięki temu filmowi *„zamiast bycia symbolem, mógł stać się postacią z motywem"*[135]. Głównym bohaterem był farmer Jed Cooper niesłusznie oskarżony o kradzież bydła i powieszony. Ponieważ przeżył śmierć postanawia zemścić się na swoich oprawcach i dołączyć do sił sędziego Fentona jako szeryf (podobny wątek pojawia się w filmie „Wyjęty spod prawa Josey Wales", gdzie farmer któremu unioniści zniszczyli dom i zamordowali rodzinę dołącza do wojsk konfederatów, by dokonać zemsty). Grana przez Pata Hingle'a postać sędziego Fentona bazuje na życiu Isaaca Parkera o przezwisku „Wieszający sędzia", które nadano mu z powodu dużej liczby egzekucji jakie wymierzał. Z kolei fikcyjny Fort Grant jest odzwierciedleniem faktycznego Fortu Smith, gdzie pracował sędzia Parker.

Korzystanie z narzędzia jakim była własna firma dało Eastwoodowi możliwość zatrudnienia Teda Posta, którego znał z serialu „Rawhide", jako reżysera filmu. Rola Jeda Coopera ze wszystkich jego dotychczasowych oferowała najwięcej scen dialogowych. Producenci chcieli go przekonać do bardziej doświadczonych reżyserów, ale Eastwood postawił na swoim, bo uważał, że Post dobrze sobie radził z dużą ilością dialogów w telewizji a poza tym czuł się przy nim komfortowo. Wśród obsady filmu znaleźli się Pat Hingle, Bruce Dern, Ed Begley i Charles McGraw, którzy również zetknęli się z Eastwoodem na planie „Rawhide". Ben Johnson grał wcześniej w wielu westernach Johna Forda, a później u Sama Peckinpaha, podobnie jak. L.Q. Jones. Główną rolę kobiecą zagrała Inger Stevens, a kochanka Eastwooda Roxanne Tunis pojawiła się podczas publicznej egzekucji jako prostytutka w błękitnej sukience. Co ciekawe w epizodycznej roli więźnia wystąpił Dennis Hopper (który rok później zaskoczył Hollywood reżyserowanym przez siebie niezależnym filmem „Easy Rider").

Kiedy rozpoczęły się zdjęcia, na planie w Nowym Meksyku pojawił się producent Leonard Freeman, który zaczął dokonywać zmian, wchodząc w kompetencje reżyserującego Teda Posta. Eastwood broniąc swojego reżysera jako współproducent filmu (choć jeszcze nieoficjalnie) pozbył się go z planu mówiąc: *„Jeśli przyjdziesz raz jeszcze na plan, nie będzie ani planu, ani ekipy, ani aktorów, ani reżysera. Trzymaj się od tego z daleka."*[136] Post, który nigdy wcześniej nie robił filmu kinowego, był mu bezgranicznie wdzięczny. Choć na planie bywała obecna Roxanne Tunis to podczas zdjęć Eastwood był bardzo blisko również z aktorką grającą główną kobiecą rolę, która lubiła uwodzić i być uwodzona. Inger Stevens w swej krótkiej karierze romansowała z takimi gwiazdami jak Burt Reynolds, Anthony Quinn, czy Dean Martin. W 1959 roku po rozstaniu z Bingiem Crosby podjęła pierwszą samobójczą próbę. W 1970 roku jej kolejna próba była już niestety udana.

„Powieście go wysoko" był hybrydą integrująca tradycyjną amerykańską historię do konwencji spaghetti-westernu. To w tym filmie po raz pierwszy pojawiły tak lubiane przez Eastwooda zdjęcia z małą ilością światła, a przewagą cieni, które podobały mu się w „Trzecim człowieku" Carola Reeda. Jed Cooper (zbieżność nazwisk z Gary Cooperem, do którego często porównywano Eastwooda, jest nieprzypadkowa), to jeden z jego ulubionych typów postaci, które wielokrotnie powtarzał w swej karierze - tajemniczego samotnika popadającego w konflikt z przełożonymi (patrz: „Blef Coogana", „Brudny Harry", „Wyzwanie" itd.). Eastwood wyznając zasadę, że bohater który dużo mówi staje się w oczach widowni słaby, skracał swoje dialogi do minimum. W scenie w barze, gdzie Cooper trafia na jednego ze swoich oprawców, miał powiedzieć pięć linijek dialogu. Stwierdził, że rozegra to inaczej: *„Po prostu wyjmę z ust cygaro i zgaszę je w jego drinku. To zwróci jego uwagę. A kiedy już spojrzy na mnie, opuszczę swoją bandanę ukazując bliznę na szyi od sznura, co da mu poznać kim jestem."*[137]

Ponieważ scenariusz był planowany jako pilot serialu, film ma zauważalną telewizyjną stylistkę, a także zbyt nowe budynki i zbyt czyste ubrania. Muzyka Hugo Montenegro (nagrał cover utworu z filmu „Dobry, Zły i Brzydki", który stał się przebojem w Stanach) jawnie podrabia dokonania Ennio Morricone, nic więc dziwnego że Variety nazwało film *„marną amerykańską imitacją marnej włoskiej imitacji amerykańskiego westernu"*.[138] W Anglii film był zbyt brutalny i dostał kategorię X, a Daily Express żartował, że *„Eastwood wreszcie zagrał w swoim pierwszym mówionym filmie"*[139]. Eastwood był zawiedziony oceną krytyków, którzy uważali film za spaghetti-western w przebraniu tylko dlatego, że to on w nim zagrał. Premiera miała miejsce tuż po zabójstwach Martina Luthera Kinga i Roberta Kennedy'ego, co wywołało tak częste w przypadku filmów Eastwooda pytania o wpływ kina na przemoc wśród ludzi. Część krytyków chwaliła go jednak film za interesujące spostrzeżenia na temat kary śmierci (do tematyki tej powrócił w 1999 roku filmem „Prawdziwa zbrodnia").

W Stanach Zjednoczonych „Powieście go wysoko" przyniósł zyski większe niż „Dobry, Zły i Brzydki" - tym samym Eastwood trafił na listę największych gwiazd kina według rocznika Quiley Publications, na której utrzymywał się konsekwentnie przez 18 lat. W dniu premiery film miał największe otwarcie w historii wytwórni United Artists, 5,421,000 dolarów. Nawet filmy z Jamesem Bondem nie miały takiego otwarcia[140]. Wytwórnia uznała, że inwestycja w Eastwooda i trzy spaghetti-westerny dobrze się opłaciła. Za występ w filmie Eastwood otrzymał 450,000 dolarów i 25 procent zysków, a Irving Leonard rozszerzył klauzulę na dodatkowe dywidendy za pokazanie filmu we Włoszech, gdzie nazwisko Eastwooda gwarantowało dużą publiczność[141].

Dzięki sukcesom swoich westernów na amerykańskim rynku Eastwood podpisał kontrakt z wytwórnią Universal na występ w trzech filmach, a jego honorarium zostało podwojone. Wrócił więc do wytwórni, która w latach pięćdziesiątych zatrudniała go do epizodycznych ról a później zerwała z nim kontrakt. Jednak wytwórnia Universal w latach sześćdziesiątych, po przejęciu przez koncern MCA i pod rządami Lew Wassermana, znacząco się zmieniła. Nastawiona bardziej na produkcję telewizyjną, które były jego siłą napędową, produkowała średniobudżetowe filmy, choć zdarzały się później przeboje takie jak: „Żądło", „Lotnisko" czy „American Graffiti". Na mocy niezwykłego kontraktu Malpaso, które na swą siedzibę wybrało biura studia Universal (budynek znany ze względu na swój wygląd jako Taco Bell) uzyskało możliwość tworzenia joint-venture z innymi wytwórniami.

Jennings Lang, producent wykonawczy Universalu, chciał jak najszybciej przejść z branży telewizyjnej do produkowania filmów, a szczególnie zależało mu na filmach z Eastwoodem. Jednym z pierwszych projektów jakie mu przedstawił był „Blef Coogana" o szeryfie z Arizony, który przybywa do Nowego Jorku, gdzie ma odebrać zbiegłego mordercę Jamesa Ringermana. Historię pierwotnie przeznaczoną dla telewizji napisał Herman Miller, który był autorem niektórych odcinków „Rawhide". *„W tym konkretnym projekcie spodobał mi się ten czujący się tu nieswojo bohater. To facet pracujący jako szeryf na peryferiach Arizony, który w Nowym Jorku czuje się jak wysiedleniec. Kojarzył mi się ze starymi filmami, których wiele powstało w latach 30. i 40. Nie był w tej samej kategorii co film 'Pan Smith jedzie do Waszyngtonu', ale opowiadał o ludziach, którzy czuli się nieswojo. Pokazywał jak dawali sobie radę w innym środowisku."*[142]

Tekst wręczony Eastwoodowi był już trzecią wersją, każda była pisana przez innego autora, lecz Eastwood największy potencjał widział w streszczeniu. Postać Coogana dawała mu możliwości zaprezentowania talentu komediowego. Coogan był przebiegły a swój spryt ukrywał pod wiejską manierą, cierpliwie znosząc niechęć swych wielkomiejskich odpowiedników: *„To nie jest przełęcz OK Corral, tylko miasto Nowy Jork. Mamy tu system. Nie jest wspaniały, ale go lubimy."* Niechęć do procedur biurokratycznych i wymierzania sprawiedliwości na własną rękę znalazła swoje pełne rozwinięcie w filmie „Brudny Harry".

Z projektu wycofał się z nieznanych przyczyn reżyser Alex Segal. Reżyserem miał być Mark Rydell, niegdysiejszy aktor i reżyser telewizyjny. Rydell miał jednak wątpliwości co do tekstu i potrzebował kilka tygodni na przygotowania. Lang, któremu zależało by film jak najszybciej trafił do kin zaproponował Dona Siegela, reżysera „Inwazji porywaczy ciał. Zaangażowanie go przyspieszyłoby sprawy, gdyż Siegel również był na kontrakcie w Universalu a w tej chwili nie miał żadnych innych zobowiązań. Poza tym miał opinię reżysera który nie marnuje czasu i pieniędzy. Studio wyraziło zgodę a również Rydell pozytywnie wyraził się na temat Siegela, z którym niegdyś pracował jako aktor. Siegel był doświadczonym reżyserem, zdobywającym swe pierwsze szlify jeszcze jako montażysta i reżyser drugiej ekipy w studiu Warner Bros. Do jego reżyserskiego dorobku zalicza się „Płonącą gwiazdę" z Elvisem Presleyem, „Zabójców" z Lee Marvinem czy więzienny dramat „Riot in Cell Block 11". Siegelowi zależało by wyrwać się z szufladki reżysera filmów klasy B a do tego potrzebował takiej gwiazdy jak Eastwood.

Ponieważ Siegel również nie był zadowolony ze scenariusza, do wprowadzenia poprawek zaangażowano Howarda Rodmana, z którym Siegel niegdyś pracował. W czasie kiedy Rodman pisał, Eastwood z Siegelem polecieli do Nowego Jorku i na pustynię Mojave szukać odpowiednich miejsc na zdjęcia. Po niecałym miesiącu nowa wersja bardzo podobała się reżyserowi, ale Eastwood uważał, że Rodman pozbawił scenariusz najlepszych cech nie wnosząc w zamian nic lepszego, choć jak się okazało Eastwood nie znał wcześniejszych wersji. Siegel, chcąc obiektywnej krytyki, przekonał go, by najpierw przeczytał wszystkie wcześniejsze wersje. Gdy już obaj dysponowali podobną wiedzą na temat ewolucji historii przystąpili do prac z nożyczkami i siedząc na podłodze wycinali poszczególne sceny i dialogi tworząc własną wersję „Blefu Coogana". Do ostatecznego scalenia włączono Deana Riesnera, który miał połączyć w całość najlepsze kawałki materiału z wcześniejszych wersji i przepisać je na czysto. Nazwisko twórcy oryginalnej historii, Hermana Millera, zostało pominięte w ostatecznej wersji, jednak na podstawie jego scenariusza (i dzięki sukcesowi filmu Siegela) w Universalu powstał w latach 1970-1977 serial „McCloud" z Dennisem Weaverem w roli głównej.

Zdjęcia do „Blefu Coogana" rozpoczęły się w listopadzie 1967 roku, kiedy Riesner nadal pracował nad poprawkami. Siegel na planie był bardzo praktyczny: nie rozmyślał nad pojedynczymi scenami czy kwestiami i dokładnie wiedział ile ujęć potrzebował, co bardzo imponowało Eastwoodowi, mającemu jeszcze w pamięci przeciągające się w nieskończoność produkcje w Hiszpanii: *„Niektórzy faceci polecają odbić na taśmie dziesięć ujęć, nie mając nawet pojęcia co zawierały, ani co będą robić w następnym. Siegel zwykle kopiował tylko jedno."*[143] Curtis Hanson (późniejszy twórca „Tajemnic Los Angeles"), którego Siegel zaprosił na plan filmu, wspomina: *„Jedna rzecz szczególnie zwróciła moją uwagę. Byłem na wielu planach. Wiedziałem, że to nietypowe. Otóż gwiazdor, Clint Eastwood, nigdy nie opuszczał planu podczas zdjęć. Nie chodził do przyczepy ani do telefonu, ani nigdzie. Był tam i obserwował."*[144] Siegel nie przesadzał z reżyserowaniem: *„Clint nie potrzebuje zbyt wielu wskazówek. Ale jeśli zamierzasz go pokierować,* *lepiej się upewnij, że wiesz o co ci chodzi. Jeśli nie masz pewności, że masz rację, lepiej nie próbuj.*"[145]

„Blef Coogana" jest generalnie kolejną po „Powieście go wysoko" hybrydą - tym razem integrującą postać Coogana o kowbojskich manierach z wielkomiejskim kryminałem (i w tym sensie film stanowi gładkie przejście od postaci Człowieka bez imienia do Brudnego Harry'ego). W Nowym Jorku Coogan jest zaskoczony tym, jak świat jest nieprzyjazny bliskiemu mu kodeksowi rewolwerowca, i przez biurokratyczne procedury uniemożliwia mu efektywne działanie, co powoduje jego złość. Scena w klubie wnosi typowe dla tamtej epoki przekonanie, że hipisi byli zagrożeniem dla porządku publicznego. Eastwood który nie chciał brać udziału w wojnie w Korei, doskonale rozumiał pokolenie, które nie chciało lecieć na wojnę do Wietnamu.

Kreowany przez Eastwooda Walt Coogan, to typowy macho. Twardy, nieustępliwy, ale też uganiający się za spódniczkami. Uwodzi nie tylko panią psycholog, ale również dziewczynę ściganego przestępcy. Behawioralne koncepcje na temat zachowania człowieka policyjnej psycholog o imieniu Julie zgadzają się z tym, czego Coogan nauczył się tropiąc przestępców - człowiek, kiedy jest ścigany zachowuje się jak zwierzę bazując na pierwotnych instynktach przeżycia. Dziki i nieociosany Coogan w przeciwieństwie do postaci zgorzkniałego Brudnego Harry'ego potrafi być romantyczny i uwodzicielski. Ukrywa swą wrażliwość, by sprostać wizerunkowi twardziela, ale wizerunek ten ma swoje uzasadnienie. W scenie rozmowy z Julie o uczuciach Coogan wspomina o litości: „*Litość ma kolor czerwony (...) To było w Prescott, w Arizonie. Strażnik poczuł litość do więźnia i pozwolił mu się pożegnać z żoną. Skończył z nożem w żołądku. Żona chowała nóż w rękawie.*" Jest to też jeden z pierwszych filmów, w których Eastwood emanuje swoją seksualnością, bo wcześniejsze filmy pod tym względem były bardzo niewinne. Partnerująca Eastwoodowi na ekranie Susan Clark powiedziała o nim: „*Jest w nim coś tajemniczego. Nie sposób odgadnąć, jak silne są jego uczucia i jak głęboko przeżywa to, co się wokół niego dzieje.*"[146] Ponadto postać wyposażono w inteligencję pozwalającą na cięte riposty słowne: „*Nowojorski policjant: - Jakiś wasz kowboj zaszalał w naszym mieście? Coogan: - Nie, jakiś wasz mieszczuch zaszalał u nas.*"

Film spotkał się z dobrym przyjęciem publiki, choć National Catholic Office for Motion Pictures nazwało Coogana „cynicznym i sadystycznym", a Vincent Canby powiedział o Eastwoodzie[147]: „*On nie gra w filmie, on tylko znajduje się w kadrze.*" Inni chwalili przede wszystkim sceny akcji i reżyserię Siegela. Eastwood był świadomy krótkości żywota statusu gwiazdy: „*Aktorowi dużo czasu zajmuje odrzucenie myśli, że rola, którą właśnie dostał, być może jest ostatnią w jego karierze*"[148]. Zależało mu by jak najprędzej zagrać w kolejnej produkcji, byle tylko napływały nowe propozycje.

„Tylko dla orłów" miało być jego pierwszą z wysokobudżetową produkcją. Zdjęcia kręcono w Austrii, a Eastwood miał być partnerem Richarda Burtona, wielkiego gwiazdora i męża Elizabeth Taylor. Po słabszych filmach jak „Becket", „Noc Iguany" czy „Ze śmiertelnego zimna" Burton potrzebował pewnego sukcesu kasowego. W tej sprawie zwrócił się do producenta Elliotta Kastnera a on skonsultował się z pisarzem Alistairem MacLeanem. Adaptacja jego powieści „Działa Nawarony" (1961) stała się olbrzymim sukcesem, a spora część jego innych powieści była przenoszona na ekran. Kastner namówił go do napisania nowej historii i po sześciu tygodniach MacLean przedstawił gotowy scenariusz (dopiero później dokonał jego nowelizacji). Romantyczne zakończenie, w którym amerykański komandos bierze ślub z bojowniczką ruchu oporu, zmieniono na pochodzące z innej książki MacLeana, „The Dark Crusader" a sam scenariusz skrócono o jedną trzecią. Pierwotny tytuł „Adler Schloss" po sugestii producenta zmieniono na bardziej chwytliwy a inspirację znaleziono w „Ryszardzie III" Szekspira w słowach "The world is grown so bad, that wrens make prey where eagles dare not perch".

MGM zgodziło się produkować film, licząc na powtórzenie sukcesów takich filmów jak „Wielka ucieczka" czy „Działa Nawarony". Ponieważ nikt nie był pewny, czy Burton po zaliczeniu kilku klap jest w stanie przyciągnąć publiczność, do produkcji zaangażowano również popularnego wśród publiczności Eastwooda. Na plan filmu ściągnięto ekipę kaskaderów dowodzonych przez weterana jeszcze z czasów westernów Johna Forda, Yakimę Canutta. Znany z zamiłowania do samodzielnego wykonywania scen kaskaderskich Eastwood skarżył się, że nie ma okazji pracować z Burtonem, gdyż większość scen grał razem z jego dublerem, Alfem Jointem. Kiedy zabroniono mu grać trudne sceny na dachu kolejki linowej, zaczął nazywać produkcję mianem *„Tylko dla dublerów"*. Natomiast pomysł z kolejką linową jako jedyną drogą prowadzącą z miasteczka do zamku zainspirował później twórców gry komputerowej „Return to Castle Wolfenstein".

Burton gra w tym filmie brytyjskiego oficera, który w hitlerowskim mundurze próbuje przedostać się do twierdzy Schloss Adler, by wykraść tajne dokumenty. Eastwood wystąpił w roli jego pomocnika, amerykańskiego sierżanta Morrisa Schaffera, który nie zna niemieckiego. Z tego powodu przez większość filmu z ust Eastwooda pada niewiele słów, zresztą odzywa się po raz pierwszy dopiero po dwudziestu minutach filmu. Postać Schaffera -Amerykanina - sprawia wrażenie osoby, która przez pomyłkę znalazła się w niewłaściwym miejscu, ale zamiast narzekać, woli walczyć i dobrze wykonać swoją robotę (czyli zabijać). Jak ujął to Tarantino, jeden z wielbicieli filmu: *„Eastwood mógłby tylko stać na szczycie schodów czekając aż zbierze się duża grupka nazistów, a następnie wszystkich ich powystrzelać."*[149] Tarantino inspirując się takimi filmami jak „Tylko dla orłów" czy „Parszywa dwunastka" stworzył później „Bękartów wojny", którego bohaterowie czerpią sadystyczną przyjemność z mordowania nazistów, podobnie jak grany przez Eastwooda Schaffer. Jego postać dziesiątkuje niemieckie oddziały i nie sprawia mu problemu nawet ostrzeliwanie ich z dwóch karabinów MP-38 (choć strzelanie z jednego jest już bardzo ciężkie). Sam Eastwood w reportażu z planu reklamował swą kreację: *„To niezwykłe uczucie nosić mundur wojskowy w odróżnieniu od ponczo. (...) Jeśli myślicie, że zastrzeliłem sporo ludzi swoim rewolwerem, powinniście zobaczyć jak sobie radzę z karabinem maszynowym."*[150]

Podczas jednej z sekwencji reżyser Brian G. Hutton chciał, by Burton prowadził z dużą szybkością motor z przyczepką po oblodzonej drodze, a później zamontował materiały wybuchowe pod wieżą. Burton, którego problemy z alkoholem coraz bardziej dawały się ekipie we znaki, nie bardzo był w stanie cokolwiek odpowiedzieć. Eastwood uznał, że to on poprowadzi, a Burton siądzie z boku. Oznaczało to że w sekwencji Burton będzie musiał wysiąść, przymocować dynamit i z powrotem wskoczyć do przyczepy. Burton oświadczył jednak, że nie będzie nosił materiałów wybuchowych. Tłumaczono mu, że to nie prawdziwy dynamit, tylko kawałek drewna. On jednak kręcił głową, a Eastwood zapamiętał coraz większe zniechęcenie na twarzy reżysera. Produkcja stawała się coraz trudniejsza. Ze względu na niedostatek światła słonecznego w zimie dni zdjęciowe stawały się coraz krótsze.

Produkcję przeniesiono następnie do Londynu, by dograć brakujące ujęcia w studio. Kiedy Eastwood wylądował na lotnisku, miał ze sobą tylko torbę podróżną i nie mógł się przedostać do wyjścia z powodu ogromnej ilości ludzi oczekujących przylotu z tłumem fotoreporterów. Pytając policjanta o powód zamieszania, dowiedział się, że właśnie Richard Burton i Liz Taylor przylecieli swoim odrzutowcem z Genewy i fani wyszli ich powitać. Burtonowie byli wtedy najczęściej fotografowaną parą na świecie. W Londynie dokręcono dodatkowe ujęcia z wykorzystaniem tylnej projekcji, które nie wymagały aż tyle uwagi co zdjęcia w plenerach. Scena gdzie Burton i Eastwood wspinali się po linie przebiegała jednak dla każdego odmiennie. O ile Eastwood podciągał się samodzielnie, znacznie mniej wysportowany Burton był ciągnięty w górę dźwigiem, dodając do występu minę pełną wysiłku. Żeby uprzyjemnić sobie pobyt z dala od domu, Eastwood nabył motocykl Norton 750, którym poruszał się w filmie. Od tej pory często wybywał poza plan na przejażdżki, gdzie często zabierał koleżankę z planu Ingrid Pitt, z którą nawiązał romans. Pitt, która później zrobiła karierę w horrorach wytwórni Hammer, urodziła się w Warszawie w związku Niemca z polską Żydówką i w wieku pięciu lat trafiła do obozu koncentracyjnego Stutthof. Udało jej się przeżyć i wyjechać do Berlina a następnie do Anglii, gdzie wkrótce zagrała małą rolę w „Doktorze Żywago". W „Tylko dla orłów" grała niemiecką agentkę współpracującą z Aliantami, przez co chociaż symbolicznie mogła pokonać hitlerowców.

Zresztą naziści byli w tym filmie potraktowani jak pachołkowaci debile. Niektórzy uważali, że nawet w takim filmie rozrywkowym powinno być więcej realizmu. Grając maszynę do zabijania Eastwood przez cały film nie zdradza jakichkolwiek ludzkich emocji, ale nikt go nie krytykował za rolę, niezależnie od tego, czy film się podobał krytykom, czy też nie. Premiera „Tylko dla orłów" odbyła się w szczycie wystąpień antywojennych w Ameryce, a tradycyjnie pojmowana męskość w kręgach kulturowych była w zaniku. Film był jednak sukcesem kasowym 1969 r. przynosząc zysk 21 milionów dolarów w pierwszym roku, przy kosztach produkcji w wysokości 7 milionów. Magazyn ABC Film Review umieścił nazwisko Eastwooda obok Davida Hemmingsa i Michaela Yorka w rubryce „obiecujący aktorzy, o których jeszcze usłyszycie". W jednym z wywiadów Burton tak mówił o aktorstwie Eastwooda: *„Niektórzy amerykańscy aktorzy bardzo różnią się od brytyjskich. Jest następcą wielkich* *aktorów, takich jak Spencer Tracy, James Stewart czy Bob Mitchum. Łączy ich wszystkich coś w rodzaju dynamicznego letargu. Wydają się nic nie robić, ale robią wszystko. Ograniczył ekspresję do absolutnego minimum. Pamiętam, że raz miał powiedzieć cztery linijki. Powiedział tylko cztery słowa."*[151]

Nic dziwnego, że wkrótce z niezwykłą propozycją zwrócili się do niego producenci filmów o Bondzie, kiedy Sean Connery opuścił serię: *„Robiłem wszystkie te westerny, więc było miło że mnie pytali, a oferowali całkiem spore wynagrodzenie. Ale powiedziałem im, że uważam że powinni znaleźć Brytyjczyka, ja byłem zbyt mocno kojarzony z Ameryką. Byłoby zabawnie zrobić to raz, ale mógłby to być zły ruch w mojej karierze"*[152] Eastwood nie tylko obawiał się związania kontraktem na kilka filmów serii, ale też poważnego ograniczenia autonomii, którą z takim trudem zdobywał. Producenci nagabywali jeszcze Steve'a McQueena i Burta Reynoldsa by ostatecznie wybrać Australijczyka George'a Lazenby'ego (którego po jednym występie zastąpił Sean Connery, nim do serii włączył się Roger Moore). Eastwoodowi nie podobało się też, że spędził aż pięć miesięcy na przedłużających się zdjęciach do „Tylko dla orłów". 2 kwietnia 1968, kiedy on jeszcze tkwił w Londynie, na świat przyszedł jego syn, Kyle. Eastwood miał tylko dwa miesiące, by spędzić z nim czas bo wkrótce poleciał do Oregonu na kolejny kilkumiesięczny plan filmowy.

W połowie lat sześćdziesiątych, kiedy minęła era Freda Astaire'a i Gene'a Kelly'ego musicale zaczynały się stawać ryzykownym przedsięwzięciem. Jednakże były też spore sukcesy: „My Fair Lady" zdobył w 1964 roku osiem Oskarów, a Rex Harrison został uznany za najlepszego aktora. „Dźwięki muzyki" cieszył się dużą popularnością, choć już „Dr Dolittle" z Rexem Harrisonem zarobił grosze. Nie zniechęcało to jednak producentów. Twórcy „My Fair Lady" Alan J. Lerner i Friz Loewe postanowili przenieść z Broadwayu na ekran kolejny musical. Miała to być opowieść o dwóch poszukiwaczach złota w czasach słynnej gorączki złota. W głównej roli kobiecej miała pojawić się Julie Andrews, ale ta wolała zagrać u swojego męża Blake'a Edwardsa w „Darling Lili". Początkowo filmem miał zająć się Don Siegel, ale zrezygnował. Na reżysera wybrano Joshuę Logana, który zdobył Pulitzera za adaptację „South Pacific". Głównym atutem filmu miała być gwiazdorska obsada: Clint Eastwood, Lee Marvin i Jean Seberg.

Pierwszego dnia prób Eastwood nie mógł dostać się do studia, gdyż strażnik nie zezwolił mu na wjazd. Rozwścieczony wrócił do wytwórni zostawiwszy numer telefonu, pod którym mogą go złapać. Kiedy po jakimś czasie w Universalu rozdzwoniły się za nim telefony Eastwood stwierdził: *„Wiecie, nie mogłem się dostać do środka, więc pomyślałem, że zastąpiliście mnie kimś innym."* [153] Zgodził się na udział w filmie, gdyż miał szansę spróbować swych sił wokalnych. Producent początkowo planował, że Eastwood jedynie będzie mówił swe piosenki, podobnie jak Rex Harrisom w „My Fair Lady". Jednak kiedy przesłuchał jego nagrania z czasów „Rawhide" doszedł do wniosku, że aktor poradzi sobie ze śpiewem.

Eastwoodowi podobała się sama historia. W pierwszej wersji scenariusza postać grana przez Lee Marvina ginęła pod koniec filmu, całość była dość mroczna - coś niespotykanego dotąd w tym gatunku. Musicale, choć nadal przynosiły zyski, powoli wkraczały w etap, w jakim niegdyś były westerny. Eastwood miał nadzieję, że projekt w którym bierze udział odnowi gatunek podobnie jak filmy Leone wniosły powiew świeżości do westernów. Jednakże nim doszło do realizacji, scenariusz zmienił się parokrotnie. Do filmu wprowadzono postać Pardnera, który miał współdzielić z Rumsonem żonę, a miasto pełne dancingów, kasyn i alkoholu miało przypominać XIX wieczną Sodomę i Gomorę. Zmiany te były pisane z myślą o hipisowskiej młodzieży, które kontestowała otaczającą rzeczywistość. Mroczne elementy, które tak uwiodły

Eastwooda, zostały całkowicie usunięte, a historia stała się łagodniejsza. Chciał się wycofać z projektu, co nie było łatwe, gdyż wielu ludzi zaangażowało się ze względu na jego udział. Lerner i Logan postanowili dokonać poprawek w scenariuszu, rozbudowując jego postać, gdyż sądzili że to było powodem jego rozgoryczenia, choć nie to było jego celem: *„Próbuję wszystkim powiedzieć, że nie potrzebuję wielkiej roli. Wielkość nie jest lepsza, czasami mniej oznacza lepiej"*[154] Kolejna wersja scenariusza była już lepsza, ale nadal odległa od wizji Eastwooda. Agencja naciskała na niego, by się nie wycofywał: mogło się roznieść, że jest trudny we współpracy co postawiłoby studio w trudnej sytuacji. Przekonywano go, że ze względu na wątek romansowy rola może być dobra - w czymś takim jego wielbiciele jeszcze go nie widzieli.

Eastwood był pełen dobrych nadziei, ale film nie mógł się udać. Osobiście bardzo lubił Logana, ale ten jako reżyser nie miał żadnego pojęcia o robieniu filmów. Jako reżyser teatralny nie był dobrym wyborem do kręcenia musicalu na taką skalę. Logan wolał, by kręcić w przyjaznych dla niego warunkach w studio na terenie wytwórni. Scenograf jednak przekonywał go, że plener doda filmowi więcej realizmu. Ostatecznie wybrano opuszczony teren w Oregonie, położony w odległości sześćdziesiąt mil od najbliższego miasta, jakim było Baker. Oznaczało to ogromne problemy logistyczne: ludzi trzeba było codziennie przewozić na plan filmowy helikopterami. Produkcja zapowiadała się ambitnie. Specjalnie na potrzeby filmu wybudowano miasto w stylu westernowym w East Eagle Creek. Miasto to musiało być otoczone przez rzeki i zbudowane na specjalnych rampach, bo w finale filmu miało się zapaść pod ziemię (w efekcie podkopów dokonywanych przez bohaterów wykradających złoto). Sama hydraulika dla saloonu kosztowała 300 tysięcy dolarów. Sprowadzono konie z Newacy, woły z Nowej Anglii a nawet drzewa z Hollywood. Na plan przyjeżdżało osiem ciężarówek rekwizytów tygodniowo. Produkcja miała specjalne odrzutowce, które latały z Hollywood do Oregonu, helikoptery przywoziły żony artystów na lunch. Na planie były tysiące statystów, którym płacono pełną dniówkę, choć nie grali. Nic dziwnego, że każdy odnosił wrażenie, że produkcja nie będzie mieć końca.

Pierwszego dnia zdjęć Eastwood zauważył, że Logan często się radził swojego asystenta i operatora co do poszczególnych ujęć. Zaczął tracić swój autorytet, a ekipa niechętnie wykonywała jego polecenia. Jego niezręczność była na tyle oczywista, że już po kilku dniach producent chciał go zwolnić. Przygotowania do filmu trwały przez rok, było więc dość czasu by się zorientować co do potencjału reżysera. Cała produkcja przypominała, jak wspomina Eastwood, *„okręt bez kapitana"*[155]. Dziwnym przypadkiem miasto gdzie rozgrywa się akcja nosi nazwę No Name City (co jest pewnym nawiązaniem do westernów Sergio Leone).

Produkcja trwała pięć długich miesięcy. Aktorzy i ekipa zamieszkali w specjalnych domkach ranczerskich na terenie lasu. W niektórych mieszkały całe rodziny, tak jak Lee Marvin z żoną i służącymi. Marvin, który zdobył Oskara za „Kasię Ballou" oraz uznanie za występ w „Parszywej dwunastce", różnił się w swym alkoholiźmie od Burtona tylko tym, że wcale się z tym nie krył. Potrzebował ostrej dyscypliny, czego niepewny swej pracy Logan nie mógł mu zapewnić. Poza tym był często usprawiedliwiany przez producenta Kena Hymana: *„To, że Lee się upija i zatrzymuje zdjęcia na dzień lub dwa nie jest ważne, bo on może uświetnić ten film na wiele sposobów"*[156] Don Siegel, który reżyserował Marvina w „Zabójcach" przyjechał kiedyś w odwiedziny na plan filmowy. Usiłował go uspokoić, ale skończyło się na tym, że rozbił mu na głowie awokado i odjechał. Później na planie pojawił się reżyser „Zawodowców" Richard Brooks wezwany przez samego Marvina. Jako osoba lepiej znająca jego temperament miał przejąć reżyserię po nielubianym przez Marvina

Loganie. Ale Brooks uznał, że nie informowanie Logana o zamiarach zwolnienia go jest nieetyczne i nie zgodził się go zastąpić.

Eastwood chcąc uprzyjemnić sobie czas, w wolnych chwilach chodził łowić ryby. Jeszcze inną przyjemnością mającą umilić mu trudne zdjęcia do filmu było towarzystwo Jean Seberg, którą uwielbiał za jej delikatność i wrażliwość. Seberg uwielbiała spokój, i kiedy tylko nie byli potrzebni na planie, spędzali czas ze sobą. Ale ich romans skończył się po zakończeniu zdjęć do filmu. Seberg była typem osoby, która nie potrafiła się odnaleźć w życiu a jej kariera stopniowo podupadała ze względu na jej zaangażowanie w działalność lewicowych organizacji i poparcie dla Czarnych Panter. Możliwe, że Edgar J. Hoover wykorzystywał FBI, żeby ją gnębić. W 1979 roku, kiedy jej kochanek Hakim Jamal został zamordowany, popełniła samobójstwo. Jej ciało odnaleziono dopiero po tygodniu.

Podczas jednego z przelotów na plan filmowy, kiedy pilot pozwolił mu usiąść za sterami, Eastwood postanowił nauczyć się latać. Kiedy już zdobył licencję pilota zakupił helikopter, który następnie w leasingu wynajmował swojej firmie Malpaso do zdjęć lotniczych, które tak bardzo mu się podobały i stały się znakiem szczególnym jego filmów. Większość jego filmów kończy się krążeniem nad miejscem akcji ostatniej sceny, na tle czego pojawiają się napisy końcowe.

Przez pięć miesięcy zdjęć pogoda - od upałów, przez burze i śnieżyce - była tak nieprzewidywalna, że ekipa została zmuszona do dokończenia zdjęć na terenie studia Paramount. Kiedy produkcja musicalu dobiegła końca, Eastwood nie chcąc nigdy więcej brać w czymś takim udziału postanowił poważniej działać w ramach swojej wytwórni Malpaso. Chciał robić regularne filmy na małą skalę, angażując dobrych, lecz niekoniecznie drogich aktorów, (a na pewno nie trudnych we współpracy gwiazdorów): *„Jeśli mam popełnić jakieś błędy w swojej karierze,* *chcę je popełnić na własną odpowiedzialność, nie chcę by popełnił je za mnie ktoś inny."*[157]

Zmiany w scenariuszu wprowadzające trójkąt małżeński doprowadziły do tego, że film zyskał kategorię M, co oznaczało że film mogli obejrzeć tylko widzowie dorośli. Jeśli kręcąc „Tylko dla orłów" Eastwood mógł zobaczyć jakim gwiazdorem nie chce się stać, to na planie „Pomaluj swój wóz" mógł zobaczyć, jakich filmów na pewno nie chce robić. Na ciągle rosnący budżetu musicalu „Pomaluj swój wóz" wydano łącznie 20 milionów dolarów, z czego zwróciło się jedynie 15, mimo że film dostał nominację do Złotego Globu w kategorii najlepsza komedia/musical. Również produkowany przez Paramount inny musical „Darling Lili" z Julie Andrews nie przyniósł oczekiwanych dochodów co postawiło wytwórnię na krawędzi. Eastwood przekonał się naocznie, że nikt w Hollywood nie wie jak się robi przebój. „Pomaluj swój wóz" był klapą finansową, choć krytycy byli dla niego bardzo łagodni. Na wielu rynkach zagranicznych film wprowadzano bez piosenek licząc, że przyciągnie fanów westernów Eastwooda, z czym ten się zgadzał, bo musicale generalnie w Europie nie przynosiły dochodów. Co ciekawe, utwór "(I Was Born Under a) Wand'rin' Star" w wykonaniu Lee Marvina trafił na czołówki list przebojów. Film został później sparodiowany w jednym z odcinków serialu „Simpsonowie: All Singing, All Dancing": Homer i Bart wypożyczyli na video film sądząc, że to kolejny krwawy western z Eastwoodem któremu partneruje Lee Marvin[158]. Byli w szoku, gdy odkryli, że to musical a żadna ze scen nie prowadzi do krwawej jatki. Pod koniec filmu obie postacie malują wóz. Publiczność musiała być równie zawiedziona jak Simpsonowie.

Geneza filmu „Dwa muły dla siostry Sary" miała miejsce jeszcze podczas kręcenia „Tylko dla orłów". Elizabeth Taylor przedstawiła Eastwoodowi scenariusz, który przypadł mu do gustu. Miała to być opowieść o irlandzkim najemniku w Meksyku, który ma wysadzić francuski fort kradnąc z niego złoto. W misji miała mu towarzyszyć zakonnica (a w rzeczywistości prostytutka w przebraniu), zbierająca fundusze na zakon. Umowa o współpracy nad projektem zakończyła się uściskiem dłoni. Jednak kiedy Eastwood wraz Siegelem rozpoczęli prace nad scenariuszem, Taylor wycofała się z projektu gdyż studio nie zgodziło się na zdjęcia w Hiszpanii, gdzie kręcił swój kolejny film jej mąż, Richard Burton. Studio też nie było skłonne pokryć czteromiesięcznego pobytu pary w Meksyku. Eastwood chciał się wycofać, gdyż zgodził się na udział w filmie tylko z powodu Liz Taylor, lecz było już zbyt późno. Budowa całej wioski zajęła aż pół roku, a pod koniec zdjęć - podobnie jak w przypadku „Pomaluj swój wóz" - plan miał ulec zniszczeniu, lecz tym razem w wyniku podpalenia, a był to wówczas największy plan filmowy w Meksyku.

W zamian studio zaproponowalo znacznie tańszą Shirley MacLaine, która właśnie skończyła „Słodkiej Charity". Problem stanowiło pochodzenie postaci. W scenariuszu siostra Sara była Meksykanką, co z urodą Liz Taylor było do zaakceptowania. Aby ruda i piegowata MacLaine mogła zagrać w filmie, należało dokonać poprawek w scenariuszu, sugerujących amerykańskie pochodzenie Sary. Podczas zebrania Siegel zwrócił Eastwoodowi uwagę, że producent Martin Rackin zamieścił na scenariuszu zastrzeżenie, że żadne zmiany nie mogą być nanoszone bez jego zgody. Eastwood w obecności Rackina odparł, że nie widzi w tym problemu. Siegel poczuł się zdradzony, a Rackin triumfował dumny w fotelu. Eastwood dodał jeszcze, że jest tylko jeden sposób, żeby sobie z tym poradzić - wydarł problamtyczną kartkę i wyrzucił do kosza mówiąc do producenta: *„teraz pewnie zmienimy każde słowo w tym cholernym scenariuszu"*. Rackin, według relacji Siegela był wściekły, i mamrotał do siebie coś w rodzaju: *„przegraj bitwę, wygraj wojnę"*.[159]

MacLaine miała bardzo złe relacje z reżyserem. Była typem nocnego marka, więc często nie stawiała się punktualnie na zdjęcia. Wystawiona na promienie słoneczne, pomimo permanentnej obecności asystenta z parasolem, doznała oparzeń słonecznych i zapalenia płuc. Poza tym tak często kłóciła się z reżyserem odnośnie poszczególnych scen, że Siegel pewnego dnia spakował walizki. Dopiero kiedy MacLaine przyszła do niego do hotelu i przeprosiła współpraca przebiegała bez zarzutu.

Postać Hogana w tym filmie odwoływała się do kreacji Eastwooda z filmów Leone. Swoim wyglądem Hogan przypomina Człowieka bez imienia: nieogolony, z kawałkiem cygara w ustach, noszący południowo-amerykański szal jako kamizelkę: *„Oczywiście, że gram antybohaterów. Element upadku jest świetną zabawą, gdy jesteś tak nietknięty jak ja"*[160] Hogan, jak uważa Frayling[161], *„bardziej troszczył się swoim wizerunkiem, kultywowaniem swojego dystansu do świata, niż zachowywaniem się w wiarygodny sposób"*. Jako wariacja na temat trylogii dolara, w filmie zestawiono dwa twarde charaktery, ale co ciekawe, obojga płci. Sara równie twardo jak Hogan zaciąga się cygarami, popija whisky przed śniadaniem i bierze udział w walkach. Duży wpływ z pewnością miało na to obsadzenie w tej roli MacLaine, która z natury była mało kobieca i twarda. Poza tym muzykę do filmu skomponował na zawsze już kojarzony z filmami Leone Ennio Morricone, a zdjęcia kręcono w meksykańskiej scenerii, którą przecież południowa Hiszpania zręcznie potrafiła imitować. Pomimo podobieństw do spaghetti-westernu, Clint uważał ten film za coś w rodzaju połączenia „Afrykańskiej królowej" z „Przeminęło z wiatrem"[162]. Podobnego zdania byli krytycy, którzy widzieli w filmie powrót do klasycznego pełnego magii Hollywood, *„gdzie zakonnice okazują się być przebranymi prostytutkami, bohaterowie zawsze mają pod ubraniem laskę dynamitu w zapasie, a każda historia ma dwa dobre* *zakończenia.*"[163] Dostrzegli także w porównaniu do trylogii dolara znacznie łagodniejszy wizerunek Eastwooda.

Po raz pierwszy na planie filmowym prasa była bardziej zainteresowana samym Eastwoodem niż pozostałymi aspektami produkcji. W ten sposób film stał się początkiem jego bliższych kontaktów z prasą, w których początkowo słabo się odnajdywał. Nie był w stanie zapewnić im dobrego i atrakcyjnego materiału na swój temat, dlatego dziennikarze musieli użyć jednego ze swych szablonów[164]. W tym wypadku pojawił się motyw atrakcyjnej, choć niekoniecznie utalentowanej osoby, która przypadkowo przyciąga uwagę publiki dzięki sprzyjającemu jej szczęściu. Dotąd niewiele przeprowadzano wywiadów z Eastwoodem, a najczęstszymi publikacjami na jego temat były dość krytyczne recenzje. Sam nie był jeszcze przygotowany do sprzedawania swego wizerunku prasie. Z tego powodu jedni dziennikarze skupiali się na jego zamiłowaniu do utrzymywania dobrej kondycji, inni na jego miłości do samochodów. Niemniej na planie przydarzyła się pewna historia, która świetnie nadawała się do publikacji. Pewnego wieczoru w trakcie sceny pojawiła się ćma. Ekipa próbowała ją przegonić, a jeden z jej członków nawet próbował ją zabić, dopóki Clint nie wrzasnął: *„Przestań. Zabójców takich jak ty potrzebują w Wietnamie!*"[165], po czym bezpiecznie wyprowadził ćmę do ciemności i wypuścił ją. Inną historią podkreślającą jego miłość do zwierząt, była scena gdy w pobliżu planu filmowego zobaczył grupkę iguan uwiązanych niczym kiść bananów. Wykupił je po pięć peso i wypuścił na wolność. Takich animalistycznych anegdot przybywało - w 1984 ostrzegał swoją córkę na planie filmu „Lina", by nie nadepnęła na karalucha, który ma takie same prawa do stąpania po ziemi jak ludzie. Aljean Harmetz z New York Timesa zauważył, że takie podejście zapewne wynika z wychowania na farmie u babci, gdzie Clint niczym Dr Dolittle mógł się identyfikować ze zwierzętami.

Ludzkie historie tego typu świetnie sprzedawały się w prasie, ale nie mówiły wszystkiego o Clincie jako aktorze. On sam tłumaczył uwielbienie jakim otaczała go publiczność w ten sposób: *„Postać superczłowieka, który wie wszystko jest podwójnie dobra. Żyje on po swojemu poza społeczeństwem, bez pomocy policji tego społeczeństwa. Siedzący na widowni 25-latek może bać się tego, co ma począć ze swoim życiem, ale chciałby mieć taką wystarczającą pewność siebie jaką widzi na ekranie. Jednakże nigdy do tego nie dojdzie w ten sposób. Człowiek zawsze marzy o byciu samowystarczalnym, lecz w rzeczywistości jest zwierzęciem stadnym"*[166]. W tych czasach Eastwood nie serwował jeszcze prasie informacji o swoich lekcjach aktorstwa ani zainteresowaniach jazzem. Prezentował się raczej jako zwykły facet, któremu zdarzyło się zahaczyć o przemysł filmowy. Zapytany czy czułby się niezręcznie mając zagrać kogoś innego poza kowbojem odparł: *„Wiesz, jestem aktorem, a nie prawdziwym kowbojem"*[167].

Siegel był zadowolony z początku i zakończenia filmu, ale z niczego więcej: *„Pracowałem bardzo ciężko nad sceną batalistyczną, żeby zadziałała, bo naprawdę nie ma nic w scenariuszu, co by usprawiedliwiało jej obecność. Moim celem było jej usprawiedliwienie jej przez uczynienie ją bardzo ekscytującą"*[168] W trakcie montażu filmu dały o sobie znać odmienne wizje producenta i reżysera. Siegel uznał, że choć udało mu się wygrać bitwę o film na planie, to jednak Martin Rackin, który dokonał ostatecznego montażu, wygrał wojnę. Siegel wspominał: *„Było to ograniczone zwycięstwo. Kiedy się montuje film w trakcie kręcenia zdjęć – kręcąc minimum materiału do pierwszego montażu – tak jak robił to Hitchcock czy ja – to później nie ma aż tylu możliwości w montażu. Chyba, że producent zażąda większej ilości zdjęć, jak było w tym wypadku."*[169]

Następnym filmem Eastwooda była kolejna wielka produkcja z czasów II wojny światowej pod komendą Briana G. Huttona. Zdjęcia do filmu „The Warriors" (późniejszy tytuł to „Złoto dla zuchwałych") rozpoczęły się tuż po zakończeniu „Dwóch mułów dla siostry Sary", co oznaczało, że w 1969 roku Eastwood spędził dziewięć miesięcy z rzędu na zdjęciach: wpierw w Meksyku, potem w Jugosławii. Reżyserią miał zająć się Don Siegel, ale ponieważ był zajęty przez problemy z montażem „Dwóch mułów..." reżyserię objął twórca „Tylko dla orłów". Film miał być w zamierzeniu satyrą wojenną na epicką skalę zbliżoną do „M*A*S*H" Roberta Altmana. Scenariusz pokrywał się z antywojennymi poglądami Eastwooda. Bohaterowie filmu - a w obsadzie znaleźli się również Telly Savalas, Donald Sutherland i Don Rickles - byli żołnierzami, którzy przy okazji wojny postanowili zrabować hitlerowskie złoto.

Jugosławia była jedynym krajem z bloku sowieckiego, w którym kontakty z zachodnim światem były na tyle nieskrępowane, że amerykańska ekipa swobodnie mogła kręcić film wojenny. Jednocześnie zyski z wcześniejszych filmów Eastwooda nie mogły zostać wywiezione z kraju, co nie stanowiło problemu w ich przeznaczeniu na produkcję nowego filmu. W kraju pod rządami Tito nadal można było spotkać niemieckie czołgi, a także amerykańskie jeepy z czasów wojny i czołgi (Jugosłowianie otrzymali je w ramach pomocy od Amerykanów, gdyż po oderwaniu Tito od Stalina obawiali się sowieckiej interwencji).

Warunki pobytu na Bałkanach pozostawiały sporo do życzenia. Motel, w którym przyszło mieszkać aktorom był znacznie poniżej amerykańskich standardów, choć Eastwoodowi to nie przeszkadzało. Rickles, który jest znany przede wszystkim jako komik, żartował: *„Jak mogłem skłonić Telly'ego, żebyśmy zażądali lepszego traktowania, skoro Clint jest zadowolony ze swojego pokoju w jednym budynku, toalety w drugim i morza, w którym się kąpał."* Rickles narzekając na upał i wszechobecne owady uważał, że Eastwood jest jedynym aktorem jakiego zna, który potrafi mówić z muchami w ustach.[170] Ten w wolnych chwilach oddawał się urokom jazdy na motocyklu Norton 750, którego posiadał jeszcze od czasu zdjęć do „Tylko dla orłów". Dla dziennikarzy był trudnym rozmówcą, jak sam mówił: *„Nigdy nie jestem w stanie powiedzieć czegoś mądrego lub dowcipnego."*[171] Uważał, że zawsze był zbyt zamknięty w sobie, by wypowiadać się co myśli na ten czy tamten temat.

Muzykę do filmu skomponował Lalo Schifrin, który pracował wcześniej przy „Blefie Coogana". Film „M*A*S*H" Altmana miał problemy przy pierwszych pokazach testowych, gdyż ludzie nie wiedzieli jak mają reagować na nieludzkie zachowanie sanitariuszy. Rozwiązaniem było zawarcie w czołówce filmu wesołej piosenki, która ustawiła schemat odbioru satyry wojennej. Podobnie postąpili twórcy „Złota dla zuchwałych". Lekka piosenka „Burning Bridges" - jedna z najluźnieszych z kinie wojennym - została wykonana przez zespół The Mike Curb Congregation a utwór ten dotarł na listy przebojów. Do filmu nagrano wersję w wykonaniu Eastwooda, lecz trafiła ona wyłącznie na specjalny singiel. Eastwood nagrał też cover utworu „When I Loved Her", który znalazł się na stronie B krążka. Co ciekawe, czterdzieści lat później kompozycję Schifrina „Tiger Tank" Quentin Tarantino wykorzystał w swych „Bękartach wojny" dla zbudowania napięcia końcowych scen.

O ile współpraca na planie przebiegała prawie bezkonfliktowo, problemy zaczęły się na etapie postprodukcji. Zmieniło się kierownictwo w studio MGM, które nie chciało wydawać pieniędzy na kosztowne produkcje w stylu „Doktora Żywago" czy „2001: Odysei kosmicznej". Po furorze jaką zrobił wyprodukowany niewielkimi środkami „Swobodny jeździec" Dennisa Hoppera, studio uważało, że należy podchodzić do filmów oszczędnie. W postprodukcji tytuł zmieniono z „The Warriors" na „Kelly's Warriors" a następnie „Kelly's Heroes" (z angielskiego „Bohaterowie Kelly'ego"), przez co podkreślano pierwszoplanową rolę Eastwooda licząc, że przyciągnie więcej widzów. Uważano, że należy uczynić film typowym eastwoodowskim kinem akcji. W tym celu dokonano szeregu zmian w montażu, ale każda kolejna robiła film coraz mniej czytelnym. Eastwood po obejrzeniu ostatecznej wersji stwierdził, że to nie może być pokazywane w kinach. Oczekiwał wojennej satyry, a otrzymał zmieszane i niejasne konwencje. MGM chciało zrobić jednocześnie klasyczny film gatunkowy, jak i kontrkulturowy, co nie mogło się udać.

Premierę „Złota dla zuchwałych" ustalono na 23 czerwca 1970, czyli tydzień po premierze „Dwóch mułów dla siostry Sary". Eastwood poważnie zastanawiał się nad sensem konkurowania jednego filmu z drugim i sprawdzaniem czy publiczność nie znudzi się jego nadreprezentacją w kinie. Szczególnie, że w kinach wciąż był grany musical „Pomaluj swój wóz", zatem publiczność mogła wybierać z trzech filmów lub obejrzeć wszystkie. Ostatecznie „Złoto dla zuchwałych" zarobiło niewiele więcej, niż zrobiony znacznie tańszymi środkami „Dwa muły dla siostry Sary", lecz Eastwood nie mógł mieć powodów do narzekań.

Nikt nie miał wątpliwości co do jego dalszych losów. Od Stowarzyszenia Prasy Zagranicznej Hollywood otrzymał nagrodę Złotego Globu jako największy światowy gwiazdor. 23 lipca 1971 roku - na okładce magazynu Life, jednego z największych amerykańskich magazynów, pojawiło się zdjęcie Eastwooda z podpisem „Ulubionym światowym gwiazdorem jest - nie żartujemy - Clint Eastwood." Autorka artykułu Judy Fayard powoływała się na wyniki Stowarzyszenia Prasy Zagranicznej i coroczną sondę właścicieli kin Quigleya (gdzie pobił rekord Johna Wayne'a i Steve'a McQueena). I choć wyraźny dopisek „nie żartujemy" dawał do zrozumienia, że nikt się tego nie spodziewał, artykuł sugerował narodziny „nowej socjokulturowej ikony, z którą każdy powinien się liczyć"[172].

Na temat przyszłości Eastwooda Don Rickles żartował: *„Powiedziałem mu: Będziesz wspaniały Clint jeśli kiedykolwiek nauczysz się normalnie mówić i przestaniesz szeptać. Clint spojrzał na mnie w swój charakterystyczny sposób i wyszeptał coś, czego nie zrozumiałem."*[173] Brian G. Hutton fenomen popularności Eastwooda ujął w ten sposób: *„Minęło dwadzieścia lat od kiedy w 1947 objawił się Brando, do 1967, kiedy pojawił się Clint. W tym czasie większość aktorów grała postacie zagubione, niepewne siebie, nie dające sobie rady z życiem. Ludzie nie chcą już oglądać ich cierpień. Chcą ludzi czynu. Clint powrócił do wzoru silnych i milczących facetów z lat trzydziestych. Postacie, które gra, zawsze wiedzą kim są, wiedzą czego chcą i robią wszystko, żeby to osiągnąć. Niezależnie od tego czy są dobrzy, czy źli, przede wszystkim są zdecydowani"*[174] A Eastwood zdecydował, że od tej pory rezygnuje z udziału w wielkich produkcjach, gdzie nikt nie sprawuje kontroli i marnuje się olbrzymie środki. Doszedł do wniosku, że pora na kolejny krok w jego karierze, o którym marzył od dawna - samodzielne reżyserowanie filmów.

Nie masz

najmniejszego pojęcia

czym jest miłość,

nawet się nie znamy.

„Zagraj dla mnie Misty"

(1971)

Niebezpieczne Związki

Oszukany - Zagraj dla mnie Misty - Breezy

Przełom lat siedemdziesiątych był dla Hollywood sporą zmianą. Wielkie epickie produkcje, które miały odciągnąć ludzi od telewizora i zmusić do wyjścia do kina zaczęły przynosić straty. Musicale, w których upatrywano nadzieję na odrodzenie splendoru Hollywood również nie spełniły swego zadania. Jedną z największych katastrof była „Kleopatra" z udziałem Richarda Burtona i Liz Taylor. Zresztą Eastwood grał też w musicalu „Pomaluj swój wóz", którego koszty urosły do astronomicznych sum. Tymczasem do Hollywood przybywali nowi twórcy. Młodzi, wyedukowani na uniwersytetach, znający potrzeby młodej widowni. Coraz więcej aktorów zaczynało reżyserować i produkować swoje filmy. Przełomowym filmem był „Easy Rider" Dennisa Hoppera, w którym zagrali Hopper (grał epizod w westernie Eastwooda „Powieście go wysoko"), Peter Fonda i Jack Nicholson. Niskobudżetowy film o życiu hipisów przyniósł niebywałe zyski. Warren Beatty, hollywoodzki amant, wyprodukował „Bonnie i Clyde", gangsterską opowieść o parze bandytów, która wprowadziła go w szeregi najlepszych producentów. W 1968 roku Paul Newman wyreżyserował swoją żoną Joanne Woodward w „Rachel, Rachel" zdobywając nagrodę nowojorskich krytyków za reżyserię i nominację do Oskara za najlepszy film. Laurence Olivier reżyserował „Henryka V" i „Hamleta" ze swoim udziałem. Nawet John Wayne próbował swych sił w reżyserii tworząc „Alamo" i „Zielone berety". Niektórzy, podobnie jak Eastwood, również zakładali własne firmy produkcyjne. Wkrótce i Eastwood zaczął poważnie myśleć o reżyserowaniu i ambitnej tematyce relacji uczuciowych między mężczyzną a kobietami.

Zmęczony udziałem w dużych produkcjach takich jak „Tylko dla orłów", „Pomaluj swój wóz", czy „Złoto dla zuchwałych" Eastwood szukał odmiany. Wbrew swoim oczekiwaniom, nie miał wpływu na żaden z wymienionych wyżej filmów, a Don Siegel reżyserujący ostatni z nich, również stracił kontrolę na rzecz wytwórni. Jeszcze przed swą śmiercią Irving Leonard, doprowadził do kontraktu z wytwórnią Universal, dzięki której Eastwoodowi zamiast zwykłego honorarium dla aktora-reżysera otrzymał również udział w zyskach. Zapewniły mu to na tyle duże bezpieczeństwo finansowe, że postanowił zaryzykować i zająć się również reżyserią swoich filmów.

Książka pod tytułem „Oszukany", podobała mu się ze względu na mroczną, skomplikowaną historię w której mógł wykazać się grą aktorską, a nie tylko pozbawiać ludzi życia. Podczas zdjęć do westernu „Dwa muły dla siostry Sary" zwierzył się Siegelowi: *„Nigdy wcześniej nie czytałem takiej książki. (...) Nie wiem czy ją lubię, czy nienawidzę, czy nawet ją rozumiem."*[175] Reżyserem miał być oczywiście Don Siegel. Eastwood wspomina: *„Myślę, że Don dostrzegł szansę na zmianę, zrobienie poważnego filmu, czegoś innego niż film akcji. Ja dostrzegłem szansę na wyrażenie prawdziwych emocji, zagranie czegoś mniej przesadzonego, bez żadnego odpalania dział cygarem."*[176] Obydwoje wyczuwali, że szykuje się coś ważnego. Jak wspomina dalej, Siegel utwierdził go w podjętej decyzji: *„[Siegel powiedział:] Zawsze możesz grać w westernie lub filmie przygodowym, ale możesz już nigdy nie mieć szansy zagrania w takim filmie."*[177]

Akcja „Oszukanego" toczyła się na południu Stanów w czasie ostatnich dni dogorywającej Wojny Secesyjnej. Film miał być gotycką opowieścią o mizoginiźmie z dużym ładunkiem tłumionej seksualności. Nie bez znaczenia było miejsce akcji: szkoła dla panien na odległym południu, gdzie trafia ranny żołnierz Unii, John McBurney. Bohaterowi początkowo zdaje się, że jako jedyny mężczyzna w domu doskonale panuje nad sytuacją. Dopiero później orientuje się, że jest wprost przeciwnie. Choć oryginalny tytuł filmu „The Beguiled" („to be beguiled" oznacza „dać się zwieść, omamamić") sugeruje, że to kobiety są uwodzone, pod koniec filmu okazuje się, że to McBurney zostaje omamiony, stając się ich ofiarą.

Bohater nie miał cech typowych dla wcześniejszych postaci Clinta i nie mógł cieszyć się popularnością wśród publiczności, czy nawet wśród aktorów, którym zaoferowanoby taką rolę. William Beard zauważa, że mając na uwadze dotychczasowe aktorskie dokonania Eastwooda, rola McBurneya jest niezwykle interesująca: *„Jest to osobowość zdecydowana, dysponującą siłą i uwodząca – rodzaj ekwiwawlentu osobowości korzystającej z przemocy (...), jest zwyczajnie „wspaniała". To co film robi z tą wspaniałością jest fascynujące. Z jednej strony jednoczy je z manipulacją i nieszczerością, podkreślając jego siłę i wyrachowane odosobnienie. Ale jednocześnie umiejscawia je w dziwnej pozycji słabości, ograniczeń i fizycznej pasywności, ustawiając jako rodzaj fetyszu dla seksualnych pragnień kobiet."*[178]

„Oszukany" to pierwszy z filmów Eastwooda, w których tak dogłębnie bada on fenomen męskości w kinie. Eastwood mówił: *„Nie byłem pewny, czy publiczność była na to przygotowana, lub czy tego chciała, ale wiedziałem, że ja tego chciałem."*[179] W tym wypadku jest to studium mizoginizmu, gdzie każda kobieta, choćby małoletnia, jest zdolna popełnić zbrodni. Ciemna wizja kobiecości zderza się tutaj z naturą męskości. McBurney w sytuacji, w jakiej się znalazł, postanawia mieć trochę przyjemności. Nie jest tajemnicą, że w tej postaci było coś z prawdziwego Eastwooda, który na planie miał romans Jo Ann Harris, jedną z aktorek grających uczennice. W kontekście swojej płci świetnie rozumiał swojego bohatera, który łudził się, że trafił do raju.

Największym problemem dla twórców było zachowanie tragicznego zakończenia z książki, o które Siegel i Eastwood musieli walczyć z producentami. Zależało im, by film nie kończył się happyendem, gdzie McBurneyowi udaje się cudem zbiec, jak miało to miejsce w pierwszej wersji scenariusza. Główny bohater musiał zostać otruty i zginąć. Siegel perswadował scenarzyście Albertowi Maltzowi, by przerabiając tekst zainspirował się takimi pisarzami jak Tennessee Williams, Truman Capote, czy Edgar Allan Poe. Ale Maltz był uparty w swym dążeniu do zachowania konserwatywnego zachowania bohaterów, nie chciał pokazywać kobiet jako podłych istot. Odwołując się do „Dziecka Rosemary" Polańskiego Siegel powiedział: *„Gdybyś to ty pisał scenariusz tamtego filmu, Mia Farrow nie urodziłaby diabła, tylko dwóch jasnowłosych bliźniaków"*[180]. W pewnym momencie Eastwood uznał, że jeśli nie są w stanie przygotować dobrego scenariusza, to lepiej porzucić ten projekt i przygotować jakiś kolejny western. Do pracy nad scenariuszem zaangażowano więc Irene Kamp, która przygotowała dwa szkice. Następnie Claude Traverse, asystent producenta, dokonał pracy polegającej na poskładaniu wszystkich wersji różnych autorów w najlepszą całość, przy jak najwierniejszym odwołaniu do powieści. W efekcie urażeni Kamp i Maltz pod filmem podpisali się swoimi pseudonimami (odpowiednio Grimes Grice i John B. Sherry). Zresztą różnice między książką a filmem były dość znaczne. McBurney miał 20 lat, a Eastwood 40. Poza tym historia w książce była opowiadana z perspektywy uczennic i nauczycielek, gdzie każda kolejno mówi o swojej relacji z McBurneyem, a w filmie mamy do czynienia z punktem widzenia McBurneya.

Kiedy osiągnięto już oczekiwaną wersję opowieści, rozpoczęto zdjęcia, które - w przeciwieństwie do ostatnich filmów Clinta - przebiegały bardzo sprawnie. Jennings Lang, który podsunął Eastwoodowi książkę, promował kandydaturę Jeanne Moreau do roli dyrektorki szkoły, co nie stanowiłoby problemu dla produkcji. Jak wspomina Siegel: „*O ile w filmie były kobiety, studio nie martwiło się o to, kto je zagra, dopóki w obsadzie był Clint.*"[181] Jednak zamiast Moreau zaangażowano poważną teatralną aktorkę, Geraldine Page. Eastwood obawiał się pracy z broadwayowską gwiazdą, która miała duże doświadczenie aktorskie. Page go jednak uspokoiła, mówiąc że uwielbiała serial „Rawhide", w którym grał.

W grze Eastwooda jest coś zwierzęcego, bo McBurney kieruje się pierwotnymi instynktami, ale jednocześnie jest wrażliwy i daje sobą manipulować. Kiedy na jaw wychodzą głęboko skrywane sekrety kobiet, wszystko zmierza ku gorzkiemu zakończeniu, a amputacja nogi McBurneya jest aktem symbolicznej kastracji. Jak mówi Beard: „*Jest niemal szokiem zobaczyć Eastwooda w takiej roli. Jest okaleczony, przykuty do łóżka lub poruszający się o kulach, pozbawiony nogi, otruty, wreszcie pochowany w worku z otwartymi oczami - najbardziej pełna klęska bohatera Eastwooda ze wszystkich jego filmów, nawet bohater 'Honkytonk man' tak nie cierpiał. To nie jest tylko zmodyfikowanie jego heroicznej męskości, to jest jej unieważnienie.*"[182]

Na wizualny aspekt filmu duży wpływ miała praca Bruce'a Surteesa, który ze względu na swe zamiłowanie do mrocznych zdjęć zyskał przydomek „Książe ciemności". Bruce Surtess, syn zdobywcy trzech Oskarów za zdjęcia Roberta Surtessa, pracował już wcześniej z Siegelem przy kilku filmach. Wkrótce stał się również stałym operatorem w filmach Eastwooda, a ich współpraca trwała do połowy lat osiemdziesiątych. „Oszukany" musiał mieć silny styl wizualny, bo ciężko przykuć widownię do krzesła i zmusić by oglądała bohatera, który większość czasu jest przykuty do łóżka. Surtees na potrzeby „Oszukanego" zgłębiał tajniki oświetlenia świecami (jeszcze przed próbami Stanleya Kubricka przy „Barry'm Lyndonie"), próbując osiągnąć efekt z czasów, kiedy nie było elektryczności. Na planie zastosował bardzo delikatne oświetlenie, przez co film zyskał mroczny obraz - znak charakterystyczny późniejszych filmów Eastwooda.

Film ten był również źródłem pozaaktorskich inspiracji dla Eastwooda. To on wpadł na pomysł ujęcia z punktu widzenia niesionego przez dziewczęta McBurneya i osobiście trzymał kamerę. Poza tym w czasie kręcenia zdjęć wyreżyserował swój pierwszy film. „A Storyteller" był reportażem o stylu pracy Siegela. Eastwood jako narrator podkreślił tam fascynację swym mentorem mówiąc: *„Niezależnie, jak dobry jest scenariusz, tylko reżyser może go ożywić. Opowiedzieć historię dzięki swojej magii, sztuce filmowej"*[183]. Zaśpiewał też balladę wojenną „The Dove", która pojawia się na początku i na końcu filmu.

„Oszukany" bez wątpienia jest jednym z najciekawszych filmów w których zagrał Eastwood. Film cieszył się zainteresowaniem na Starym Kontynencie - we Francji uznano go za arcydzieło - lecz w Ameryce nie miał publiczności. Nie dał się łatwo skategoryzować, i nie spełniał również oczekiwań pokładanych w gwiazdorze. Postać grana przez Eastwooda mogła oczywiście przechodzić przez takie cierpienia, ale - w rozumowaniu publiczności -musiała w końcu wybuchnąć i postawić na swoim. Pierre Rissient i Bertrand Tavernier, francuscy kinomani i wielbiciele talentu Dona Siegela byli zachwyceni „Oszukanym". Tavernier wspomina: *„Siegel potrafił być efektywny. Naprawdę wiedział, jak wydobyć maksimum z danej sytuacji. Moim zdaniem był reżyserem, który wywarł największy wpływ na Clinta."*[184] Obaj kinomani chcieli zaprezentować gotowy film na festiwalu w Cannes, by przyciągnąć uwagę krytyków. Oznaczało to dodatkowe koszty i przesunięcie premiery o parę miesięcy. Eastwoodowi łaknącemu tego typu wyróżnienia pomysł się bardzo spodobał. Uważał że Cannes to właściwe miejsca dla tego typu filmu. Studio Universal, które zajmowało się dystrybucją nie wyraziło zgody, nie chcąc dokładać kolejnych pieniędzy do mało interesującej, ich zdaniem, produkcji. *„„Oszukany"* *oczywiście nie był kasowym filmem, ale kręcenie go było dla mnie świetną zabawą i cieszę się, że go zrobiłem. Gdybym wtedy nie robił tego typu filmów, nigdy bym nie doszedł do pozycji z lat dziewięćdziesiątych, robiąc „Doskonały świat", czy „Co się wydarzyło w Madison County", a być może nawet „Każdy sposób dobry". Mogłem pójść na łatwiznę i natrzaskać filmów jako Eastwood – gość z pistoletem w ręku. To może być zabawne przez jakiś czas, ale są ciekawsze role do zagrania"*[185]

Wątpliwości studia budził już aluzyjny tytuł. Szefowie byli zawiedzeni tym, że nie jest to pełny akcji typowy obraz Eastwooda. Proponowano tytuły takie jak: „Gniazdo wróbli", „Czarujący drań", czy „Johnny McB". W ten sposób chciano zaakcentować toczący się w tle wątek westernowy. Ostatecznie film rozpowszechniano zgodnie z oryginalnym tytułem książki, lecz promowano jak regularny western z Eastwoodem. Siegel uważał to za duży błąd bo: *„Oszukany" nie był filmem, gdzie Clint wygrywa wojnę secesyjną z palcem w tyłku. (...) jeśli to był jedyny sposób na sprzedaż filmu, to nie powinniśmy go byli robić. (...) Studio było żądne natychmiastowych zysków."*[186] Ludzie, którzy poszli do kina spodziewali się kolejnego filmu akcji i byli rozczarowani. Ci, którzy nie lubią westernów, a którym „Oszukany" mógł przypaść do gustu, nie poszli na niego z powodu wprowadzającej w błąd reklamy. Siegel komentował: *„Filmy Eastwooda prawie zawsze przypominają serie z karabinu maszynowego: wypuszcza się je do tak wielu kin, jak się da i pieniądze leja się strumieniami. No i świetnie. Jednak taki film jak „Oszukany" powinien by potraktowany inaczej. Po wygraniu kilku festiwali filmowych i świetnych recenzjach powinien mieć premierę w małym nowojorskim kinie, a jego znaczenie rosłoby powoli i w końcu odniósłby sukces."*[187] Jak później żartowano nawiązując do nomenklatury dolarowej trylogii, nikt nie chciał oglądać Eastwooda jako „Człowieka bez nogi".

„Oszukany" był szeroko dystrybuowany, ale zarobił niewiele mniej niż milion dolarów. Jennings Lang uważał, że powodem małego zainteresowania była niecodzienna rola Eastwooda. Sam zainteresowany również uznał, że wielbiciele nie chcieli go widzieć grającego zniewieściałego przegranego: *„Dustin Hoffman i Al Pacino grają przegranych bardzo dobrze. Jednak moja publiczność lubi oglądać na ekranie zwycięzców, co nie cieszy się uznaniem krytyków. Moi bohaterowie są wrażliwi, ale nadal są zwycięzcami. Nie jestem w stanie zrozumieć przegranych. Kiedy czytam o nich scenariusz, myślę o prawdziwych ludziach, którzy są przegrani i którzy, jak sądzę, chcą takimi pozostać. Ich zachowanie bardzo mnie zastanawia. Zwycięzcy mówią sobie: Jestem tak zdolny, jak każdy inny człowiek. Mogę tego dokonać i nic mnie nie powstrzyma."*[188]

Niezwykła pewność siebie Eastwooda załamała się, kiedy w 1971 r. zmarł jego ojciec - człowiek, dzięki któremu wypracował swój charakter. Clinton Eastwood Sr. zmarł na zawał serca mając 63 lata. Przygotowujący się do swego kolejnego projektu syn wziął kilka tygodni urlopu. Kiedy wrócił do pracy, przyjaciele zauważyli znaczną zmianę w jego podejściu do życia. Zupełnie jakby wyczuwał nieuchronność własnej śmierci: zaczął żyć w pośpiechu, stał się bardziej niecierpliwy. Dbający zawsze o dobrą kondycję Eastwood położył jeszcze większy nacisk na zdrowy tryb życia, co teraz stało się jego obsesją. Przestał pić alkohol i zaczął jeszcze więcej ćwiczyć. Fritz Manes zauważył: *„Śmierć ojca kompletnie go zmiażdżyła, gdyż była to jedyna zła rzecz, jaka mu się przydarzyła w życiu. (...) Nie mógł tego pojąć. To było coś bardzo osobistego, rodzaj szkody jaką mu wyrządzono. Nie mógł potem długo dojść do siebie i był bliski załamania."*[189]

Kolejnym projektem Eastwooda był film „Zagraj dla mnie Misty", gdzie miał być nie tylko aktorem, ale też reżyserem. Kierownik studia Universal Lew Wasserman zapytał go kto chciałby oglądać Clinta Eastwooda w roli DJ'a. *„Ludzie ze studia pytali: dlaczego chcesz nakręcić film,* *w którym najlepszą rolę gra kobieta? Odpowiadałem: a dlaczego nie? Kombinowałem tak: dlaczego tylko mężczyźni mogą mieć zabawę i grać osoby niezrównoważone? Gdy się nad tym zastanowić, najciekawsze role - z jakimś konfliktem i głębią - to postacie czarnych charakterów"*[190] Największym jednak zaskoczeniem dla Wassermana była jego chęć reżyserowania filmu. Eastwood później wyobrażał sobie jak mogły potoczyć się losy rozmowy producentów, kiedy wyszedł z pokoju: *„Pozwolimy dzieciakowi powygłupiać się z tym. Zrobi to, a potem zagra dla nas w paru westernach lub filmach akcji, co przyniesie nam znacznie większe dochody"*[191]. Postanowiono, że Eastwood zagra w filmie za minimalną stawkę rezygnując z reżyserskiego honorarium. Don Siegel pomógł mu w zdobyciu członkostwa Gildii Amerykańskich Reżyserów, a do produkcji filmu z ramienia wytwórni Malpaso zaangażowano Boba Daleya, którego Eastwood poznał, kiedy pracował jako aktor kontraktowy w wytwórni Universal. Reżyser-debiutant rozumiał podejście wytwórni, gdyż szefowie nie dysponowali próbką jego talentu. Był nawet gotów wykonać pracę za darmo, byleby mieć możliwość reżyserowania: *„Ponieważ byłem kojarzony z filmami akcji wytwórnia uważała, że mam wobec niej pewne zobowiązania bycia osobą niezawodną i niezniszczalną w produkowaniu zysków. Odparłem, że nie w tym wypadku. Film był o mężczyźnie, która pomimo swej fizycznej siły jest totalnie zdany na łaskę manipulującej nim kobiety."*[192]

Scenariusz napisała pod koniec lat sześćdziesiątych jego sekretarka Jo Heims, była modelka, ilustratorka, tancerka i aktorka. Eastwood już wtedy wykupił opcję na jego realizację zwlekając z tym kilka lat. Była to historia lokalnego playboya, który nie może uwolnić się od narzucającej mu się dziewczyny, z którą spędził jedną noc. Za wszelką cenę chce z nim być, mimo że on jest uwikłany w poważny związek z inną dziewczyną. *„Postanowiłem zrealizować ten film ze względu na temat. Miałem w życiu podobne doświadczenie, choć było mniej dramatyczne. (...) Interesowało mnie to* *nieporozumienie: co decyduje o tym, kiedy dokładnie angażujemy się w związek? Do jakiego stopnia jesteśmy odpowiedzialni za związek, który tworzymy?"*[193] Sam Eastwood słyszał też wiele podobnych historii, dlatego sądził że ludzie łatwo się zindetyfikują z bohaterem. *„Najbardziej jednak podobało mi się to, że historia była bardzo realna. Była wiarygodna, gdyż tego rodzaju zobowiązania i ich błędna interpretacja zdarzają się ciągle"*[194].

Do pracy przy poprawkach scenariusza zaangażowano ponownie Deana Riesnera, który wykonał już taką pracę przy „Blefie Coogana". Eastwoodowi zależało, by głównym bohaterem był diskdżokej, wzorowany na człowieku, którego kiedyś znał: *„Wydawało mi się, że akcja powinna toczyć się w mniejszym miasteczku. Miałby to być didżej w typie dużej ryby w małym stawie. Dlatego Los Angeles, gdzie są setki radiostacji i didżejów, odpadało. Znałem jednego faceta, który pracował dla lokalnej radiostacji, właśnie w tym typie: bardzo popularny, szeroko znany w miasteczku. Mogłem wybrać jakąkolwiek lokalizację, ale wybrałem Carmel, gdyż dawało mi to możliwość pracy w bezpiecznych warunkach w domu."*[195]

Historię z Los Angeles przeniesiono do Carmelu, gdzie Eastwood zamieszkał na początku lat sześćdziesiątych. Ułatwiło to zdjęcia o tyle, że kręcono film w budynkach, które znał osobiście (zresztą radiostacja KRML Jazz and Blues Radio, w której pracował bohater filmu, nadal istnieje i nadaje swe audycje z Eastwood Building, również w internecie na www.krmlradio.com). Jest to też jeden z pierwszych filmów, które w całości kręcono poza studiem filmowym, co pozwoliło wytwórni zaoszczędzić na produkcji. Na tą decyzję reżysera wpłynęło doświadczenie z pracy przy filmach Sergio Leone: *„Praca w realistycznych, autentycznych planach w Europie, kiedy grałem tam jako aktor, pokazały mi olbrzymią wartość wykorzystania takich lokalizacji"*[196] Pozwalało to na zdjęcia z dala od wścibskich kierowników studia, ale również na lepszą integrację aktorów i ekipy. Zresztą zależało mu nie tylko na zdjęciach w autentycznych lokacjach, ale na naturalnym wyglądzie aktorów bez make-upu: *„Nienawidzę tego wyglądu, jaki widać w telewizji, gdzie wszyscy mają identyczną cerę. Wszyscy wyglądają tam, jakby nosili maski, ich twarzom brakuje cech charakterystycznych."*[197]

Do roli Evelyn reżyser wybrał bardzo charakterystyczną Jessicę Walter, którą wypatrzył wśród innych ośmiu aktorek w „The Group" Sidneya Lumeta. Rolę przyjaciółki Dave'a Garvera zagrała Donna Mills, którą Eastwoodowi polecił Burt Reynolds, kolega Eastwooda z czasów kontraktu w Universalu. Rolę barmana zaś Eastwood powierzył nieposiadającemu dotąd aktorskiego doświadczenia Donowi Siegelowi. Żartował, że chciał mieć na planie osobę, które będzie znacznie bardziej zdenerwowana niż on sam, ale chciał też mieć go w pobliżu, by poczuć się pewniej jako reżyser. Poza tym w skład ekipy filmowej weszli dotychczasowi współpracownicy Siegela, w tym operator Bruce Surtees i montażysta Carl Pignitore. Większość z nich weszła wkrótce w stały skład ekip kolejnych filmów Eastwooda.

Zdjęcia rozpoczęto 15 września 1970 roku, a ekipa liczyła zaledwie 25 osób. Starający się zadbać o każdy szczegół reżyser w noc przed rozpoczęciem zdjęć opracowywał w myślach poszczególne ujęcia. Zapomniał, że to on gra w filmie główną rolę, a nie nauczył się jeszcze swych kwestii na pamięć: *„Zapaliłem światło i zacząłem ponownie przerabiać wszystkie sceny, ale z aktorskiego punktu widzenia. Nie spałem wtedy zbyt wiele."*[198]

Siegel pouczał swego wychowanka, by reżyserując sceny w których bierze udział jako aktor nie zaniedbywał swojej roli. Eastwood widział problem następująco: *„Wtedy, w 1970 roku, niewielu aktorów reżyserowało. A poza tym nigdy nie rozmawiałem z żadnym, który to robił. To było bardzo trudne. Don Siegel udzielił mi następującej rady: Gdy będziesz kręcił sceny, w których występujesz, staraj się nie pokazywać siebie w negatywnym* *świetle, bo taką będziesz miał tendencję."*[199] By móc na bieżąco oceniać własne występy Eastwood postarał się o sprzęt wideo połączony z obiektywem kamery, umożliwiający natychmiastowy podgląd nakręconego ujęcia[200]. Po pierwszym tygodniu zdjęć musiał dokręcić sporo swoich zbliżeń, bo reżyserując jednak zapominał, że również miał występować w filmie: *„Kiedy mam grac w scenie planuje ja ze swoim dublerem i aktorami żeby rozpracowac techniczny aspekt."*[201]

Pierwsza reżyserowana przez Eastwooda scena była zarazem pierwszą sceną aktorską Siegela. Akcja toczyła się w barze. Po kilku dublach z debiutującym po drugiej stronie kamery zdenerwowanym Siegelem dowcipny Eastwood polecił operatorowi załadować już taśmę do kamery. Jessica Walter, która za główną rolę była nominowana do Złotego Globu, powiedziała o reżyserze: *„Clint nie jest nerwowy, czy niepewny. Nie wymusza na aktorach niczego, zostawiając grę w ich rękach. Jego wiara w ludzi i cudownie spokojna siła bardzo dodają otuchy"*[202]. W podobnym tonie będą wypowiadać się inni aktorzy grający w jego kolejnych filmach.

Zapytany dlaczego nie ujawnił środowiska z jakiego pochodzi postać grana przez Jessikę Walter, Eastwood wyjaśnił jak oparł się sugestiom przyjaciół z branży: *„(...) jako widownia poznajemy ją [Evelyn] w tym samym czasie co główny bohater i widzimy jej rozwój jako postaci tak jak i on go widzi. Nie było powodu, by zamieszczać w filmie scenę, w której Evelyn jest źle traktowana przez matkę, jej ojciec odchodzi itd. Gdy dowiadujemy się, że ktoś jest szalony i tnie różne rzeczy, to pomimo że jest to ciekawy przypadek dla psychiatrii, nas nie interesuje dlaczego tak się dzieje, gdyż chcemy jak najszybciej uwolnić się od takiej osoby. Myślę, że publiczność jest znacznie mądrzejsza niż to się wydaje większości producentów."*[203]

Eastwood-miłośnik jazzu zadbał również o wyjatkową warstwę muzyczną filmu. „Zagraj dla mnie Misty" swój tytuł zawdzięcza piosence wykonywanej przez pianistę jazzowego Errolla Garnera, którą Eastwood usłyszał w 1970 roku na Concord Music Festival. Zdecydował się ją wybrać, gdyż łączyła pokolenia - była popularna zarówno wśród słuchającej rocka młodzieży, jak i wśród starszych melomanów[204]. Piosenka ta rozbrzmiewa w filmie kilkakrotnie. Wykupienie do niej praw autorskich kosztowało wytwórnię 25 tysięcy dolarów, dlatego jej szefowie sugerowali mu by wybrał „Strangers in the night", do których posiadano prawa. Jednak tytuł „Zagraj dla mnie Strangers in the night", a tym bardziej słowa „Scooby Dooby Doo" z refrenu, które producenci sugerowali włączyć do tytułu oznaczały dla niego, że rozmowa zmierzała do nikąd[205]. Z kolei do sceny miłosnej Dave'a i Tobi Eastwood wybrał piosenkę „The First Time I Ever Saw Your Face", którą usłyszał kiedyś w radiu. Subtelna scena miłosna trwa aż pięć minut, czyli tyle, ile cały utwór. Piosenka pochodziła z debiutanckiego albumu Roberty Flack, który bardzo słabo się sprzedawał. Eastwoodowi zaproponowano kupno pełni praw do piosenki za 10,000 dolarów, lub jedynie prawa do jej użycia za 2,000. Gdyby oszczędność Eastwooda w tym wypadku nie wzięła góry, dziś miałby dodatkowe miliony, które wkrótce zarobił wypromowany przez niego utwór, utrzymujący się na pierwszym miejscu list przebojów przez sześć tygodni (a Roberta Flack dzięki temu zrobiła niezłą karierę)[206]. Innym aspektem muzycznego zaangażowania Eastwooda były djęcia podczas odbywającego się w tym czasie Monterrey Jazz Festival. Reżyser, który od małego uczył się grać na pianinie i planował zostać muzykiem, nie mógł sobie odmówić wykorzystania takiej okazji. Efektem jest pięciominutowa scena w filmie (i tak skrócona przez interwencję producenta Jenningsa Langa) rozgrywająca się w trakcie koncertu.

Pierwsze reżyserskie dokonanie Eastwooda zostało nakręcone cztery dni przed planowanym deadlinem i za 50 tysięcy dolarów mniej z wynoszącego 750 000 dolarów budżetu - sumę za którą nawet w tamtych czasach niełatwo było nakręcić pełnometażowy film. „Zagraj dla mnie

Misty" stało się równocześnie pierwszym z filmów Eastwooda, który pomógł mu zbudować renomę ekonomicznego reżysera nieprzekraczającego terminów i kosztorysu. Sam Eastwood często powtarzał, że oszczędnego podejścia do cudzych pieniędzy nauczył się od swojego ojca w czasach, kiedy w jego domu się nie przelewało. Po latach mówił: *„Czuje pokorę wobec swojego zespołu. Ludzie pozbawieni poczucia bezpieczeństwa zniszczą każdy projekt. Od jednego filmu zależy los wielu ludzi, rodzin, domów, które muszą spłacać. Lepiej więc wykonać dobrą robotę. Jej elementem jest to, że wódz informuje swoich Indian, że są dobrymi Indianami. A wodzem jestem ja."*[207]

Pierre Rissient, który bezskutecznie próbował zaprezentować „Oszukanego" podczas festiwalu filmowego w Cannes, postarał się, aby premiera „Zagraj dla mnie Misty" odbyła się w październiku 1971 roku podczas San Francisco Film Festival. Dodatkową atrakcją pokazu była towarzyszysząca mu mała retrospektywa filmów Eastwooda. Film przyjęto bardzo dobrze, co wkrótce potwierdziły recenzje krytyków, gdy film miał w listopadzie premierę kinową. John Cassavettes, jak wspomina Eastwood, powiedział, że „Zagraj dla mnie Misty" było świetnym filmem, ale miało jedną wadę - jako reżyser nie był pod nim podpisany Alfred Hitchcock[208].

Słynny amerykański pisarz Norman Mailer, należał do zwolenników filmów Eastwooda. Opisywał jedną z najmoczniejszych scen, gdzie postać Eastwooda świadoma już zaburzeń Evelyn przytula ją do siebie: *„Gdy kamera dokonuje zbliżenia, widać wraźnie jego spojrzenie. Wydaje się tak nieruchome, jak schwytanego w pułapkę zwierzęcia. Reszty dopełnia drżący z przerażenia głos. Clint Eastwood jest jedynym aktorem, który oczami potrafi wyrazić stan swojej duszy"*[209]. Eastwood poczuł, że nadchodzi czas, gdy będzie mógł się poświęcić wyłącznie reżyserii: *„Po 17 latach uderzania głową o ścianę, kręcenia się po planach filmowych i być może wpływania na niektóre* *ustawienia kamery, ale też obserwowaniu aktorów przechodzących przez różne rodzaje piekieł bez żadnej pomocy, oraz pracy z zarówno dobrymi jak i złymi reżyserami, doszedłem po tym wszystkim do punktu, w którym byłem gotów do robienia własnych filmów. Odłożyłem na bok wszystkie błędy, które popełniłem i zachowałem w pamięci wszystkie dobre rzeczy, których się nauczyłem w tym czasie, dlatego teraz jestem gotów do sprawowania kontroli nad własnymi filmami i wydobywania z aktorów tego na czym mi zależy. Dlatego też wyreżyserowałem ten film, brałem udział w montażu i myślę, że jest on cholernie dobry."*[210]

Grany przez Eastwooda Dave, podobnie jak McBurney z „Oszukanego", sądzi że panuje nad sytuacją w jakiej się znalazł. Pomimo postawienia jasnych reguł, że romans zakończy się po jednym dniu, Evelyn posuwając się do gróźb przeciąga znajomość w nieskończoność, a Dave stopniowo traci kontrolę. W przeciwieństwie jednak do McBurneya, Dave jest daleki od stosowania przemocy. *„Cytujący w radiu poezję i mówiący o uczuciach, długowłosy i ubrany w kwiecistą koszulę (...) wpisuje się wyluzowaną hedonistyczną atmosferę Kaliforni, kontrastując z niemal kamiennymi, małomównymi twardzielami, jakich Eastwood grał dotychczas."*[211] Al Monte - kolega Dave'a z pracy - poucza go, że „kto mieczem wojuje, od miecza ginie", niejako antycypując kolejne wydarzenia. W wywiadzie z 1971 roku[212] Eastwood wspominał: *„Ja napisałem tą kwestię. Zapisałem ją sobie kilka lat temu. Miałem kiedyś przyjaciela, który chodził z pewną dziewczyną. Chciał, aby dokonała aborcji i zapytał mnie o poradę. Powiedziałem mu co myślę o takim rozwiązaniu na co on odparł - kto mieczem wojuje od miecza ginie. Postanowiłem włączyć tą kwestię do filmu."*

„Zagraj dla mnie Misty", jak zauważa Carlson[213], jest często odbierane jako *„neandertalska reakcja na rosnące zagrożenie ze strony wyzwolenia kobiet"*. Faktycznie, Evelyn w swym zachowaniu postępuje jak typowy macho polujący na zdobycz i nie waha się podrywać facetów. Akcja filmu toczyła się w końcu u szczytu seksualnej rewolucji. Główny bohater miał rozległe romanse, pomimo tego, że miał dziewczynę na której bardzo mu zależało. Jak zauważa Beard: *„Metamorfoza Evelyn ze zwykłej poderwanej laski w morderczą i niebezpieczną jędzę postępuje geometrycznie do metamorfozy Dave'a z wyluzowanego kobieciarza, który podrywa i porzuca kolejne kobiety w zaniepokojoną, upokorzoną i ostatecznie przerażoną postać pełną słabości."*[214] Dopiero doprowadzony do ostateczności i furii Dave unicestwia Evelyn silnym ciosem, odkrywając w sobie męską agresję.

Historię filmowego DJ'a, którego gra Eastwood często porównuje się z McBurneyem, którego grał w „Oszukanym" - oba filmy pokazują świat widziany oczyma kobiet. Jak zauważa Richard Schickel: *„...obie postacie grane przez Eastwooda są typami bardzo pewnymi swojej seksualności. Czują nadarzającą się okazję i to, że mogą pokierować całą sytuacją. Szczególnie w filmie „Zagraj dla mnie Misty" widać śpiącą arogancję co do kobiet w kontekście seksualnym."* [215] William Beard idzie dalej w tym porównaniu, uważając oba filmy za mizoginiczne i ukazujące mordercze skłonności kobiet: *„Nietrudno zobaczyć, że oba filmy mogą być mylnie zinterpretowane jako mizoginiczne przedstawienie kobiecej seksualności jako niebezpiecznej (...), ale jest to spojrzenie tylko z jednego punktu widzenia, które wyklucza punkt widzenia męskiej ofiary.(...) Innymi słowy, seksualne pragnienia kobiet mogą - ale nie muszą – być skandaliczne i niebezpieczne, ale to manipulujący swym urokiem bohater jest współodpowiedzialny za sytuacje w jakie się wplątuje (...) Patrząc z tej perspektywy filmy te są rzadkim przykładem eastwoodowskiej autodekonstrukcji."*[216]

Tuż po skończeniu zdjęć do filmu Eastwood pojechał na włoską premierę „Oszukanego", gdzie na mediolańskim uniwersytecie odznaczono go brązowym medalem za artystyczny wkład w rozwój włoskiego przemysłu filmowego. „Zagraj dla mnie Misty" zarobił ponad 5 milionów dolarów, co oczywiście znacznie zwiększyło wartość losu, który Eastwood kupił angażując się w film. Zarobiłby jeszcze więcej, gdyby nie niezręczna umowa: film był wyświetlany w kinach przez cztery tygodnie, sprzedając się coraz lepiej, ale kontrakt wymuszał jego wycofanie, gdyż na Gwiazdkę miał się pojawić kolejny film Universalu. Kierownicy kin dzwonili do Eastwooda, chcąc wydłużyć żywot filmu w dystrybucji, ale nie mieli wyboru.

W filmie „Breezy" Eastwood po raz kolejny podjął temat miłości i związków. Był to jego trzeci, po powstałym rok wcześniej westernie „Mściciel" (na który zresztą wybierają się do kina bohaterowie „Breezy"), film którego był reżyserem, lecz pierwszy, w którym nie zagrał. Bob Daley wspomina, że Eastwood powiedział: *„Ten film nie zarobi kasy, ale mam to gdzieś. Zróbmy go."*[217] Być może wynikało to z chęci sprawdzenia magii swego nazwiska bez pokazywania się na ekranie, być może również z uznania dla scenarzystki „Zagraj dla mnie Misty", Jo Heims, która pisała scenariusz „Breezy" specjalnie z myślą o Clincie Eastwoodzie. *„Tak dobrze nakreśliła charaktery mężczyzny i kobiety, że pomyślałem: Nie wiem, czy zagram w tym filmie, ale na pewno chciałbym go zrealizować. Podobał mi się ten cały komentarz na temat prób odmładzania się cynika spod Los Angeles, rozwiedzionego, dobrze zarabiającego, który jednak nienawidzi swojego życia i zaczyna patrzeć na rzeczywistość oczami siedemnastolatki. Ona uczy go więcej niż on ją. To układ, na którym wzajemnie korzystają, ale nie trwa wiecznie, a dziewczyna bynajmniej nie umiera na jakąś egzotyczną chorobę."*[218]

McGilligan w swej książce sugeruje[219], że fabuła filmu miała wiele wspólnego z osobistym życiem Eastwooda - znudzenie żoną i romanse z młodymi dziewczynami - a sam film mógł opowiadać o jego własnych obawach co do starzenia się i próbie usprawiedliwienia kolejnych skoków w bok. Ostatecznie Eastwood nie przyjął roli pisanej pod niego. Stwierdził, że doskonale rozumiał głównego bohatera, ale nie czuł się w odpowiednim wieku, by go zagrać. Wolał skupić się na reżyserii: *Nie zdawałem sobie sprawy jak trudno jest być jednocześnie reżyserem i aktorem grającym główną rolę, dopóki nie reżyserowałem „Breezy". Brak konieczności wkładania kostiumu i wskakiwania przed kamerę dała mi dużo dodatkowego czasu."*[220]

Do obsady zaangażował starszego od siebie o 12 lat Williama Holdena, który świetnie odnajdywał się w rolach łączących cynizm z idealizmem. Eastwood zorientował się, że po raz pierwszy będzie reżyserował aktora nagrodzonego Oskarem, który pracował z takimi sławami jak David Lean czy Billy Wilder. Holden, podobnie jak bohater filmu, był świeżo po rozwodzie. Rozstał się ze swoją żoną po trzydziestu latach związku. Eastwood od dawna podziwiał jego grę aktorską, którego szczyt sławy przypadał na lata pięćdziesiąte, a o którym powiedział: *„Był po prostu cudowny do kierowania jako aktor. Zawsze był pierwszy w gotowości do pracy."*[221] Holden zgodził się na pracę bez honorarium, wyłącznie za procent z zysków, który ostatecznie nie był zbyt wielki.

O rolę tytułowej Breezy ubiegało się wiele aktorek. Wśród nich znalazła się Sondra Locke, nominowana do Oskara za rolę w filmie „Serce to samotny myśliwy" (1968), późniejsza wieloletnia partnerka Eastwooda. Dwudziestosześcioletnia Locke, którą Clint spotkał wtedy po raz pierwszy (a która kilka lat później stała się jego długoletnią partnerką w życiu i na ekranie), przypadła mu do gustu, lecz uważał, że jest zbyt dojrzała do roli siedemnastolatki. Jak wspomina Locke: *„Gdy pytałam później, dlaczego nie chciał mnie zaangażować, odpowiedział: Wyczuwałem w tobie pewną dojrzałość, która miała nadejść, natomiast w tej drugiej aktorce była jeszcze pewna niedojrzałość, ale przemijała, dlatego pomyślałem, że ona będzie lepsza tej roli."*[222] Roli nie dostała jej również Jo Ann Harris, grająca z Eastwoodem wcześniej w filmie „Oszukany", co oznaczało koniec ich romansu. Do roli Breezy wybrano natomiast Kay Lenz, która zagrała wcześniej małą rolę w „American Graffiti" George'a Lucasa, a Eastwoodowi zależało na aktorce bez telewizyjnego doświadczenia. Ponadto syn Holdena zagrał w „Breezy" weterynarza, a mały chłopiec, który w jeden ze scen strzela do Holdena z pistoletu-zabawki to syn Eastwooda Kyle, kontynuujący role rewolwerowców swego ojca.

Tłumacząc swą decyzję o realizacji filmu Eastwood powiedział: *„Publiczność identyfikuje się z jednym z głównych bohaterów, niezależnie od tego, czy jest to dorosły, czy dziecko. A kiedy główny bohater się czegoś uczy, publiczność identyfikuje się z nim, tym mocniej im lepiej czuje, że dojrzewa wraz nim. W filmie tym chciałem powiedzieć, że nawet majętny człowiek z średniej klasy może się czegoś nauczyć od kogoś, kto nie ma nic. Dziewczyna zdaje się nie mieć niczego, a jednocześnie posiada tak wiele. Widzi i czuje rzeczy, które on przestać zauważać i odczuwać, wszystko to na co nie miał czasu, by sprawiało mu radość. To bardzo prosta bajka, która zawsze jest prawdziwa."*[223]

Zdjęcia rozpoczęły się w listopadzie 1972 roku a za kamerą zamiast stałego operatora Bruce'a Surteesa (teraz zbyt zajętego innym projektem) stanął Frank Stanley, który poza „Breezy" pracował jeszcze przy trzech innych filmach z Eastwooodem (pozostałymi były „Siła Magnum", „Piorun i Lekka Stopa" i „Akcja na Eigerze"). Była to również kolejna, po „Zagraj dla mnie Misty", produkcja, którego budżet mieścił się poniżej miliona dolarów. Tym razem Eastwood zrezygnował z dokonywania poprawek w scenariuszu. Odbiło się to niestety na jakości filmu ze słabymi dialogami i kreacjami aktorskimi, choć Holden według krytyków i tak wypadł nieźle. Tuż po skończeniu „Breezy", w październiku 1972, wdowa po Clintonie Sr. wyszła ponownie za mąż, (odejmując od swego nazwiska jedynie słowo „east"). Jej drugim mężem został John Belden Wood, który nomen omen zrobił karierę w przemyśle drzewnym. Prowadzący swą matkę do ołtarza Eastwood cieszył się z jej szczęścia, choć jej wybranek nie był w stanie zapełnić pustki po zmarłym mężu.

„Breezy" trafiło do kin przy niewielkim rozgłosie, trzy miesiące po cieszącym się sukcesem kasowym „Mścicielu", i miesiąc przed premierą „Egzektura", kolejnej części przygód Brudnego Harry'ego. Film zyskał nominacje do Złotego Globu dla Michela Legranda za muzykę i piosenkę oraz dla Kay Lenz, dla najbardziej obiecującej debiutantki. Mimo tego nie cieszył się powodzeniem wśród widowni. W Stanach „Breezy" zyskało kategorię R, ze względu na sceny topless z Kay Lenz, co utrudniło dotarcie do widzów i wywołało rozgoryczenie Eastwooda, który narzekał w wywiadzie dla Playboya: *„Dwadzieścia parę stanów w USA uważa pokazanie piersi na ekranie za obsceniczność"*[224] Słaby odbiór można też tłumaczyć brakiem Eastwooda w obsadzie (niczym Hitchcock pojawił się tylko w małym epizodzie). Wytwórnia próbowała ratować sytuację doklejając do plakatu zdjęcie reżysera na plakacie. Ale również krytycy nie byli zachwyceni pierwszym filmem Eastwooda, bez Eastwooda. Jego pierwsza reżyserska klapa (film zdołał ledwo zwrócić koszty produkcji) szybko zniknęła z ekranów kin. Słuch o niej zaginął na tyle, że do dzisiaj rzadko kto wspomina o tym tytule, który na kasetach video udostępniono dopiero w 1998 roku[225].

Eastwood nie tłumaczył jednak porażki filmu słabymi recenzjami: *„Nie można winić krytyków, ponieważ kiedy film jest dobry, a krytyk tego nie dostrzeże, to nie oznacza to, że ludzie nie pójdą do kina. Publiczność trzyma się od filmu z daleka, jeśli nie jest on wystarczająco promowany, tak jak to było w tym przypadku. Dobre recenzje mogą czasem pomóc temu typowi filmów. (...) Ale był to skromny film – opowieść o odrodzeniu się cynika. Myślę, że był to ciekawy temat do podjęcia, szczególnie obecnie kiedy żyjemy w erze cynizmu."*[226] Tomasz Jopkiewicz tak później pisał o bohaterach filmów „Zagraj dla mnie Misty" i „Breezy": *„Silni mężczyźni stają się dziwnie bierni, zafascynowani odmiennym sposobem odbierania świata przez kobiety. Prowadzi to ich do wewnętrznego dojrzewania, do sceptycyzmu wobec własnego kodeksu postępowania, do* *dostrzegania – z czasem coraz ostrzejszego - własnych ograniczeń. Siła mężczyzn jest bowiem często tak złudna."*[227]

Eastwood być może zrozumiał, że nie może jeszcze rezygnować zupełnie z aktorstwa, gdyż jedynie jako gwiazda ekranu jest w stanie przyciągnąć widownię do kin. I choć obecnie coraz rzadziej pojawia się w reżyserowanych przez siebie filmach, to pierwszy raz po „Breezy" taka sytuacja nastąpiła dopiero po piętnastu latach, kiedy reżyserował biografię Charliego Parkera pt. „Bird" (gdzie zresztą i tak nie było dla niego roli). *„Breezy było dużym ryzykiem w czasie kiedy powstawał. Robiłem ten film w wytwórni Universal, która wyświadczyła mi przysługę zgadzając się na to. Nie był to drogi film, więc nie mieli tak dużo do stracenia, ale nie uważali filmu za mający potencjał komercyjny. (...) nie byli mistrzami od promowania filmów, szczególnie tego rodzaju. Myślę, że w wytwórni Warner Brothers film mógłby mieć szanse. (...) Universal spisał film na straty jeszcze zanim został ukończony."*[228]

W filmach „Oszukany", „Zagraj dla mnie Misty" i „Breezy" Eastwood postępując wbrew swojemu wizerunkowi bohatera kina akcji sygnalizował, że poza powtarzaniem tych samych schematów w różnych wariantach nastawionych głównie na zysk, interesuje się również znacznie głębszą tematyką niż rozwalanie coraz większej ilości bandytów z coraz większego kalibru. W „Oszukanym" Dona Siegela zagrał swą pierwszą poważną dramatyczną rolę. „Zagraj dla mnie Misty" stanowi z kolei ilustrację do czego może doprowadzić przypadkowy i niewinny romans z nieprzewidywalną kobietą. „Misty" nadal robi niezwykłe wrażenie nie tylko sposobem podjęcia tematu, ale i grą aktorską. Szesnaście lat po premierze na ekranach kin pojawił się film Adriana Lyne'a „Fatalne zauroczenie", w którym wykorzystano ten sam wątek niezobowiązującej relacji między zaburzoną dziewczyną a żonatym mężczyzną. Schickel w biografii Eastwooda zauważa[229], że krytycy w czasie premiery „Fatalnego zauroczenia" mogli odwołać się jedynie do filmu Eastwooda, co oznaczało, że „Zagraj dla mnie Misty" było na tyle oryginalnym obrazem, że ani przed nim, ani po nim nie było innego obrazu podejmującego ten sam temat.

Podsumowując „Zagraj dla mnie Misty" - swe pierwsze dokonanie reżyserskie - Eastwood powiedział: *„Jest tu dużo akcji i napięcia, nakręciłem to przy pomocy niewielkiej ekipy z budżetem w wysokości jedynie 800 000 dolarów, choć zdaje mi się, że film sprawia wrażenie zrobionego za więcej niż 800 000. Przynajmniej wiem, że jeśli ponosi klęskę to jest to moja wina, a nie kogoś innego. Brałem udział już w wystarczającej ilości niewypałów, za którą winę ponosił ktoś inny."*[230]

Chcąc mieć wpływ nie tylko na dobór odpowiednich scenariuszy i ról, ale także kreatywny wpływ na filmy, Eastwood od 1971 roku stał się prawie regularnym reżyserem swoich filmów. Albo angażował młodych, nieopierzonych twórców przed debiutem (Michael Cimino, Richard Tuggle), na których miał duży wpływ jako autorytet, albo chwilowym kaprysem awansował członków swojej ekipy (James Fargo, Buddy Van Horn), albo - kiedy film wybitnie go interesował - sam stawał za kamerą. Ale już nigdy nie dawał się reżyserować komuś bardziej zasłużonemu (z wyjątkiem dla swojego mentora Dona Siegela), szczególnie że jako reżyser sam zbierał coraz większe doświadczenie.

Nikt nie sądził, że po porażce filmu „Breezy" Eastwood jeszcze kiedykolwiek podejmie wątek miłości. Przez kolejne lata kręcił filmy policyjne, westerny, a także komedie. Dopiero w 1995 roku na ekrany kin wszedł reżyserowany przez niego melodramat „Co się wydarzyło w Madison County". W filmie tym Eastwood, według słów Bearda: *„kompletnie opuszcza świat męskich wartości przenosząc się do sfery kobiecych wyobrażeń na temat mężczyzny, gdzie jego postać jest obiektem kobiecych fantazji, podobnie jak w „Oszukanym" i „Zagraj dla mnie Misty", ale zamiast próby* *wykorzystania swego atutu dla własnej korzyści, w pełni poświęca się byciu tym obiektem najlepiej, jak tylko potrafi."*[231]

Ludzie się boją tego,

co wiedzą o sobie.

„Mściciel"

(1973)

Mściwi Rewolwerowcy

Joe Kidd – Mściciel
Wyjęty spod prawa Josey Wales

Westerny to najczystszy amerykański gatunek filmowy. Powstawały od samego początku kina, a najsłynniejsze z nich w złotej erze Hollywood tworzyli reżyserzy tacy jak Raoul Walsh, Howard Hawks czy John Ford. Dzięki nim gatunek ten zyskał ugruntowaną pozycję w amerykańskim kinie, ale po kilkunastu latach eksploatacji stał się skostniały. Stereotypy o heroiźmie kowbojów kierujących się honorem, szczególnie w czasach rosnącej siły telewizji, zapoczątkowały upadek gatunku. Jednym z pierwszych rewizjonistycznych westernów, przełamujących schematy obrosłe wokół gatunku był film „Poszukiwacze" Johna Forda z Johnem Waynem w roli głównej. Reżyser zaprezentował tu nowe spojrzenie na bohatera Dzikiego Zachodu, ale rewolucja musiała przyjść z zewnątrz, spoza amerykańskiego kontynentu. Spaghettii westerny - w którym zakwestionowano wszystko co było podstawą gatunku - pozwoliły odmitologizować western proponując nowe spojrzenie na amerykańską historię. Największym orędownikiem tego podejścia w Stanach był Sam Peckinpah. Jego filmy pełne scen przemocy takie jak „Dzika Banda", „Dajcie mi głowę Alfredo Garcii" czy „Pat Garret i Billy Kid" oferowały zupełnie inne ujęcie tematu, odsłaniając archaiczność gatunku i wytyczając ścieżki kolejnym twórcom.

W latach siedemdziesiątych nieoczekiwania pojawił się renesans westernów. Przyszli giganci kina jak Martin Scorsese, John Milius czy George Lucas, którzy w szkołach filmowych uczyli się na klasycznych filmach, za które uważano takie filmy jak: „Poszukiwacze", „Jeździec znikąd", czy „Rio Bravo". Wykładowcy dostrzegali w nich przejaw artystycznego kunsztu. Ten artyzm mógł być w nich obecny od samego początku, lecz został dostrzeżony i doceniony dopiero teraz. Niekwestionowaną legendą gatunku był nadal John Wayne, ale w westernie udzielali się też Paul Newman, James Coburn czy Charles Bronson.

Eastwood na początku lat siedemdziesiątych był już międzynarodową gwiazdą, za którą stał solidny potencjał komercyjny w Stanach. We Francji uchodził za artystę, we Włoszech był ikoną kina. W 1970 roku wraz z Claudią Cardinale wręczał Oskara za najlepszy film zagraniczny dla Costy Gavrasa za „Z". Jego telewizyjna kariera rozpoczęła się w roku 1959, kiedy zaczął grać w trwającym 7 sezonów serialu o poganiaczach bydła „Rawhide". Wizerunek grzecznego i honorowego kowboja zaczynał go nużyć, dlatego wyjechał do Europy, by zagrać we włoskim westernie. Film w którym wystąpił przyniósł mu niezwykłą popularność na Starym Kontynencie, a kiedy wraz z dwoma sequelami trafił wreszcie do Ameryki, Eastwood przestał być kojarzony wyłącznie jako gwiazda telewizyjnego serialu. Korzystając z popularności założył firmę Malpaso, produkującą jego kolejne filmy, dając mu na pełną kontrolę produkcji. Wśród nich znalazły się dwa westerny: „Powieście go wysoko" - historia poruszająca temat kary śmierci, oraz „Dwa muły dla siostry Sary" - lekki film przygodowy o perypetiach rewolwerowca i prostytutki przebranej za zakonnicę. A nim pojawił się „Brudny Harry" do Malpaso napływały głównie pomysły na kolejne westerny.

Jennings Lang, szef wytwórni Universal, kupił opcję na mający powstać scenariusz Elmore'a Leonarda „Joe Kidd" i zainteresował tym projektem Clinta Eastwooda. Leonard był autorem scenariuszy do takich filmów jak „3:10 do Yumy" czy „Hombre" z Paulem Newmanem, więc jego nazwisko gwarantowało porządną historię. Reżyserem filmu miał zostać jeszcze bardziej doświadczony w gatunku westernów John Sturges, któremu sławę w gatunku przyniosły takie dzieła jak „Siedmiu wspaniałych", „Ostatni pociąg z Gun Hill" czy „Pojedynek w Corallu O.K.". Niestety weteran Sturges był w bardzo słabej formie, a szczyt swojej kariery miał już dawno za sobą. Scenariusz filmu był luźnym remakiem niepokazywanego nigdy w Stanach spaghetti-westernu Sergio Corbucciego „Wielka cisza". Fabuła amerykańskiego filmu bazowała na głośnych wydarzeniach z roku 1967, kiedy niejaki Reies Lopez Tijerina wraz ze swoją bandą szturmem wdarł się na salę sądową w Nowym Meksyku i biorąc zakładników zażądał zwrotu ziemi ludności latynoskiej. Luis Chama - czarny charakter z filmu bazujący na postaci Tijeriny - miał być żądnym sławy egomaniakiem. Jednak znacznie większą wagę przywiązano w tekście do postaci Harlana, właściciela ziemskiego polującego na Chamę. Jak odnotowuje Michael Carlson, scenariusz Leonarda w przeciwieństwie do filmu *„akcentuje wyraźniej konflikt polityczny - bliski spaghetti westernom - pomiędzy kapitalistą Harlanem, (którego imię nawiązuje do wojny w hrabstwie Harlan) i zorientowanym na reformę ziemi rewolucjonistą Chamą."*[232] Jednak głównym bohaterem filmu miał być Joe Kidd, były rewolwerowiec wynajęty przez Harlana jako górski przewodnik, mający pomóc w schwytaniu Chamy.

Niezwykłe było to, że scenariusz powstawał jeszcze w trakcie rozpoczęcia produkcji. Leonard wspominał, że kiedy dopisał kilka scen, producent Sidney Beckerman wprowadził do nich zmiany wpisując własne dialogi. Ale zanim Leonard pokazał gotowy scenariusz Eastwoodowi, wykreślił wszystkie poprawki producenta. Beckerman już tego nie zmienił, bo być może - jak wspominał Leonard - jako producent zwyczajnie lubił dokonywać zmian[233]. Niemniej scenariusz nadal był daleki od ukończenia. Odbywały się specjalne konferencje, na którym dyskutowano o rozwoju fabuły. Najmniej konfliktowym członkiem tych debat był Eastwood, który skupiał się wyłącznie na rozwoju swojej postaci. Uważał, że w jednej z pierwszych scen powinien efektownie wyjąć rewolwer i kręcić nim na palcu, by wprowadzić swoją postać i dać widzom do zrozumienia, że gra rewolwerowca. Leonard uważał, że to zbędny gest. Sturges dodał, że jest to niepotrzebne: „*Widzowie wiedzą kim jesteś. Widzieli wszystkie twoje filmy.*"[234]

W filmie oprócz Eastwooda zagrali jeszcze Robert Duvall i John Saxon. Duvall był znany z takich filmów jak „Zabić drozda", „Deszczowi ludzie" czy „Prawdziwe męstwo", gdzie grał u boku Johna Wayne'a. Jako Harlan wykreował tak silną postać, że mający posiadać wielką charyzmę Chama stał się w filmie jedynie obiektem pościgu. Grający Chamę John Saxon szlify aktorskie zdobywał razem z Eastwoodem jako aktor kontraktowy Universalu. Później podobnie jak Eastwood wyjechał do Europy grać w spaghetti-westernach, lecz nie odniósł tam większego sukcesu (do dzisiaj najbardziej jest kojarzony z filmem „Wejście smoka" w którym zagrał rok później). Co ciekawe, w pobliżu planu zdjęciowego John Huston kręcił western „Sędzia z Teksasu", w którym grał Paul Newman, więc ekipa i aktorzy mogli się wymieniać wrażeniami.

Jeszcze w trakcie kręcenia zdjęć nie znano zakończenia. Dla Eastwooda było to czymś niepojętym. Nadal liczył na profesjonalizm ekipy i talent reżysera, który jednak się nie ujawnił. Pewnego dnia producent Robert Daley zażartował, że w finale Eastwood mógłby wjechać pociągiem do baru, co byłoby bardzo efektowne. Żart przyjęto bardzo poważnie i choć wydawało się to być niedorzeczne, scenę faktycznie włączono do filmu (dwa lata później w filmie „Egzekutor" Eastwood wjechał samochodem do sklepu przez okno). Sturges zwykł w swych filmach czynić bohaterami postacie niejednoznaczne, by następnie stopniowo ukazywać ich sympatyczną stronę, dzięki czemu widownia mogła ich polubić. Eastwood preferował zupełnie odmienne podejście[235]. W jego filmach najpierw widzimy go jako interesującą postać, której przypisujemy pozytywne zamiary (w „Za garść dolarów" wjeżdża do miasteczka przypatrując się scenie przemocy rodzinnej, w „Powieście go wysoko" przepędza bydło przez rzekę, w „Dwóch mułach dla siostry Sary" ratuje zakonnicę z rąk gwałcicieli), by następnie odkryć jego cynizm, stoicki spokój i zdolność do zabijania z zimną krwią.

Elmore Leonard był zdania, że relacje między trójką głównych bohaterów zostały kiepsko odwzorowane, gdyż wszyscy łącznie z Eastwoodem pokładali swe nadzieje w autorytecie reżysera. Eastwood, który miał za sobą swój reżyserski debiut a jego firma współprodukowała film, miał dużo do powiedzenia w kwestii produkcji, ale wyjątkowo nie ingerował. W trakcie zdjęć zachorował na tajemniczą alergiczną przypadłość. Miał gorączkę i czasem dostawał napadów lękowych. Podczas jednego z nich miał wrażenie, że zaraz umrze. Prasa szybko podchwyciła wątek publikując w rubrykach plotkarskich informacje, że aktor, którego nieodłącznym elementem wizerunku są konie, ma alergię na końską sierść. Gdyby to była prawda, mogło to negatywnie wpłynąć na jego dalszą karierę. Eastwood pierwszy raz zetknął się z końmi na farmie u swojej babci, kiedy był jeszcze dzieckiem, i już wtedy nieźle sobie radził w siodle, podobnie jak na kursach aktorskich w wytwórni Universalu. Sprawa się wyjaśniła, gdy w pokoju, w którym mieszkał przy planie zdjęciowym znalazł kota. Objawy alergii na kocią sierść zmniejszyły się, gdy Eastwood zmienił zakwaterowanie.

Eastwood nadal podtrzymywał romans z Roxanne Tunis, przyjaciółką poznaną podczas realizacji serialu „Rawhide", która towarzyszyła mu również na planie „Joe Kidda". To ona zainteresowała go praktykowaną przez siebie Medytacją Transcendentalną, która pozwalała jej na osiągnięcie spokoju. Rozpropagowana przez Beatelsów i świat hipisów medytacja odnosi się do nauk głoszonych przez Mahariszi Mahesz Jogiego, który zalecał powtarzanie indywidualnych mantr przez każdego wyznawcę. Założona przez niego fundacja czerpała ogromne zyski ze sprzedaży kursów i materiałów szkoleniowych, choć ciężko jest stwierdzić na ile medytacja ma pozytywny wpływ na zdrowie człowieka. Sekta Maharisziego uległa podzieleniu w 2007 roku po śmierci jej założyciela. Dla Eastwooda medytacje, zaadaptowane na własny użytek, okazały się na tyle skuteczne, że wkrótce polecił je swoim znajomym[236]. Aktor nie stosował jednak rozbudowanych praktyk, jak to robili Beatelsi czy David Lynch. Jak tłumaczy biograf Eastwooda Schickel, jego medytacje nie polegają na powtarzaniu mantr w pozycji lotosu - lecz na oczyszczaniu umysłu z rozproszenia przez dwadzieścia minut dwa razy dziennie. Takie zanurzenie w ciszy daje mu skupienie i energię, a Eastwood praktykuje je do dzisiaj[237].

„Joe Kidd", choć należy do jednych z nasłabszych filmów Eastwooda, odniósł dość spory sukces, głównie ze względu na jego nazwisko i gatunek, a także dzięki fali popularności mającego premierę rok wcześniej „Brudnego Harry'ego". Jeszcze przed premierą Elmore Leonard zadzwonił do Eastwooda z pomysłem na film „Mr Majestyk", który miał nawiązywać do fabuły „Brudnego Harry'ego". Eastwoodowi spodobał się koncept i prosił o dalsze prace, ale kiedy Leonard wysłał 23 stronicowe streszczenie ten już miał w planach kolejną produkcję. „Mr Majestyk" trafił więc do innej wytwórni i ostatecznie w filmie zagrał Charles Bronson.

Kolejnym filmem Eastwooda był western, w którym nie tylko zagrał, ale który też wyreżyserował. „Mściciel" (znany również pod tytułem „Bezimienny włóczęga") to jego drugi reżyserski film i jeden z najbardziej interesujących pod względem wielowarstwowej treści. Eastwood wspomina: *„Wizję filmu miałem na długo zanim przystąpiłem do* *produkcji, dlatego postanowiłem go wyreżyserować. W tym czasie przygotowywałem dwa westerny: „Mściciela" i „Joe Kidda". Scenariusz tego drugiego nie bardzo przypadł mi do gustu, dlatego pozwoliłem komu innemu go wyreżyserować. Film oczywiście miał piękne momenty, ale nie przemawiał do mnie tak mocno jak „Mściciel". Ponieważ cały ten film dobrze sobie przemyślałem, uznałem że lepiej będzie, jeśli to ja go wyreżyseruję. Nienawidzę sytuacji w której wynajmuję kogoś do reżyserii, a następnie wymuszam na nim cały koncept. To nie jest fair."*[238]

Podobnie, jak w przypadku „Joe Kidda", scenariusz trafił do wytwórni Eastwooda w postaci kilkustronicowego treatmentu. Autorem scenariusza był Ernest Tidyman, dopiero co nagrodzony Oskarem scenarzysta „Francuskiego łącznika". Kiedy treatment przeobraził się w pełnowymiarowy scenariusz, Eastwood zaangażował Deana Riesnera, swojego speca od poprawiania scenariuszy, aby zapełnił luki czarnym humorem i alegorycznym znaczeniem. Dla Eastwooda punktem wyjścia było rozważanie na temat klasycznego westernu Freda Zinemanna „W samo południe" - opowieści o szeryfie (granym przez Gary'ego Coopera) bezowocnie próbującego znaleźć ochotników, którzy pomogą mu zmierzyć się z mającymi przybyć do miasta bandytami. Opuszczony przez wszystkich sam honorowo stawia czoła złoczyńcom, a po wygranym pojedynku pozbywa się odznaki szeryfa i opuszcza miasto (scena z wyrzuceniem odznaki kończyła też „Brudnego Harry'ego").

W „Mścicielu" mamy odpowiedź na pytanie jak dalej potoczyłaby się historia, gdyby szeryf został zamordowany przez mieszkańców miasteczka kiedy odmówili mu pomocy. Z retrospekcji dowiadujemy się, że mieszkańcy za pomocą wynajętych zbirów linczują szeryfa, gdy ten odkrywa, że ich prywatna kopalnia znajduje się na ziemi należącej do rządu. Chcąc zmyć z siebie winę, posyłają morderców do więzienia. Mija jednak kilka lat i bandyci wkrótce wychodzą na wolność. Tymczasem do miasta przybywa tajemniczy Nieznajomy - niepokojąca postać, która nie podaje swego nazwiska ani celu wizyty. W treatmencie Tidymana tą postacią był brat szeryfa, który powracał do miasteczka, by dokonać zemsty. Ale Eastwood postanowił to zmienić, tak by publiczność nie była w stanie powiedzieć kim jest grana przez niego postać. „*Wybrałem inne podejście: nigdy się nie dowiesz czy postać jest diabłem, czy rodzajem archanioła. Zostawiam to publiczności. (...) Tidyman napisał scenariusz ze swojej perspektywy, ale ominął pewne elementy, które miały potencjał. Postanowiłem przepisać scenariusz przy pomocy Dean Riesnera, który pomagał mi przy paru filmach Dona Siegela*"[239]

Zamordowanego szeryfa Jima Duncana grał Buddy Van Horn – etatowy kaskader i dubler Eastwooda. By pogłębić wrażenie powinowactwa pomiędzy postacią Nieznajomego a Duncanem, Eastwood użyczył swego głosu postaci szeryfa. Geoffrey Lewis grający przywódcę bandy wspomina, że scena w której w agonii pyta Nieznajomego o to kim jest i umiera nie otrzymując odpowiedzi miała sprawić, by widzowie wychodzili z seansu w szoku również nie otrzymawszy odpowiedzi[240]. Reżyser mówił: „*Pociągał mnie alegoryczny sens filmu. Niby wiadomo było, że człowiek, który wraca jest bratem zamordowanego szeryfa. Zagrałem to z pewną dwuznacznością, tak by widzowie mogli sami wyciągnąć wnioski. Może była to postać mityczna, może zjawa.*"[241]

Do produkcji filmu „Mściciel" Eastwood zaangażował poznanych przy okazji pracy nad „Joe Kiddem" scenografa Henry Bumsteada (nominowanego do Oskara za „Zawrót głowy" i zdobywcę nagrody za „Zabić drozda"), oraz montażystę Ferrisa Webstera (pracował przy filmach „Kotka na gorącym blaszanym dachu", „Siedmiu wspaniałych" i „Wielka ucieczka"). Dee Barton, który przygotował muzykę do „Zagraj dla mnie Misty" został poproszony o kompozycję muzyczną do „Mściciela", która nie będzie brzmiała jak Ennio Morricone.

Studio sugerowało Eastwoodowi, by zdjęcia kręcił na terenie wytwórni, ponieważ Universal posiadał dekoracje z Dzikiego Zachodu. Ale on wolał kręcić w plenerze, podobnie jak swój poprzedni film „Zagraj dla mnie Misty": *„Lokalizacji do „Mściciela" szukałem samodzielnie przemieszczając się swoim pick-upem przez Oregon, a następnie przez Nevadę i Kalifornię. (...) Lokalizacja musi korespondować z pomysłem na film i atmosferą stworzoną przez opowieść."*[242] Schickel wspomina, że szukając jej, Eastwood utknął wraz z Bobem Daleyem na pustyni w kierunku Las Vegas, bo skończyło im się paliwo. Gdy Daley bez sukcesu próbował zatrzymać któregoś z kierowców, by podwiózł go do najbliższej stacji, z auta wysiadł Eastwood. Próbował wykorzystać swoją sławę, ale ku jego zdziwieniu, auta nadal się nie zatrzymywały. Jak uważa Schickel, była to dla niego lekcja na temat sławy i zbytniego polegania na niej[243].

Eastwood znalazł wymarzoną lokację nad otoczonym przez pustynię jeziorem Mono, gdzie polecił wybudować wszystkie domy nie jako atrapy, jak to sie zwyczajowo robiło w filmowych miasteczkach, lecz z zachowaniem ich trójwymiarowości. Zależało mu na możliwości kręcenia we wnętrzach. Chęć pracy z dala od wytwórni zaowocowała również tym, że montaż odbywał się na łodzi zacumowanej przy jeziorze Mono. Eastwood pracując nad „Zagraj dla mnie Misty" zauważył, że montowanie filmu jeszcze podczas zdjęć znacząco przyspiesza produkcję. W pobliżu jeziora Lago wynajął łódź na której zainstalował zestaw montażowy. Z takiej oryginalnej montażowni był widok na jezioro i drzewa, co miało dodatkowo działać na wyobraźnie. Eastwood uważał, że wszystkie montażownie jakie zna są depresyjne, w niektórych nawet nie ma okien i nic nie sprzyja kreatywności: *„Po co wpadać w depresję, jeśli nie trzeba?"*[244] Dopiero finalny montaż miał miejsce na twardym gruncie w Los Angeles.

W filmach Eastwooda krajobraz zawsze odgrywał znaczącą rolę, nie tylko w westernach. Henry Sheehan [245] uważa, że często służy on jako kontrapunkt dla żywej natury postaci, które go przekraczają. Postacie grane przez Eastwooda *„nie wjeżdżają w kadr w tradycyjnym stylu rewolwerowców, ale pojawiają wewnątrz niego znikąd, nie są przytłaczane przez scenerię, ale zdają się koegzystować z naturą"*. Eastwood miał również bardzo oryginalne podejście do języka filmu i łamania zasad obowiązujących w ciągłości montażowej: *„Nie boję się odwracać ujęć podstawowych – mastershotów, ustawiać kamerę po obu stronach aktorów i przekraczać oś. Wielu starych reżyserów, bardziej tradycyjnych nigdy by tak nie postąpiło. (...) Ale ja lubię łamać kompozycję. Myślę, że widzowie bardziej angażują się, dzięki swobodnej zmianie perspektywy, a nie sztywnemu trzymaniu się ustalonych pozycji."*[246] W sposobie filmowania „Mściciela" widać też duży wpływ Sergio Leone: długie ujęcia, niskie kąty, oraz dodana w postprodukcja niepokojąca muzyka.

Nieznajomy, jak zauważa Leonard Engel[247], autor książki „Clint Eastwood. Actor and Director. New Perspectives", przybywa do miasteczka podobnie jak bohater filmu „Za garść dolarów" Leone. W obu wypadkach jest tylko wędrowcem, który trafia tam przejazdem. W początkowych scenach „Mściciela" chce się tylko napić, wykąpać i ogolić. Ale kiedy zabija trzech nasłanych na siebie morderców wplątuje się w intrygę mieszkańców, którzy dostrzegają w nim wybawiciela przed mającymi powrócić do miasta bandytami. Wtedy Nieznajomy wprowadza własne reguły gry, wymierzając sprawiedliwość i ośmieszając społeczność. Znacząca jest scena inspirowana filmami Leone, w której Nieznajomy zrywa szeryfowi odznakę i mianuje nim karła Mordechaja. Wyrzuca gości hotelowych z pokoi, stawia wszystkim kolejkę w barze bez płacenia, wreszcie każe pomalować wszystkie budynki na czerwono, przygotować przyjęcie powitalne dla bandytów, by na końcu samemu opuścić miasto.

Społeczność ukazana w filmie, choć jest solidarna i konformistyczna, to ma swoje ograniczenia. Mieszkańcy zaczynają podejrzewać, że pojawienie się Nieznajomego jest karą boską za to, jak potraktowali szeryfa. Zostają zmuszeni do zmierzenia się z niewygodną prawdą, dlatego też postanawiają się go pozbyć. Jedna z bohaterek informuje go: „Sprawiasz, że mieszkańcy się ciebie boją, a to niebezpieczne.", na co ten odpowiada: „Ludzie się boją tego, co wiedzą na swój temat". Reżyser wyjaśniał później w wywiadzie: *„'Mściciel' był rodzajem spekulacji - co się stanie jeśli mieszkańcy zamordują swojego szeryfa i kiedy ktoś przyjedzie przypominając im o ich nieczystym sumieniu. Za grzechy należy odpokutować."*[248]

Karzącą formę satyry w tym filmie Engel porównuje do powieści Jonathana Swifta o przygodach Guliwera: *„Eastwood posługuje się tu gatunkiem, by odrzucić społeczeństwo jako skorumpowane, o wąskich horyzontach, niekompetentne i niezdecydowane."*[249] Autor szuka wytłumaczenia takiego podejścia w wojnie w Wietnamie, która zmieniła oczekiwania obwateli. Nieznajomy zjawia się w Lago niczym weteran niechcianej wojny, zagrożenie dla idei Amerykańskiego Snu, które w filmie reprezentuje Spółka Kopalni.

Eastwood opowiada w tym filmie również o tchórzostwie mieszkańców, którzy są świadkami gwałtu dokonanego na ich oczach w biały dzień. Nieznajomy obnaża ich niemoc i tchórzostwo, a gwałcąc prowokującą go Callie, gwałci również obowiązujący w tej społeczności porządek. Kiedy kobieta żali się później swemu partnerowi, by ją pomścił, ten radzi jej pogodzić się z tym i podporządkować dobru społeczności. Gwałty były popularnym elementem westernów, lecz „Mściciel" był pierwszym filmem, w którym tego czynu dokonuje główny bohater. Eastwood później wspominał, że mógł inaczej rozegrać scenę, lub nawet zupełnie ją pominąć. Nie miała ona większego uzasadnienia w scenariuszu, a kiedy film był emitowany w brytyjskiej telewizji została nawet wycięta.

Inspiracją dla sceny zamordowania szeryfa, jak pisze Engel[250], mogło być prawdziwe wydarzenie, do jakiego doszło w Nowym Jorku w kwietniu 1964. Młoda kobieta została w biały dzień zaatakowana nożem i brutalnie zamordowana na oczach sąsiadów, którzy biernie obserwowali morderstwo nie reagując. Cały spektakl trwał pół godziny, a morderca powracał kilkakrotnie, by dobić ofiarę, a jednak nikt nie udzielił pomocy, ani nie wezwał policji. Przypadek ten badany przez psychologów był przykładem rozmycia odpowiedzialności w grupie. Eastwood tą sceną mógł chcieć wyrazić własne zdanie na temat apatii publicznej i zbiorowej odpowiedzialności.

W scenie końcowej, kiedy Nieznajomy przejeżdża przez cmentarz, można dostrzec na nagrobkach nazwiska Sergio Leone i Dona Siegela, których Eastwood w ten sposób symbolicznie pochował, co mogło być też rodzajem hołdu. Być może dawał znak publiczności, że od tej pory sam będzie reżyserował swoje filmy. Jeśli „Zagraj dla mnie Misty" było odpowiedzią Eastwooda na filmy Dona Siegela, „Mściciel" z całą pewnością był eastwoodowską wersją filmów Leone. Film zarobił 15 milionów dolarów stając się jedenastym najlepiej zarabiającym westernem dekady lat siedemdziesiątych. Eastwood przypomniał w jednym z wywiadów kulisy swego najsłynniejszego westernu: *„Kiedy lata później kompletowałem obsadę do „Bez przebaczenia", zadzwoniłem do Richarda Harrisa, który był wtedy w swym mieszkaniu na Bahamach. Zaproponowałem mu rolę w filmie i spytałem, czy wysłać mu scenariusz to odpowiedział: Zwariowałeś? Wiesz, że właśnie teraz oglądam w telewizji „Mściciela"? To mój ulubiony western. Nie wysyłaj mi swojego scenariusza, z przyjemnością zagram w twoim filmie."*[251]

Po swej premierze „Mściciel" spowodował protest ze strony Johna Wayne'a, który osobiście napisał list do Eastwooda, wyrażając swoją urazę. Eastwood, który nigdy nie odpowiedział na jego list, wspomina: *„Wtedy zrozumiałem, że dzieli nas przepaść. Wayne pisal wzburzony, że przecież* *nie tak wyglądało życie osadników. A mnie wydawało się oczywiste, że nie nakręciłem filmu o ciężkim życiu pionierów. To był po prostu rodzaj baśni dla dorosłych."*[252] Wayne, który na ekranie był wzorem cnót zawsze zachowywał się po rycersku, co nie tylko Eastwoodowi wydawało się anachronizmem: *„Oczywiście dobrze jest zawrzeć w westernie fakty historyczne, jednak film taki jak „Mściciel" nie musiał być westernem, mógł być też opowieścią o moralności. Prawdopodobnie przez lata znacznie lepiej było to zrobione w innych gatunkach i formach, ale wydawało mi się, że równie dobrze może to być western. Nie miała to być saga o zdobywcach Dzikiego Zachodu - prawdziwych pionierach – miał być to tylko obrazek pewnego podejścia do życia."*[253] Zresztą Eastwood nigdy nie identyfikował się z westernem i granymi przez siebie postaciami tak bardzo jak Wayne, który rzadko grywał w innych gatunkach.

W sierpniu 1975 r., już po premierze filmu „Akcja na Eigerze", Eastwood przeniósł Malpaso na teren wytwórni Warner Bros. Uważał, że Universal nie przykładał wystarczająco dużo uwagi do promocji jego filmów, a ingerencja producentów w ostateczny wygląd bywała zbyt uporczywa. Natomiast dowodzone przez młodych menadżerów Warner Bros., w którym wcześniej powstał już „Brudny Harry", oferowało mu niczym nieskrępowaną swobodę artystyczną i zapewniając szerokie działania marketingowe. Niezwykła jak na warunki Hollywood współpraca utrzymuje się do dnia dzisiejszego (ponad trzydzieści lat), a pierwszym wyreżyserowanym przez Eastwooda filmem u braci Warner był „Wyjęty spod prawa Josey Wales".

Bob Daley, producent Malpaso i namiętny czytacz - jak wspomina Eastwood - pewnego razu nie miał lektury do kolacji[254]. Jego uwagę zwróciła leżąca na biurku książka, do której był dołączony list polecający od jej autora, którym był Forrest Carter, indiański poeta-samouk. „W drodze do Teksasu" została wydana jedynie w 75 egzemplarzach i opowiadała o farmerze, który dołącza do wojsk konfederatów podczas wojny secesyjnej, by dopaść i zemścić się na unionistach, którzy zamordowali jego żonę i syna. Po przeczytaniu książki Daley zatelefonował do Eastwooda proponując ją jako ich kolejny projekt. Eastwood po lekturze polecił wykupić prawa do adaptacji i rozpoczął przygotowania do produkcji.

Scenariusz napisała Sonia Chernus, która pracowała w Malpaso w dziale scenariuszowym szukając ciekawych historii spośród napływających scenariuszy. Eastwoodowi brakowało w gotowym tekście suspensu, dlatego do współpracy przy pisaniu zaprosił Phillipa Kaufmana. Kaufman był już reżyserem dobrze przyjętego westernu „Wielki napad w Minnesocie". Był to niskobudżetowy film o legendzie Jesse'ego Jamesa, który wyprodukował Jennings Lang, i do którego zdjęcia zrobił Bruce Surtees - stali współpracownicy Eastwooda. Kaufman tak przerobił historię, że Czerwononodzy, którzy zabili rodzinę Walesa, nie znikają w połowie filmu (jak to było w przypadku pierwszej wersji i książkowego oryginału), lecz są ścigani przez niego przez cały film podtrzymując napięcie. Zmiany Kaufmana tak bardzo przypadły Eastwoodowi do gustu, że zaproponował mu reżyserię (podobnie jak wcześniej Michaelowi Cimino powierzył reżyserię „Pioruna i Lekkiej Stopy").

Kaufman wybrał kostiumy, lokacje a także obsadę. Rolę Indianina zagrał Wódz Dan George, który zdobył nominację do Oskara za rolę w „Wielkim małym człowieku"Arthura Penna, gdzie partnerował mu Dustin Hoffman. Prawdopodobnie na życzenie Eastwooda, do roli Laury Lee wybrano Sondrę Locke (która wcześniej nie dostała roli w „Breezy" Eastwooda), a której kariera od czasu nominacji do Oskara w 1968 r. za film „Serce to samotny myśliwy" nie posunęła się do przodu. Kaufmanowi nie spodobał się jej wybór, co było początkiem konfliktów między nim a Eastwoodem.

Autor krytycznej biografii Eastwooda Patrick McGilligan sugeruje, że przyczyną wzajemnej niechęci dwóch filmowców mogła być właśnie Locke, którą Kaufman później próbował poderwać[255]. To podczas produkcji tego filmu rozpoczął się związek Eastwooda z Locke. Między aktorem-producentem a reżyserem były też jednak różnice artystyczne w podejściu do pracy. Kiedy podczas jednej ze scen Kaufman domagał się więcej dubli, Eastwood zapytał go co zagrał źle, co powinien zmienić. Kaufman odparł, że nie jest pewny, ale wydaje mu się, że powtórzenia sceny sprawią, że nabierze ona głębi. Dla sprawnego filmowca jakim był Eastwood niezdecydowanie oznaczało marnowanie czasu i pieniędzy: *„Zawsze wolałem kręcenie w stylu „najpierw strzelaj, potem myśl", zamiast ciągłego rozmyślania o swojej amunicji."*[256]

Dla Kaufmana sprawy układały się coraz gorzej. Jedną z lokacji do ujęcia w którym Wales jedzie na koniu z białą flagą, Kaufman oznaczył puszką po piwie. Kiedy kilka tygodni później przyjechał na miejsce z ekipą, nie mógł znaleźć swojego oznaczenia. W jej poszukiwaniach zniknął z pola widzenia. Robiło się coraz później, a ujęcie było zaplanowane na „magiczną godzinę", która nie trwa wiecznie[257]. Eastwood polecił ekipie się przygotować, wsiadł na konia, zrobił jedną rundkę ze strzelbą, i ujęcie było gotowe. Wszyscy opuścili plan oprócz Fritza Manesa, który czekał na reżysera. Kiedy Kaufman wreszcie powrócił, żalił się że nigdzie nie może znaleźć swojej puszki. Kilka dni później Kaufman został zwolniony, a jego obowiązki przejął Eastwood: *„Gdybym go zatrzymał, nie dotrzymałbym umowy ze studiem, gdzie zobowiązałem się jako producent dotrzymać terminu zdjęć i wysokości budżetu. A ponieważ zapłaciłem za scenariusz z własnych pieniędzy, uznałem, że mam do tego prawo."*[258]

Gildia Amerykańskich Reżyserów była zszokowana takim postępowaniem, gdyż Kaufman rozpoczął już zdjęcia. Było zatem dużo czasu, by stwierdzić czy jest przygotowany. Poza tym zastąpienie reżysera przez innego członka ekipy było sprawą bezprecedensową. By w przyszłości zapobiegać takim wypadkom powstała specjalna ustawa (powszechnie zwana sprawą Eastwooda), która mówiła, że producent nie może zwolnić reżysera i zająć jego miejsca, bo przestanie być członkiem Gildii. Eastwood musiał zapłacić też karę w wysokości 60,000 dolarów. Ponieważ zdjęcia kręcono w plenerze w Utah, Gildia nie miała możliwości ich przerwania.

Eastwood zawsze starał się dobierać takich reżyserów, którzy będą stosować się do jego poleceń, a których wizja nie będzie znacząco odbiegała od jego[259]. Kiedy kilka lat później współpraca z Richardem Tuggle'em na planie filmu „Lina" nie układała się najlepiej, Eastwood chciał przejąć jego obowiązki, lecz nie mógł ze względu na ustawę związkową. Od tej pory reżyserował coraz więcej filmów w których grał, a ostatnim filmem u innego reżysera był „Na linii ognia" Wolfganga Peteresena z 1993 roku. Ale aktorzy w rolach reżyserów często mają problem z przestawieniem się, kiedy występują przed kamerą, co nie ominęło Eastwooda. Jak wspomina: *„Wódz miał kłopoty z kwestiami. Zorientowałem się, że choć kamera już filmuje mnie, dalej odpowiadam mu jego kwestie. Bezgłośnie recytowałem je razem z nim. Wtedy asystent kamerzysty powiedział: "Wiesz co, cały czas szepczesz jego kwestie." Odpowiedziałem "Jezu, nie przełączyłem się całkowicie!"*[260]

Kaufman milczał na temat swojego zwolnienia, ale Eastwood jakiś czas później wyjaśnił: *„Wykonał wspaniałą robotę przy pisaniu scenariusza. Widziałem jego dwa pierwsze filmy i pomyślałem, że nadaje się idealnie do wyreżyserowania „Joseya". Ale to był projekt znacznie większy od tego co robił do tej pory. Mniej dokumentalny, bardziej wielowątkowy. Trudny film dla osoby, która zrobiła wiele filmów, więcej niż kilka. To była moja wina, powinienem był się lepiej przygotować i zrobić to od początku samemu. Ale po nakręceniu „Akcji na Eigerze" byłem tak wypalony, że chciałem aby ktoś inny zrobił to za mnie. A kiedy* *już wczułem się w aurę filmu, wyobraziłem go sobie inaczej niż widział to Phil."*[261] Kaufman w latach osiemdziesiątych nakręcił kilka całkiem udanych filmów takich jak „Wyprawa na księżyc", „Nieznośna lekkość bytu" czy „Henry i June", co potwierdziło, że ma talent, jednak nie było to wystarczające w oczach Eastwooda.

Eastwood rzeczywiście miał inne wyobrażenie na temat tego, jak ma wyglądać „Wyjęty spod prawa Josey Wales". Pomijając sprawy dramaturgiczne, w które ingerował już podczas pisania scenariusza, Eastwood chciał by zdjęcia do filmu zaplanowano na jesień, jego ulubioną porę roku[262]. Idealna pora do oświetlania światłem wypełniającym, co pozwala na uzyskanie specyficznego, mrocznego efektu. Jedna z ostatnich sekwencji filmu, w której Josey żegna się z Wodzem i jedzie w kierunku słońca, miała zostać nakręcona o zmierzchu. Bruce Surtees proponował, by kręcić scenę po kawałku każdego dnia, co pozwoliłoby sztucznie wydłużyć magiczną godzinę. Eastwood odrzucił to rozwiązanie, gdyż lubi grać sceny do końca, a poza tym nie miał czym zapełnić grafiku na resztę dnia. Zaproponował inne rozwiązanie: *„(...) powiedziałem mu, że nigdy nie widziałem sceny z amerykańską nocą (gdzie noc kręcona jest w ciągu dnia przy pomocy specjalnych filtrów), gdzie noc wyglądała jak prawdziwa noc. Co najwyżej wyglądała jak wieczór. Chcę, żebyś nakręcił tę scenę, jakbyś ją kręcił w nocy, i będzie wyglądało, jakby była kręcona o zmierzchu. I tak zrobiliśmy."*[263]

Kiedy doszło do montażu ostatniej sceny, Ferris Webster uważał, że należy pokazać, jak Josey wraca do dziewczyny i grupy po ostatniej rozmowie z Wodzem. Eastwood uważał, że wystarczy pokazać Joseya jadącego w kierunku słońca. Montażysta nie dawał jednak za wygraną, choć jak wspomina w wywiadzie: *„Wtedy spytał mnie, skąd widzowie będą wiedzieć, że Josey powróci do dziewczyny i do pozostałych. Odparłem: Bo to publiczność będzie tego chciała. To publiczność sprawi, że Josey tam wróci. Myślę,* *że wyobraźnia i angażowanie się publiczności sprawia, że film działa. Nie trzeba im mówić wszystkiego wprost."*[264]

„Wyjęty spod prawa Josey Wales" to kolejny po „Powieście go wysoko" western, w którym bohater grany przez Eastwooda ma tak solidny motyw do zabijania. W jednym z wywiadów Eastwood powiedział: *„Ten film bardziej przypomina sagę, niż „Mściciel", gdzie bohater przybywa do miasta. Nie wiemy o nim nic i nie wiemy skąd przybywa. Natomiast Josey Wales jeszcze przed wybuchem Wojny Secesyjnej mieszka na granicy Kansas z Missouri, gdzie ludzie z Kansas zastanawiają się nad przystąpieniem do Północy, a ludzie z Missouri nad przystąpieniem do Południa. Zostaje wyjętym spod prawa z powodu wojny i widzimy jaką szkodę wojna mu wyrządziła."*[265]

Dotąd postacie Eastwooda bywały nadludzkie w swych umiejętnościach, enigmatyczne, pozbawione imienia i przeszłości. Josey Wales w przeciwieństwie do nich jest postacią dosłownie przyziemną - poznajemy go jako rolnika orzącego ziemię. Ale pod wpływem tragicznych okoliczności Wales przemienia się w cieszącego się złą sławą rewolwerowca. Wymowa jego imienia nasuwa na myśli Jesse Jamesa, poza tym obaj mają podobną historię[266]. Jego znakiem rozpoznawczym staje się spluwanie tytoniem, który żuje, co wnosi do filmu lekkość i humor, podobnie jak cięte riposty. Dotąd w westernach Indianie zawsze stanowili wrogów dla Anglosasów. Ale Eastwoodowi zależało na ukazaniu ich sympatycznych cech: *„Chciałem, żeby rdzenni Amerykanie nie byli pokazani według starych schematów, gdzie są stoickimi osobowościami pozbawionymi poczucia humoru. To pierwszy film, w którym pokazano ich jako posiadających poczucie humoru."*[267] Josey nie obawia się grożącemu mu rewolwerem Wodza, a nawet zasypia podczas jego monologu. Obu ich łączy nienawiść do rządu. Obaj zostali okłamani i zdradzeni przez ludzi będących u władzy.

Wales znacząco różni się od postaci z filmów Leone, czy "Mściciela", które wychwalały chęć izolowania się stosującego przemoc bohatera. Przemoc i zemsta pozostają oczywiście głównymi składnikami filmu, ale Eastwood bada tutaj również relacje swojego bohatera i jego zaangażowanie w stosunku do rodziny i znajomych. Jest to też najbardziej wymagający pod względem aktorskim film dla Eastwooda, w którym przedstawia szeroką gamę emocji. Z grupki outsiderów, do której zaliczają się staruszkowie i Indianie, Wales tworzy swoją nową rodzinę i zamieszkuje z nimi w jednym domu. Jednak wkrótce opuszcza ich, co Wódz tłumaczy tym, że „w siodle będzie z niego większy pożytek". Jak zauważa Engel, Josey robi to nie dlatego że jest bezduszny i nie ma emocji, ale przeciwnie - ponieważ ma emocje i obawia się, że przebywając z tymi ludźmi ściągnie na nich nieszczęście.[268] Nadal prześladują go koszmary z przeszłości. Pod koniec filmu odjeżdża nie w kierunku zachodzącego słońca, skąd ma nigdy nie powrócić, lecz w kierunku wschodzącego słońca, w stronę domu i rodziny. Nie ma zamiaru zmieniać świata, gdyż wie jak rzeczy się mają, ale nie ma powodu, żeby nie mógł żyć u boku Indian. Film jest również refleksją nad statusem idola jakim jest Josey jako rewolwerowiec. W filmach Leone rewolwerowcy pozostawali anonimowi, ale na prawdziwym Dzikim Zachodzie byli cieszącymi się popularnością sławami jak Jesse James czy Billy The Kid[269]

Film miał premierę w roku 1976, w dwusetną rocznicę powstania Stanów Zjednoczonych. Na ekranach kin w tym roku pojawiło się najwięcej filmów politycznych i rozliczeniowych: „Taksówkarz", „Wszyscy ludzie prezydenta", „Sieć", „Maratończyk". Pojawiało się też sporo ważnych w historii westernów. Wyjątkowym filmem dla gatunku miały być nie do końca udany „Przełomy Misssouri" z dwoma legendami: Jackiem Nicholsonem i Marlonem Brando. Robert Altman postanowił pokazać własną wersję legendy w filmie „Buffallo Bill i Indianie" z Paulem

Newmanem, ale film został niedoceniony przez krytyków i widownię. W tym samym roku Don Siegel nakręcił „Sztrzelca" z Johnem Waynem.

„Wyjęty spod prawa Josey Wales" był piątym filmem w reżyserskiej karierze Eastwooda, ale też jego najbardziej udanym i najbardziej satysfakcjonującym do czasu premiery „Bez przebaczenia". Był epicki, pojawiało się w nim dużo postaci i lokalizacji, a poza tym opowiedziany chronologicznie z wyraźnym motywem głównego bohatera i poważnym przesłaniem. Dzięki niemu Eastwood kolejny raz pojawił się w Dziesiątce Gwiazdorów Kina (liście najbardziej kasowych aktorów), z której w tym roku wypadł jego rywal John Wayne. Ostatnim jego filmem był „Strzelec" Dona Siegela, ale Wayne nigdy już nie miał szansy powrócić na listę. Zmarł w 1979.

„Wyjętego spod prawa..." porównywano z „Życzeniem śmierci", gdzie Charles Bronson również gra kochającego pokój mężczyznę zmieniający się w groźnego mściciela, gdy traci swych bliskich. Jednak „Josey Wales" sięgał znacznie dalej. Eastwood wspominał, że jego antywojenne przesłanie odnosiło się do dwóch ostatnich wielkich zdrad narodu amerykańskiego: Wietnamu i Watergate[270]. Richard Slotkin, autor „Gunfighter Nation" pisał: *„Film kończy się rezygnacją Joseya z ostatniego aktu zemsty. Przebacza Fletcherowi, człowiekowi, który go zdradził. (...) Nie sądzę, aby ktokolwiek w 1976 roku, trzy lata po oficjalnym wycofaniu się Ameryki z wojny w Wietnamie, nie zrozumiał, że to gest pojednania po zakończeniu wojny."*[271] Eastwood uważa, że ukazanie takiego pojednania w westernie jest znacznie subtelniejsze, nigdy byłoby we współczesnym filmie. Poza tym był to film, w którym nie tylko ukazano skutki wojny dosięgające niewinnych cywili, ale poruszono też drażliwe w tym czasie dla Amerykanów kwestie rasowe. Dopiero po zakończeniu zdjęć wyszło na jaw, że wiecznie pijany autor książkowego pierwowzoru był w rzeczywistości Asą Carterem, znanym antysemitą i rasistą działającym w szeregach Ku Klux Klanu. Forrest Carter napisał później będącą bestsellerem kontrowersyjną książkę „The Education of Little Tree" a także sequel historii o Walesie pod tytułem „The Vengence Trail of Josey Wales". Aktor i reżyser Michael Parks (znany później z filmów "Kill Bill" i "Od zmierzchu do świtu") przerobił ją na film „The Return of Josey Wales" (1986), który cieszył się średnim powodzeniem.

W 1982 roku przy okazji premiery filmu „Firefox" Orson Welles powiedział w telewizyjnym show o „Wyjęty spod prawa Josey Wales": *„Myślę, że Clint Eastwood jest obecnie najbardziej niedocenianym reżyserem na świecie. (...) Nie jest traktowany poważnie, tak jak nie traktuje się poważnie pięknych dziewczyn. Nikt nie wierzy w to, że potrafią grać, jeśli są piękne. (...) Eastwood jako aktor jest czystym typem mitycznego bohatera-gwiazdora w typie Johna Wayne'a, dlatego nikt nie może traktować go poważnie jako reżysera. (...). Kiedy widziałem ten film po raz czwarty, zdałem sobie sprawę, że jest to jeden z najwspanialszych westernów, takich jakie tworzyli John Ford czy Howard Hawks. Dlatego chylę przed nim czoło."*[272] W 1996 roku „Wyjęty spod prawa Josey Wales" został wpisany przez Bibliotekę Kongresu na listę dziedzictw narodowych ze względu na swoje „kulturowe, historyczne i estetyczne znaczenie". Był to też jeden z niewielu westernów, który zdołał zarobić ponad 30 milionów dolarów i to w czasach, kiedy westerny nie radziły sobie dobrze w kinie.

Eastwood ze swymi kolejnymi hitami utrzymywał się na liście aż do lat dziewięćdziesiątych, tworząc jeszcze dwa znakomite westerny: „Niesamowitego Jeźdźca" (1985), który walczył o Złotą Palmę w Cannes, oraz „Bez przebaczenia" (1992), za które zdobył Oskara dla najlepszego filmu i najlepszego reżysera. Nie ulega wątpliwości, że gatunek od którego zaczynał swą karierę przyniósł mu nie tylko rozpoznanie na światową skalę jako aktorowi, ale również uznanie krytyków i środowiska filmowego jako utalentowanemu reżyserowi, który świadomie realizuje swe wizje. Kiedy w 2011 roku do kin wszedł remake filmu z Johnem Waynem „Prawdziwe męstwo" w reżyserii braci Coen, twórcy poproszeni o podanie pięciu ulubionych westernów wspomnieli między innymi „Pewnego razu na Dzikim Zachodzie" Sergia Leone oraz właśnie „Wyjętego spod prawa Josey Walesa"[273].

Opinia jest

jak dziura w dupie.

Każdy ją ma.

„Pula śmierci"

(1988)

Brzemię Brudnego Harry'ego

Brudny Harry - Siła magnum - Egzekutor Nagłe zderzenie - Pula śmierci

Na początku lat siedemdziesiątych Eastwood był gwiazdą kasowych filmów akcji i westernów ściągającym do kin masę publiczności. Znany na całym świecie z wizerunku Człowieka Bez Imienia w 1971 r. zagrał postać, która przylgnęła do niego już na stałe. Harry Callahan, inspektor policji San Francisco, którego w latach 1971-1988 Eastwood zagrał w pięciu filmach - podobnie jak Człowiek Bez Imienia zrewolucjonizował wcześniej western - znacząco odmienił swój gatunek kina policyjnego dając wzór nowego bohatera.

W 1968 roku pogrążona w kryzysie społeczno-politycznym Ameryka traciła wiarę we wszelkie autorytety. Ulicami kroczyły demonstracje, zamordowano Martina Luthera Kinga, Robert Kennedy został zastrzelony, wojna w Wietnamie kwestionowała potęgę militarną kraju. Pokolenie Dzieci Kwiatów nie ufało rządowi, a policja cieszyła sie niskim kredytem zaufania. Wielu ludzi odczuwało rezygnację i wyglądało na to, że niedługo wszystko legnie w gruzach. Frustracja przegrywaną wojny doprowadzała ludzi do wściekłości. Zaczęli się zastanawiać co jest z nimi nie tak, co się stało z narodem amerykańskim. W procedurach policyjnych pojawiły się Prawa Mirandy - efekt rozprawy Miranda kontra Esobedo - czyli *prawo do bycia poinformowanym o skutkach prawnych współpracy z policją podczas aresztowania pod rygorem niedopuszczalności zeznań jako dowodu w wynikającej z tego sprawie karnej*[274]. Przestępcy coraz częściej wygrywali w sądzie procesy z policją, a ludzie czuli się coraz mniej bezpiecznie. Zdawało się, że sądy dbając o prawa przestępców trzymają ich stronę. John Milius, scenarzysta i reżyser, po latach wspominał: *„Ludzie byli wściekli za swoistą degradację sprawiedliwości. Degradację w kwestii prawa, które ich chroni."*[275] Eastwood pamiętał, że *„wszyscy mieli już po dziurki w nosie zamartwiania się o oskarżonych. Mówili: a może by tak pomartwić się przez chwilę o ofiary?"*[276].

Nastąpił wzrost przestępczości, zwiększyła się liczba brutalnych zbrodni, a społeczeństwu brakowało elementu, którego by się mogło uchwycić, gdyż postać policjanta otaczała powszechna niechęć. Funkcjonariusze byli wyzywani od psów (w angielskim „pigs"), a popularnością w kinie cieszyli się tylko ci, którzy działali na granicy prawa: Popeye Doyle z filmu „Francuski łącznik", czy Frank Bullitt z filmu „Bullitt". Ameryka potrzebowała zwycięzcy - bohatera, na miarę swoich czasów.

Wychodząc na przeciw oczekiwaniom Harry i Rita Fink stworzyli w swym scenariuszu postać policjanta, który sprzeciwia się biurokratycznym procedurom spowalniającym efektywne działanie. Harry Callahan, zwany przez przyjaciół Brudnym (bo podejmował się każdej brudnej roboty), był gotów robić to, o czym wielu ludzi mogło tylko marzyć. W swym zachowaniu przypominał bohaterów granych przez takich aktorów jak James Cagney czy Cary Grant - idoli Eastwooda z wczesnego dzieciństwa – którzy nie bali się mówić prawdy i robić tego co należy. Eastwood tak mówił o Callahanie: *„[Jest to] facet, który zgadza się ominąć procedury i zwyczajnie idzie i robi to, co chcielibyśmy by było zrobione. (...) Myślę, że Brudny Harry opierał się chyba zwykłej głupocie. Jawnej głupocie, przez którą nie możesz czegoś zrobić."*[277] Geneza Callahana było mocno zakorzeniona w czasach w jakich został stworzony. Arnold Schwarzenegger, dla którego Eastwood był idolem, dostrzegał podobną przyczynę popularności Callahana: *„Myślę, że ludzie podziwiali tę postać, bo on nie działał w granicach prawa. Przekraczał te granice i brał sprawy w swoje ręce. Ludzie w Ameryce i na całym świecie czują się bezsilni."*[278] Walter Mosley, pisarz dodawał: *„Ten film oddawał lęk, który odczuwali wtedy mieszkańcy amerykańskich miast i przedmieść. Chcieli mieć kogoś, kto zapewniłby im bezpieczeństwo.*[279]

Poza tym akcja filmu toczy się w San Francisco, które zarówno wtedy, jak i obecnie jest postrzegane jako najbardziej liberalne miasto w Stanach. Co więcej, dzięki „Brudnemu Harry'emu" kino zyskało nowy, niespotykany dotąd typ złoczyńcy - psychopatycznego zabójcę. Dotąd przeciwnikami policjantów byli gangsterzy, złodzieje, czy mordercy, ale nigdy psychopaci. Kompozytor Lalo Schifrin chciał dodatkowo uwydatnić tą postać muzyką: *„Powiedziałem [Eastwoodowi], że oprócz instrumentów, chciałbym wykorzystać w kompozycji głosy, gdyż uważałem, że Scorpio słyszy głosy. Jest szaleńcem. Zdjęcia do filmu powstawały w trakcie trwania wojny w Wietnamie, a ten nosił pasek z symbolem pokoju na klamrze. To osobliwe – facet jak on, który zabija ludzi i nosi znak pokoju. Dlatego wydawało mi się, że słyszy głosy. Pomyślałem też o podłożeniu kobiecego głosu razem z instrumentami elektronicznymi w scenach pościgu, co stworzyło atmosferę strachu i niezrównoważonego umysłu."*[280]

„Brudny Harry" bazował na realnych wydarzeniach z San Francisco, gdzie grasował nieujęty nigdy zabójca o przezwisku Zodiak. David Fincher, który w 2007 r. zrobił film „Zodiak", będący psychologicznym studium obłędu towarzyszącego ścigającym snajpera policjantom, żył w latach sześćdziesiątych w San Francisco i dobrze zapamiętał atmosferę strachu i zagrożenia. Fincherowi nie podobało się, że filmowcy postanowili żerować na strachu ludzi i nakręcili gloryfikującego przemoc „Brudnego Harry'ego". Jego zdaniem taka eskalacja nie była potrzebna. Zresztą w roku 1972 do kin trafił niskobudżetowy film gatunku exploation "The Zodiac Killer" Toma Hansona, którego akcja dotyczyła prawdziwego Zodiaka.

Producent Jennings Lang z wytwórni Universal przyszedł do Eastwooda z pomysłem na film „Brudny Harry" na dwa lata przed ostatecznym rozpoczęciem produkcji. Scenariusz napisany przez małżeństwo Harry'ego Juliana i Ritę M. Fink opowiadał o Harrym Callahanie, nowojorskim glinie, zdeterminowanym by powstrzymać psychopatycznego mordercę wszelkimi dostępnymi środkami. Początkowo rolę Callahana miał zagrać Paul Newman, ale ją odrzucił ze względu na podtekst polityczny, a poza tym bohater przypominał niechlujnego porucznika Columbo. Eastwood, który uważał się za apolitycznego, chętnie przeczytał scenariusz. Niestety był wtedy zajęty innymi projektami, a opcja na scenariusz przepadła wkrótce wytwórni Universal i tekst trafił do Warner Bros.

Tymczasem na wiceprezesa spraw finansowych wytwórni Warnera na Zachodnim Wybrzeżu został wybrany Frank Wells, długoletni prawnik Eastwooda. Wells zaczął zabiegać o pozyskanie Eastwooda dla wytwórni, która przechodząc kryzys potrzebowała gwiazd do długoletniej współpracy. Filmy policyjne takie jak „Madigan", „Blef Coogana" (oba w reżyserii Dona Siegela), „Bullitt" czy „Francuski łącznik" cieszyły się dużą popularnością, a wytwórni zależało, żeby wykorzystać i podtrzymać ten trend. Wells skontaktował się z Eastwoodem, kiedy ten reżyserował „Zagraj dla mnie Misty", chcąc się upewnić czy nadal jest zainteresowany „Brudnym Harrym". Niestety aktor nie mógł grać w wyznaczonym terminie. Jesienią 1970 r. zgodził się zagrać Frank Sinatra, a na reżysera wybrano Irvina Kershnera. Lecz Sinatrze coraz mniej podobały się kolejne wersje scenariusza, których autorami byli m.in. John Milius i Terence Mallick i ostatecznie wycofał się z projektu. Jako oficjalny powód rezygnacji podano kontuzję ręki. Po odejściu Sinatry również Kershner wycofał się z projektu.

Wells wrócił z ofertą do Eastwooda, który stał się dostępny. Przypomniał, że scenariusz przeszedł przez kilka różnych zmian od czasu, kiedy go ostatnio czytał, ale Eastwoodowi nie podobała się żadna późniejsza wersja. Oryginalne zakończeniu pierwszej wersji scenariusza było inne od znanego nam z filmu. Eastwood wspomina, że w finale miała pojawić się grupa snajperów z Marines, co jego zdaniem niszczyło cały przekaz historii o facecie ścigającym mordercę i kompletnie niszczyło rys charakterologiczny.[281] I choć uważał, że oryginalny scenariusz jest najlepszy to i tak wymagał poprawek. By je wprowadzić na czas przed rozpoczęciem produkcji zaangażował zaufanego script doctora Deana Riesnera. Eastwoodowi ponadto udało się przekonać kierownika studia Universal Lew Wassermana, by „wypożyczył" związanego z wytwórnią Dona Siegela i pozwolił mu wyreżyserować film dla Warner Bros. Miał to być pierwszy film Malpaso współprodukowany z Warnerem. Na mocy specjalnej umowy producentem został Siegel, więc Eastwood żartował, że tym razem buntowniczy reżyser nie będzie miał z kim toczyć wojen o ostateczny kształt filmu. W wymiarze zawodowym między Callahanem a Eastwoodem i Siegelem istniało oczywiste podobieństwo. Wszyscy trzej nieznosili biurokracji, komplikowania spraw i najchętniej robiliby wszystko bez zbędnego gadania. Siegel podobnie jak Eastwood czuł niechęć do wysokich budżetów, gdyż z reguły nie przekładały się na jakość filmu.

Siegel i Riesner pracowali prawie dwa miesiące nad poprawkami, które miały sprawić, że film będzie przypominał wcześniejsze dokonania tandemu Siegel-Eastwood, dopasowując go do image'u Eastwooda. Największej zmianie uległ jednak ostatni akt, kiedy porwanie samolotu przez Scorpio zastąpiono mocniejszą i prostszą sceną porwania szkolnego autobusu. Zmianie uległa też lokalizacja z Nowego Jorku, gdzie Eastwood i Siegel zrobili już „Blef Coogana", na San Francisco. Początkowo obaj planowali kręcić w Seattle, ale kiedy w telewizji zobaczyli mecz na stadionie Kezar w San Francisco, uznali, że właśnie tam musi rozegrać się jedna z najważniejszych scen: konfrontacja Harry'ego z psychopatą. Taka scenografia miała uwypuklić charakter dwóch wyrazistych postaci. David Ayer po latach zauważa: *„Pomysł na gliniarza torturującego czarny charakter jest dość niezwykły. Stadion wizualnie ustawia tych dwóch gladiatorów, gliniarza i szaleńca razem, absolutnie izolowanych w ich własnym świecie."*[282] Scena gdy Harry dopadłszy Skorpiona depcze po jego postrzelonej nodze a kamera stopniowa oddala się coraz dalej przypominała symbolicznie walkę Michała Anioła z Diabłem w dziele Albrechta Dürera, lecz tym razem apokaliptyczna walka Dobra ze Złem rozgrywała się na pustym stadionie. Eastwood zaproponował jeszcze miejsce akcji dla finałowego pojedynku w opuszczonej kopalni, którą zapamiętał z czasów, gdy jako dziecko podróżował z rodzicami przez Kalifornię. Zdjęcia w San Francisco miały rozpocząć się jeszcze zanim nastąpi od dawna planowana rozbiórka stadionu, a filmowcy przyrzekli sobie, że zaoferują inną wizję miasta niż w „Bullicie", do którego z pewnością publiczność będzie porównywać „Brudnego Harry'ego".

Eastwood już na początku produkcji przyznawał, że w postaci Harry'ego najbardziej urzekał go otaczający ją smutek i jego życie osobiste, a właściwie jego brak: *„Podoba mi się obsesja tego bohatera. Fakt, że zależało mu wyłącznie na danej ofierze. Na kimś, kogo nigdy nie poznał."*[283]. Istotnie w filmie nie widzimy scen, w którym moglibyśmy poznać prywatne życie uzależnionego od pracy Harry'ego, wiecznie goniącego od jednej sprawy do drugiej. Eastwood wspominał też, że w scenariuszu postać Callahana była starsza, bliska emerytury i bardziej zmęczona życiem. Myślał nawet o postarzeniu się by ją zagrać, ale pomysł poszedł w niepamięć, kiedy w scenariuszu pojawiły się poprawki.

Do roli Skorpiona Don Siegel wybrał Andy'ego Robinsona, którego znał z teatru. Robinson, który nigdy nie miał broni w ręku ani nie wyglądał na mordercę na pytanie dlaczego został wybrany usłyszał od Siegela: „*ponieważ potrzebowałem kogoś kto miałby twarz jak chłopiec z chóru*"[284] Pacyfka na jego pasku, zdaniem Siegela: „*miała przypominać, że nie ważne na jakiego szaleńca ktoś wygląda, bo kiedy patrzy na siebie w lustro nie jest w stanie dostrzec prawdy na swój temat.*"[285] W roli partnera Callahana De Georgio wystąpił John Mitchum, brat słynnego Roberta.

Kiedy Siegel w trakcie kręcenia filmu zachorował, w reżyserowaniu zastąpił go będący po swym reżyserskim debiucie Eastwood. Zresztą w scenie ze skoczkiem-samobójcą na wąskiej platformie dźwigu i tak nie była miejsca dla reżysera. Skoczka grał Buddy Van Horn, wieloletni dubler gwiazdora i koordynator kaskaderów. Eastwood obiecał wytwórni, że nakręcenie sceny zaplanowanej na sześć dni zajmie mu dwa, a wyrobił się w ciągu jednego wieczoru. Zmienił porę kręcenia sceny z dziennej na nocną, uzasadniając, że będzie przez to bardziej dramatyczna, i pozwoli zredukować problemy z ruchem ulicznym oraz wydatki na ochronę przed gapiami. Wraz z operatorem Brucem Surteesem omówił sposób nawiązania do telewizyjnych wiadomości, w których kiedyś oglądał podobne wydarzenie: „*Przygotowali olbrzymią siatkę pod facetem, który groził, że skoczy. W końcu facet skoczył na siatkę, ujęcia były naprawdę niezłe i eskcytujące (...) jeśli ci faceci z telewizji mogli zrobić to w wiadomościach, nakręcić to w jakieś dziesięć minut, czemu ekipa filmowa miałaby to kręcić przez sześć dni?*"[286]. Nakręcona w jeden dzień scena zawierała przy tym wszystko, co charakteryzowało postać: profesjonalizm, sarkazm, czarny humor, ale też zniesmaczenie brudną profesją.

Między Siegelem a Eastwoodem doszło do różnicy zdań co do zakończenia. Kiedy Harry zabija Scorpio, zdaniem Siegela, powinien wyrzucić odznakę. Eastwood nie zgadzał się z tym. Nie grał postaci, która była przegranym lub rezygnowała. Siegel przekonywał go, że nie chodzi o rezygnację, ale o odrzucenie biurokratycznych zasad w policji. Aktor poszedł na kompromis: zgodził się zagrać tę scenę tak, że zamierza pozbyć się odznaki, ale w ostatniej chwili, kiedy słyszy głos syren nadjeżdżających radiowozów, postanawia schować ją do kieszeni. Jednakże, kiedy doszło już do kręcenia sceny Eastwood zmienił zdanie i zdecydował pozbyć sie odznaki - na szczęścia operator uchwycił ten moment, gdyż dysponowano tylko jednym egzemplarzem rekwizytu. Zakończenie to było odniesieniem do westernu „W samo południe", gdzie Gary Cooper jako szeryf samotnie chroniący miasto przed bandytami po spełnionej misji wyrzuca odznakę, dając do zrozumienia, że mieszkańcy nie zasłużyli na ocalenie. Być może nie doszłoby do pamiętnego gestu w filmie Siegela, gdyby przewidywano, że film doczeka się aż czterech kontynuacji, bo „Brudny Harry" stał się wkrótce najbardziej kasowym filmem sezonu zdobywając pierwsze miejsce box-office'u.

Przyczyną tego sukcesu była niewątpliwie nietuzinkowa postać detektywa. Brudnego Harry'ego pierwotnie stworzyli Harry i Julia Finkowie, ale scenariusz był przerabiany przez kilku innych scenarzystów, między innymi przez Johna Miliusa: *„Mój wkład w tę postać pochodził z wielu źródeł. Znałem policjanta, który był jak Brudny Harry. Zastrzelił wielu ludzi. Był oficerem z Long Beach. Mawiał: Gdy dostaję sprawę, to mamy już wyrok. Zazwyczaj nie przyprowadzał żywych przęstepców."*[287] Policjantem tym był inspektor Dave Toschi (z którego inspirację czerpali też twórcy "Bullitta" i "Ulic San Francisco", a który brał udział w autentycznym śledztwie w sprawie Zodiaka).

Rozgoryczenie Harry'ego systemem wynika z tego, że stracił żonę w wypadku samochodowym, a pijany kierowca który go spowodował nie został ukarany. Jesteśmy skłonni wierzyć, że Harry nie dzieli ludzi według ich rasy na białych, czarnych, żółtych czy według ich wyznania. Dzieli ich według tego, czy postępują słusznie czy nikczemnie. John Milius zauważa: *„To była bardzo amerykańska postać. Idea, że pojawi się ktoś, kto poświęci swoje własne dobro, swoje zdrowie psychiczne, by zrobić to co musiało być zrobione."*[288] Brutalne zachowanie Harry'ego mogło mieć też swoje korzenie w starotestamentowym poczuciu sprawiedliwości, bo w filmie pojawia się sporo symboliki religijnej. Zasady, którym hołduje Callahan mają przełożenie na jego zachowanie i wyrażają się w jego postawie. Jak zauważa Shane Black, twórca „Zabójczej Broni": *„W filmie widać, że Brudny Harry zawsze chodzi w linii prostej. Nie chodzi w kółko, nie obchodzi narożników. Zwyczajnie idzie wprost, tam gdzie jest problem. I albo strzela, albo ocala, albo robi coś innego."*[289] Schwarzenegger zwraca uwagę na ciekawy element postaci, przeniesiony z prywatnego usposobienia Eastwooda: *„On nigdy nie krzyczal jak inni, którzy grali gliniarzy. Inni wrzeszczą, robią dużo zamieszania tracąc czasem kontrolę. On tego nie robił. Był bardzo spokojny. Jadł sobie kanapkę czy hamburgera, wyciągał spluwę i wykonywał swoją robotę. Zawsze gdy z kimś rozmawiał, coś negocjował czy załatwiał, wszystko robił bardzo spokojnie."*[290]

Harry Callahan chodzi w okropnym, tanim garniturze. Poza pracą nie posiada życia. Nie ma nawet czasu na fryzjera. Przypomina detektywów z powieści Chandlera i Hammetta -zwykłego, niezamożnego, samotnego człowieka. Tak jak inne kreowane przez Eastwooda postacie również Brudny Harry pochodzi z klasy robotniczej co pozwalało szerokiej publiczności na identyfikację z bohaterem. Nie bez znaczenia jest brak życia prywatnego. Przez cały film widzimy go oddanego pracy. Kiedy Scorpio zostaje przez prokuratora zwolniony z aresztu, Callahan swój wolny czas poświęca na śledzenie przestępcy z nadzieją, że wreszcie przyłapie go na fałszywym krok. Mieszkanie służy Harry'emu jedynie za miejsce do spania i zmiany odzieży. Obiady jada w barach szybkiej obsługi, i trudno je odróżnić od kolacji (jak pada w dialogach, kiedy obsługujący pyta: „to co zwykle - czyli zwykły obiad, czy zwykła kolacja?" - „A co za różnica?" - „Właściwie żadna."). Callahan był pracownikiem, który wykonywał niedocenianą i niewdzięczną pracę, dodatkowo utrudnianą przez przełożonych. Różnica między nim, a publicznością polegała na tym, że Harry miał tupet i łeb na karku, żeby nie znosić zniewag i walczyć o swoje. Brał sprawy w swoje ręce nie pytając o zgodę. Jego samotność, pozbawione miłości życie, kiepska garderoba i ohydna dieta były ceną jaką płacił za swoją niezależność i oddanie obowiązkom, a publiczność również się z tym indentyfikowała[291].

Warto również wspomnieć o drugim ważnym bohaterze filmu - magnum 44. Nie jest to zwykła broń na regularnym wyposażeniu policji. Jest to narzędzie pracy, w które Callahan sam zainwestował i nabrał wprawy w posługiwaniu się nim, narzędzie dzięki któremu może lepiej wykonywać swoje obowiązki. I choć nie zawsze jest ono adekwatne do rodzaju wykonywanej przez niego pracy, dodaje Harry'emu pewności siebie i wzbudza strach w przestępcach (kwestia Scorpio, kiedy każe Callahanowi pozbyć się broni i na jej widok mówi „mój Boże, ale on wielki" została zaimprowizowana, ale dobrze oddaje specyfikę broni przerażającej samym wyglądem).

Eastwood czasem grywał bardziej konwencjonalne postacie, ale zawsze były one przepojone mroczną osobowością, ciemną stroną. To, że był postacią pozytywną w filmach takich jak „Blef Coogana", „Powieście go wysoko" czy „Brudny Harry" wynikało tylko z tego, że złoczyńcy w porównaniu z nim byli znacznie od niego gorsi. Istotnym elementem postaci i jej czarnego humoru były powiedzonka. Do najsłynniejszych kwestii z filmu należy monolog podczas napadu na bank, kiedy pewny siebie Harry celuje z rewolweru do pozbawionego broni bandyty mówiąc: *„Wiem o czym myślisz. Zadajesz sobie pytanie: Wystrzelił 5, czy 6 razy? Sam się w tym pogubiłem. Ale to jest magnum 44, może ci odstrzelić całą głowę. Możesz sobie tylko zadać pytanie: Czy mam dziś farta? Więc jak, baranie?"* Ironiczna scena, w której Harry rozprawia się z przestępcą stała się najbardziej kultową z całego filmu, choć jednocześnie bardzo kontrowersyjną. Eastwooda jednak to przyciągało do roli: *„Zaciekawiła mnie postać policjanta z tak dziwacznym poczuciem humoru, pomyślałem sobie, że to ciekawe zadanie aktorskie. W tych czasach nie przejmowano się zbytnio ofiarami okrutnych zbrodnii, a tu bohater, który obsesyjnie zabiega o dobro zupełnie nie znanej sobie ofiary."*[292] Pamiętna scena napadu na bank, kiedy Eastwood rozprawia się z rabusiami przeżuwając resztki hot-doga, była nawiązaniem do Jamesa Cagneya. W filmie „Biały żar" Cagney nie przestając obgryzać udka kurczaka strzelał do mężczyzny uwięzionego w bagażniku samochodu. Ironia tej sceny i dziwaczne poczucie humoru inspektora złożyły się na niezwykłą aurę otaczającą postać. Andy Robinson, pamiętny odtwórca roli Scorpio wspomniał, że kiedyś w męskiej toalecie mężczyzna stojący przy pisuarze spojrzał na niego i cytując Callahana powiedział: „Mam farta? Więc jak baranie?"

„Brudny Harry" miał premierę tego samego dnia co „Nędzne psy" Sama Peckinpaha, jeszcze jeden brutalny film i podobnie jak „Mechaniczna pomarańcza" Stanleya Kubricka stał się celem ataków o propagowanie przemocy. Krytycy atakowali Siegela i Eastwooda również za prawicowe poglądy, rzekomo zawarte w filmie. Największą ofensywę na film przypuściła Pauline Kael z New Yorkera, która uważała film za zamach na liberalne wartości i nazwała groźnym słowem „faszystowski". Kael cieszyła się autorytetem wśród wielu czytelników, którzy podzielali jej poglądy, a etykietka faszyzmu na stałe przylgnęła do filmu. W jednym z wywiadów Eastwood dając upust swoim emocjom powiedział: *„Jezu, niektórzy ludzie są tak zorientowani politycznie, że kiedy widzą płatki kukurydziane w misce już mają gotową skomplikowaną interpretację tego faktu."*[293]

Siegel i Eastwood zgodnie przyznawali, że nie zamierzali robić filmu politycznego, a jedynie porządny kryminał: *„Ani razu podczas kręcenia filmu nie rozmawialiśmy z Clintem o polityce (...) Byliśmy tylko zainteresowani zrobieniem dobrego filmu, który będzie dobrą rozrywką i odniesie sukces komercyjny."*[294] Siegel, który prywatnie był liberałem, uważał Harry'ego za zgorzkniałego dogmatyka. Oskarżany o rasizm odpierał zarzuty sceną, w której Harry jest operowany przez czarnoskórego medyka, z którym łączy go przyjaźń. Siegelowi zależało na tym, żeby pokazać, że Harry zabija bandytów nie dlatego, że są czarni, ale dlatego, że są bandytami. Eastwood z kolei odpierając zarzuty o rasizm w scenie napadu na bank mówił: *„Czarni również rabują banki. Dzięki temu filmowi czworo czarnoskórych statystów dostało pracę. O tym jednak nikt nie mówi."*[295] Pomimo tych zarzutów, film był równie popularny wśród murzyńskiej społeczności, co Eastwood tak tłumaczył: *„Publiczność bez względu na swoją rasę czy pochodzenie etniczne, ma te same uczucia, te same frustracje. A czarni mają tyle samo powodów obawiania się przestępców jak każdy. Co więcej, Harry jest tu samotnikiem, a czarni mają te same uczucia na temat siły jednostek i praw jednostek jak biali."*[296] Martin Scorsese, który równie często był krytykowany za przemoc w swoich filmach problem ujął w ten sposób: *„W Brudnym Harrym szokuje natężenie przemocy, jej rozmach, ultra niebezpieczeństwo. Zagrożenie osiąga tu olbrzymie rozmiary, bo chodzi o współczesne społeczeństwo. We współczesnym społeczeństwie można ranić bardziej. Nie jak w westernach."*[297]

Kontrowersje wzbudzała też moralna dwuznaczność filmu. Siegel stworzył analogię między Scorpio a Callahanem dając do zrozumienia, że więcej ich łączy, niż dzieli. Na plakacie pojawiło się hasło „Brudny Harry i szaleniec. Harry to ten z odznaką", co pokreślało, że obie postacie w swym okrucieństwie różniły się tylko tym, że Callahan był policjantem. Metody ich postępowania były bardzo podobne. Callahan nie zważał na regulamin i przepisy. W filmie kilkakrotnie widzimy jak Harry'emu prawie udaje się złapać Scorpio tradycyjnymi metodami, lecz obowiązujące prawo mu to utrudnia. Cal Anderson dobrze rozumiał złożoność zagadnienia: *„Kael myliła się co do natury faszyzmu: w swej istocie jest to oszalała biurokracja, która wdziera się do każdego aspektu zwykłego życia. (...) A ponieważ Brudny Harry Callahan jest tak samo przeciwko biurokracji jak przeciwko rozhołubionym przestępcom, czyni go to kimś w rodzaju antyfaszystowskiego libertarianina, człowieka który osądza na podstawie czynów, a nie ideologii."*[298] William Beard popularne oskarżenie o propagowanie faszystowskiej polityki interpretuje zaś: *„Jeśli potraktować to jako mityczne rozwiązanie popularnego pragnienia, to nie jest faszyzm. Ale jeśli potraktować film jako prawdziwy obraz mówiący jak powinna działać policja, wtedy mamy zdecydowanie do czynienia z faszyzmem."*[299] Co ciekawe, policja na Filipinach zamówiła kopię filmu w celach instruktażowych dla swoich policjantów, uważając że powinni postępować tak efektywnie jak Brudny Harry.

Po latach Eastwood zauważył, że Kael niechcący przyczyniła się do popularności filmu: *„W latach siedemdziesiątych szczególnie modne były wszelkiego rodzaju definicje. Prawda jest taka, że ten film wyprzedzał swoje czasy. Harry chciał tępić zbrodnię, ale miał przeciwko sobie wszystkich: policję, jurysdykcję, władze miasta... Jego frustracja jest całkowicie zrozumiała. Jeśli propagował przemoc, nieodpowiedzialność i nadużywanie kompetencji, to samo należałoby powiedzieć o Rycerzach Okrągłego Stołu, Robin Hoodzie i Starym Testamencie."*[300]. Kael używając słowa „faszystowski" sprawiła, że film stał się kontrowersyjny. A każda publikacja to dobra publikacja, więc ludzie szli do kina, by zobaczyć o co chodzi. Odnosząc się do krytyków Eastwood uważał: *„Ci goście biorą siebie i film zbyt poważnie. Kiedy idę do kina, to po to* *żeby się pośmiać i potem wypić parę piw. Nie po to, by martwić się o niesprawiedliwość społeczną.*[301]

Długi, jak na zwyczaje Eastwooda, 8-tygodniowy okres zdjęć sprawił, że „Brudny Harry" stał się jednym z najlepszych warsztatowo filmów Siegela. Obraz zapewnił Eastwoodowi tak mocny image, że stał się rozpoznawalną ikoną nawet dla tych, którzy nie interesowali się filmami. Wizerunek postaci kreowanej przez Eastwooda wpłynęła i rzutowała na całe spektrum jego dokonań, a ludzie mylnie uważali, że Eastwood jest zupełnie taki sam jak Brudny Harry w życiu prywatnym. *„Najpierw zostałem zaszufladkowany jako prawicowiec. Później zostałem rasistą. Teraz macho, czy też męskim szowinistą. Obecnie jest wiele etykietek, którymi można wpędzić ludzi w poczucie winy na rozmaitych poziomach. Ale nie przejmuję się tym, bo wiem gdzie jest moje miejsce na tej planecie i mam gdzieś ich opinie."*[302]

Istotnie Eastwood dobrze to wiedział i dużo na tym zarabiał. Wytwórnia Warner Bros. wiązała z osobą Eastwooda dalsze plany, oferując mu coś, czym Universal nie był w stanie go usatysfakcjonować – przemyślaną kampania marketingowa. Świadomy znaczenia promocji filmów, wiecznie narzekający na chybione kampanie Universalu (reklamowanie „Oszukanego" jako westernu, krótki okres wyświetlania „Zagraj dla mnie Misty" w kinach, słabe wsparcie dla „Breezy") był mile zaskoczony, kiedy w wytwórni Warnera przedstawiono mu szczegółowy plan kampanii reklamowej z licznymi gadżetami. Plakat z pomysłowym hasłem „Brudny Harry i szalony morderca. Harry to ten z odznaką" do dzisiaj wisi w jego biurze. Jak zauważa jego biograf Richard Schickel, Eastwood dzięki tej roli, stał się supergwiazdorem, a moment ten był najważniejszy w jego karierze, gdyż od niego wszystko się zmieniło[303].

Patrząc na aferę powstałą wokół filmu z perspektywy czterech dekad można zauważyć, że uwaga społeczeństwa amerykańskiego zdecydowanie zwróciła się w kierunku praw ofiar, a nie przestępców, czyniąc niejako z Harry'ego proroka. Co więcej, przemoc ukazana w filmie, którą tak krytykowano, wydaje się niewinna w porównaniu do współczesnych filmów akcji. W 2008 roku „Brudny Harry" był pokazywany w odrestaurowanej wersji podczas festiwalu w Cannes. Obecny tam Eastwood, który pokazywał w konkursie film „Oszukana" wspomniał o ogromnym wpływie Dona Siegela na jego późniejszą karierę i dowcipnie dodał: "*Gdybyście mieli problemy z rozpoznaniem mnie na ekranie to jestem tym facetem z brązowymi włosami, który ma ich na głowie dużo.*"[304]

Eastwood nigdy nie zamierzał robić sequeli, nie planował też kontynuacji przygód Callahana. Stąd też scena końcowa filmu, w której wyrzuca odznakę. Jednakże sprawy potoczyły się innym biegiem, gdyż wytwórnia Warner Bros. była zasypywana prośbami i pytaniami o kolejne części filmu. Na początku lat siedemdziesiątych sequele nie były tak regularną praktyką Hollywoodu jak współcześnie, a ich tytuły nie ograniczały się do dodania kolejnego numerku („Ojciec chrzestny" i „Francuski łącznik" stanowiły tu wyjątek). Wkrótce więc i Brudny Harry zasłużył na własną franczyzę.

Kiedy Eastwood kręcił „Mściciela", swój drugi reżyserski film, John Milius mający udział w poprawkach przy „Brudnym Harry'm" zaprezentował mu ideę drugiej części: „*Zróbmy interesujący sequel! Zrobiliśmy już jedną stronę monety. Teraz pora na drugą. Co się stanie, jesli się posuniemy za daleko? Jak rozwiążemy tą sprawę? Gdzie przebiega granica? (...) Dzisiaj się tego nie robi w sequelach. Dzisiaj ludzie sobie zadają pytanie: jak możemy mieć więcej tego samego? Jak zrobić więcej tego samego z większą ilościa efektów specjalnych.*"[305] Faktycznie w każdym kolejnym filmie główny bohater staje przed coraz bardziej złożonymi dylematami moralnymi. Zwykle bohaterowie filmów seryjnych jak James Bond czy Indiana Jones są tacy sami i nie zmieniają się przez poszczególne filmy, a Callahan ewoluuje.

W tworzeniu drugiej części zatytułowanej „Siła magnum" Milius inspirował się w Szwadronami Śmierci w Brazylii, które stanowiły tajną jednostkę policji do rozliczania się z przestępcami, którym udało się wygrać rozprawy przed sądem. Miała to być też odpowiedź na zarzuty o faszyzm Callahana i generalnie prawicowe poglądy twórców. O ile więc pierwsza część miała w opinii krytyków prawicowe zabarwienie, „Siła magnum" stanowiła polemikę z tą opinią, przedstawiając lewicowe stanowisko. Eastwood tak to opisywał: *„Facet jest buntownikiem, wierzy w prawo i porządek, ale uważa, że prawo powinno być bardzo surowe. I oto nagle styka się z tą nazistowską grupą, ultraprawicową organizacją w policji, wzorowaną na brazylijskich szwadronach śmierci z lat 50. Schodzą ze ścieżki prawa i zabijają ludzi, którzy się z nimi nie zgadzają. Nagle myślisz: Chwileczkę, dokąd nas to zaprowadzi? W kwestiach społecznych film ma więcej do powiedzenia niż „Brudny Harry"."*[306]

Milius wspomina, że w trakcie prac nad scenariuszem Eastwood dawał mu bardzo szczegółowe wskazówki: *„Mówił: tu jest zbyt dużo słów. Nie jestem dobry w gadaniu, ale dobrze obserwuję."*[307] Ale kiedy Milius dowiedział się, że będzie mógł reżyserować film „Dillinger", porzucił sześćdziesięciostronicowy projekt scenariusza. Eastwood, który w tym samym roku zakupił prawa do „Pioruna i Lekkiej Stopy" Michaela Cimino zaproponował jego autorowi dokończenie pracy Miliusa. Na reżysera wybrał Teda Posta, z którym pracował wcześniej na planie pierwszego produkowanego przez siebie filmu „Powieście go wysoko", oraz przy serialu „Rawhide", gdzie się poznali. Ale w ciągu tych kilku lat wiele się zmieniło: Eastwood nie był już zgłębiającym tajniki robienia filmów adeptem, lecz gwiazdą wielkiego formatu w kontynuacji jednego z najsłynniejszych swoich filmów. Nie traktował już Posta jako swojego mentora, lecz jako rzemieślnika do wynajęcia. Sprzeczki dotyczyły m.in. sposobu kierowania postacią. Eastwood uważał, że wie lepiej jak grać postać, którą publiczność lubi oglądać, a poza tym argumentował, że znał lepiej Callahana, bo już go grał. Zaprawiony w produkowaniu filmów tanim kosztem słynął z oszczędzania. Kiedy przy jednej scenie Post zażądał dubla, Eastwood uważał, że to zbędne gdyż ujęcie było dobre. Post postawił sprawę na ostrzu noża stawiając warunek, że albo zrobi dubel, ale zostawi reżyserowanie całego filmu Eastwoodowi. Kiedy później przeglądali materiały okazało się, że faktycznie pierwsze ujęcie miało usterkę. Eastwood przeprosił, ale nie zniechęciło go to przed ingerowaniem w reżyserowanie kilku scen, gdzie to on faktycznie kierował aktorami. Jako producent wyrzucił dwie sceny, które uważał za drogie i niepotrzebnie wydłużające czas zdjęć. Post bardzo żałował, że nie zostały nakręcone, a jego rozgoryczenie było tym większe, że jego kariera nie nabrała już później rozpędu z powodu plotek, jakoby cały film był dziełem wyłącznie Eastwooda.

Jak zauważa William Beard[308], w „Sile magnum" Brudny Harry jest postacią kultową zarówno dla widzów, jak i dla innych postaci w filmie. Szczególnie dla grupy policjantów, którzy postanawiają wymierzać sprawiedliwość na własną rękę. Według Bearda[309] była to oczywista odpowiedź na zarzuty o faszyzm pierwszego filmu. Policjanci drogówki w czarnych, skórzanych uniformach i białych kaskach przypominają nadludzkie roboty, co jeszcze bardziej podkreśla ich siłę. Na początku filmu widzimy ich, kiedy zabijają najgłośniejszych przestępców, by zyskać sławę i poparcie miasta dla swoich czynów. Widzowie utożsamiają się z nimi, dopóki ich ofiarami padają bandyci, lecz kiedy zabijają jednego z policjantów, stają się czarnymi charakterami. Dlatego też w scenie na poligonie podczas zawodów strzelniczych Callahan specjalnie strzela do tablicy z wizerunkiem policjanta - wskazówka zarówno dla nich, jak i dla widzów, kto będzie jego następnym celem.

Eastwood dostawał dużo listów od kobiet, które bardzo chciały zobaczyć na ekranie Harry'ego z kobietą[310]. Czuł też, że widzowie tego potrzebują. Zależało mu na pogłębieniu postaci Callahana, pokazaniu jego życia prywatnego, nieobecnego w pierwszym filmie. Dlatego też widzimy Harry'ego w mieszkaniu żony Charliego, otoczonego dziećmi. Eastwood uważał, że trzeba pokazać interakcje między nimi. Pokazać, że prostytutki nie są jedynymi kobietami, z jakimi Harry się zadaje. Ted Post wspomina: *„Próbowaliśmy pokazać go od ludzkiej strony. Zaczyna interesować go inny aspekt życia, czyli kobiety. Poznawanie kogoś, kto mógłby w pewien sposób zasugerować, że on nie jest tylko gliną, że jest ludzki."*[311]

Kiedy film trafił do kin wszyscy mówili o korupcji w kontekście afery Watergate. „Siła magnum", choć uważany przez krytyków za słaby film, z przewidywanych przez kierownictwo Warnera 60% zysków pierwszej części zarobiła ponad 40 milionów dolarów, czyli znacznie więcej niż „Brudny Harry". Spełnił zatem pokładane w nim nadzieję, oferując rozrywkowe kino na dobrym poziomie. Był to też jeden z powodów, dla których znany dotąd głównie z teatru Hal Holbrook chętnie przyjął rolę czarnego charakteru: *„Wiedziałem na pewno, kiedy dostalem tę rolę i po cichu byłem z tego bardzo zadowolony, wiedziałem że w końcu zagram w filmie, który ludzie obejrzą. To był film, który zobaczy każdy i powie: hej widziałem cię w tym filmie."*[312] W 2009 roku pojawiły się nawet plany przeniesienia „Siły magnum" na deski sceniczne w formie musicalu. Pomysł pojawił się w głowie Robyna Hitchcocka, brytyjskiego autora piosenek i piosenkarza, który chciał współprodukować show wraz z MTV tłumacząc: *„to był film który zawsze oglądałem, kiedy odbywałem podróże. Za piątym razem uzależniłem się od niego. Miał na mnie bardzo dziwny wpływ"*. Hitchcock uważał, że film ma duży potencjał ze względu na kultowe kwestie jak „człowiek musi znać swoje ograniczenia", które świetnie wybrzmiałyby w formie musicalowych przebojów, ale ostatecznie nie doszło do jego realizacji.[313]

Scenariusz kolejnej części Brudnego Harry'ego nie powstał na zamówienie. Napisali go dwaj studenci Gail Hickman i Scott Schurr, którzy byli wielbicielami filmów Eastwooda. Nie bardzo wiedząc jak znaleźć swojego idola pewnego dnia zostawili w jego restauracji Hog's Breath Inn w Carmelu 110-stronicowy scenariusz, mając nadzieję, że trafi do adresata. Eastwood zauważył, że ich praca była lepsza niż dokonania wielu zawodowców, których nieraz czytał. Scenariusz miał potencjał, ale potrzebował poprawek, by bardziej przypominał hollywoodzkie filmy. Tekst wrócił do autorów, ale niestety ich poprawki narobiły jeszcze więcej bałaganu. Główną osią ich historii była walka Callahana z terrorystami wzorowanymi na lewicowej Symbionese Liberation Army, a jedna ze scen rozgrywała się w opuszczonym więzieniu Alcatraz. Pochodzącą z leżącego niedaleko San Francisco grupa stała się szeroko znana prasie w 1974 roku, kiedy żądając okupu porwała córkę Williama Randolpha Hearsta, która później zmieniła swe poglądy i przystąpiła do terrorystów walcząc u ich boku. W gotowym filmie pojawiła się też grupa Uhuru kierowana przez sojusznika Callahana, Wielkiego Eda Mustafę, która bazowała na innej terrorystycznej organizacji z tamtych czasów jaką były Czarne Pantery

Nagrodzony Oskarem scenarzysta filmu „W upalną noc" Sterling Siliphant (który napisał swego czasu jeden odcinek „Rawhide"), przygotowywał kolejny film Dona Siegela „Telefon". Otrzymał telefon od Eastwooda z pytaniem, czy ma pomysł na trzeciego Brudnego Harry'ego. Siliphant bez wahania przytaknął, ale nigdy się nie dowiedział, dlaczego Eastwood akurat do niego zwrócił się z prośbą o pomoc przy scenariuszu. Podejrzewa, że dzięki temu, że mieszkał w Bay Area, skąd pochodzili terroryści[314]. Siliphant uznał, że aby kolejny film był atrakcyjny, Harry potrzebuje zupełnie innego niż dotychczas partnera – kobietę. Nakreślił

Eastwoodowi rozwój relacji między bohaterami i rosnące poczucie zaufania, łącznie ze śmiercią bohaterki. Miało to spowodować zmianę w postaci Harry'ego. Eastwood zaakceptował te sugestie, lecz przygotowana przez Siliphanta wersja za bardzo wgłębiała się w relacje osobiste, nie posiadając zbyt wiele „mięsa" dla fanów filmów Eastwooda. Po raz kolejny zaangażowano Deana Riesnera, żeby dodał niezbędne sceny akcji, który w rzeczywistości pożenił wersję napisaną przez Siliphanta i pierwotną wersję dwójki studentów. W efekcie „Egzekutor" rozpoczyna się sceną przemocy bliższą filmom Leone niż jakiemukolwiek innemu filmowi z Eastwoodem. Scenariusz początkowo nosił tytuł „Moving Target", ale Eastwood uznał, że lepiej będzie brzmiał „Egzekutor" (co było też hołdem dla starego filmu z Humphreyem Bogartem, który uwielbiał).

Reżyserem został syn przyjaciela Eastwooda, James Fargo, który pełnił już rolę asystenta przy kilku jego produkcjach. Sprawdził się wtedy na tyle dobrze (przy jednym z filmów nie zawahał się zażądać dubla źle zagranych kwestii, gdy reżyser się śpieszył), że dostał awans. Eastwood złożył mu ofertę w dość nietypowy sposób: podczas przyjęcia urodzinowego Fritza Manesa zapytał Fargo, kogo by chciał na swojego asystenta. Fargo nie rozumiejąc sugestii odparł, że najpierw powinni zająć się znalezieniem reżysera, a dopiero potem pomyśleć o asystentach. Eastwood wyjaśnił mu, że jak chce być reżyserem, to musi znaleźć dobrego asystenta. Fargo wspominał: *„Pierwszego dnia byłem bardzo zdenerwowany, ale szybko to opanowałem. Oczywiście, znam dobrze Clinta. Jest osobą zdecydowaną, która nie zmienia zdania jeśli już dokona wyboru. Robi się też nerwowy, kiedy ktoś nie może szybko się namyślić. (...) Upewniłem się, że wiedziałem czego oczekiwał. To ja miałem ostateczną decyzję na planie. Ale kiedy film trafił do montażowni, nie mogłem Clinta odsunąć, bo w końcu był producentem filmu."*[315]

Tyne Daly została polecona Eastwoodowi do głównej roli przez Siliphanta - zagrała w końcu w „Telefonie" Dona Siegela. Ale Daly odrzuciła trzykrotnie rolę partnerki Callahana obawiając się, że polegałaby ona jedynie na znoszeniu kiepskich żartów na temat kobiet. Eastwood pozwolił jej przejrzeć pod tym kątem scenariusz i sugerować poprawki na temat jej postaci, które następnie znalazły się w ostatecznej wersji. Daly uważała, że jeśli jej bohaterka ma być tak silna jak to tylko możliwe pełniąc rolę pełnoprawnego partnera Callahana, to musi mieć możliwość zabicia złego faceta. Ale Eastwooda męczyła jeszcze jedna rzecz w sprawie scenariusza - zbyt dużo dialogów. Fargo wspomina[316], że Eastwood zawsze się denerwuje, kiedy ma wygłosić długa kwestię, lub otworzyć się, bo czuje się wtedy bardzo niekomfortowo. Znacznie spokojniej czuł się w akcji. W jednej scenie, kiedy Callahan i Kate się poznawali, Eastwoodowi szczególnie zależało na możliwości improwizacji, co nie pasowało do jego stałego stylu gry. Obojgu aktorom wydawało się, że sami są w stanie ułożyć na poczekaniu lepsze dialogi, niż te napisane w scenariuszu. Nagrano kilkanaście dubli, po czym kiedy przyszło do ich montowania, nie udało się osiągnąć spójnej całości. Eastwood zarządził dokrętki i tym razem sumiennie powtarzał swoje kwestie. Od tamtej pory rzadko decydował się na improwizacje aktorskie.

Przy kręceniu „Egzekutora" Eastwood nie ingerował w reżyserowanie filmu. W dniach, kiedy nie brał udziału w zdjęciach nie było go nawet w mieście, bo załatwiał inne sprawy. Fargo tak wspominał pracę na planie: „*Zasadniczo z Clintem pracuje się tak, jak z innymi aktorami. To oznacza danie im szansy zrobienia tego, co potrafią zrobić. Sugeruję pewne rozwiązania, ale brzmią one jak sugestie, nie jak żądania. W końcu nikt nie będzie mówił Clintowi jak ma grać Harry'ego Callahana."*[317] „Egzekutor" zarobił całkiem pokaźną kwotę 46 milionów dolarów. Krytykom nie spodobał się jego występ, ale docenili fakt, że w filmie obsadził interesujacą aktorkę.

Doceniono też to, że grająca policjantkę Daly „umiera jak mężczyzna". Zresztą wkrótce miało do niego przylgnąć miano „feministycznego reżysera" - określenie którego nie spodziewał się po atakach na pierwszą częśc cyklu.

Powstanie „Nagłego zderzenia" w 1983 r. zainicjował sondaż marketingowy, wobec których Eastwood zawsze był pogardliwy. Przy okazji powrotu Seana Connery do roli Bonda w filmie „Nigdy nie mów nigdy" pytano publiczność, które sławy jeszcze by chciano zobaczyć w ich najlepszych rolach. Eastwood jako Brudny Harry znalazł się na szczycie rankingu. Kierownictwo Warnera przyszło do Eastwooda – zajętęgo pracą przy „Honkytonk Man" - z propozycją na którą niechętnie się zgodził: *„Byłem wtedy w okresie, kiedy próbowałem robić inne rzeczy, ale publiczność niekoniecznie chciała to oglądać"*[318]. Mimo to postanowił zająć się również reżyserią filmu. Studio było gotowe zacząć prace natychmiast, ale Eastwood potrzebował dobrego scenariusza, a swoje decyzje dość prosto tłumaczył: *„Nie reżyserowałem żadnego filmu serii. Pomyślałem: dlaczego nie. Zanim seria się skończy. Stwierdziłem, dobra, reżyseruję. Początkowo w scenariuszu nie było Harry'ego. Na dobrą sprawę, nie było nawet scenariusza, tylko scenopis. Złożyłem to jakoś do kupy, powstał scenariusz. Stwierdziłem: może być."*[319]

Od połowy lat siedemdziesiątych Eastwood miał romans z młodą aktorką, Sondrą Locke, której debiutancki występ w filmie „Serce to samotny myśliwy" był nominowany do Oskara. Locke do tej pory zagrała w pięciu jego filmach: „Wyjęty spod prawa Josey Wales", „Wyzwanie", „Każdy sposób dobry", „Bronco Billy" i „Jak tylko potrafisz". Zdawało się, że nie bardzo potrafiła samodzielnie pokierować swoją karierą, która była nierozłącznie związana z jego osobą, co powodowało jej rozgoryczenie. Locke zainteresowała się projektem filmu Earla E. Smitha i Charlesa B. Pierce'a (scenarzystów filmu „Wishbone Cutter", w którym zagrała).

Upatrywała w ich tekście szansy na samodzielny występ bez udziału Eastwooda, który jednak mógłby film wyprodukować. Ale jemu scenariusz spodobał się tak bardzo, że postanowił przerobić go na kolejnego Brudnego Harry'ego. Uznał, że historia może posłużyć dobrze dla niego jak i dla kariery Locke.

Do przeróbek scenariusza zaangażował niestrudzonego Deana Riesnera, który wspominał[320], że Locke miała określoną wizję filmu i nieustannie się wtrącała, ponieważ uważała, że to jej osobisty projekt. Zniechęcało go to do dalszej pracy, a ponieważ Eastwood był w tym czasie zajęty produkcją „Firefoxa", Riesner uznał, że nie ma pośpiechu i również zajął się innym projektem. Niestety robiąc poprawki do „Starmana" poważnie naraził się Eastwoodowi - Riesner jako script-doctor był odpowiedzialny za scenariusze większości jego najlepszych filmów. Eastwood już więcej go nie zaangażował. Zastąpił go Josephem Stinsonem, pracownikiem lokalnej księgarni i swoim wielbicielem, który miał ambicję zostania scenarzystą. Stinson przyjaźnił się z ludźmi z marketingu Malpaso, a poza tym był tani, dostępny i nie sprawiał problemów.

Eastwood żartował, że wracał do postaci Callahana tak często, bo zawsze miał świetne powiedzonka w scenariuszu. Nie inaczej było i tym razem. Kwestia: *„no dalej, zrób mi przyjemność"* stała się odtąd jego najsłynniejszą filmową kwestią, znakiem rozpoznawczym. Cytowana nawet przez Reagana została pierwotnie wypowiedziana przez Gary'ego Swansona w filmie z 1982 "Vice Squad". Swanson, który grał policjanta z obyczajówki Hollywood powiedział do Wingsa Hausera, który grał alfonsa: "*No dalej szumowino, zepsuj mi dzień*". Kwestia ta znalazła się też w scenariuszu Stinsona. Eastwood nie zdawał sobie sprawy, że dialog ten odbije się takim echem na całym świecie, ale był świadomy jej potencjału: *„Myślę, że lepiej było to powiedzieć, niż tego nie powiedzieć."*[321] Łowcy autografów cytowali tą kwestię przy każdej możliwej okazji prosząc go o jej powtórzenie.

W czwartej części serii Callahan jest lepiej ubrany niż w poprzednich filmach. Jest też zauważalnie starszy, z siwymi włosami, jednak nigdy nie zmienia wyrazu swojej twarzy. Podobnie jak we wcześniejszych filmach, poznajemy go jako bardzo zajętego policjanta. Nim zajmie się sprawą tajemniczych zabójstw widzimy jak: jest świadkiem na rozprawie sądowej, udaremnia napad w sklepie, szantażem doprowadza mafioza w restauracji do ataku serca. Jest to też jeden z najmroczniejszych filmów serii, ale i w całej karierze Eastwooda, również w sensie dosłownym. Przez większość czasu trudno dostrzec cokolwiek więcej poza zarysem twarzy czy sylwetki Eastwooda. Aktor i reżyser wyszedł z założenia, że widzowie wiedzą z kim mają do czynienia, więc nie musi być dobrze oświetlony. Jego długoletni operator Jack Green wyczerpująco wyjaśnia takie podejście: *„Kiedy miał wybór czy być w cieniu, czy w świetle, zawsze wybierał to pierwsze rozwiązanie. Uwielbia być w cieniu. Jeśli przyjrzeć się temu filmowi jako przykładowi tej tendencji, widzimy tu jego sylwetkę wiele razy, prawie nigdy nie widząc jego twarzy wychodzącej z cienia. Widownia przecież zdaje sobie sprawę z tego, co w danej chwili rysuje się na jego twarzy i w jego głowie. Cokolwiek by to nie było, jest na tyle mądry, by wiedzieć, że najlepsze obrazy powstają w wyobraźni widzów, a nie na ekranie."*[322]

Suspens „Nagłego zderzenia" nie polegał na tym, czy Harry'emu uda się odkryć tożsamość mordercy, ale na tym czy go zaaresztuje, czy nie. Ponieważ Harry zakochuje się w podejrzanej, nietrudno o odpowiedź. Jennifer Spencer stanowi kobiecy odpowiednik Harry'ego, a właściwie tego kim był na początku. Kiedy Harry rozpoznaje w niej siebie zaczyna się jej obawiać. Niektórzy krytycy nadali Jennifer przydomek „Brudna Harriet", gdyż kieruje się ona zasadami „oko za oko", co wyjawia Callahanowi podczas jednej z rozmów. Eastwood tłumaczy to tak: *„Ona* *jest jego alter ego i pozbawia życia złych facetów podobnie jak Harry. On sobie zdaje sprawę, że większość tych morderstw było jej zemstą. I wtedy Harry staje przed wielkim problemem, zakochując się w tej osobie i zdecydowanie współczując jej tego, przez co przeszła."*[323] Wtedy porzuca swoją zasadę mówiącą, że przestępca musi zostać ukarany. Kiedy w finale odchodzi wraz z Jennifer z miejsca zbrodni, jest to znak pojednania z samym sobą - stan do którego doszedł poprzez odrzucenie swoich zasad.

Montażysta filmu Joel Cox zauważa[324], że w „Nagłym zderzeniu" Brudny Harry różni się od powszechnego wyobrażenia widowni jakim powinien być w jej mniemaniu, bo jest mniej „brudny", za to na jego wizerunku widać coraz więcej skaz. Już nie jest pewną siebie maszyną do zabijania, a w jego życiu pojawiają się oznaki wyrzutów sumienia i winy - charakterystyczny znak postaci kreowanych przez Eastwooda w latach 90-tych. William Beard[325] dostrzega, że Eastwood jako reżyser zmienił kaliber, zaś jako aktor niekoniecznie czuł się znużony postacią, ale na pewno chciał ją pogłębić. Michael Carlson zauważa[326], że w czwartym filmie Harry zmienia się z absolutysty prawa i porządku w człowieka, który wierzy w etykę zależną od okoliczności. Zauważył też, że Eastwood wyreżyserował film, w którym Brudny Harry był zdolny zaakceptować prawo kobiety do zemsty prawie dekadę przed powstaniem słynnego filmu o kobiecej przyjaźni „Thelma i Louise".

„Nagłe zderzenie" stało się najbardziej dochodowym filmem serii przynosząc zysk 70 milionów dolarów. Krytycy tym razem byli bliscy entuzjazmu, a ich recenzje znacznie lepsze od niedocenionego dzieła o umierającym muzyku country „Honkytonk Man" z poprzedniego roku. Tom Stempel z Los Angeles Times chwalił obsadę filmów Eastwooda, unikającego pustych, wymuskanych gwiazdeczek. To on zauważył, że Eastwood jest prawdopodobnie najważniejszym i najbardziej wpływowym - biorąc pod uwagę zasięg jego filmów -feministycznym reżyserem na świecie[327]. Stempel doszedł do takiego wniosku po przeczytaniu artykułu poświęconego postaciom silnych kobiet w filmach, w których nie uwzględniono żadnego filmu Eastwooda. Przeoczenie, jak sugeruje Schickel[328], mogło wynikać z zaślepienia krytyków wizerunkiem Eastwooda jako macho. Stempel sporządził zatem listę silnych bohaterek z filmów Eastwooda, na której znalazły się role: Jessiki Walter z „Zagraj dla mnie Misty", Tyne Daly z „Egzekutora", Sondry Locke z „Wyzwania" i „Bronco Billy", ale również Kay Lenz z „Breezy". „Nagłe zderzenie" chwalono również za złożoność problematyki, ukazanie psychicznych konsekwencji gwałtu dla kobiet i mężczyzn. W wywiadzie dla Chicago Sun-Times Eastwood tłumaczył: *„Zawsze interesowały mnie postacie silnych kobiet. Gdy dorastałem, kobiece role w kinie były tak samo rozbudowane jak męskie, a aktorki tak silne jak aktorzy. Obecnie w wielu filmach tylko mężczyźni są silni, a kobiety są ofermami. Nie podoba się to kobietom na widowni, i myślę, że mężczyznom również."*[329] Sam uważał, że jeśli w mocno napisanej roli kobiety ma dobrą aktorkę, czyni to jego grę w głównej roli znacznie łatwiejszą. Faktycznie postać kobiety-mścicielki nie była wtedy zbyt powszechna w kinie. Co prawda w tym samym roku do kin trafił „I Spit On Your Grave" o brutalnie zgwałconej kobiecie, która później jeszcze brutalniej mści się na oprawcach, ale było to dzieło z nurtu exploitation - film stał się później kultowym klasykiem softcore, gdzie porno łączono z morderstwami. Historyk kina Richard Schickel uważa[330], że Jennifer Spencer z „Nagłego zderzenia" była pierwszą postacią psychotycznej kobiety-zabójcy w popularnym filmie, a rola jest tym ciekawsza, że nie spodziewamy się takiego zachowania po kobietach, a szczególnie tak delikatnej postury jak Locke.

„Pula śmierci", piąta część serii powstała w 1988 r., kiedy Eastwood kończył sprawowanie urzędu burmistrza Carmelu. Kończył też prace nad wysmakowaną artystycznie biografią jazzmana Charliego

Parkera pod tytułem „Bird" i był pewny, że film ten niestety nie odniesie sukcesu kasowego. Piąta część Brudnego Harry'ego stanowiła pewny hit, który mógł wynagrodzić wytwórni zaangażowanie w ryzykowny projekt biograficznego filmu. Premierę „Birda" zaplanowano na jesień 1988 r. zaś „Pula śmierci", do której zdjęcia rozpoczęto w styczniu, miała mieć premierę latem. Decyzję o ponownym zagraniu Callahana Eastwood tłumaczył tak: *„To jak odwiedziny u kogoś, kogo nie widziało się od wielu lat. Człowiek sobie myśli: wpadnę i zobaczę, co u niego slychać. Gdy po raz pierwszy grałem tę rolę, odtwarzałem postać człowieka znacznie starszego od siebie. Główny bohater był dojrzałym mężczyzną, policjantem, który po wielu latach pracy ma już dość bezczynnego przyglądania się zbrodni. Uważa, że prawo jest niedoskonale. Podobnie sądziło też wielu widzów i i dlatego filmy z Brudnym Harrym stały się tak popularne."*[331]

Eastwood zaangażowany w skomplikowaną postprodukcję „Birda" potrzebował kogoś, kto sprawnie pokieruje reżyserią filmu akcji: *„Przy „Puli śmierci" mieliśmy bardzo mało czasu, a ja znalem Buddy'ego i wiedziałem, że jest w stanie pracować szybko. Czasem mogę tylko pokiwać z niedowierzaniem głową, gdy widzę jak inne filmy przekraczają budżet i grafik"*[332]. Buddy Van Horn, niegdysiejszy dubler Eastwooda wyreżyserował już wcześniej „Jak tylko potrafisz" i był zaufanym współpracownikiem od czasów serialu „Rawhide" z lat pięćdziesiatych: *"Moim zadaniem było sprawienie, by film miał dużo walorów rozrywkowych"*.[333] Van Horn odrzucił propozycje reżyserskie jakie mu składano po "Jak tylko potrafisz" ponieważ nie podobały mu się scenariusze, a w wywiadzie mówił, że liczy iż "Pula śmierci" przyniesie mu znacznie lepsze propozycje z Eastwoodem jako gwiazdą lub bez niego (Van Horn wyreżyserował jeszcze jedna komedię z Eastwoodem, po której na zawsze pełnił w jego filmach rolę koordynatora kaskaderów). Montażem „Puli śmierci" zajął się Ron Spang, gdyż stały montażysta Eastwooda Joel Cox nadal tkwił w niuansach „Birda".

Scenariusz (częściowo inspirowany książkami o Brudnym Harrym autorstwa Dane'a Hartmana) został napisany przez przyjaciół Eastwooda z siłowni. Durk Pearson i Sandy Shaw byli ekspertami żywieniowymi, którzy doradzali mu dietę i był to ich jedyny scenariusz jaki napisali. Ostateczną wersję pomógł im przygotować Steve Sharon. W swojej fabule wrzucili Callahana w świat gwiazd rocka, satanistycznych filmów i obsesji na punkcie sławy. Eastwooda najbardziej zaintrygowała scena pościgu przez zdalnie sterowany samochód uzbrojony w bombę, która miała być parodią słynnego pościgu z „Bullitta". Jest to też najbardziej zapadająca w pamięci scena z całego filmu. Korzystając z całej konwencji serii, w filmie pojawiły się pościgi i strzelaniny, ale w scenariuszu jedynym mocnym punktem była obsesja sławy i wszechobecni paparazzi - coś z czym Eastwood wkrótce miał się zmierzyć w prawdziwym życiu. Harry, który dzięki wysłaniu szefa mafii do więzienia stał się sławny, jest ciągle śledzony przez telewizyjne kamery, a jako gwiazda telewizji zostanie wkrótce wpisany na czarną listę sław do zamordowania, tytułową pulę śmierci. Pojawia się tu też kwestia towarzysząca pierwszym filmom – czy media nie nakręcają spirali zbrodni inspirując zamachowców i dając im zachętę? Wymowna w tej kwestii jest scena z człowiekiem, który podpala się by tylko znaleźć się przed kamerami. Pojawia się też scena zamordowania krytyczki filmowej przez niespełnionego scenarzystę, która jest aluzją do Pauline Kael (i filmową zemstą za jej niechętny stosunek do filmów Eastwooda).

Eastwood jako reżyser nie miał w zwyczaju brać udziału w castingach, gdyż zauważył, że aktorzy peszą się w jego obecności, a on chciał tego uniknąć. Aktorzy czytali więc tekst razem z szefem castingu, co było nagrywane na wideo, a następnie Eastwood oglądał nagranie. Ale Jim

Carrey (w filmie zapisany jeszcze jako James) nie zagrał na castingu roli o którą się ubiegał. Zamiast tego odegrał swój skecz Nuklearnego Elvisa w Las Vegas (który miał okazję powtórzyć w kolejnym filmie Eastwooda „Różowy Cadillac"). Skeczem tym zwrócił na siebie uwagę Eastwooda i dostał rolę muzyka rockowego, gdzie parodiował zachowanie Axla Rose'a. Patrick McGilligan sugeruje, że filmowcy nie poznali się na potencjale komika dając mu do zagrania nieodpowiednią dla niego rolę. Jednak Carrey, który nie mógł się przebić w Hollywood, był wdzięczny Eastwoodowi za pomoc, czego dał wyraz prowadząc wieczór Amerykańskiego Instytutu Filmowego, który w 1996 r. nagrodził Eastwooda za całokształt twórczości (poza tym Carrey parodiował Brudnego Harry'ego w filmach „Maska" i „Bruce Wszechmogący"). W „Puli śmierci" zagrali też stawiający swe pierwsze kroki w filmowej karierze Liam Neeson i znana później z filmów „Dogville", „Zielona mila" czy „Vicky Cristina Barcelona" Patricia Clarkson.

W piątej części serii Brudny Harry jako postać był już niemal instytucją. Władze San Francisco pomagały promować film, będący wizytówką dla miasta, użyczając też do tego celu policyjne radiowozy. Zdjęcia kręcono w prawdziwych budynkach: w więzieniu, w stacji telewizyjnej, w rzeźni, a nawet w siłowni, w której Eastwood zwykł ćwiczyć w czasie zdjęć do filmu. Van Horn wspominał[334], że Eastwood miał własny magazyn kostiumów, żeby za każdym razem nie kupować nowych. A ponieważ najczęściej grywał podobne postacie, nosił te same ubrania w różnych filmach.

Osadzając film w świecie muzyków rockowych i twórców filmowych horrorów, na muzyczny motyw przewodni wybrano piosenkę „Welcome to the jungle" grupy Guns 'N Roses z ich nie wydanej jeszcze debiutanckiej płyty. Jak przyznaje Buddy Van Horn[335], nie była to muzyka w stylu Clinta, ale pasowała dobrze do filmu. Muzycy, którzy nie byli wtedy szerzej znani, chcieli wystąpić w filmie, więc pojawili się na krótko w dwóch scenach. Album, z którego pochodził utwór przewodni miał premierę w sierpniu tuż po wejściu filmu na ekrany a piosenka wkrótce znalazła się w top tenie pomagając promować film.

Krytycy film potraktowali lekko i pobłażliwie. Jak zauważa Schickel, Harry przez piętnaście lat obecności na ekranie ewoluował z „nieświadomego faszysty do starego piernika"[336]. Jedyną wymówką Eastwooda dla której mógł chcieć wziąć udział w „Puli śmierci" było to, że wreszcie był w tym samym wieku co Harry w oryginalnym scenariuszu. Eastwood zaczynał być zmęczony nie tylko rolą Harry'ego, ale filmami akcji. Pociągały go bardziej osobiste projekty reżyserskie, takie jak „Bird", czy mający wkrótce powstać „Biały myśliwy, czarne serce" inspirowany życiem Johna Hustona. Zyski filmu, które były mniejsze od spodziewanych - jedynie 37 milionów dolarów, najmniej ze wszystkich pięciu filmów - dawały jasno do zrozumienia, że Harry musi przejść na emeryturę a Eastwood w zakresie postaci nie ma już nic więcej do dodania.

Powstanie pięciu filmów o przygodach Brudnego Harry'ego nie mogło odbić się bez echa w kulturze popularnej. Scenarzysta Jay Cocks powątpiewa, czy „Serpico" i wiele innych seriali tamtych czasów istniałoby bez „Brudnego Harry'ego". „Ulice San Francisco", „Kojak" czy „Nowojorscy gliniarze", gdzie główny bohater jest wzorowany na Harry'm, powstały na fali popularności filmu. Drugoplanowi aktorzy z serii filmów również skorzystali: Reni Santoni, który grał Chico Gonzalesa w „Brudnym Harrym", w 1986 roku zagrał podobną rolę u boku nie stroniącego od przemocy policjanta w filmie "Cobra", a jego postać również nazywała się Gonzales. David Soul i Robert Urich z filmu "Siła Magnum" znaleźli swe miejsce w kryminalnych serialach: odpowiednio w „Starsky i Hutch" i w „Vega$". Z kolei Tyne Dally, która grała partnerkę

Callahana w „Egzekutorze" stała się gwiazdą policyjnego serialu „Cagney i Lacey".

Ted Post zawarł w „Sile magnum" scenę, gdzie doprowadzony do psychicznej krawędzi policjant Charlie próbuje popełnić samobójstwo. Post zauważył[337], że zrobiła się z tego kalka i w „Zabójczej broni" grany przez Mela Gibsona policjant już na początku filmu próbuje się zabić. Zresztą postać Gibsona była oparta na Callahanie, jak wspomina scenarzysta Shane Black: *„Kiedy pisałem 'Zabójczą broń' i tworzyłem postać Martina Riggsa, te postaci są jakby wypalone. Nie obchodzi je, czy żyją czy zginą. Bo kiedy jesteś w sytuacji, kiedy nie masz nic do stracenia, możesz robić naprawdę szalone rzeczy. Możesz wtedy naprawdę kroczyć drogą antybohatera."*[338] "Showtime" z Robertem De Niro z 2002 roku nawiązuję do "Puli śmierci" poprzez relację twardego gliny z popularną dziennikarką. W "Puli śmierci" Harry niszczy kamerę i w ramach przeprosin zgadza się na udzielenie wywiadu. W "Showtime" De Niro również niszczy kamerę, ale za karę trafia do telewizyjnego reality show, gdzie ekipa telewizyjna towarzyszy mu na każdym kroku (i w jednej ze scen parodiuje kwestie z "Brudnego Harry'ego"). Frank Miller, twórca "Miasta grzechu", napisał opowieść "Ten żółty drań" jako własną wersję kolejnej części przygód Callahana, gdzie porwana przez psychopatę dziewczyna nazywała się Nancy Callahan. Do inspiracji tą postacią przyznaje się również George Gallo[339], scenarzysta filmu „Zdążyć przed północą", w którym Robert De Niro gra człowieka spoza systemu. Podobnie kariera Schwarzeneggera oparta była o wzorzec postaci Eastwooda, co widać w większości jego filmów: *„Clint Eastwood był przede wszystkim dla mnie inspiracją. (...) Widząc swojego idola w takim filmie jak 'Brudny Harry', tworzącego nowy standard filmów akcji, robiacego to w konkretnym stylu i grającego tak jak on, w charakterystyczny sposób, tak że pamiętało się kwestie, pomyślałem: To właśnie muszę robić - muszę grać w takich filmach."*[340]

Michael Carlson dostrzega[341], że aktorska kariera Eastwooda była związana z postacią Callahana przez znacznie dłuższy czas, wykraczający poza pięć oficjalnych filmów serii. Nick Pulovski, którego Eastwood grał w "Żółtodziobie" miał opinię gliny, którego partnerzy często giną, co było dość oczywistym nawiązaniem. Ale były też subtelniejsze podobieństwa. Prototypem postaci Callahana, jak zgadza się wielu krytyków, był Walt Coogan z filmu „Blef Coogana". Natomiast wariacje, jak chce je nazwać Carlson, na temat Brudnego Harry'ego Eastwood zawarł w filmach: „Wyzwanie" - pijący Harry, „Lina" - nieprzyzwoity Harry, „Gorący towar" - Harry w latach trzydziestych, „Różowy Cadillac" - dowcipkujący Harry, „Żółtodziób" - tatuś Harry, czy wreszcie „Na linii ognia" - brudny stary Harry. Wyliczanka, cokolwiek upraszczająca poszczególne tematy pod schemat, zwraca uwagę, że rola Callahana mocno odbiła się na filmowym wizerunku jej odtwórcy.Sam Eastwood miał własne, zdanie na temat tego, dlaczego postać Callahana i inne role, w które się wciela tak bardzo odpowiadają widowni: *„Myślę, że odwołuję się do eskapizmu w ludziach – postacie które gram, tak bym to ujął. Innymi słowy, we współczesnym skomplikowanym społeczeństwie jakie znamy, czasami osoba która potrafi przebić sie przez biurokrację (...) osoba która myśli na tym poziomie staje się bohaterem. Osoba, która może zrobić tak dużo, jak Brudny Harry, mężczyzna który myśli na bardzo podstawowym poziomie i ma proste wartości moralne, odpowiada ogromnej liczbie ludzi. Myślę, że to jedna wielka frustracja tego świata. Ludzie widzą, że świat robi się coraz bardziej skomplikowany."*[342]

Na początku lat osiemdziesiątych w czasie szczytu popularności serii na rynek trafiło dwanaście powieści Dane'a Hartmana, które opowiadały o losach Brudnego Harry'ego w siedmioletnim okresie między wydarzeniami z filmu „Egzekutor" a „Nagłe zderzenie". W książkach tych pojawiły się elementy przypominające powstałą później „Pulę śmierci": strzelanina w chińskiej restauracji, podejrzany będący ekspertem od horrorów, Callahan uwikłany w romans z reporterką. W końcu specjalna klauzula w kontrakcie zezwalała Eastwoodowi na dowolny użytek treści publikowanej w książkach z czym autor się nie kłócił[343]. Zyski czerpała zarówno wytwórnia Warner Bros. jak i sam Eastwood. On sam nagrał wraz z T. G. Shepardem utwór „Make my day" na jego nową płytę, który wykorzystywał popularność kwesti z „Nagłego zderzenia".

Fani przez lata oczekiwali powrotu Brudnego Harry'ego, ale Eastwood zajęty zdobywaniem Oskarów za „Bez przebaczenia" i „Za wszelką cenę" rozwiewał te nadzieje. Mimo to były mgliste przesłanki. Podobną do Callahana postać zagrał w 2002 roku w „Krwawej profesji" na podstawie książki Michaela Connelly'ego, gdzie wcielił się w rolę emerytowanego agenta FBI, ścigającego seryjnego mordercę, który zapewnił mu przeszczep serca by móc nadal być bohaterem mediów w niekończącym się pościgu. Później, w 2008 roku przez internet przetoczyła się seria plotek jakoby jego najnowszy film „Gran Torino" miał być szóstą częścią „Brudnego Harry'ego". Sugerowano się podobieństwem charakteru głównej postaci, która broniąc swej posesji wymierza sprawiedliwość w walce z młodocianym gangiem. Eastwood - który uważał, że w jego wieku żaden policjant nie byłby skuteczny - po raz kolejny musiał dementować plotki o powrocie: *„Harry odszedł na emeryturę. Stoi nad strumieniem rzeki i łowi ryby na przynętę z muchy. Jest zmęczony nudnym zajęciem i nagle BUM. Albo Harry jest na emeryturze i ściga przestępców ze swoim chodzikiem? Może posiada własną tawernę. Przychodzą klienci i nie płacą za swoje drinki, więc Harry sięga po coś pod bar i mówi: hej, chłopcy, następny shot należy do mnie…"*[344]

Mamy problem.
Nie lubimy się,
a musimy razem jechać.
Możesz być grzeczna
albo zszarpać mi nerwy.
Ale jeden trefny ruch i
zakładam kajdanki.
Chętnie zaknebluję.
Uciekniesz, zastrzelę.
Jestem Shockley.
Zaraz mamy samolot.

„Wyzwanie"
(1977)

Człowiek Akcji

Piorun i Lekka Stopa - Akcja na Eigerze

Wyzwanie - Ucieczka z Alcatraz

Połowa lat siedemdziesiątych w amerykańskim kinie była okresem przełomowym. Od kilku lat działał prąd zwany Nowe Hollywood. Pojawiły się ambitne filmy, które nierzadko dotyczyły tematów politycznych. Filmowcy zyskali twórczą niezależność i mogli teraz dotykać tematów tabu, a ich dzieła stały się bardziej autentyczne. Na ekranach triumfowały: „Ojciec chrzestny", „Lot nad kukułczym gniazdem", „Pieskie popołudnie" czy „Francuski łącznik II". Obok ambitnych dzieł powstawały też udane przeboje box-office'u takie jak „Płonący wieżowiec" - najsłynniejszy przedstawiciel kina katastroficznego, a także „Szczęki" i „Gwiezdne wojny", które wprowadziły rzesze kinomanów w nowy rodzaj rozrywki. Pojawili się wyedukowani twórcy tacy jak Francis Ford Coppola, Martin Scorsese, czy George Lucas, którzy wiedzę zdobytą na uczelniach filmowych przenosili na taśmę celuloidu. Oglądali mnóstwo klasycznych filmów i nie wahali się nawiązywać do nich w swych dziełach. Swój wkład miała też wytwórnia Warner Bros, która zaczęła wspierać młode talenty przy filmach takich jak „Ulice nędzy" czy „Egzorcysta". Promowano kino autorskie, co pozwalało reżyserom przejmować rolę producentów wykonawczych i mieć prawo do ostatecznego montażu. Eastwood wraz ze swoim małym studiem Malpaso praktykował te zasady od początku działalności swojej firmy.

Na początku lat siedemdziesiątych Eastwood był już uznaną gwiazdą kasowych filmów akcji i westernów oraz jednym z najlepiej zarabiających aktorów, ściągającym do kin masę publiczności. Jako wyłączny producent i reżyser swoich filmów, zyskał niemal absolutną kontrolę nad swymi produkcjami. 23 lipca 1971 roku zdjęcie Eastwooda pojawiło się na okładce „Life", najważniejszego amerykańskiego magazynu, z podpisem: „Ulubionym światowym gwiazdorem jest - nie żartujemy - Clint Eastwood." Magazyn „Life" powołał się na dane Hollywoodzkiego Stowarzyszenia Prasy Zagranicznej, które przyznało Eastwoodowi Złoty Glob dla najpopularniejszego aktora, a także drugie miejsce w rankingu właścicieli kin. W artykule pisano, że nawet Humphrey Bogart nie doczekał się za życia tylu retrospektyw, a spaghetti-westerny Eastwooda do 1971 roku były wznawiane aż piętnaście razy. Żartowano, że Eastwood uczył się aktorstwa w Mount Rushmore Dramatic Academy (słynna skała, w której wykute są podobizny czterech legendarnych amerykańskich prezydentów), ale nie było żartem, że w 1971 roku łączny zysk z filmów, w których zagrał wyniósł 200 milionów dolarów. W dziesiątce najlepiej zarabiających gwiazd prowadzonej przez Quigley Publications[345], która bazowała na corocznym rankingu właścieli kin, Eastwood pojawił się pierwszy raz w 1968 roku i był na niej obecny 21 razy - na liście wszechczasów dało mu to drugą pozycję (pierwszy był John Wayne). W roku 1972 i 1973 był numerem jeden (w telewizyjnym talk-show „Dinah's Place" wystąpił nawet w swetrze przyozdobionym wielkimi literami: „Numer 1 – jestem najlepszy"). Ostatni raz jego nazwisko gościło w tej dziesiątce w 1993 roku, co oznacza 25 lat sukcesów box-office'u!

Jego biograf Richard Schickel powołuje się na rozmowę między Joe Hyamsem, kierownikiem Warnera Bros., a Eastwoodem dotyczącej tego, dlaczego zdecydowal się kręcić tak dużo filmów zamiast wybierać ambitniejsze projekty i kręcić rzadziej[346]. Eastwood poprosił go o wymienienie wszystkich filmów Clarka Gable'a czego Hyams nie był w stanie zrobić - i pewnie nikt nie jest. Ale – argumentował Eastwood - każdy potrafi oddzielić dobre filmy Gable'a od tych złych. Biorąc je wszystkie pod uwagę pozostawiają one niezatarte wrażenie w pamięci widzów, a Eastwood w mnogości widział też większą wolność. I z pewnością szanse na większe zarobki.

Środowisko doceniając jego znaczenie w przemyśle filmowym zaprosiło go na uroczystość wręczenia Oskarów w marcu 1973 r. Eastwood zgodził się wręczyć nagrodę dla najlepszego producenta, bo miał nadzieję, że zostanie nim jego przyjaciel Albert S. Ruddy (co też nastąpiło). Tuż przy wejściu do budynku spotkał go producent przedstawienia Howard Koch i poprosił o przysługę. Chciał, żeby Eastwood zastąpił w roli prezentera Charltona Hestona, który spóźniał się z powodu korków na autostradzie. Heston był jednym z czworga prezenterów i to on miał wygłosić mowę powitalną. Nieśmiałemu Eastwoodowi nie udało się wykręcić z niewdzięcznego zadania: *„Potrzebowali zmiennika w ostatniej chwili i kogo wzięli? Człowieka, który w dwunastu filmach nie wypowiedział dwunastu słów".*[347] Koch zapewnił go, że wystarczy czytać tekst z teleprompterа. Zapomniał tylko o tym, że w tekście było pełno parodystycznych odniesień do roli Mojżesza, którą Heston kreował w filmie „Dziesięcioro przykazań". Eastwood później wspominał: *„Schrzaniłem rzecz totalnie i ludzie zaczęli się śmiać - taki byłem beznadziejny. Gdyby zapytać trzystu aktorów, kto z nich chce wygłosić mowę powitalną, byłbym ostatnim z całej branży filmowej, który by się zgłosił na ochotnika."*[348] Na szczęście Heston szybko się pojawił na scenie, a speszony Eastwood nim wrócił na widownię musiał się wypić parę piw. Jego fatalny wieczór został przyćmiony występem indiańskiej aktorki Sacheen Littlefeather, która odbierając Oskara za najlepszą rolę dla Marlona Brando, wystosowała apel w jego imieniu do polityków dotyczący złej reprezentacji Indian w amerykańskich filmach oraz niedawnej okupacji w Wounded Knee. Eastwood pojawił się jeszcze raz na scenie, tym razem żeby wręczyć Oskara dla producentów najlepszego filmu roku – „Ojca chrzestnego" (z Albertem S. Ruddy'm stanął ponownie na scenie w 2005 r., kiedy obaj odebrali Oskara za film „Za wszelką cenę"). Żartował: *„Nie wiem, czy nie powinienem wręczać tej nagrody w imieniu kowbojów zastrzelonych przez wszystkie te lata w westernach Johna Forda"*.[349]

Eastwood poprzysiągł, że już nigdy więcej nie pojawi się na ceremonii. Koch zapytał[350] go, czy jeśli dostanie nominację również się nie zjawi. Ale Eastwood szczerze wątpił w taką ewentualność. Nie robił tego typu filmów, jakie interesowały członków Akademii. Poza tym wiele zasłużonych legend takich jak Cary Grant, Howard Hawks czy Alfred Hitchcock nigdy nie dostało Oskara za swoje filmy i musieli czekać na nagrodę za całokształt twórczości. Wyśmiewając te zwyczaje Eastwood powiedział kiedyś: *„Myślę, że kiedy będę już naprawdę stary, ktoś w Akademii wpadnie na pomysl, żeby dać mi jakąś tablicę pamiątkową. Będę tak stary, że będą mnie tam musieli wnieść. Powiem: dziękuję wszystkim za to honorowe wyróżnienie. Żegnaj, Brudny Harry."*[351] W końcu bohaterowie, których Eastwood grał najczęściej byli zawsze jednostkami wybitnymi w swoim rodzaju, wyróżniającymi się outsiderami. Zapytany, czy byłby w stanie zagrać przeciętnego człowieka odpowiedział: *„Wątpię. Przypuśćmy, że zdecydowałbym się na występ w dalszym ciągu serialu 'Doktor Kildare', jako doktor w średnim lub starszym wieku. Bez względu na to, jak sympatyczny i rodzinny będzie to serial, pod koniec każdego odcinka większość widzów zacznie się niecierpliwić, kiedy wreszcie kogoś zastrzelę."*[352] Eastwood nie zamierzał zmieniać tego trendu, przynajmniej w latach siedemdziesiątych.

Leonard Hirshan, agent Eastwooda, otrzymał scenariusz filmu „Piorun i Lekka Stopa" od Michaela Cimino, który pracował dla telewizji na Wschodnim Wybrzeżu. Jego pierwszym zrealizowanym scenariuszem był „Niemy wyścig" z 1971 r., który napisał przy pomocy dwóch znajomych. „Piorun i Lekka Stopa" był pisany z myślą o Eastwoodzie. Cimino mógł przewidzieć, że w przygotowanym dla niego scenariuszu znajdzie się to, co uwielbiał jego idol uwielbiał: popijanie piwa, przygrywanie na pianinie, pogawędki o kobietach i samochodach. Fabuła opowiadała o dwóch złodziejach, którzy planują kolejny napad rabunkowy, co bardzo spodobało się Eastwoodowi: *„Gram bohaterów tego rodzaju, jakich bym sam chciał oglądać, gdybym nadal kopał baseny i chciał uciec od swoich problemów."*[353] Eastwood w tym kumpelskim kinie drogi dostrzegł też szansę na stworzenie ojcowskiej kreacji. Howard Hughes zauważył, że scenariusz w swej fabule przypominał kryminał „Bonnie i Clyde" a w strukturze western „Butch Cassidy i Sundance Kidd"[354].

Michael Cimino, który zasłynął później takimi obrazami jak „Łowca jeleni", czy „Wrota niebios" wspomina: *„Napisałem scenariusz i dałem mu go w piątek. W poniedziałek Clint powiedział, że to nakręci. Odparłem, że tekst nie jest na sprzedaż, chyba że sam wyreżyseruję ten film. To było raczej bezczelne z mojej strony, biorąc pod uwagę, że nie miałem żadnego doświadczenia. Myślę, że to zaintrygowało Clinta. Clint uwielbia ryzyko."*[355] Dla Cimino miała to być przepustka do świata filmu. Poza tym sprawił na swoim mentorze dobre wrażenie ponieważ sam uwielbiał westerny, przyjaźnił się z twardymi facetami i był fanem jego filmów. Ponieważ Eastwood był wtedy zajęty przygotowaniami do „Siły Magnum" zaangażował Cimino na próbę do pracy nad scenariuszem porzuconym przez Johna Miliusa, który pracował już wtedy nad swoim debiutem reżyserskim „Dillinger".

Eastwood nadal był związany z kontraktem z Universalem, ale serię o Brudnym Harry'm produkował dla Warner Bros. Po sukcesie „Easy Ridera" kino drogi stało się w Hollywood bardzo popularne, jednak scenariusz Cimino nie przekonywał żadnej z tych wytwórni. Uważano, że projekt jest zbyt nietypowy nawet jak dla Eastwooda. W końcu udało mu się znaleźć środki potrzebne do wyprodukowania filmu w wytwórni

United Artists, która nadal czerpała zyski z dystrybucji jego spaghetti-westernów. W ekipie znaleźli się pracujący już wcześniej z Eastwoodem operator Frank Stanley, montażysta Ferris Webster oraz kompozytor Dee Barton. Zaufani ludzie mieli zagwarantować Eastwoodowi wygodne warunki pracy, a debiutującemu Cimino ułatwić zadanie.

Zdjęcia do filmu rozpoczęły się w lipcu 1973 r. Eastwood nie zmienił w scenariuszu ani jednej linijki. Pytany każdego dnia zdjęć przez reżysera, czy jest coś co sam zrobiłby inaczej odpowiadał, że nie. Zależało mu na tym, żeby Cimino robił film po swojemu. Jedyną zmianą z jego strony było ustąpienie pola partnerującemu mu Jeffowi Bridgesowi, nominowanemu rok wcześniej do Oskara za „Ostatni seans filmowy". Cimino mówił, że: *„historia została napisana tak, że postać Clinta miała dominować. Ale Clintowi tak bardzo spodobała się gra Jeffa, że z chęcią pozwolił mu skraść wiele scen."*[356] Reżyser też postawił przed młodym aktorem wyjątkowo trudne zadanie - kazał mu rozśmieszyć Clinta, co jeszcze nikomu nie udało się w żadnym filmie. Efekty pracy nad rolą Lekkiej Stopy dostrzegła Amerykańska Akademia Filmowa, nominując Bridgesa ponownie do Oskara za Drugoplanową Rolę Męską. Eastwood był z niego dumny jak ojciec.

Cimino, którego późniejsza superprodukcja „Wrota niebios" poniosła bolesną porażkę, na planie swego debiutu pracował zgodnie z zasadami swego mentora, bo Eastwood nie znosi marnowania czasu i pieniędzy na planie: *„Wielu ludzi uwielbia magię kręcenia filmów, kiedy trwa to długo i sprawia kłopoty, ale ja lubię posuwać się do przodu, chcę żeby aktorzy czuli, że dokądś zmierzają. Sam lubię czuć po powrocie do domu po zdjęciach, że zrobiłem jakiś postęp. A iść po lunchu na plan, żeby nakręcić jedno ujęcie i może następne około szóstej, a później wrócić do domu - to nie mój sposób robienia filmów."*[357] Po latach Cimino wspominał[358], że miał świadomość tego, że wszyscy będą mu patrzeć na ręce. Dlatego też, kiedy Eastwood pierwszy raz zawitał na plan filmowy, Cimino nie przerywał zdjęć. Wszyscy pracowali dalej ignorując jego przybycie. Cimino czuł, że gdyby pozwolił na gorące i huczne powitania, nie tylko straciłby autorytet ekipy, ale też zaufanie Eastwooda, który nie tolerował tego typu zachowań. Zresztą musiał wykazać się dużą asertywnością Jednego dnia podczas kręcenia, Eastwood usiadł obok niego sugerując mu postawienie kamery w innym miejscu. Cimino odparł, że to ciekawy pomysł, ale lepiej żeby została tam gdzie stoi. Spojrzał wtedy na Eastwooda, który się uśmiechał jakby chciał powiedzieć: tylko cię sprawdzałem[359]. Innym razem po skończonych zdjęciach ekipa zaczęła już zwijać plan. Eastwood zniknął w swojej przyczepie, a Bridges wyznał reżyserowi, że nie wypadł dobrze w ostatnim ujęciu i chciałby je powtórzyć. Cimino poprosił asystenta o sprowadzenie Clinta, który właśnie odjeżdżał swoim Firebirdem w tumanach kurzu. Udało im się go zatrzymać a on zgodził się wrócić, przebrać i powtórzyć jeszcze raz ostatnie ujęcie.

Zdjęcia przebiegały w pogodnej atmosferze, ale najtrudniejszy był ostatni dzień. Na wieczór zaplanowano przyjęcie, gdyż nazajutrz Eastwood miał wyjechać. Cimino był zaszokowany, bo została mu jeszcze scena napadu, której kręcenie miało zająć dwa dni lub więcej, dlatego całą noc poświęcił na przygotowywanie szczegółowej listy ujęć. Następnego dnia w ciągu 12 godzin wykonano zdjęcia z 56 różnych ujęć rejestrowanych po jednym dublu. Wykończony, ale dumny Cimino opowiedział później Eastwoodowi na przyjęciu o tym, jak bardzo się cieszy, że mu się udało wyrobić z czasem. Eastwood ani przez chwilę nie wątpił, że będzie inaczej[360]. W dowód uznania zaproponował mu kontrakt na trzy filmy, lecz Cimino odrzucił propozycję, czując zapewne swoje powołanie przy filmach innego rodzaju - bardziej zaangażowanych i wymagających.

Urządzono próbny pokaz filmu dla wybranej grupy publiczności w Denver. Eastwood chcąc wejść na salę incognito założył fałszywy nos, okulary i czapkę baseballową. I już zdawało mu się, że został nierozpoznany. Nie udało mu się nawet dojść do foteli, kiedy usłyszał za sobą: cześć Clint. Ale wszelkie jego próby kamuflażu były fatalne. Kiedy wraz z Sondrą Locke rejestrował się w klinice odmładzania jako pan Smith, zapomniał że nosi na sobie koszulkę ze swoim wizerunkiem promującą „Pioruna i Lekką Stopę".

Richard Schickel[361] dopatruje się w filmie refleksji nad Ameryką, której chwała przeminęła wraz z przegraną wojną w Wietnamie a także krytyki dawnych tradycji i wartości. Bohaterowie nie mają szacunku dla niczego. I o ile grany przez Eastwooda Piorun reprezentuje starsze pokolenie i tradycyjne wartości, młodszy Lekka Stopa jest wyznawcą kontrkultury. I tak na przykład Piorun akceptuje, że czasem trzeba płacić za przyjemności, a Lekka Stopa uważa, że seks powinien być gratis. Sportretowane w filmie współczesne pokolenie straciło wszelkie ideały. Kiedy jedna z dziewczyn odkrywa blizny na ciele Pioruna i dowiaduje się, że są z wojny w Korei komentuje krótko: „słyszałam o tej wojnie".

Krytycy nie piali z zachwytu, ale w występie Eastwooda dostrzegli po raz pierwszy coś niewymuszonego, niegroźnego i przyjaznego - a nie znali go z takiego oblicza. Był to jeden z jego nielicznych filmów, gdzie grał niemal bez wysiłku. Duża w tym była zasługa Jeffa Bridgesa, którego styl gry był bardziej kontrastowy. Eastwood jednak nie był zadowolony z filmu, który zarobił 25 milionów, czyli mniej niż „Siła Magnum". Stosunki między nim, a posiadającą prawa do filmu wytwórnią United Artists uległy nieoczekiwanemu pogorszeniu. Eastwood poprzysiągł, że już nigdy więcej nie będzie z nimi współpracował.

Dostał za to propozycję zagrania u Hitchocka w filmie „The Short Night", adaptacji szpiegowskiego thrillera o brytyjskim podwójnym agencie, który ucieka do Moskwy przez Finlandię. Amerykański agent, którego brat był ofiarą Brytyjczyka, miał mu w tym przeszkodzić, dopóki nie zakochał się w jego żonie. Eastwood wspominał: *„Kiedyś rozmawiałem z Hitchockiem na temat współpracy. Miał w głowie pewien scenariusz, ale był już na emeryturze. Pytałem kiedy zamierza go nakręcić, ale jego ludzie powiedzieli, że już go prawdopodobnie nie zrobi, bo mu zdrowie na to nie pozwala."*[362] Ale Eastwood i tak był ciekaw poznania legendy kina. Poszedł do jego biura i później wspominał: *„Siedział tam tak, że nawet się nie poruszył. Jego oczy wychwyciły mnie w drzwiach i podążały za mną po pokoju, jak oczy kota za kanarkiem. Ale to było niezwykłe. Rozmawialiśmy o filmach i wspomiałem, że przy „Zagraj dla mnie Misty" starałem się myśleć w jego schematach. Kiedy zacząłem zbytnio się wymądrzać na temat naszych filmów powiedział mi: musisz pamiętać o jednym, to tylko film. Odparłem: Tak, to racja, nie wyleczy raka, ani innej choroby świata, ale może sprawić komuś radość."*[363] Hitchcock przytaknął, że właśnie o to chodzi, a Eastwood starał trzymać się tych słów. Hitchcock miał wtedy wyjątkowego pecha, bo każdy ze scenarzystów kłócił się z nim co do rozwoju wydarzeń, więc sam zaczął go rozwijać. Ostatecznie studio Universal uznało, że jego zdrowie nie pozwoli mu kręcić na skomplikowanych scen akcji w odległych lokacjach i zamknęło projekt likwidując również jego kosztowne biuro. Hitchock zmarł rok później.

Eastwood zaintrygowany zrobieniem szpiegowskiego filmu w zimowej lokacji zainteresował się innym projektem. Opcję na adaptację „Akcji na Eigerze" kupił Jennings Lang z Universalu jeszcze tego samego roku, kiedy książka została wydana i zaproponował Eastwoodowi jako kolejną produkcję. Była to opowieść o pewnym profesorze-alpiniście, który wynajmuje swe usługi jako zabójca tajemniczej organizacji szpiegowskiej. Tym razem ma dokonać eliminacji szpiega podczas wspinaczki w Alpach. Początkowo z filmem był związany Paul Newman, ale zrezygnował ze względu na nadmiar przemocy. Pierwsza wersja scenariusza autorstwa

Trevaniana nie podobała się ani producentom, ani Eastwoodowi. Jedyne co go przyciągało, to sposób w jaki scenariusz został napisany, jego płaszczyzna wizualna. Uważał, ze jeśli nakręci zdjęcia w prawdziwej scenerii i będą atrakcyjne ujęcia wspinaczki, to widownia będąc pod wrażeniem wizualnego efektu wybaczy mu słabą fabułę. Wykonał telefon do pisarza Warrena Murphy'ego, który nigdy wcześniej nie pisał scenariusza, a który nie miał nawet pojęcia kim był Eastwood. Dopiero po drugim telefonie pisarz upewnił się, że to nie żart i polubił swego rozmówcę, bo był bardzo przyziemny i zabawny. Eastwood zapytał go czy kiedykolwiek pisał scenariusz. Murphy odparł, że jeśli są w nim słowa, to może go napisać. Dopiero wtedy Eastwood wyjaśnił mu, że dzwoni ponieważ czytał kilka jego powieści, które były napisane tak jakby były gotowymi scenariuszami.

Eastwoodowi zależało na tym, aby z Jonathana Hemlocka - amoralnego bohatera książki - uczynić postać bardziej heroiczną. Dlatego obok szantażu ze strony organizacji, umotywował jego postępowanie śmiercią przyjaciela: *„Postać, która ginie na początku, nie ma związku z żadną inną postacią. Wziąłem to na warsztat i połączyłem tak, by nasz bohater miał jakąś motywację do działania. Sposób w jaki napisano książkę sugerował, że bohater nie miał motywacji do niczego. Pojechał tam tylko dla pieniędzy."*[364] Murphy wspominał, że pomysły Clinta były: *„wyjątkowo sensowne i odniosłem wrażenie, że Eastwood wiedział znacznie lepiej jak historia została skonstruowania, niż Trevanian."*[365] Murphy, korzystając z podręcznika typu „Jak napisać scenariusz" i książki Trevaniana, napisał scenariusz w ciągu miesiąca. Pojechał do Eastwooda, żeby poznać wreszcie aktora, o którym mówiło całe Hollywood. Był mocno zdziwiony jego zachowaniem, kiedy zastał go w trakcie porannej medytacji transcendentalnej, oraz później, kiedy Eastwood podczas rozmowy złapał natrętną muchę do filizanki i wypuścił ją przez okno. Dyskutując nad ewentualnymi poprawkami

Eastwood oznajmił, że jest gotowy rozpocząć zdjęcia. Murphy próbował protestować mówiąc, że na razie dysponują tylko szkicem roboczym, ale Eastwood znał fabułę na wylot. Murphy podejrzewał, że zależało mu na jak najszybszym rozpoczęciu zdjęć, bo nie mógł doczekać się wspinaczki w górach.

Bezskutecznie próbowano wybić mu z głowy pomysł kręcenia zdjęć na tytułowym Eigerze. Eiger po niemiecku znaczy ogr, ale szczyt znany jest też jako Zabójcza Ściana (mająca w tym czasie na koncie ponad czterdziestu zabitych). Północna strona jest największym wyzwaniem dla alipnistów, a co dopiero dla objuczonych sprzętem filmowców. Niebezpieczeństwo wynikało z możliwości osuwania się wielkich kamieni ze szczytu oraz mikroklimatu - ze słonecznej pogody niespodziewanie mogło dojść do zamieci. Dlatego przed rozpoczęciem zdjęć Eastwood przeszedł szkolenie w parku Yosemite pod okiem Mike'a Hoovera, zawodowego alpinisty robiącego filmy o wspinaczce. Hoover nakręcił wcześniej film dokumentalny „Solo", który był nominowany do Oskara w kategorii krótki metraż. Miał nie tylko nauczyć Eastwooda wspinaczki, ale pełnić też obowiązki drugiego operatora. Eastwood zapytany w wywiadzie, dlaczego uwielbia robić filmy i co mu się w tym najbardziej podoba odpowiedział: *„[Film] Pozwala mi na robienie wielu rzeczy, na jakie miałem ochotę jako dzieciak i jeszcze dostać za to zapłatę – jeździć szybkimi samochodami i motocyklami, konno, a teraz wspinać się w górach."*[366]

Eastwood, który od czasu „Brudnego Harry'ego" nie współpracował z Donem Siegelem, chciał żeby to on reżyserował „Akcję na Eigerze". Siegel nie widział jednak sensu dawania mu wskazówek na planie, gdzie byłby oddalony od Eastwooda o 7 tysięcy stóp[367]. Ponieważ Eastwood nie mógł znaleźć innego reżysera zainteresowanego wspinaczką, postanowił sam reżyserować. Żeby ograniczyć liczebność ekipy polecił, by wszyscy pełnili podwójne obowiązki. Aktorzy mieli nauczyć się wspinaczki i pomagać w noszeniu sprzętu, zawodowi alpiniści służący jako przewodnicy mieli zaś służyć jako dublerzy aktorów. Najtrudniejsze sceny miały być nakręcone na początku. Producent Richard D. Zanuck wspomina: *„Część zdjęć kręcilismy na Eigerze. Eastwood uparł się. Grał w wielu niebezpiecznych scenach, ale nie jest ryzykantem. Chciał dodać filmowi autentyzmu. (...) Clint potrafi zarazić takim podejściem całą ekipę. Wszyscy zaczynają się zachowywać tak jak on."*[368]

Północna strona góry miała słoneczne oświetlenie tylko przez sześć tygodni w roku. Ekipa musiała sobie poradzić z tym ograniczeniem. Operator zdobył też informacje o tym, jak rozkładają się cienie, bo w górach mogli używać bardzo ograniczonego oświetlenia. Kodak dostarczył im nowy rodzaj taśmy, która zmniejszała kontrast. Czasem używano też białej płachty, by doświetlić aktorów światłem odbitym. Większość zdjęć w górach była wykonywana „z ręki", choć posiadano też specjalny statyw, który można było rozstawić w poziomie i w pionie[369]. Jednej z kamer użyto do filmowania punktu widzenia spadającego ciała. Była obudowana w specjalną komorę antywstrząsową i dopiero po szóstym upadku przestała działać. Efektem tych wszystkich środków są jedne z najlepszych zdjęć górskich w filmie fabularnym.

Nie obyło się jednak bez nieszczęść. Pod koniec jednego dnia zdjęciowego, kiedy ekipa się pakowała, Mike Hoover ze szkockim alpinistą Davidem Knowlesem, postanowili dokręcić parę subiektywnych ujęć. W chwili gdy zaczęli się wspinać osunęły się nich spadające kamienie i obydwaj doznali upadku. Hoover spadł i złamał miednicę. Został przygnieciony spadającym głazem oraz ciałem martwego Knowlesa. Eastwood, który początkowo chciał przerwać produkcję, w późniejszym wywiadzie mówił: *„Nigdy więcej czegoś takiego nie zrobię – to zbyt niebezpieczne. Chociaż trenowałem wiele tygodni, wciąż strasznie się bałem. Nie wiem, jak można przywyknąć do tego, że człowiek wisi na końcy liny, trzysta* *metrów nad pustką, przytrzymywany przez kogoś, kogo ledwie zna."*[370] Przyzwyczajeni do podejmowanego ryzyka alpiniści uznali, że poświęcenie Knowlesa nie powinno pójść na marne dlatego kontynuowano zdjęcia. Tylko operator Frank Stanley kręcił głową, zastanawiając się dlaczego musieli robić zdjęcia w rzeczywistych warunkach, zamiast w niższych rejonach gór lub w studio: *„Nie wybieraliśmy się na księżyc, ani nie szukaliśmy szczepionki na polio. Jesteśmy przecież w branży stwarzania iluzji."*[371] Operator po kilku dniach zdjęciowych doznał udaru i trafił do szpitala. Konsultacje odbywały się w szpitalu , a resztę zdjęć w górach wykonał jego asystent. Stanley wypadł później z zaufanej ekipy Eastwooda, który preferował ludzi podzielających jego poglądy, sprawnych fizycznie i zdolnych do poświęceń.

James Bacon pisał, że „Akcja na Eigerze" *„bez wątpienia jest najryzykowniejszym filmem wyreżyserowanym przez supergwiazdę."*[372] Inny dziennikarz Tom Fontana dodawał: *„Clinta Eastwooda zawsze się ogląda z zainteresowaniem, bo nigdy nie ma się pojęcia dokąd pójdzie i co zrobi. Jest jak kobra w koszyku i nigdy nie wiadomo, czy wyskoczy i ugryzie jego, czy ją, czy psa, czy cokolwiek innego."*[373] I choć film był dobrze przyjęty przez publiczność i zarobił 14 milionów dolarów (jedną trzecią tego co „Piorun i Lekka Stopa"), Eastwood uważał, że wytwórnia Universal nie spełniła jego oczekiwań w zakresie odpowiedniego promowania filmu. Eastwood chciał wrócić do Warnera, żeby podreperować budżet i nakręcić kolejnego „Brudnego Harry'ego", ale scenariusz był jeszcze nie gotowy.

Jego dawny prawnik Frank Wells, który pracował teraz dla Warner Bros. już od dłuższego czasu namawiał go na przejście do Warnera. Kusił go dużą liczbą kopii filmów do dystrybucji, ale też przygotowywaniem indywidualnych materiałów reklamowych i kampanii oskarowej. Obiecał też oddelegować mu swoich specjalistów od promocji. Gilligan wylicza[374], że były też i inne zalety: dieta w czasie zdjęć na codzienne wydatki i luksusowy odrzutowiec zawsze w gotowości do startu, żeby nie przejmować się opłatami za przeloty. Poza tym Eastwood wpadł na pomysł popularnego obecnie product-placementu zawierając umowy z takimi firmami jak General Motors czy Puma. W jednym z wywiadów swą decyzję o odejściu tłumaczył drobnym, ale irytującym czynnikiem: *„Miałem w Universalu naprawdę przyjemny bungalow, bardzo przyjemne miejsce do pracy. Ale kiedy wychodziłem z biura obok przejeżdżał autobus z turystami zwiedzającymi studio, którzy na mój widok zaczynali krzyczeć. Zadzwoniłem do Franka Wellsa i powiedziałem: przenoszę się do was jeśli macie miejsce dla mnie. Ale jeśli kiedykolwiek będzie tam jakaś wycieczka odejdę – na co Wells odpowiedział: nie jesteśmy w branży turystycznej."*[375] W sierpniu 1975 roku, tuż po premierze „Akcji na Eigerze" Frank Wells zawarł jeden z najważniejszych kontraktów wytwórni, pomagając jej wyjść z kryzysu. Układ korzystny dla obu stron jest o tyle znamienny, że funkcjonuje do dzisiaj, co jak na standardy Hollywood jest czymś niespotykanym.

W 1976 roku Eastwood dostał propozycję wystąpienia w „Czasie apokalipsy" Francisa Forda Coppoli. Eastwood, który czytał w szkole "Jądro ciemności" Conrada, na której bazował scenariusz, nie bardzo rozumiał zakończenie filmu (które powstawało i ewoluowało jeszcze w trakcie zdjęć). Do roli Willarda Coppola wybrał Steve'a McQueena, ale ten namawiał Eastwooda na swoje miejsce. McQueen sam wolałby zagrać Kurtza, bo to zajęłoby mu tylko dwa tygodnie. Wyjazd na Filipiny na szesnaście tygodni, to było zbyt długo. Również Eastwood, który kupił nowy dom i miał małe dzieci tak uważał: *„Gdyby w grę wchodziło osiem tygodni to bym się zgodził. Ale historia nie była dla mnie zbyt jasna, zwłaszcza zakończenie. Dwa lata później nadal kręcili, a Martin Sheen miał zawał serca. Pomyślałem: „to mogłem być ja". W końcu, kto chce spędzić półtora roku w dżungli kręcąc film?"*[376] Zamiast jechać na Filipiny wolał przygotować

„Egzekutora", projekt kolejnej części Brudnego Harry'ego. Po latach okazało się, że rezygnacja ze zdjęć na Filipinach nie było złą decyzją. Film, któremu przytrafiły się wszystkie możliwe nieszczęścia na planie (zawał serca głównego aktora, huragan niszczący dekoracje, interwencja wojska) nie tylko przekroczył budżet i czas zdjęciowy, ale nie spełnił pokładanych w nim nadziei. Odniósł olbrzymi sukces artystyczny, lecz finansowo ustawił reżysera w niełatwej pozycji doprowadzając jego własną wytwórnię do bankructwa.

Tymczasem Eastwood po nakręceniu „Egzekutora" dostał kolejną propozycję policyjnego filmu, w którym początkowo miał grać Steve McQueen. Partnerować mu miała Barbra Streisand. Jednak kiedy McQueen zrezygnował scenarzyści zgłosili się do Eastwooda. Połączenie nazwiska Eastwooda i Streisand, która zdobyła Oskara za „Zabawną dziewczynę" miało gwarantować pewny sukces. „Wyzwanie" miało być współczesną wersją „Afrykańskiej królowej" z mocnymi charakterami i ciętymi ripostami, czyli to co Eastwood uwielbiał: *„Lubię zabawne historie. Nie przepadam za kinem intelektualnym. W kinie szukam akcji i dobrej rozrywki."*[377] Jednak Streisand przejawiała coraz więcej wahania do scenariusza, a Eastwood się niecierpliwił. Nikogo nie zdziwiło, że w kobiecej roli obsadził Sondrę Locke, z którą od roku miał romans. Sam decyzję tłumaczył następująco: *„Kiedy nastała moda na feminizm, zacząłem urzeczywistniać swoje wcześniejsze zamierzenia. Sondra w 'Wyzwaniu' miała więcej do przekazania niż ja, chociaż grała tylko prostytutkę. Nie obsadziliśmy w tej roli głupiej blondynki z dużymi biustem. Chcieliśmy, aby była to kobieta inteligenta, o silnej osobowości. Nigdy nie zdecydowałbym się na współpracę z aktorką, jedynie ze względu na jej warunki zewnętrzne i seksapil."*[378]

Za scenariusz filmu „Wyzwanie" Warner Bros. zapłacił 200,000 dolarów (kiedy Eastwood spotkał się ze scenarzystami, wyznał im, że on nigdy by tyle nie zapłacił). Eastwood w wieku 47 lat miał zagrać znacznie starszego od siebie bohatera, do czego nie był zbytnio przygotowany. Wprowadzono więc poprawkę sugerująca, że grany przez niego policjant jest partaczem i teraz ma ostatnią okazję na wykonanie dobrej roboty. Zresztą scenariusz wymagał paru innych poprawek, które Eastwood osobiście wprowadził bez angażowania Deana Riesnera. Wszystkie sceny przemocy, których w gotowym filmie nie brakowało, były jego autorstwa. W wytwórni uważano, że nigdy dosyć przemocy, seksualnego wykorzystania kobiet i brutalności w filmach Eastwooda.

Na temat swojego bohatera Eastwood powiedział, że ciekawie jest zagrać mało bystrego gliniarza - przeciwieństwo Callahana - człowieka który nigdy nie buntował się przeciw przełożonym i nie zwracał na siebie uwagi. *„To nie przypomina w niczym filmów, które dotąd reżyserowałem. Jest to historia policyjna, ale zupełnie nie w typie postaci Harry'ego Callahana. Bohater, Ben Shockley, jest tak samo zdeterminowany jak Harry, ale nie jest wszechwiedzący. Jest w tym filmie czynnik wrażliwości, którego nie ma w postaci Callahana. A jeśli jest, to bardzo subtelny."*[379] Na forum poświęconym Eastwoodowi[380] można znaleźć rozwinięcie tego porównania: Shockley ma partnera w policji od piętnastu lat, a nie jak Harry który mógłby go mieć od piętnastu dni (poprzedni mógł wylądować w szpitalu lub zginąć na posterunku). Callahan nie ufa nikomu polegając na sobie, a Shockley nawet sobie nie wyobraża, że nie mógłby ufać swoim kolegom i szefowi. Callahan jest bohaterem, pozbawionym ludzkich cech (nie ma życia prywatnego, przyjaciół), podczas gdy Shockley nie tylko opowiada o swoim życiu, ale i problemach z alkoholem, przez co jest bardziej ludzki niż heroiczny i dzięki temu łatwiej mu się zakochać.

Ben Shockley pod tym względem jest równie interesujący jak inne autodestrukcyjne postacie, które Eastwood grał w późniejszych filmach:„Bronco Billy", „Honkytonk man", czy „Bez przebaczenia". *„Uwielbiam tych facetów, którzy czegoś się uczą w miarę rozwoju akcji"*[381] -

mówił Eastwood. I faktycznie, Shockley dzięki Mally zmienia się i odkrywa swoje delikatne wnętrze ukryte pod twardą skorupą: „*Nigdy nie idzie z nią do łóżka, nawet biorąc pod uwagę, że jest prostytutką i to byłoby oczywiste zachowanie. Ich relacja jest budowana na zupełnie innej płaszczyźnie. On jest policjantem, który ma wiele rozczarowań i nigdy w swoim życiu nie odniósł sukcesów. Ich związek staje się bardzo czystym rodzajem miłości, pełnym przyjaźni i wzajemnego szacunku.*"[382]

Zdjęcia rozpoczęły się w kwietniu 1977. Z budżetem 5 milionów był to jego najdroższy jak dotąd film, co nawet w porównaniu do powstałych w tym samym roku "Gwiezdnych wojen" z dwa razy większym budżetem było niemałą sumą. Efekty specjalne pochłonęły piątą część budżetu. W publikacjach prasowych wspominano, że choć Eastwood po raz kolejny gra policjanta, to tym razem nie strzela do nikogo, ale w filmie przemocy nie brakowało: ostrzelanie domu który się zapada, wybuch helikoptera po zetknięciu ze słupem wysokiego napięcia, zmasakrowanie karabinami autobusu na ulicach Phoenix. Scenarzysta uważał, że końcowy efekt był mocno podrasowaną wersją jego scenariusza, który nie był aż tak brutalny. W ścianach budynku który się ostatecznie zawalił umieszczono 250,000 petard[383]. Przy jej filmowaniu wystrzelano 7000 kul. Eastwood wspomina[384], że pomysł na scenę przyszedł mu do głowy z telewizyjnych wiadomości, kiedy oblężono budynek zajmowany przez Symbionese Liberation Army (działalność tej grupy terrorystycznej była inspiracją dla filmu „Egzekutor"). Telewizja nadawała materiał na żywo. Ponad 500 policjantów i agentów FBI wystrzelało 9 tysięcy kul nim dom runął. Kule lecialy we wszystkich kierunkach, a trzy inne budynki sie zapaliły. Scenariusz nie tyle był kreacją co kopią rzeczywistości. Scena ucieczki przez pustynię nawiązywała do dzieła Hitchocka „Północ, północny zachód" - kiedy Shockley kończy rozmowę w budce telefonicznej niespodziewanie pojawia się helikopter i go ostrzeliwuje. Później Shockley ucieka na motocyklu przez pustynię ścigany przez snajperów z helikoptera, podobnie jak Cary Grant na polu kukurydzy ucieka przed samolotem.

Finalna scena, gdzie autobus Shockleya wjeżdża do miasta i pomimo ostrzału przez do przodu, wydała się nielogiczna nie tylko widzom, ale i ekipie. Padały pytania: dlaczego policja nie pozbyła się autobusu na autostradzie i wpuściła do miasta, czemu nie strzelali w opony, czemu się nie pozabijali nawzajem w ogniu krzyżowym? Zapytany o komentarz Don Siegel, który był obecny przy montażu sceny powiedział, że brakuje mu tylko jednego ujęcia - takiego w którym kilkuset policjantów pada martwych na ulicy.[385] Producent Bob Daley wyrywał włosy z głowy: *„Trzysta tysięcy dziur po kulach i nie trafiono żadnej opony, nikt nie został ranny. W tym momencie straciliśmy widownię."*[386] Prywatnie uważał ten film za najgorszy jaki kiedykolwiek widział. Schickel dostrzegał zaś w postawie przełożonych Shockleya nieuniknione odwołanie do Wietnamu - oni też używali nadwyżki środków bojowych byle tylko zwyciężyć[387]. Eastwood nie zrażał się uwagami przyjaciół, zdając się na swój instynkt i bronił swojej wizji: *„Wyobraziłem sobie co mogłoby nastąpić w mieście umiarkowanej ważności jak Phoenix. Mieście, gdzie prawie nic się nie dzieje, gdzie policja nie ma nic więcej do roboty niż aresztować od czasu do czasu jakiegoś pijaczka. Gdyby nagle ogłoszono, że do miasta zbliża się wróg publiczny numer 1, który porwał autobus i wziął policjanta jako zakładnika, wszyscy gliniarze w mieście chcieliby brać udział w uderzeniu i można przewidzieć, ze ich reakcja byłaby nadmierna. (...) Realizm jest czasem surrealny. W każdym razie dla filmowca nadmiar jest dobrym materiałem dramatycznym. To co interesuje publikę to przecież nadzwyczajność*[388].

Eastwood forsował też stosowanie mrocznych zdjęć, charakterystycznego znaku swoich filmów: *„W sekwencji nocnej w jaskinii, gdzie nie ma światła, chciałem, żeby ekran był czarny – naprawdę czarny. (...) Gdy* *tworzę film, nie zapominam też o dźwięku. Zawsze kręcąc zdjęcia jestem świadomy jak film będzie brzmiał. Nie zadaję się z technikami, którzy narzekają: Boże, nie widać kolorów, światła jest zbyt mało, nie da się tu zobaczyć czegokolwiek, nikt nie będzie wiedział o czym to jest. Właśnie, że będzie, bo będzie słyszał i czuł to – jest wiele innych składników, które nie ograniczają się tylko to pustego ujęcia. Zawsze wyobrażam sobie efekt końcowy w trakcie kręcenia.*[389] Oszczędzał też na taśmie nie zgadzając się na zwolnione ujęcia (wymagające więcej taśmy) w scenie finalnej strzelaniny, gdy autobus wjeżdża do miasta. Nie chciał skorzystać z efektu, którym Sam Peckinpah - jego zdaniem - katował widzów bez umiaru[390].

Pokaz próbny filmu nie spodobał się publiczności. Rozwiązaniem miał być - równie przesadzony jak film - plakat, na którym muskularny Eastwood z gołym torsem przypomina herosa, a obok niego stoi groźny autobus z prezentującą dekolt Sondrą Locke. Plakat wykonany na specjalne zamówienie przez mistrza w swym fachu Franka Frazettę spełnił swe zadanie przyciągając oko i dając odpowiednie wyobrażenie o tym, czym jest „Wyzwanie". Film był niewiarygodny, ale krytycy doceniali sprawną rekę reżysera w kinie akcji a występ Locke porównywano z jej nominowaną do Oskara rolą sprzed dekady. Krytycy jak Vincent Canby pisali, że choć film nie ma żadnego głębszego przesłania, to trudno oderwać oczy od scen akcji. „Wyzwanie" zarobiło 35 milionów dolarów, znajdując miejsce w top tenie filmów roku.

Po premierze „Wyzwania" relacje między Eastwoodem a Locke, która zamieszkała w pobliżu jego domu w Carmel, stały się coraz bardziej jawne. Ich wspólne zdjęcie znalazło się na okładce magazynu „People", co było częścią kampanii promocyjnej. W wywiadach zaprzeczali jakoby łączyło ich coś więcej poza filmem, ale kiedy sprawa nabrała publicznego rozgłosu Maggie Eastwood udała się do adwokata w sprawie separacji. Pikanterii sprawie dodawał fakt, że przez cały okres związku z

Eastwoodem Locke była żonata ze swoim przyjacielem z dzieciństwa Gordonem Andersonem, któremu Eastwood wkrótce zafundował dom.

„Ucieczka z Alcatraz" to ostatni film Eastwooda pod okiem Dona Siegela. Jest to oparta na faktach historia ucieczki z legendarnego więzienia Franka Lee Morrisa oraz braci Johna i Clarence'a Anglinów w 1962 roku. Wkrótce po ich ucieczce więzienie zlikwidowano i utworzono z niego muzeum. Uciekinierów nigdy nie znaleziono, więc prawdopodobnie utonęli. Napisaną w rok po tych wydarzeniach książką J. Campbella Bruce'a zainteresował się Richard Tuggle - zwolniony z pracy redaktor magazynu zdrowotnego postanowił wykorzystać swój wolny czas na pisanie scenariusza. Udało mu się zabezpieczyć prawa do adaptacji, lecz bezskutecznie próbował ją później sprzedać stacjom telewizyjnym. Autor książki poradził mu dostarczyć scenariusz Donowi Siegelowi, twórcy więziennego dramatu „Riot in Cell Block 11", któremu książka bardzo się podobała. Siegel natychmiast pomyślał o Eastwoodzie w roli Franka Morrisa - przestępcy o współczynniku inteligencji ponad 140, a Eastwood był bardzo zainteresowany: *„Zadziwiłem sam siebie. Nigdy, nawet jako dziecko, nie lubiłem filmów, których akcja rozgrywała się w więzieniu. To ponure miejsce, gdzie człowiek po prostu się dusi. Ale historia Franka Morrisa zafascynowała mnie - facet bez wykształcenia okazuje się tak sprytny. Niesłychane."*[391] Poza tym Eastwood był ulubionym aktorem w ... rankingach więźniów w Stanach[392].

Eastwood zgodził się zagrać, jeśli Siegel zajmie się reżyserią a Malpaso produkcją. Siegelowi jednak tak bardzo zależało na samodzielnym wyprodukowaniu filmu, że wyłożył 100,000 dolarów z własnej kieszeni, żeby kupić scenariusz i stać się właścicielem praw, co nie spodobało się Eastwoodowi. Siegel zamiast produkować film w Warner Bros. - matczynej wytwórni Eastwooda - poszedł do ich konkurenta. Michael Eisner z Paramountu nie musiał nawet czytać scenariusza. Kiedy usłyszał od agenta, że Don Siegel chce reżyserować „Ucieczkę z Alcatraz" od razu dał zielone światło. Jednak jego ostatnie filmy nie były już tak dobre jak „Brudny Harry". „Telefon" z Charlesem Bronsonem był słaby, a „Rewolwerowiec" z Johnem Waynem miał za mało akcji, bo Siegel obawiał się o zdrowie umierającej gwiazdy i musiał posługiwać się dublerem. Eastwood, który odniósł większe sukcesy niż Siegel i sam reżyserował nie potrzebował go, zaś Siegel nie potrzebował Eastwooda. Niestety żadnego ze znanych gwiazdorów Paramountu nie udało się namówić do mającej rozpocząć się wkrótce produkcji. Michael Eisner i Jeffrey Katzenberg naciskali na Siegela, żeby się ukorzył, wrócił do Eastwooda i przekonał go do projektu. Świadomi, że Eastwood jest kurą znoszacą złote jajka, widzieli w filmie szansę żeby wykraśc Eastwooda studiu Warnera i przeciągnąć na swoją stronę. Ostatecznie udało im się go przekonać, by zagrał w filmie produkowanym przez Paramount. Udało im się też wyjaśnić niesnaski i brak kontaktu przez ostatnie lata. Eastwood był niespokojny, bo Siegel nie chciał podpisać umowy z Warnerem. Siegel wspomniał, że był zły kiedy Warner nie zgłosił „Brudnego Harry'ego" do nominacji oskarowych. Eastwooda też to drażniło, ale zdołali dojść do porozumienia. A ponieważ Siegel chciał współprodukować „Ucieczke z Alcatraz", w efekcie w filmie pojawił się niezwykły napis „A Malpaso Company / Siegel Film".

Eastwood nie ingerował w poprawki scenariusza dokonywane przez Siegela i Tuggle'a. Autor scenariusza, najwyraźniej nieznający wcześniejszych zwyczajów, wspominał: *„Jeśli Clintowi coś się podoba, nie chce tego popsuć. Wierzy w swoje przeczucie. Jeśli podoba mu się scenariusz, nie chce go zepsuć. Jest najmniej zainteresowany zmienianiem scenariusza ze wszystkich osób, które znam."*[393] Jednakże producenci starali się przybliżyć postać głównego bohatera widzom. Podczas spotkania w biurze Paramountu Don Simpson przedstawił Eastwoodowi cztery strony notatek na temat życia Franka Morrisa, ponieważ uważał, że należy powiedzieć kim był, i dlaczego wybrał bycie kryminalistą. Eastwood, podążając sprawdzonymi śladami enigmatycznego Człowieka bez imienia oraz Harry'ego Callahana zauważył: "*Brudny Harry w jego rękach miałby sporo dziewczyn, byłby obecny podczas śmierci żony kiedy umarła wypadku itd. Powiedziałem Simpsonowi, że im bardziej opisujemy, analizujemy i wyjaśniamy postać, tym mniej realna się staje. Sztuczka polega na sugestii, pozostawieniu dziur, problemów i pytań wyobraźni widza, który z satysfakcją wypełni je lepiej niż my.*"[394] Simpson zasłynął później jako producent takich przebojów jak „Gliniarz z Beverly Hills", „Top Gun" i „Twierdza", której akcja również rozgrywała się w więzieniu Alcatraz.

Alcatraz stanowiło od 1972 r. popularny zabytek i atrakcję turystyczną. Filmowcy musieli się podporządkować regułom muzeum, ale także wyremontować je, by przywrócić do stanu sprzed dwudziestu lat. Paramount wydał 500,000 dolarów na remont, w tym na podłączenie wyspy 15-milowym kablem do miejskiej elektryczności. Wiele z tych ulepszeń zostało nietkniętych po zakończniu filmu. Ekipa musiała posiadać własny generator prądu, ponieważ na wyspie go nie było, podobnie jak telefonów. Kiedy uruchomiono oświetlenie, ludzie z San Francisco po raz pierwszy od siedemnastu lat zobaczyli światła na Alcatraz.

Komisja czuwająca nad muzeum przestrzegała, że co pół godziny będzie przypływać kolejna łódź z turystami. Kobiety z komisji, które były nastawione niechętnie do ekipy, po przyjaznej interwencji Eastwooda umożliwiły łatwiejszą współpracę. Turyści jednak i tak zwiedzali Alcatraz w trakcie zdjęć, nierzadko prosząc Eastwood o autograf lub pamiątkowe zdjęcie. Z tego powodu zdjęcia kręcono w większości wieczorami, a część scen dokręcono później w studio. Kompozytor Jerry Fielding pracował bardzo blisko z dźwiękowcami, dzięki czemu trudno odróżnić muzykę od efektów dźwiękowych. Fielding uzyskał od nich z biblioteki sporo efektów takich jak: alarmy, odgłosy mew, chrobotanie o kraty i stworzył z nich kompozycje muzyczne włączając je później do orkiestry w postaci zapisów nutowych.[395]

W tym czasie niewiele filmów akcji przeznaczonych dla masowej widowni miało tak surowe środki wyrazu. Siegelowi zależało na chłodnym obrazie i opisywał styl zdjęć jako "czarno-biały z kolorem", starając się by niezależnie od wszystkiego kręcić sceny tak, jak miały być czarno-białe. Wykorzystano więc ostre oświetlenie, dużo cieni oraz wysoki kontrast. Poprzez stalowo-niebieskie zdjęcia, postacie w szarych płaszczach i wełnianych czapkach był to bardzo zimny letni przebój. Kamera stała w tyle tak daleko od Eastwooda, że zawsze było widać ponure ściany lub kraty. Niektórzy uważają, że było to podyktowane niechęcią Siegela do swojego aktora. Ale fabuła wymagała większego skupienia na głównym bohaterze, więc Eastwood był obecny w niemal każdej scenie. Był to też jedyny film w karierze, w którym Eastwood grał realnie żyjącą, historyczną postać.

Rywalizacja między Siegelem i Eastwoodem wzmagała napięcie, które rosło między nimi przez ostatnie lata. Nigdy nie nakręcił już więcej filmów z Eastwoodem, choć pozostali w przyjacielskich stosunkach. Kiedy w połowie procesu postprodukcji Siegel wyjechał do Anglii na plan kolejnego filmu, to Eastwood nadzorował finalny montaż i miksowanie dźwięku, zyskując aprobatę Siegela. Skonsultował się też z ekspertami co do możliwości ucieczki z Alcatraz. Zimne wody i zdradliwe prądy nie pozostawiały wątpliwości - nikt bez specjalnego przygotowania nie mógł się stamtąd wydostać. Eastwood postanowił zmienić zakończenie filmu sugerując, że trójce uciekinierów mogło się udać i dodał ujęcie chryzantemy jako symbolu triumfu. Niezależnie od prawdy historycznej, wysiłek więźniów musiał dla dobra widowni zostać nagrodzony. Jakiś czas później Don Simpson ze studia Paramount zadzwonił do pięćdziesięcioletniego Eastwooda z pytaniem, czy chce usunąć scenę nagości otwierającą „Ucieczkę z Alcatraz", na co ten odparł: *„Nie. Być może to ostatnia okazja, kiedy mogę pokazać się z gołym tyłkiem"*[396]

Ze wszystkich dotychczasowych produkcji Malpaso, „Ucieczka z Alcatraz" zdobyła najlepsze recenzje. Siegela chwalono za reżyserię udanego dramatu więziennego. O oszczędnym występie Eastwooda Frank Rich napisał, że *„w czasach kiedy hollywoodzkie filmy są bardziej napuszone niż kiedykolwiek wcześniej, Eastwood udowadnia, że mniej może znaczyć więcej."*[397] Film, który miał premierę tego samego roku co największy przebój Eastwooda - „Każdy sposób dobry" - przyniósł 43 miliony dolarów zysku. I choć była to ledwie połowa zysków tego drugiego filmu, w 1979 roku Eastwood był jedynym aktorem mającym na koncie dwa kasowe przeboje roku. Eastwood zauważył, że „Ucieczka z Alcatraz" miała budżet o 10 milionów mniejszy niż „Czas apokalipsy", w którym miał zagrać, a zarobił znacznie więcej pieniędzy: *„Z budżetem Francisa Coppoli mógłbym dokonać inwazji na jakiś kraj."*[398] Jednak był też dalszy ciąg historii zbiegów z Alcatraz. W 1992 roku ukazała się książka „Riddle of the Rock", która przekonywała, że braciom Anglin udało się wrócić do swojego domu na Florydzie i żyć jak wolni ludzie. W 2010 roku pojawiły się informacje o możliwej kontynuacji filmu, kiedy kanadyjski pisarz i producent Graham Clegg wykupił opcję na książkę, która w swym drugim wydaniu zyskała tytuł „Ucieczka z Alcatraz"[399].

W jednym z wywiadów w 2011 roku podczas rozmowy z Mattem Damonem, który zagrał w remaku „Prawdziwego męstwa" braci Coen, Eastwood przyznał, że w latach sześćdziesiątych miał grać tę rolę u boku Johna Wayne'a, którą wtedy kreował Glen Campbell (a w remaku Matt Damon) jednak na planach się skończyło. Choć Eastwood ściśle rywalizował z innymi gwiazdami o pozycje w box-offisie, to nigdy z nimi nie występował. Paul Newman grywał z Redfordem, czy McQueenem, a producenci zawsze dążyli do maksymalizowania zysków. Później Eastwood wspominał „*Rozmawiałem kiedyś ze Stevem McQueenem oraz z Johnem Waynem. To byłaby interesująca obsada, John Wayne i ja. Ale nigdy nie trafiliśmy na właściwą historię. A historia stanowi 95% filmu. Jeśli zacznie się robić film bez historii, to już na starcie się przegrywa. Może kiedyś Charles Bronson i ja zagramy razem…*"[400] Mogłoby to doprowadzić do ciekawej rywalizacji o to kto dostanie mniej dialogów w scenariuszu, jako że obaj aktorzy są uważani za najbardziej lakonicznych w Hollywood. Innym razem żartował, że McQueen powiedział: „Gdybyś nie był tak cholernie wysoki moglibyśmy razem zagrać!"[401]. Eastwood unikał grywania z innymi gwiazdami (dopiero w 1984 roku zgodził się zagrać u boku swojego przyjaciela Burta Reynoldsa, ale film okazał się kasową porażką). Uważał, że lepiej jest grać z mniej znanymi aktorami, co nie zagrażało jego pozycji gwiazdorskiej i nie nadwyrężało budżetu filmów.

Jak na pięćdziesięcioletniego aktora twarz Eastwooda, był na tyle atrakcyjna, że w prasie pojawiły się spekulacje, czy Eastwood nie skorzystał z operacji plastycznej. On sam jednak był skory żartować, że jego charakterystyczna twarz przypominająca góry Rushmore jest znakiem rozpoznawczym: „*Gdybym stracił swoje przymrużenie oczu, myślę że cała moja kariera ległaby w gruzach.*"[402] Jednakże w Hollywood nikt nie jest doskonały. W swej autobiografii Sondra Locke wspominała, że Eastwood przeszczepiał sobie włosy, lecz to ukrywał[403]. Ostatecznie sprawa się wydała, gdy operacja zbiegła się w czasie z odwiedzinami jego dzieci, które pytały skąd się wzięło tyle bandaży na jego głowie. Eastwood odparł, że miał wypadek na rowerze, co było kiepską wymówką, bo nikt go nigdy nie widział na dwóch kółkach. Mający obsesję na punkcie młodości i świadomy że jego wygląd przekłada się na zainteresowanie widowni filmami, od lat korzystał z siłowni, joggingu i specjalnej diety wegetariańskiej, by utrzymać dobrą kondycję. Przestrzegał planu biegania, pływania i korzystania z siłowni na długo zanim stało się to niezbędną częścią kalifornijskiego życia. Wkrótce stał się też królikiem doświadczalnym dla Durka Pearsona i Sandy Shaw, którzy prowadzili program wydłużania życia Life Extension. Eastwood poznał ich na przyjęciu u Merva Griffina i wkrótce małżeństwo stało się jego stałymi kompanami na siłowni i w kuchni. Pearson i Shaw przygotowali sceny kaskaderskie i pojawili się jako doradcy techniczni przy disneyowskim serialu "Black Holes, Monsters That Eat Space and Time", a później pełnili podobną rolę przy "Firefoksie" Eastwooda (w 1988 roku na podstawie ich scenariusza powstała piątą część Brudnego Harry'ego).

Durk Pearson i Sandy Shaw byli też autorami sporej liczby artykułów o odchudzaniu, odżywianiu i starzeniu się oraz przygotowali specjalny program, który miał za zadanie podwoić długość ludzkiego życia, poprawić wygląd i wyeliminować troski. W swej książce powoływali się na wzorcowy model, niejakiego pana Smitha: *„Pan Smith aplikował sobie końskie dawki różnych preparatów i wprowadził drakoński system ćwiczeń. Przestał mieć problemy w wywiadami, które go denerwowały i wprowadzały w słowotok."*[404] Faktycznie Eastwood nie tylko nadal był w świetnej kondycji, ale jego zdolności w kontaktach z prasą znacząco się poprawiły. Stał się bardziej elokwentny i dowcipny. W skład jego programu wchodziły: pięciokilometrowy jogging, dwie godziny na siłowni, dwie sesje medytacji, bezmięsna dieta bogata w warzywa, duże dawki choliny, selenu, deanolu, argininy i dopy. Tylko jego partnerka Sondra Locke żaliła się w swej autobiografii na Eastwooda, który wściekał się, kiedy miał problemy z napełnianiem ampułek odpowiednią ilością witamin.

W 1982 roku książka „Life Extension: A Practical Scientific Approach" ukazała się nakładem wydawnictwa wytwórni Warner Bros. i była bestsellerem. W 1984 roku Eastwood publicznie przyznał, że to on w niej figurował pod nazwiskiem Smith. Małżeństwo stanęło jednak przed sądem oskarżone o propagowanie leków i suplementów diety niezgodnych z amerykańskim ustawodawstwem. Co więcej, w 1992 roku w dokumencie "Never say die: The pursuit of eternal youth" Anthony Thomas skrytykował zawarte w książce naukowe rewelacje małżeństwa uważając je za wprowadzające w błąd, jednak Eastwood nie zarzucił swojego zwyczaju.

Miesięcznik Muscle & Fitness w styczniowym numerze z 1988 zawarł artykuł 'Make Your Day - With Exercise' poświęcony Eastwoodowi, który w wywiadzie opowiadał o tym jak w wojsku odkrył siłownię i o swoim programie ćwiczeń: "*Nigdy nie chciałem zbudować ogromnych mięśni i wyglądać jak kulturysta, ale zdałem sobie sprawę, że najlepszą drogą do utrzymania twardych i silnych mięśni jest podnoszenie ciężarów. (...) Jedną z najważniejszych rzeczy w życiu jest dobre samopoczucie o sobie. A kiedy jesteś w dobrej formie, kiedy podoba ci się jak wygląda twoje ciało i masz duży poziom energii, jest znacznie łatwiej czuć się dobrze.*"[405] Ten sam miesięcznik w 1991 roku opublikował artykuł "Clint Eastwood: The Ambassador of Fitness", w którym jeden z członków jego ekipy wspominał jak w scenie w siłowni w Eastwood podnosił 40 funtowe ciężary. Sądząc, że są to normalne filmowe rekwizyty o obniżonej wadze omal się nie złamał w połowie. Eastwood nigdy nie odpuszcza treningów - kiedy pracuje nocą, ćwiczy w ciągu dnia, kiedy pracuje w ciągu dnia ćwiczy nocą: "*Po dzisiejszej całonocnej pracy kładę się do łóżka o szóstej nad ranem, śpię do piętnastej i od razu idę na siłownię. Później wracam do pracy. Mam cholerne życie społeczne!*"[406]

Kariera Eastwooda zdawała się nabierać jeszcze większego rozpędu, choć cieszący się zasłużoną popularnością jako aktor, wciąż był ignorowany jako reżyser. Postanowił wykorzystać atut popularności, by pracować nad ambitniejszymi filmami, mogącymi mu zapewnić uznanie jako reżyserowi. Odrzucił rolę dowódcy plutonu w filmie o wojnie w Wietnamie „Spartanie". Reżyserem był jego przyjaciel z czasów telewizjii Ted Posta (który reżyserował też „Powieście go wysoko" i „Siłę magnum"). Do głównej roli zamast tego zaangażowano Burta Lancastera. W 1979 r. James Ragan na zlecenie Eastwooda pracował nad scenariuszem filmu „A Man", będącym biografią Howarda Hughesa. Ostatecznie nie doszło do jego realizacji, a temat, który różni filmowcy próbowali w różnym czasie ostatecznie ujrzał światło dzienne w 2004 roku za sprawą Martina Scorsese jako „Aviator" z Leonardo Di Caprio. Eastwood w latach osiemdziesiątych zaczął stosować dość niezwykłą politykę robienia filmów: jeden komercyjny dla zaspokojenia ambicji wytwórni, jeden artystyczny dla zaspokojenia własnych ambicji. Filmy z tej drugiej kategorii, które najczęściej podejmowały temat problemów artysty, wkrótce zapewniły mu tak oczekiwane uznanie. Jeśli nie w rodzimej Ameryce, to na pewno w Europie, gdzie posiadał stałe grono wielbicieli. Z kolei filmy komercyjne miały nie tylko generować zyski, ale również podtrzymywać wizerunek Eastwooda jako czołowego twardziela Hollywood przez kolejną dekadę.

Nie boję się żadnego faceta,
ale kiedy idzie o dzielenie
się swoimi uczuciami z
kobietą, żołądek zamienia
mi się w galaretę.

„Każdy sposób dobry"
(1978)

Country Clint

Każdy sposób dobry - Bronco Billy

Jak tylko potrafisz - Honkytonk man

Muzyka country powstała na początku XX wieku jako połączenie folku i bluesa. Proste melodie połączone z tekstami o codziennych sprawach zdobyły szczególną popularność w południowych stanach USA. W latach czterdziestych zaczęła być coraz częściej kojarzona z westernami. Eastwood odkrył country w wieku 19 lat, gdy pracował jako drwal w Oregonie. Zawsze uwielbiał jazz, ale nie była to muzyka popularna w tych okolicach: *„Szukając dziewczyn wylądowałem w jedynym nocnym klubie w tym mieście. Grali tam Bob Wills i jego zespół Texas Playboys. Ponieważ nie znałem tam nikogo, ani nie wiedziałem jak to się tańczy, spędziłem godziny na słuchaniu muzyki. Zapomniałem nawet o podrywaniu dziewczyn. Później regularnie zacząłem słuchać country w lokalnym radio."*[407] W latach sześćdziesiątych, kiedy Eastwood grał w serialu „Rawhide", stacja CBS wydała kilka singli i długogrający album na którym Eastwood śpiewał utwory country, co miało podpromować serial wśród nastolatek. Wkrótce muzyka country pomogła mu w stworzeniu jednego ze swoich najbardziej dochodowych filmów.

Pod koniec lat siedemdziesiątych w Hollywood zapanowała moda na country. Komedia „Mistrz kierownicy ucieka" z Burtem Reynoldsem była drugim po „Gwiezdnych Wojnach" najbardziej dochodowym filmem roku, który przyniósł 100 milionów dolarów a Reynolds tym samym zdobył pierwsze miejsce w boxofisie jako gwiazda generująca największe dochody. Ale krytycy nie interesowali się mało istotnym filmem o niepoważnej historii, który zyskał publiczność głównie na prowincji, a dziennikarze nie zauważali fenomenu. Mimo to wkrótce pojawiły takie pozycje jak „Wyścig Cannonball" czy „Konwój" Peckinpaha, gdzie głównymi atrybutami były pościgi samochodowe po bezdrożach i komunikowanie się przez CB radio w rytm przebojów country. W 1980 roku w filmie „Blues Brothers" tytułowi bracia trafiają do baru na południu i pytają jakiej muzyki się słucha w tych rejonach. W odpowiedzi słyszą: „och, mamy tu dwa gatunki - country i western", a w filmie wkrótce rozbrzmiewa motyw z serialu „Rawhide" w wykonaniu braci Blues.

Eastwood nie mógł być obojętny na sukcesy Burta Reynoldsa, którego poznał na początku swojej kariery w studiu Universal. W 1977 roku trafił do niego scenariusz, którego autorem był był Jeremy Joe Kronsberg, były aktor, autor piosenek a także - podobnie jak Eastwood - amator kulturystyki. „The Coming of Philo Beddoe" - jego debiutancki scenariusz - to opowieść drogi bazująca na znanym w środowisku ulicznych pięściarzy kierowcy ciężarówki podróżującym ze swą małpą. Początkowo w scenariuszu małpą partnerującą bohaterowi był goryl, dopóki Kronsberg nie odkrył, że goryle są mało posłuszne. Zamienił go więc na uległego orangutana. Do scenariusza dołączył też własne piosenki komentujące wydarzenia w filmie. Tworząc postać Philo Beddoe Kronsberg wyobrażał sobie w tej roli kogoś w typie Burta Reynoldsa, ale bez powodzenia szukał szczęścia w Hollywood. Scenariusz odrzuciło ponad czterdzieści osób. Dziwnym trafem żona Kronsberga była przyjaciółką Judy Hoyt, sekretarki w Malpaso. Z kolei Bob Hoyt, jej mąż który właśnie zdobył Oskara za dźwięk w „Szczękach", miał zamiar zostać producentem filmowym. Podobał mu się scenariusz, co przekonało jego żonę, żeby zanieść tekst do Malpaso.

Fritz Manes, który dorastał wraz z Eastwoodem w Oakland, był bardzo optymistycznie nastawiony do scenariusza, bo w scenariuszu odnalazł siebie i Clinta z lat młodości. Eastwood widział w scenariuszu dużo akcji i komizmu, ale też możliwość obalenia swojego wizerunku macho - coś na co nie miał szansy w innych filmach. Producent Robert Daley był bardzo sceptyczny i wszyscy łącznie z menadżerem, prawnikiem, i agentem odradzali mu angażowanie się w ten projekt, który uważano za ogromne ryzyko zabawy z jego wizerunkiem. Sam Eastwood jednak czuł duże utożsamienie się z bohaterem: *„Mówili, że to niebezpieczne, mówili że nie jestem tą postacią. Jak dotąd nic co było na ekranie nie było mną. To wątpliwy komplement, gdy ludzie mówią: to on. Jeśli sprawisz, że ludzie w to uwierzą to osiągnąłeś wiele."*[408] Manes przekonywał Franka Wellsa z wytwórni Warnera, że może z tego powstać zabawny film. Ale nadal istniało duże prawdopodobieństwo klapy. Kierownictwo przygotowało więc sondaż, w którym pytano widzów, czy chcieliby zobaczyć Eastwooda grającego w filmie z małpą. Wyniki jednoznacznie wskazywały, by się w to nie angażować. Eastwood jednak nie dawał za wygraną. Już nie raz podejmował ryzykowne decyzje. Zrobił zbyt dużo filmów kategorii R przeznaczonych dla widzów dorosłych, a teraz miał okazję znaleźć swą widownię również wśród młodszej widowni.

Na reżysera wybrał Jamesa Fargo, z którym niedawno pracował przy „Egzekutorze". Sam zajął się intensywnym treningiem na siłowni, bo w filmie było dużo scen walki. Ćwiczył z pracującym wcześniej przy „Rocky'm" Alem Silvani, trenerem Jake'a La Motty. W filmie znalazła się też rola dla jego obecnej partnerki, Sondry Locke, z którą niedawno zagrał w „Wyzwaniu". Grająca również w tym filmie Ruth Gordon zdobyła Oskara za drugoplanową rolę w filmie „Dziecko Rosemary" pozbawiając nagrody nominowaną w tym samym roku Locke. Eastwoodowi partnerował Geoffrey Lewis, który grał wcześniej z Eastwoodem w filmach „Mściciel" i „Piorun i Lekka Stopa". Aktor o gumowej twarzy, prywatnie ojciec Juliette Lewis, stał się jednym ze znaków rozpoznawczych filmów Eastwooda z lat osiemdziesiątych, grając później w jeszcze czterech produkcjach Malpaso.

W scenariuszu postać Beddoe miała 29 lat, a Eastwood zbliżał się już do pięćdziesiątki. Kronsberg żartował, że postarzy postać o kilka lat, ale Eastwood musiał się zmierzyć z poważniejszym problemem. Na ekranie miał mu partnerować orangutan a on siłą rzeczy musiał dostosowywać się do jego gry: *„Mówi się, że aktor nie powienien grać ze zwierzęciem, ani z dzieckiem, ponieważ na nich głównie będzie skupiona uwaga widzów. Ale pomyślałem, że w tym momencie mojej kariery mogę zaryzykować współpracę z orangutanem."*[409] Filmowy orangutan pochodził z Las Vegas gdzie występował w rewii MGM Grand Hotel. Manis, bo tak brzmiało prawdziwe imię Clyde'a, był dobrym aktorem. Orangutany są introwertyczne, więc Eastwood szybko znalazł z nim nić porozumienia: „Z *Clydem praca była prosta. Dawałem mu do wypicia pół puszki piwa, po którym się odprężał, i kręciliśmy scenę. Chociaż właściwie musiała ona wyjść przy pierwszym ujęciu, ponieważ Clyde był bardzo niecierpliwy."*[410] Treserzy Clyde'a, którzy spędzili z nim dziewięć lat wątpili, czy Eastwoodowi uda się nad nim zapanować. Później stwierdzili, że Eastwood mógłby być zawodowym treserem. Był spokojny, a to zawsze uspokaja zwierzęta.

Kronsberg był jednym z nielicznych scenarzystów, którzy mieli możliwość przebywania na planie filmowym. Został nawet obdarzony funkcją producenta towarzyszącego, którą pełnił też Fritz Manes, za czym miały pójść dodatkowe wpływy ze sprzedaży filmu. Wynikało to z sympatii Eastwooda do człowieka tak do niego podobnego: Kronsberg był podobnej postury, podobnie jak Eastwood chodził w jeansach i t-shircie i również korzystał z siłowni. Kronsberg był też na tyle zaufanym człowiekiem, że jako jeden z nielicznych nie krępował się zgłaszać

Eastwoodowi swoich zastrzeżeń, nawet w jego przyczepie: „*Niektóre z wprowadzonych zmian były lepsze od tego co napisałem, ale niektóre mnie niepokoiły. Wiedziałem, że to nie jest dokładnie to co napisałem. Zaszokowało mnie to, co zobaczyłem, ale jeszcze bardziej zaszokował mnie sukces filmu.*"[411]

Eastwood zdecydował się nie włączać do filmu piosenek napisanych przez scenarzystę. Snuff Garrett, przyjaciel Burta Reynoldsa, był autorem i producentem kilkudziesięciu piosenek country, które trafiły do Top10 listy przebojów, czym gwarantował nie tylko jakość piosenek, ale i dobry zysk. Garret niepochlebnie wyraził się o przygotowanych przez Kronsberga piosenkach i stwierdził, że sam może przygotować lepsze stojąc na głowie[412]. Jedna z nich, „Every which way but loose" tak bardzo spodobała się Eastwoodowi, że postanowił wykorzystać ją jako motyw przewodni a zarazem tytuł filmu. Ciekawostką, jest pojawienie się w jednej ze scen piosenki „Coca Cola Cowboy", której refren brzmi: „*Jesteś tylko kowbojem z reklamy Coca-Coli, masz uśmiech Eastwooda i włosy Redforda.*"

Sprzedaż wiązana nigdy nie wyszła Eastwoodowi lepiej niż w tym wypadku. Jeszcze zanim doszło do premiery filmu, tytułowy utwór trafił na listę przebojów, pomagając w promocji filmu. Kompozytor muzyki Steve Dorff wspomina: „*To był przełomowy film dla Clinta – i zupełnie inny niż dotychczasowe. W tamtych czasach muzyka country cieszyła się dużą popularnością. (...) I chociaż miałem wtedy pewne wątpliwości, to gdy film został ukończony i znalazł się na ekranach, okazało się, że [Clint] miał rację. Clint naprawdę znał swoich widzów i wiedział, co im przpadnie do gustu*[413]. Karierę robił również filmowy Clyde. Pojawiał się w programach telewizyjnych Johnny'ego Carsona, Merva Griffina. Clyde wraz ze swoim trenerem zawsze noszącym smoking, był gwiazdą programów talk show co dodatkowo napędzało reklamę.

Na Gwiazdkę 1978 roku kierownictwo Warnera szykowało premierę „Supermana", wielkiego przeboju Richarda Donnera. „Każdy sposób dobry" postanowiono najpierw pokazywać w miastach na prowincji, a dopiero później wprowadzić do metropolii. Eastwood obawiał się, że w martwym okresie stycznia film wypadnie z obiegu. Niesłusznie. Wytwórnia świadomie pokierowała reklamą w telewizji, prasie i radiu, a intensywny i równoczesny pokaz filmów w tysiącach podmiejskich kin przyniósł rekordowe obroty. Krytycy nie docenili filmu, sądząc że Eastwood sprawdza granice tego jak daleko w swym złym guście może się posunąć jako aktor. Variety oceniło film jako trzeciorzędny, sugerując że jeśli ludzie zechcą go zobaczyć, to ustawią się do kolejki na jakikolwiek film z Eastwoodem[414]. Ostatecznie film o budżecie 5 milionów dolarów zarobił 105 milionów na całym świecie stając się na najbliższe trzy dekady największym przebojem Eastwooda w całej karierze. Jego Ferrari, które przypadkowo pojawia się w scenie, gdzie bohaterowie kupują owoce na przydrożnym stoisku, spokojnie mogło zostać zastąpione na nowszy model.

„Każdy sposób dobry" był typową komedią country, pełną slapstickowych bijatyk na gołe pięści, ale wyróżniającą się na tle innych obsadzeniem w niej orangutana. I choć fabuła może się wydawać płaska i przeznaczona dla niewyedukowanej widowni, niektórzy dopatrują się w niej głębszych kontekstów. Leonard Engel jest zdania, że po latach film stanowi ważny element twórczości Eastwooda. Zauważa[415], że akcja filmu toczy się w środowisku klasy robotniczej, jednak nie stanowi to dla bohaterów ujmy i nie motywuje ich do chęci odniesienia sukcesu, co w społeczeństwie amerykańskim jest niezwykle istotne. „Każdy sposób dobry" to afirmacja zwyczajów klasy robotniczej. Świat, w którym obraca się Beddoe *„ceni sobie wydawanie pieniędzy i hazard jako oznaki lojalności i odwagi, w przeciwieństwie do posiadania i inwestowania."* Przemoc stanowi naturalny element życia. Pojawiający się w filmie harleyowcy - gang Czarnych Wdów - stanowią komiczną wersję hipisów z „Wyzwania", a nosząc nazistowskie emblematy i hipisowskie fryzury stają karykaturą bohemy. Engel zauważa, że mogliby być niedobitkami z filmu „Dziki", *„których młodzieńczy bunt przemienił w podstarzałych bufonów"* [416].

Dla głównego bohatera boksowanie nie jest próbą zdobycia pozycji społecznej, co było nowym elementem w filmach o bokserach. Motywem Philo Beddoe nie jest też niesprawiedliwość społeczna ani gniew. Walczy dla honoru i dla zabawy, a pod maską twardziela kryje się wrażliwy człowiek. Nie decyduje się na zawodowstwo, bo jest tam zbyt dużo zasad. Zdobywając lokalną sławę w nieoficjalnych walkach zbliża się do pojedynku z mistrzem, Tankiem Murdockiem. I tu również pojawia się odmiana nie spotykana dotąd w filmach o boksie, bo bohater rezygnuje z przejęcia tytułu. Patrząc na starzejącego się Murdocka stwierdza, że nie chce być najlepszym - kimś z kim każdy będzie chciał się zmierzyć. Przyjmuje niemrawy cios słaniającego się na nogach Murdocka i padając na ziemię rezygnuje ze sławy. Zakończenie, w którym bohaterowie odjeżdżają samochodem w nieznane jest zagadkowe i niespodziewane. Eastwood mówił o bohataterach: *„chciałem ich zostawić w ten sposób, pokazać że ciągle poszukują swojej drogi"*[417]. Jak trafnie zauważa Engel[418], jest to krytyka etyki sukcesu. Temat, który Eastwood powtórzył i rozwinął w swoim następnym filmie.

Osobą, która zwróciła uwagę Eastwooda na scenariusz filmu „Bronco Billy" była Sondra Locke. Uważała ona, że część osobowości Eastwooda bardzo przypominała tytułowego bohatera, a on sam sprawiał wrażenie, jakby postrzegał siebie w ten sposób. Scenariusz trafił do wytwórni w dość niezwykły sposób. Kiedy Eastwood siedział w restauracji Dan Tana's podeszła do niego pewna blondynka. Powiedziała, że pracuje dla pary scenarzystów, którzy napisali lekką komedię, która być może go zainteresuje. Następnego dnia przesłała tekst do Malpaso. Locke przekonywała Eastwooda że w scenariuszu jest więcej ciepła niż w jakimkolwiek dotychczasowym jego filmie. W tej historii widziała również rolę dla siebie: nieokrzesanej dziewczyny z wyższej klasy (za którą później w 1981 r. była nominowana do Złotej Maliny jako najgorsza aktorka).

„Bronco Billy" był historią wędrownej trupy cyrkowców, która podróżując przez kraj zmaga się z różnymi problemami. W skład trupy Billy'ego wchodzą odmieńcy i outsiderzy. Pod tym względem jest to nawiązanie do filmu „Wyjęty spod prawa Josey Wales". Wśród wykluczonych ze społeczeństwa są czarni, Indianie, kobiety i starcy. Podobieństwo to wynika również z faktu, że w obu filmach grali ci sami aktorzy. Nowi członkowie, którzy dołączają do trupy cyrkowej (jak do bandy Joseya Walesa), reprezentują nowe mniejszości społeczne, wnosząc do dobra grupy nowe umiejętności. W „Bronco Billy" w większości są oni byłymi przestępcami, podobnie jak ich lider, który trafił do więzienia po zamordowaniu żony nakrytej na zdradzie. Billy tworzy z tych wyrzutków zorganizowaną grupę wyznającą kowbojskie ideały. Jednocześnie jest to najbardziej świadoma siebie postać w roli przywódcy niż jakakolwiek spośród granych dotąd przez Eastwooda. Grupa stworzona przez tytułowego bohatera odzwierciedlała w pewnym sensie sposób działania Malpaso: niewielki zespół artystów pod przywództwem twardego lidera.

Eastwood patrzył na swój film jako manifest pewnych idei: *„Było tu dużo wartości, którym warto było się przyjrzeć w kontraście do lat sześćdziesiątych, epoki Wietnamu, Watergate itd."*[419] Jak zauważa William Beard[420], na początku lat osiemdziesiątych filmy takie jak „Elektryczny jeździec" z Robertem Redfordem, czy „Miejski kowboj" z Johnem Travoltą próbowały na nowo nawiązać do złotej epoki i ideologii niewinności, która w kinie przybierała formę naiwnego westernu. Świat Bronco Billy'ego oferuje możliwość samopoznania i integralności osobowej - trwałe składniki przeważają materialne bogactwo i prestiż socjalny pożądany przez większość ludzi. Było w tym wyraźne i zamierzone echo filmów

Capry, o czym wspomina Eastwood: *„Jest to (...) romantyczna historia o zagubionych, biednych kowbojach, którzy próbują coś razem robić. Lubię takie role. Lubię też zabawne historie. Kiedy wybieram się do kina, zazwyczaj poszukuję filmów z akcją i dobrą rozrywką, po których z przyjemnością można się napić piwa. Nie przepadam za kinem intelektualnym. Uważam, że jeśli za bardzo analizuje się życie, nie prowadzi to do niczego dobrego."*[421] Niemniej symbolika ostatniej sceny, kiedy bohaterowie wykonują show przed wielką widownią w namiocie uszytym z amerykańskich flag stanowi zwycięstwo wzniosłych idei nad materią.

Jeszcze przed rozpoczęciem zdjęć Eastwood, który sam nie pisuje scenariuszy, dokonał kilku poprawek: *„Dawniej często wprowadzałem zmiany do scenariusza podczas zdjęć. Teraz staram się je wprowadzać wcześniej, żeby nie tracić czasu na planie i być zorganizowanym. Jeśli autor nie jest osiągalny, sam wprowadzam poprawki do scenariusza. (...) W scenariuszu 'Bronco Billy' dodałem kilka scen, np. napad na bank."*[422] Eastwood był kiedyś na pojedynku bokserskim Muhammada Alego. Kiedy Ali zwyciężył, reporterzy zasypywali go pytaniami jak doszło do pokonania przeciwnika. Ali zamiast odpowiadać na pytania zaczął pozdrawiać do kamer swoich znajomych. Eastwood wykorzystał ten motyw w scenie, kiedy po udaremnieniu napadu na bank reporterzy zasypują Billy'ego pytaniami, a jemu zależy tylko na tym jak wypromować swoje show i jak mantrę powtarza zaproszenie kierowane do telewidzów. Pojawiły się sugestie, że w scenie, kiedy szeryf poniża Billy'ego, ten powinien wrócić i go pobić. Eastwood uważał, że takie nieadekwatne rozwiązanie zrujnowałoby cały film i jego przesłanie: *„Nie ma usprawiedliwienia dla odnoszącego sukcesy aktora, żeby robić na co się ma ochotę i sprzedawać to. Film powinien być czysty. Nie można adaptować go na siłę chcąc uczynić komercyjnym. To nie jest Brudny Bronco Billy."*[423] Tytułowy bohater osiąga niemal stan świętości w swej prostej wierze w ideały i w lojalności wobec przyjaciół. *„To był facet, który* *był frajerem, ale nie chciał się do tego przyznać i sprzeciwiał się cynizmowi. W pewnym sensie był dość staroświecki"*[424] Jako szef trupy zachęca swych podwładnych do życia w kowbojskiej mitologii. Engel w swej książce stawia też fiilozoficznie pytanie: *czy to Billy jest naiwny i wprowadzony w błąd, czy to rzeczywistość jest błędem*[425].

„Bronco Billy" nie był sygnowany przez firmę Malpaso. Producent i przyjaciel Eastwooda Robert Daley założył Second Street Films, która służyła za parawan dla działań Malpaso pełniąc faktycznie jej rolę. McGilligan w swej książce utrzymuje, że było to podyktowane chęcią zaangażowania do filmu Roberta Wortha, który nie mógł być operatorem przy „Ucieczce z Alcatraz" ze względu na obiekcje związków. Dla nowopowstałych firm produkcyjnych związki już nie stawiały takich przeszkód. Ale faktycznym powodem założenia nowej firmy mogła być tocząca się sprawa rozwodowa Eastwooda, gdzie ewentualne zyski z filmu musiałyby być dzielone wraz z Maggie.

Pozyskany do współpracy Worth wspominał, że Eastwood niespecjalnie przykładał uwagę do sposobu pracy operatora. Osobiście nie jeździł wybierać lokacji, oglądał jedynie zdjęcia z polaroidu wykonane przez Wortha i Fritza Manesa. Na planie nie udzielał też zbyt wielu wskazówek, ufając jego instynktowi. Worth wspomniał, że Eastwood stosuje klasyczny sposób rozplanowania ujęć: od mastershota, ujęcia przez ramię aż po zbliżenia i odwrócone mastershoty - miało to dać montażyście więcej możliwości. A ponieważ nie nagrywał więcej niż trzy duble, praca przebiegała szybko. Worth został przyuczony przez ekipę, by stosować takie oświetlenie, aby umożliwić kręcenie w zasięgu 360 stopni. Pozwoliło to na sprawne przemieszczanie się między poszczególnymi ustawieniami, bez potrzeby zmian oświetlenia. Zaplanowany na ponad osiem tygodni zdjęć film został ukończony w sześć tygodni. Zdjęcia w nim są też jaśniejsze od wcześniejszych filmów Eastwooda, co jest zasługą nowego operatora, i sprawiają, że „Bronco Billy" staje się jeszcze lżejszy w odbiorze.

W obsadzie znalazł się Scatman Crothers, który dopiero co skończył grać w „Lśnieniu" Kubricka. Perfekcjonistyczny reżyser kręcił ten film kilkanaście miesięcy, powtarzając zwykle każdą scenę po pięćdziesiąt razy. Kiedy Eastwood skończył scenę po jednym dublu Crothers niemal się popłakał. Geoffrey Lewis wspominał też, że w jednej scenie z uszkodzoną chłodnicą samochodu były problemy z maszyną do robienia dymu. W każdym kolejnym ujęciu dymu było za mało. Zniechęcony kolejnymi próbami Eastwood powiedział: *„Dajcie spokój, nie o tym jest film."*[426]

Snuff Garrett, który przygotował piosenki do filmu „Każdy sposób dobry", namówił Eastwooda do zaśpiewania w duecie z Merlem Haggardem. Ich piosenkę „Bar room buddies" słychać w samochodowym radiu, kiedy bohater grany przez Clinta zaczyna ją nucić do wściekłej Sondry Locke. Piosenka trafiła na miejsce numer 1 singli przebojów country, co przekonało Eastwooda i Garretta do założenia spółki cywilnej na równych prawach pod nazwą Viva Records. Dzięki temu piosenka Haggarda „You're the Reason God Made Oklahoma", której przez rok nie mógł nigdzie sprzedać, również trafiła na pierwsze miejsce singli. Eastwood pełniący rolę cichego wspólnika nie odgrywał w przedsięwzięciu dużej roli. Garrett przygotował również soundtracki do kolejnych filmów country Eastwooda: „Jak tylko potrafisz" i „Honkytonk Man". W 1984 roku po zawale Haggarda obaj odsprzedali swoje udziały w firmie Tinie Turner. Jednak Eastwood nie zerwał więzów z tym gatunkiem i jeszcze w 1990 roku zaśpiewał w duecie z piosenkarzem country Randy Travisem „Smokin' The Hive".

Wytwórnia Warner Bros. przygotowała największą jak dotąd liczbę sal kinowych do równoczesnego otwarcia filmu. Kierownictwo wydając ponad 2 miliony na reklamę przewidywało spore zyski już w pierwszym tygodniu wyświetlania. Dlatego kiepskie wyniki kasowe były dużym zaskoczeniem, dla dostarczającego dotąd satysfakcjonujących wyników Eastwooda. Widocznie komedia z Clintem bez małpy nie przyciągała aż tyle publiczności. Sam zainteresowany był również niezadowolony z wyników, gotów nawet opuścić wytwórnię. Twierdził, że nie wszystkie propozycje Malpaso co do kampanii reklamowej były przyjmowane przez studio. Ale film ten przyniósł Eastwoodowi uznanie wśród niechętnych mu dotąd krytyków. Po raz pierwszy na jego plakacie pojawiły się ich cytaty z prasy, które zawsze podnoszą wartość produkcji. „Bronco Billy" trafił też na francuski festiwal amerykańskich filmów w Deauville. Kiepskie wyniki kasowe paradoksalnie przysporzyły mu więcej sympatii wśród dziennikarzy. Od czasu „Oszukanego" Eastwood nie poniósł klęski finansowej, a jako czołowy gwiazdor wytwórni Warner Bros. miał zapewnić duże zyski. Ostatecznie „Bronco Billy" przyniósł dochód 15 milionów dolarów, a suma ta została podwojona po sprzedaży do telewizji i na rynki zagraniczne. Film jeśli więc był porażką finansową to tylko w porównaniu do wygórowanych oczekiwań studia, które spodziewało się sukcesu na miarę „Każdy sposób dobry".

Nic dziwnego, że Eastwood postanowił wrócić do sprawdzonej formuły i nakręcić sequel komedii z małpą. Scenariusz jednak nie narodził się bez bólów. Nim podjęto decyzję o kontynuacji, Jeremy Joe Kronsberg napisał scenariusz filmu „Going Ape!", którego bohaterem były aż trzy orangutany. W tekście nie występowały żadne postacie z wcześniejszego filmu, więc Kronsberg wolał nie wspominać o nim Eastwoodowi. Dla niego pisał nowy scenariusz, w którym osadził postać Philo Beddoe wśród mieszkanców miasteczka na pustyni, którzy walczyli z turystami. Postać grana przez Locke wyjechała w pierwszym filmie, więc jej nie uwzględniono w sequelu. Gdy wyszło na jaw, że Paramount ma zamiar wyprodukować „Going Ape!" w reżyserii Kronsberga, Eastwood odrzucił jego scenariusz i do napisania nowej wersji zaangażował pracującego wcześniej dla Burta Reynoldsa Stanforda Shermana. Kronsbergowi zaś wytoczył rozprawę o uzurpowanie sobie praw do małpiego sequela. Kiedy zyski pisarza z wpływów pierwszego filmu zostały wstrzymane, Kronsberg wytoczył Eastwoodowi drugą rozprawę. Ale obu stronom zależało na dobrych stosunkach - Kronsberg chciał pieniędzy, a Eastwood ciszy medialnej. Doszło do ugody: Kronsberg dostał odszkodowanie, uwzględniono jego nazwisko w czołówce sequela, i wypłacono mu niewielkie honorarium. Mógł też kontynuować prace nad „Going Ape!". Ale scenariusz do filmu Eastwooda pisał Stanford Sherman.

Druga część filmu „Każdy sposób dobry" nosiła tytuł „Jak tylko potrafisz". Na reżysera filmu awansowano Buddy'ego Van Horna, wieloletniego dublera Eastwooda i kaskadera od czasu „Blefu Coogana", który wyreżyserował później jeszcze dwa filmy z Eastwoodem. Van Horn wspominał *„Clint powiedział: mamy tu scenariusz. Może go przeczytasz, a jak ci się spodoba to możesz go reżyserować. Odparłem: już mi się podoba."*[427] Eastwood widział w nim odpowiedniego kandydata dlatego, że był jego ulubionym partnerem do gry w golfa, a poza tym nie był człowiekiem skłonnym do kłótni tak jak niektórzy. James Fargo, dawny asystent Eastwooda a później reżyser „Egzekutora" został zwolniony, gdy zaczął się dopominać części zysków po sukcesie „Każdy sposób dobry", których nie miałw umowie. Powszechnie było wiadomo, że odpowiedzialnym zarówno za sukces filmu, jak i wpadki w niektórych scenach, był nie Fargo lecz Eastwood.

W filmie „Jak tylko potrafisz" Lynn Halsey-Taylor grana przez Locke, choć nazywa się tak samo jak w poprzedniej części, gra zupełnie inną postać - zupełnie jakby pomiędzy oboma filmami przeszła odmianę. Nie pojawiło się żadne wyjaśnienie, dlaczego jej charakter uległ zmianie na lepsze, czym Eastwood specjalnie się nie przejmował. Natomiast postać Clyde'a grał już inny orangutan, bo Manis z pierwszego filmu przez dwa lata bardzo urósł i byłby trudny do współpracy. Fabuła tym razem koncentrowała się na przygotowaniach Eastwooda do walki z innymi mistrzem pojedynków na pięści. Zniknęła otoczka kina drogi, za to pojawiło się dużo szaleństwa biznesmenów i bukmacherów obstawiających zakłady na pięściarzy, co bardziej przypominało filmy w rodzaju „Wyścig Cannonball".

Eastwood, za namową Snuffa Garretta, zaśpiewał tym razem w duecie z Rayem Charlesem prezentowany w czołówce utwór „Barroom Buddies", a piosenki z filmu - podobnie jak z poprzedniej produkcji - również trafiły na listę przebojów. Warner przygotował kolejną zmasowaną kampanię, wręczając dziennikarzom zegarki z motywem z filmu, które były też nagrodami w licznych konkursach radiowych. Jednakże słaby scenariusz zaowocował tym, że film zarobił 70 milionów dolarów, co było sumą o jedną trzecią mniejszą od pierwszej części. Krytycy pisali, że *„jedyną przyzwoitą rolę zagrał orangutan. Można mu wybaczyć udział, bo nie czytał scenariusza. Ale jaką Eastwood ma wymówkę?"*[428]

McGilligan sugeruje, że kiedy Eastwood odnosi porażki, zaczyna zwalniać ludzi, którzy mogą być za nie odpowiedzialni[429]. Firma Roberta Daleya zniknęła z rynku wraz ze zwolnieniem Daleya, których powodów nie znał nikt. Być może był za bardzo lojalny wobec byłej żony Clinta, a niewystarczająco mocno przepadał za Sondrą Locke. Możliwe też, że własna firma Daleya gwarantująca mu większe niż dotąd zyski była zagrożeniem dla Eastwooda. Zresztą według słów jego asystenta, wieloletniego przyjaciela Eastwooda, Fritza Manesa[430], Daley nie był typem człowieka, który chętnie wychodził się zabawić. Był raczej miłośnikiem literatury i klasycznej poezji, który wieczorem wolał wracać do żony, co kontrastowało z usposobieniem Eastwooda. Natomiast Manes, dopiero co rozwiedziony, uwielbiał szwendać się z Eastwoodem jak za dawnych młodzieńczych czasów. Jest oczywiste, że Daley nie pasował do nich. Manes objął rolę producenta „Jak tylko potrafisz", lecz kilka lat później również on został zwolniony w typowy dla Eastwooda pośredni sposób, co skomentował: „*Zawsze jest od tego ktoś inny, albo pojawia się informacja, że zamykają biuro: słuchajcie, na następny rok nie mamy żadnych planów, więc zamykamy biuro.*"[431]

W 1981 roku Jeremy Joe Kronsberg wyreżyserował „Going Ape!", w którym wykorzystał też napisane przez siebie piosenki. Była to opowieść o człowieku, który odziedziczył po ojcu 5 milionów dolarów i... trzy orangutany. W filmie zagrała Jessica Walter znana z debiutu reżyserskiego Eastwooda „Zagraj dla mnie Misty" oraz Tony Danza. Natomiast na bazie filmów z Clydem powstał „Wyścig Cannonball", gdzie zagrał Burt Reynolds małpując sukces Eastwooda, a Peter Fonda - robiąc nawiązanie do jego małpich filmów (i przeboju „Easy Rider") - dowodził gangiem motocyklistów. Grali tam również wspomniany już Tony Danza, Dean Martin, Sammy Davis Jr, Jackie Chan i Roger Moore. W drugiej części tego filmu napisanej przez Stanforda Shermana zagrała również Shirley MacLaine w roli siostry zakonnej (choć nie miała na imię Sara). Jak widać gatunek country był na tyle popularny, że artyści często się powtarzali w filmach, ale gościły w nich i gwiazdy. Eastwood jako ikona gatunku pojawiał się też w innych formach artystycznych W serialu „The Fall Guy" z podobnego nurtu, którego bohaterem jest rewolwerowiec-kaskader Colt Seaver, tytułowa piosenka miała słowa: „*...mogę skoczyć z mostu lub być jak Tarzan, bo jestem nikomu nieznanym kaskaderem, który sprawia że Eastwood wygląda tak świetnie*".[432]

Tymczasem zachęcony przez artystyczny sukces „Bronco Billy'ego", na który złożyły się pokazy festiwalowe i retrospekcje, Eastwood zajął się poważniejszym filmem. Agencja Williama Morrisa, której najważniejszym klientem był Eastwood, pokazała mu książkę „Honkytonk man". Jej autorem był był Clancy Carlile, pisarz i wędrowny muzyk country. Postać głównego bohatera książki była kolażem zmarłych tragicznie w młodym wieku osobowości z prawdziwej sceny takich jak Red Foley i Hank Williams. Eastwood widział w tym projekcie swoje dzieciństwo, które upływało na życiu w ciągłej podróży. Zresztą jego ojciec grywał na różnych instrumentach w osiedlowych zespołach okolicznościowych, a sam Eastwood był niedoszłym sfrustrowanym muzykiem. *„Praca nad filmem 'Honkytonk Man' sprawiała mi przyjemność nie tylko dlatego, że akcja rozgrywala się w czasie Wielkiego Kryzysu, a film poruszał wiele kwestii, których w dzieciństwie byłem świadkiem. Był to mój pierwszy film opowiadający o ofiarach losu, o ludziach, którzy nie umieli odnosić sukcesu."*[433] McGilligan zauważył, że w tym niepewnym okresie swojej kariery Eastwood mógł przypominać bohatera książki, będąc jak on *„ludowym artystą niedocenianym w swych czasach"*[434].

Autor książki Clancy Carlile po spotkaniu z Eastwoodem zgodził się napisać pierwszy w życiu scenariusz. Jedną ze zmian, jakiej chciał Eastwood było usunięcie motywu, kiedy to Red Stovall, dążący do autodestrukcji bohater filmu daje swojemu siostrzeńcowi skręta. Eastwood wolał, żeby postać nie była aż tak negatywna, i wolał, żeby skręta podał siostrzeńcowi jeden z muzyków. Eastwood poza tym poszukiwał scenariusza filmu, w którym mógłby wystąpić jego syn, Kyle. Kiedy przejściowo miał kłopoty z karierą liczył, że być może syn pójdzie w jego ślady korzystając ze sławnego nazwiska. Planując dla niego karierę chciał mu zapewnić rolę w filmie „Karate Kid", który sam miał również reżyserować. Ale studio Columbia do głównych ról wybrała Ralpha Macchio i Chada, syna Steve'a McQueena. Z tego powodu Eastwood na zawsze bojkotował w swym filmach produkty Coca-coli, która miała udziały w wytwórni Columbia. Kyle Eastwood swą pierwszą dużą rolę zagrał więc w „Honkytonk Man", gdzie wcielił się w siostrzeńca głównego bohatera. Jego nauczycielem gry aktorskiej została Sondra Locke, dla której tym razem nie było roli w filmie. Rolę dziadka Eastwood proponował Jamesowi Stewartowi, ale ten - choć był rok młodszy od wybranego później Johna McIntire - nie chciał jeszcze grać dziadka, tłumacząc się chorobą.

Eastwood już wcześniej wykonywał piosenki w musicalu „Pomaluj swój wóz". Przy dwóch ostatnich filmach zaśpiewał w duecie dwie piosenki które leciały w tle, ale tym razem musiał się zmierzyć z solowym wykonaniem. Snuff Garrett odrzucił utwory przygotowane przez autora książki i sam zajął się przygotowaniem odpowiednich utworów, choć niekoniecznie z okresu Wielkiego Kryzysu, bo Eastwood śpiewa i gra na gitarze w kilku scenach.

Autorowi książki nie spodobało się zbyt optymistyczne zakończenie filmu. Red Stovall umiera, ale po jego pogrzebie z radia rozbrzmiewa jego piosenka, co miało symbolizować ostateczny triumf. Kierownicy Warner Bros. przestrzegali Eastwooda przed tragicznym zakończeniem. Był to już drugi film, w którym umiera grana przez niego ekranowa postać, ale on potrzebował takiej odmiany. *„Każdy się zmienia. Zmieniają się krytycy i ja również. (...) Miałem na tyle szczęścia, że byłem w stanie dokonać wszystkich rzeczy, które sobie zaplanowałem. Znienawidziłbym się, gdybym pewnego dnia patrząc wstecz musiał przyznać: Zrobiłem 30 westernów, 40 filmów policyjnych i dwa filmy z małpą, które zapewniły mi dostatnie życie. To nie byłoby szczególnie satysfakcjonujące."*[435]

Budżet filmu wynosił niewiele ponad 2 miliony dolarów, a film zdołał zarobić drugie tyle. Nie przyniósł jednak spodziewanych zysków, ani uznania krytyki. W przyjaznej Eastwoodowi Francji porównywano go z „Gronami zła" Johna Hustona. Jedynie Norman Mailer napisał, że to *„najlepszy film o country od czasu „Ostatniego seasnu filmowego", jeden z* *najsmutniejszych jakie widział, po prostu wspaniały".*[436] Eastwood nie krył rozgoryczenia: *„Sądziłem, że publika utożsami się z chłopcem i zainteresuje się jego losami. Ale duża część mojej publiczności oczekuje ode mnie bohaterskich filmów akcji i myślę, że tym filmem byli rozczarowani. Nie mogę robić filmów dla stałej warstwy społeczeństwa. Nie mogę ciągle bronić tych samych wartości. Twórca wart swojego nazwiska nie może robić ciągle remaków tego samego filmu. Potrzebuję urozmaicenia lub zupełnie nowych tematów.*[437]

Rok później Robert Duvall, znany z takich obrazów jak „Ojciec chrzestny", „Czas apokalipsy" czy choćby „Joe Kidd", grał podobną postać w filmie „Pod czułą kontrolą". Wcielił się w upadłą gwiazdę country, która znajduje szczęście z młodą wdową i odnajduje zaginioną córkę próbując zebrać swoje życie do kupy. Film zdobył pięć nominacji do Oskara w tym nagrodę dla Duvalla dla najlepszego aktora. W 2010 roku również Jeff Bridges (nominowany do Oskara za rolę w „Piorunie i Lekkiej Stopie") za rolę zgasłej gwiazdy country porządkującej swe życia dostał Oskara. Ale Duvall i Bridges od zawsze byli aktorami charakterystycznymi a na Eastwoodzie ciążył stygmat gwiazdora. Po pięcioletnim romansie filmowym z muzyką country sięgnął po szpiegowską powieść „Firefox", żeby zrekompensować finansowe porażki i jako gwiazdor tryumfalnie powrócić do łask widzów.

Wypiłem więcej piwa,

przerżnąłem więcej

panienek i skopałem więcej

facetów

niż wy tępaki

razem wzięci.

„Wzgórze złamanych serc"

(1986)

Producent, Ojciec, Kochanek, Polityk

Firefox - Lina - Gorący towar
Vanessa w ogrodzie - Ratboy
Wzgórze złamanych serc - Różowy Cadillac
Żółtodziób

W 1975 roku Clint Eastwood rozpoczął współpracę ze studiem Warner Bros., co nie tylko pozwoliło mu ustabilizować swoją pozycję w kinie, ale też umiejętnie pokierować karierą. Zależało mu na możliwości robienia małych, autorskich filmów na tematy, które go interesowały. Umożliwiała mu to z pewnością popularność i występy w filmach przeznaczonych dla szerokiej publiczności. Studio nie odrzuciło żadnego z projektów, które zamierzał zrealizować. Frank Wells z ówczesnego zarządu wspominał, że Eastwood mocno stąpał po ziemi i dobrze wiedział co zamierza robić: *„Byłem w bardzo komfortowej sytuacji dając mu wolną rękę. Mam na myśli, że kiedy odkryłem, że on wie więcej ode mnie na temat showbiznesu, nie było sensu się z nim kłócić."*[438]

Trwająca do dziś umowa z Warner Bros. oparta o symboliczny uścisk dłoni w Hollywood była czymś niezwykłym. Teoretycznie Eastwood miał zawsze wolną rękę, żeby pracować przy filmie dla innej wytwórni, a kierownictwo Warnera w każdej chwili mogło go zwolnić. Nie było ku temu jednak powodów, gdyż Eastwood jako reżyser i producent gwarantował nie tylko ukończenie filmu poniżej budżetu i przed terminem, ale przede wszystkim zapewniał spore wpływy z kas kinowych. Stał się nawet wzorcem, według którego oceniano postępy innych niezależnych producentów w wytwórni. Ostatniego dnia zdjęciowego zwykł dzwonić do biura, żeby pochwalić się ile udało mu się zaoszczędzić, a kierownicy zgadywali kwotę. Kierownictwo ufało mu i nie wtrącało się do jego decyzji, co było dawniej jego zmorą w Universalu. On zaś dysponował pełną kontrolą nad filmem - od scenariusza aż po dystrybucję.

Richard Schickel zwraca uwagę[439], że Eastwood z pewnością nie zdobyłby obecnej pozycji, gdyby podobnie jak inne gwiazdy był zmuszony do wędrówek od jednej do drugiej wytwórni, mając duże przerwy między robieniem kolejnych filmów. Jako aktor czy jako reżyser do wynajęcia nie miałby też możliwości realizowania prywatnych projektów - takich jak „Bronco Billy" czy „Honkytonk Man" - i to w tak krótkim czasie. W 1978 roku wraz z Burtem Reynoldsem pojawił się na okładce magazynu Time, ale po latach wyznał: *„Nie chciałem być na okładce z Burtem. Uważałem, że jestem wystarczająco ważny, by mieć całą okładkę dla siebie"*[440]. Reynolds lubił żartować, że Eastwood nie wiedział na czym polega gwiazdorstwo i dlatego był taki spięty. Nadal jednak był chętnie oglądany przez młodszą widownię, podczas gdy pod koniec lat osiemdziesiątych kariery jego konkurentów Burta Reynoldsa i Charlesa Bronsona załamały się. Miał też na tyle sprytu, że nie pozwolił się zaszufladkować do jednego gatunku czy do jednego typu ról. W 1981 roku został wyróżniony The People's Choice Awards za całokształt twórczości. Trudno było wtedy przewidzieć, że najlepsze jest dopiero przed nim. Tym bardziej, życie prywatne w tej dekadzie szczególnie dało mu się we znaki.

W 1980 r. sympatyzując z Republikanami wspierał kandydaturę Ronalda Reagana, który został prezydentem USA i mając opinię silnego przywódcy zaangażował się w proces szerzenia demokracji na świecie. Reagan, niegdyś aktor również występujący z małpami („Bedtime for Bonzo" 1951), uwielbiał filmy Eastwooda i czasem je cytował. Eastwood zaś interesował się tajemniczymi ludźmi, z którymi przyjaźnił się jego producent, Fritz Manes. Byli to Bob Denard, francuski najemnik wojskowy, który dowodził inwazją na Komory oraz Mitchell Werbel III, właściciel szkoły dla grup antyterrorystycznych. Zainteresowanie ich życiem było na tyle duże, że Eastwood nawet nabył opcję na scenariusz o życiu Denarda. W Waszyngtonie z kolei poznał Jamesa „Bo" Gritza, wolnego strzelca zajmującego się ratowaniem zaginionych żołnierzy, nagrodzonym różnymi orderami i medalami za wiele akcji (na jego osobie luźno bazowała postać Johna „Hannibala" Smitha z „Drużyny A"). Zafascynowany Eastwood dał się namówić na odwiedzenie szkoły antyterrorystów w Kalifornii, a później użyczając prywatnego odrzutowca przewiózł wyposażonych w karabiny M-16 i ubrania kamuflażowe adeptów, by odbyli na jego ranczu ćwiczenia z zakresu łączności.

Wkrótce Gritz poinformował Eastwooda o chęci odbicia zakładników amerykańskich z Laosu, na co nie mógł zdobyć zgody Waszyngtonu. Eastwood dowiedział się, że administracja Cartera zataiła dowody na to, że zaginieni żołnierze nadal żyją. Wykonał telefon do Reagana przekonując go, że władze powinny pomóc Gritzowi, lecz prezydent nie traktował Gritza poważnie. Wtedy Gritz zaproponował, żeby nakręcić (lub przynajmniej udawać, że się kręci) film na granicy Tajlandii. Miało to stworzyć jego żołnierzom okazję do odwrócenia uwagi i przedarcia się przez granicę. Tym razem to Eastwood nie był przekonany do planu. Ale sfinansował akcję przeznaczając na nią 50,000 dolarów, podobnie jak uczyniły to inne gwiazdy, m.in. William Shatner.

W listopadzie 1982 r. oddział dwunastu komandosów wdarł się do Laosu. Akcja zakończyła się niepowodzeniem, a jeden z komandosów zginął podczas ostrzału. W styczniu Gritz spróbował po raz drugi dokonać odbicia, ale został aresztowany w Tajlandii. Po kilku dniach został wypuszczony, jednak utracił cały autorytet w oczach ludzi, którzy go popierali. Eastwood wolał sprawy nie komentować. Po latach przyznał: *„Gdyby istniała szansa uratowania choćby jednej osoby, nie szczędziłbym czasu i środków. Ale to nie była „Parszywa dwunastka" - myślę, że większą część żołdu przeznaczyli na rozrywki w Bangkoku. Przywieźli z powrotem worek kości, niektóre z nich nie należały do ludzi. Te szczątki nie były warte narażania życia."*[441] Gritz nie zrażał się niepowodzeniami i przejawiając konserwatywne poglądy kandydował w 1988 r. w wyborach na wiceprezydenta USA, a w 1992 na prezydenta.

Eastwood nie tracąc wojennego zapału zaczął szukać dla siebie interesującego filmu o wojnie. Świadomy aktualnych trendów wyrażania złości przeciwko Wietnamowi w filmach takich jak „Łowca jeleni", czy „Rambo - Pierwsza krew", nie ustawał w poszukiwaniu odpowiedniej historii dla siebie. Zaproponowano mu rolę w filmie „Pola śmierci" Rolanda Joffe. Scenariusz napisał weteran z Wietnamu, James H. Webb, który również przyjaźnił się z Fritzem Manesem. Eastwood miał się tam wcielić w nowojorskiego dziennikarza, który jedzie do Kambodży jako korespondent w czasie działalności Czerwonych Khmerów. Ale znał swoją widownię i jak przyznaje: *„Bardzo podobał mi się scenariusz i wiedziałem, że może z tego być dobry film. Ale potem zacząłem główkować: jeśli ludzie przeczytają tytuł 'Pola śmierci', a potem nazwisko Eastwood w czołówce, nastawią się na to, że będę zabijał trzydziestu łebków na minutę. I zostaną paskudnie zrobieni w trąbę. Zdobędę sobie wielką, cholernie rozczarowaną publiczność."*[442] Kilka lat wcześniej odrzucił propozycję zagrania w „Czasie apokalipsy" Francisa Forda Coppoli.

Eastwood zastanawiał się nad adaptacją innej powieści byłego wojskowego Jamesa Webba, kiedy trafił na powieść „Firefox" Craiga Thomasa z 1977 r., którą polecił mu pilot helikoptera pracujący przy „Akcji na Eigerze". Historia ta została zainspirowana brawurowym porwaniem radzieckiego myśliwca MiG-25P „Foxbat" przez porucznika Wiktora

Bielenko, który następnie wylądował nim w Japonii. Presja dyplomatyczna zmusiła Stany do zwrócenia samolotu, a Bielenko po otrzymaniu azylu zginął w tajemniczych okolicznościach. Zimnowojenna opowieść o amerykańskim pilocie, który wykrada Rosjanom supernowoczesny samolot wpisywała się idealnie w reaganowską politykę programu Wojen Gwiezdnych i walki z Imperium Zła.

Na początku lat osiemdziesiątych dużą popularnością w kinach cieszyły się takie widowiska science-fiction jak „Bliskie spotkania trzeciego stopnia", „Superman", „Star Trek", „Gwiezdne Wojny", oraz „E.T.", nawet producenci filmów o Bondzie wysłali go w kosmos w filmie „Moonraker". Eastwood postanowił sprawdzić się w nieznanych sobie dotąd warunkach, kręcąc film w dużym stopniu uzależniony od efektów specjalnych. Zebrał na produkcję 18 milionów dolarów co było jak dotąd jego najdroższym filmem.

„Firefox" był też pierwszym i nielicznym filmem, przy których Eastwood musiał korzystać ze storyboardów: *„Nienawidzę być więźniem diagramów. Najlepsze pomysły przychodzą mi do głowy, gdy kamera jest postawiona na planie, gotowa do zdjęć. Wtedy następuje ponowne pobudzenie. Oczywiście mam generalny pomysł na rozegranie sceny, ale staram się być na tyle elastyczny, na ile to możliwe."*[443] Realizacja filmu przebiegała wyrobionym już sznytem Eastwooda, szybko i tanio. Jedno ujęcie było tak ciemne, że było widać tylko łokieć Eastwooda. Operator chciał je powtórzyć. Eastwood zapytał tylko, czy zmieścił się w kadrze i czy słychać jego głos. Kiedy uzyskał potwierdzenie odparł: *„Widownia wie jak wyglądam. Róbmy następne ujęcia."*[444] Nie mogąc poradzić sobie z efektami specjalnymi we własnym zakresie zwrócono się do firmy Johna Dykstry, pracującego przy „Gwiezdnych Wojnach".

Zdjęcia do filmu kręcono w Wiedniu, Montanie, Kalifornii, Londynie, oraz Thul Air Base na Grenlandii. Praca przy „Firefoksie" spowodowała konflikt z Robertem Daleyem, który nie podzielał entuzjazmu dla ostatnich filmowych projektów Eastwooda. Daley - prywatnie pasjonat literatury - bardziej był zainteresowany zbieraniem pierwszych wydań książek i białych kruków, niż produkcją filmów. Podczas prac przy „Firefoxie" Gildia Amerykańskich Reżyserów wprowadziła strajk. Żeby mieć prawo dostępu do montażowni i ominąć zakaz związku bez narażania się na utratę członkostwa, Eastwood formalnie przejął funkcję producenta filmu (dotąd jego nazwisko nie figurowało w napisach przy funkcji producenta)[445]. On sam tak to tłumaczył: „*Wyszedłem z aktorstwa co jest dziwnym sposobem na zajęcie się produkcją filmów. Większość aktorów uważa produkowanie za ból głowy. Ale ja byłem zainteresowany tym, co się dzieje wokół mnie. Zauważyłem, że im więcej wiem czym się zajmują inni ludzie, tym lepiej rozumiałem cały proces i tym bardziej go lubiłem.*"[446] Daley odszedł z Malpaso, podobnie jak montażysta Ferris Webster, który pracował z Eastwoodem od dziesięciu lat. Pomimo że był zrzędliwy i lubił się napić, Eastwood tolerował go za sprawność w łączeniu ze sobą różnych ujęć. Jednak przy pracy nad „Firefoxem" Webster zbyt głośno narzekał na niedbałość Eastwooda w ciągłości wizualnej. Eastwood kręcił mało dubli, z których nie zawsze było co wybrać, choć on sam tłumaczył „*Czasem niedoskonałość rzeczy czyni je prawdziwszymi. Wiele razy oglądałem filmy pięknie skomponowane, ale martwe w środku. Martwość ta wynikała z przepracowania materiału. Aktorzy byli w pewnym sensie zarżnięci na śmierć.*"[447] Między Eastwoodem a Websterem doszło do wyzwisk. Na jego miejsce awansował jego dotychczasowy asystent Joel Cox.

„Firefox" nie mógł powtórzyć sukcesu Lucasa i Spielberga, którym udało się wykreować światy, które niewielu pilotów miało okazję poznać. Będąca główną atrakcją filmu finałowa sekwencja pościgowa nie wnosiła wiele do rozwoju sztuki efektów specjalnych, bo każdy kinoman widział już podobne sceny w innych produkcjach i to znacznie lepiej zrealizowane.

Premiera nastąpiła podczas niefortunnej wojny o Falklandy, ale „Firefox" i tak zdołał zarobić 70 milionów dolarów (wkrótce ukazała się książkowa kontynuacja, a jej autor dedykował ją Eastwoodowi). Eastwood się zastanawiał: *„To bardzo ciekawe, że ci spośród krytyków, którym nie podobały się moje filmy z lat sześćdziesiątych, odrzucają również moje obecne dokonania. Odrzucają, ponieważ twierdzą że nie są tak dobre, jak te sprzed dwudziestu lat. Kiedyś krytykowali Brudnego Harry'ego, że zachowuje się niemal jak faszysta. Teraz pytają, dlaczego nie wracam do tego bohatera."*[448] Zawiedziony wynikami finansowymi w 1983 r. Eastwood zagrał w reżyserowanym przez siebie filmie „Nagłe zderzenie", który był najbardziej dochodowym w serii filmów o Brudnym Harrym. Film przywrócił równowagę nie tylko wytwórni Malpaso, ale również Warnerowi, który stracił dużo pieniędzy na niepewnych inwestycjach w rynek gier wideo.

„Lina" była kolejnym scenariuszem Richarda Tuggle'a, który napisał „Ucieczkę z Alcatraz", inspirowanym prawdziwymi wydarzeniami z prasy o gwałcicielu z Bay Area. Bohaterem miał być policjant, który o bardzo powikłanym życiu prywatnym. Tuggle liczył, że Siegel podejmie się produkcji filmu, Eastwood w nim wystąpi a on go wyreżyseruje. Ku jego rozczarowaniu Siegel wycofał się z projektu. Tuggle postawił warunek, że musi sam reżyserować film na co Eastwood się zgodził (podobnie jak wcześniej umożliwił to Michaelowi Cimino przy filmie „Piorun i Lekka Stopa"), bo wiedział, że jako aktor będzie obecny w każdym ujęciu, a filmować będzie jego ekipa: *„W tym czasie robiłem Brudnego Harry'ego i trochę byłem już zmęczony serią. „Lina" miała dobry scenariusz, dość prowokujący. Za każdym razem gdy zmierzasz w innym kierunku jest dużo zabawniej, niż być konwencjonalnym i robić rutynowo ten sam gatunek z którego się słynie."*[449] Z uwagi na zbytnie podobieństwo do filmów o Brudnym Harrym, przeniesiono lokalizację z San Francisco do Nowego Orleanu. Pociągnęło to za sobą poprawki w scenariuszu, które lepiej osadziły historię w kontekście tego miasta, a zdjęcia kręcono w prawdziwych burdelach i sex-shopach.

W „Linie" Eastwood grał policjanta Wesa Blocka, który ścigaja mężczyznę mordującego w perwersyjny sposób kobiety. Do głównej roli kobiecej poszukiwano osoby o podobnym do Eastwooda statusie, która mogłaby przekonująco wypaść na ekranie. Rozważano osobę Jane Fondy i Susan Sarandon, ale ostatecznie zaangażowano Genevieve Bujold, poważną aktorkę z Montrealu, nominowaną do Oskara za rolę w „Annie Tysiąca dni". A ponieważ Block jako samotny ojciec zajmował się dwiema córkami, jedną z nich zagrała jego prawdziwa córka, Alison. Co więcej, w biurze produkcji filmu w pracowała też pierwsza córka Eastwooda - owoc romansu z Roxanne Tunis - mająca już 20 lat Kimber.

Richard Tuggle nie był typem reżysera jakiego Eastwood potrzebował. *„Nie wiedział jak działać przy podejmowaniu decyzji"*[450] oceniał Eastwood. Był debiutantem, który przy każdej scenie widział zbyt wiele możliwości filmowania i każdą z nich chciał rozwijać. Nie miał żadnego doświadczenia w reżyserowaniu, kierowaniu ludźmi i nie był dotąd na innych planach filmowych. Ekipa Eastwooda nie była przyzwyczajona do takich nowicjuszy. Tuggle nie był w stanie udźwignąć sam całego filmu, szczególnie w skomplikowanych scenach. W trakcie zdjęć zorientował się, że w rzeczywistości nie jestem on pełnoprawnym twórcą filmu. Czasem robiono sceny według jego sugestii, a czasem według tego, co Eastwood nakazał. Zdarzało im się mieć wspólne wizje, ale jak wspomina Tuggle: *„To była jego ekipa i byli bardziej skorzy słuchać jego niż mnie."*[451] Niektórzy uważali, że Eastwood traktuje młodego reżysera wyłącznie jako swojego zastępcę na planie. Lubił się wtrącać i mówić: „a może byśmy spróbowali tak"? Tuggle musiał się zmierzyć nie tylko z próbą reżyserowania swojego producenta, ale też najlepszego reżysera jakim był dla siebie Eastwood. On jednak uwielbiał Tuggle'a i nie zamierzał przejmować oficjalnie reżyserii (zresztą obowiązywała już wtedy tzw. „ustawa Eastwooda" z czasów realizacji „Wyjętego spod prawa...", zabraniająca producentowi przejmowania obowiązków reżysera). Tuggle z własnej woli wolał się nie angażować w sceny, w których brała udział Alison, nie chcąc psuć i tak kruchej relacji między ojcem a córką. Po latach przyznawał, że tytuł filmu odnosił się też do balansowania na linie pomiędzy chęcią zadowolenia publiczności Eastwooda, a jednocześnie próbie zrobienia czegoś nowego.

Montaż „Liny" - jak wspomina reżyser - zajął łącznie osiem dni[452] (oczywiście pierwsze wersje układano już w czasie zdjęć). Kompozycją ścieżki dźwiękowej zajął się Lennie Niehaus, który znał się z Eastwoodem jeszcze z czasów służby wojskowej w Fort Ord. Niehaus pracował jako asystent Jerry'ego Fieldinga (kompozytora kilku filmów Eastwooda) a kiedy ten zmarł w 1980 r., Niehaus zajął jego miejsce. Temat przewodni do „Liny" skomponował jednak sam Eastwood, co wkrótce stało się stałą praktyką w wielu jego późniejszych filmach.

Tym co w „Linie" jest najbardziej interesujące to postać Wesa Blocka, bardzo odmienna od ról policjantów które Eastwood kreował w przeszłości. Kiedy Tuggle przygotowywał scenariusz do filmu, zapytał policjanta z obyczajówki jaki wpływ ma na niego praca. Ten odparł, że staje się bardziej delikatny dla swojej żony w łóżku. Ale żona Wesa Blocka nie była zainteresowana delikatnością, dlatego odeszła. Block tak bardzo zatraca się w swym nocnym i rozpustnym życiu, że zaczyna sądzić iż to on jest poszukiwanym mordercą. By pogłębić to wrażenie, Eastwood podłożył swój głos w scenach, w których nie widzimy twarzy mordercy. William Beard zauważa[453], że postać nosi ciemny sekret odzwierciedlający siły, z którymi ma walczyć na służbie. Block, którego nazwisko przekłada się na charakter postaci, która też czuje się zablokowana, przypomina dokonania Eastwooda z filmów „Zagraj dla mnie Misty" i „Oszukany", gdzie również grał mężczyzn pozornie silnych, ale zniewolonych przez kobiety i seks. Wes poza tym musi zmierzyć się z graną przez Bujold psycholog- feministką, z którą musi współpracować w śledztwie, a którą przy okazji próbuje uwieść. Kiedy na randce kobieta mówi mu, że chciałaby wiedzieć, co się kryje wewnątrz niego, Block odpowiada, że być może nie chciałaby tego wiedzieć. Jego osobowość jest tak mroczna, że nigdy nie wiemy co mu chodzi po głowie. W filmie pojawia się też motyw gejowski, kiedy jedna z męskich prostytutek pyta Blocka skąd może wiedzieć, że mu się nie spodoba jeśli nie próbował, na co ten odpowiada: może próbowałem. Ostatecznie Block odnajduje gwałciciela i przezwycięża swoją blokadę, stając się funkcjonalnym kochankiem, ojcem i detektywem.

Eastwood idealnie nadawał się do grania ról introwertyków: *„Pewne rzeczy, które stanowią część wspólną postaci które grasz są tobą, pewne elementy osobowości nie mogą być zatajone. Podejrzewam, że w ten sposób czuję, myślę, że dlatego tak dobrze gram introwertyków. Inni ludzie nie potrafią tak grać. Ludzie bardziej otwarci, ekstrawertyczni być może nie mogą grać takich postaci, bo tego nie czują. Nie czują samotności, i czują się samotnie w samotności – to znaczy, nie są szczęśliwi będąc sami. Całkiem nieźle grają w sytuacjach, gdzie wokół nich jest dużo ludzi. Myślę, że mój sposób grania wynika z tego kim jestem, mojego prywatnego życia."*[454] Na wiarygodność postaci żyjącej w zagrożeniu mogły nałożyć się też wydarzenia z prawdziwego życia Eastwooda, gdyż w tym okresie zaczął otrzymywać listy z pogróżkami i musiał nosić ze sobą rewolwer, a także nagrywać rozmowy telefoniczne.

Krytycy docenili grę Eastwooda, który zaprezentował się wreszcie jako poważny aktor, a odwołując się do „swojego" gatunku filmów, dał większe pole interpretacji swojej roli niż w przypadku „Bronco Billy" czy „Honkytonk Man". Pierre Rissient, który uwielbiał „Oszukanego" i „Zagraj dla mnie Misty" zapewnił „Linie" pokaz na festiwalu w Montrealu. Joe Hyams ze studio Warnera wsparł kampanię promującą

Eastwooda jako artystę, i zamówił reklamę w „New York Review of Books". Kontynuowano drogę wytyczoną przez „Bronco Billy" i „Honkytonk Man" przekonując krytyków do zmiany myślenia na jego temat. Na początku 1985 r. Eastwood poleciał promować film do Francji, Niemiec i Anglii, a w New York Timesie ukazało się na okładce jego zdjęcie w eleganckim garniturze z podpisem: „Clint Eastwood, na poważnie". W Cinematheque Francaise odbyła się retrospektywa 24 filmów z udziałem gwiazdora. Eastwood został odznaczony orderem Kawalera Sztuki i Literatury. Następnie w Monachium odbyła się podobna retrospektywa w Filmmuseum. W Londynie zaś zaproszono go do wygłoszenia wykładu w National Film Theatre. Dostąpił też zaszczytu odciśnięcia swoich dłoni na słynnym chodniku pod Chińskim Teatrem Graumana. Hyams próbował też przeprowadzić kampanię oskarową „Liny". Zdawało się, że krytycy niczym fala na stadionie nagle wykonali zwrot w jego stronę, czym Eastwood za bardzo się nie pasjonował. Jedynym krytykiem, którego regularnie czytywał była jego zaprzysięgła przeciwniczka, Pauline Kael, która nazwała „Brudnego Harry'ego" faszystą, łącząc przemoc w filmach z wizerunkiem Eastwooda. Aktor zaangażował nawet psychiatrę by stworzył jej profil psychologiczny na podstawie jej recenzji. Podobno prawdziwe poglądy Kael były dokładnie przeciwne, a nieprzychylne recenzje powodowane były niemożnością uwiedzeniea i posiadania Eastwooda. On sam podejrzewał, że to dzięki niemu jej nazwisko stało się sławne.

„Lina" przyniosła dochód w postaci ponad 47 milionów dolarów, co oznaczało, że Eastwoodowi wreszcie udało się pogodzić sukces komercyjny z artystycznym, na co nie mógł pozostać obojętnym: *„Lata temu 'Oszukany' nie odniósł sukcesu, gdyż zawiódł ludzi. Pokazano go widowni, która lubiła inny rodzaj Clinta Eastwooda. „Lina" odpowiada fanom, bo mój* *bohater na końcu wygrywa, choć jest to trudniejsze zwycięstwo dla niego niż dla Brudnego Harry'ego. Ten facet nie jest niezdarą, jest tylko bardziej wrażliwy."* [455]

Również w kolejnym filmie Eastwood wcielił się w rolę stróża prawa, choć była to produkcja czysto rozrywkowa i z powodu przygotowań do niej zdjęcia na planie „Liny" były tak napięte. „Kansas City Jazz", bo taki był roboczy tytuł filmu „Gorący towar", miał być przebojem kasowym z dwoma najpopularniejszymi gwiazdorami Ameryki: Eastwoodem i Reynoldsem. Reżyserem miał być twórca „Śniadania u Tiffany'ego" i „Różowej Pantery" Blake Edwards, który skończył właśnie zdjęcia do „Mężczyzny, który kochał kobiety" z Burtem Reynoldsem. Reynolds zdobył dużą popularność w latach siedemdziesiątych, i – jak uważano w wytwórni - byłby idealnym ekranowym partnerem dla Eastwooda. Zresztą film miał być luźnym nawiązaniem do „Żądła" z Paulem Newmanem i Robertem Redfordem.

Jednak pozyskanie aktorów nie było proste. Początkowo Eastwood odrzucił scenariusz jako pozbawiony wartości. Kiedy jednak trafił do niego ponownie przez Sondrę Locke, której Edwards obiecał rolę w filmie, zmienił zdanie. Mając już w obsadzie Reynoldsa i Eastwooda Edwards „przypomniał sobie", że rolę obiecaną Sondrze Locke obiecał wcześniej swojej córce, Julie Andrews. Wywołało to sprzeciw Reynoldsa, który grał z nią w „Mężczyźnie, który kochał kobiety" i nie zamierzał więcej z nią współpracować. Wtedy Eastwood, Reynolds i Edwards zgodnie uznali, że nie będą popierać nepotyzmu i angażować swoich bliskich do filmu. Jednak problemom z produkcją nie było końca, a wytwórnia miała duże oczekiwania po zaangażowaniu takich nazwisk.

Edwards zaczął dokonywać poprawek w scenariuszu, by dopasować temperamenty postaci do charakterów dwóch gwiazdorów. Eastwood zauważył, że w scenariuszu jest zbyt dużo *„długich, skomplikowanych psychologicznych kwestii, które nie były w stylu jego* *filmów*"[456]. Jednak nie mógł dojść do porozumienia z Edwardsem, z którym miał zbyt dużo różnic nie tylko w kwestii filmu, ale również zainteresowań kulturalnych. Zaangażował więc Josepha Stinsona (zaprzyjaźnionego księgarza i autora „Nagłego zderzenia") do dokonania poprawek w jego kwestiach. Urażony tym ruchem Blake Edwards, który był autorem scenariusza, kazał podpisać się w filmie pod pseudonimem Sam O. Brown. Warner Bros. nie chcąc stracić okazji do powstania przeboju zwolniło Edwardsa i producenta Tony'ego Adamsa z powodu różnic artystycznych. Reynolds, który świetnie rozumiał się z Edwardsem, uważał, że Eastwoodowi zależało na zastąpieniu Edwardsa w roli reżysera kimś bardziej uległym. A ponieważ film miały produkować firmy Eastwooda (Malpaso) i Reynoldsa (Deliverance), obaj zgodnie postanowili zaangażować początkującego Richarda Benjamina, który posiadał doświadczenie aktorskie (i byłby równie uległy wobec ich obu).

Problemom jednak nie było końca. Kiedy ruszyła produkcja Reynolds nagle zaczął chorować. Brał lekarstwa, bo walczył z kamieniami w nerce a jednego dnia został omyłkowo uderzony przez kaskadera prawdziwym krzesłem w twarz. Uzależnił się od środków przeciwbólowych, a jego nerwowość nie ułatwiała realizacji filmu (zresztą uszkodzenie szczęki załamało jego karierę na całą dekadę). Między Eastwoodem a uległym mu Benjaminem dało się zauważyć niebywałe porozumienie. Kiedykolwiek reżyser chciał powtórzyć ujęcie, to zerkał najpierw na Eastwooda. Kiedy znany z oszczędnej pracy Eastwood odpowiadał przeczącym ruchem głowy to Benjamin się wycofywał. Richard Schickel opisywał, że Eastwood mimo to był niezwykle pomocny przy realizacji filmu. Pewnego razu Benjamin prosił Eastwooda o powtórzenie jego zbliżenia sprzed kilku dni, gdyż laboratorium uszkodziło jedyne ujęcie jakie mieli. Eastwood po jego obejrzeniu stwierdził, że nie ma się czym martwić, gdyż jest to scena nocna, która zostanie wydrukowana jako ciemna więc nikt i tak nie zauważy rysy na taśmie. Poza tym sam zadbał o swoją garderobę z lat trzydziestych. Schickel przywołuje też zabawną sytuację, kiedy Benjamin zaplanował jazdę kamery po półokręgu dookoła Eastwooda. Świadomy oświetlenia wokół siebie Eastwood zwrócił mu uwagę, że kamera skończy ruch na „moth side" (czyli, że wszystkie latające do światła owady będą widoczne w obiektywie), dlatego zasugerował użycie tylnego oświetlenia. Był też pomocny w scenach akcji, takiej jak strzelanina. Powołując się na doświadczenie zdobyte w pracy z Siegelem, sugerował wykonanie jak największej ilości zdjęć przy jak najrzadszym zmienianiu oświetlania, co pochłaniało dużo czasu. Zaproponował, żeby na początku pokazać przybliżoną geografię gdzie się znajdują bohaterowie, a następnie nie zawracać już sobie nią głowy kręcąc aktorów biegających, padających, ładujących broń i strzelających na lewo, prawo i na wprost. Później wystarczyło dokręcić ujęcia ukazujące co zostało ustrzelone i na montażu połączyć wszystko w całość pokazując akcję i reakcję.

Ponieważ historia filmu rozgrywała się w latach trzydziestych, wykorzystano dużo muzyki jazzowej z tamtego okresu m.in. utwór Ala Jarreau „Million Dollar Baby". Eastwood nawet zagrał małą scenę grając na pianinie „Montage Blues", po tym jak Benjaminowi spodobała się jego melodia. Wziął też udział w nagraniu z Petem Jolly i Mike'm Langiem rejestrując utwór. Rozmawiając z muzykami o początkach ich kariery odkrył, że wszyscy zaczynali tak samo i wiele ich łączy: *„Żałuję, że nie kontynuowałem kariery muzycznej, szczególnie kiedy słucham ludzi grających przyzwoicie. (...) Grywałem bluesa na przyjęciach. Byłem takim zacofanym dzieciakiem w tym wieku, ale mogłem usiąść przy pianinie na przyjęciu i zagrać bluesa. A wokół pianina pojawiały się dziewczyny i nagle okazywało się, że masz randkę."*[457]

„Gorący towar" mimo początkowych problemów w produkcji zarobił 38 milionów, ale mając taką obsadę, zyski mogły być jeszcze większe. Publiczność wolała lepiej wyważoną gatunkowo komedię „Gliniarz z Beverly Hills" z Eddiem Murphym. Tymczasem Eastwood dla odmiany zaangażował się w swój pierwszy po niemal dekadzie western. Był to nie tylko autorski film będący formą przypowieści, ale też zasłużony odpoczynek od trzech ostatnich produkcji, które kręcono głównie nocą. „Niesamowity jeździec" zyskał bardzo dobre recenzje i jako pierwszy film Eastwooda startował w konkursie głównym festiwalu w Cannes.

Skończywszy „Niesamowitego jeźdźca" Eastwood został zaczepiony na terenie wytwórni przez Stevena Spielberga, który przekonywał go, że napisał scenariusz, który będzie mu idealnie pasował: *„Jest to bardzo romantyczny film. Ja nie jestem za bardzo zainteresowany romantyzmem, ale Steven myśli, że moje filmy są takie."*[458]. Był to jeden z odcinków miniserialu „Niesamowite opowieści", który odwoływał się do klasycznej serii „Strefa mroku". Obok Eastwooda inne odcinki reżyserowali m.in. Peter Weir, Brian De Palma, Martin Scorsese. Spielberg zajmował się wyszukiwaniem odpowiednich historii w dawnych filmach telewizyjnych, magazynach fantastycznonaukowych i komiksach. Przygotowywał wraz zespołem scenariusze, oglądał pierwsze wersje montażowe i zatwierdzał gotowy produkt. Sam wyreżyserował również dwa odcinki. Sześć dni na zdjęcia do półgodzinnego odcinka i minimalna stawka wynagrodzenia nie odstraszyły Eastwooda od podjęcia wyzwania sprawdzenia się w telewizyjnym medium. Żartował nawet, że zrobiłby to w połowie okresu produkcyjnego za połowę budżetu.

Reżyserowany przez Eastwooda epizod nosił tytuł „Vanessa w ogrodzie" i była to historia o malarzu z XIX wieku, który traci swoją ukochaną w wypadku, a wraz z nią wenę twórczą. Po jej śmierci rujnuje swoją karierę: zaczyna pić i niszczyć obrazy. Nie udaje mu się jedynie zniszczyć obrazu, na którym jest namalowana jego żona. Wkrótce zostaje nawiedzony przez jej zjawę i zdaje sobie sprawę, że malując jej kolejne obrazy jest w stanie rozmawiać z nią z zaświatów, a przy okazji malowania wydobywa się z kryzysu i odnosi sukces. Robiąc ten film Eastwood mógł się inspirować dziełem Otto Premingera „Laura" z 1944 roku, w którym detektyw przejawia nekrofilską obsesję do obrazu kobiety, która powraca do świata jako postać z krwi i kości.

Eastwood zwykle unikał wielkich aktorów w swych filmach, obawiając się opłacania ich gaży, ale też przyćmiewania swojej gry aktorskiej. Ponieważ tutaj sam nie występował, do filmu zaangażował jednego z najbardziej utalentowanych aktorów, Harveya Keitela. Jego brata w filmie zagrał Beau Bridges, w epizodycznej roli wystąpiła matka Spielberga, a w tytułową Vanessę wcieliła się Sondra Locke, na której obsadzeniu ponoć szczególnie zależało Spielbergowi. Na początku lat siedemdziesiątych spotkał ją w windzie wytwórni, ale był tak nieśmiały, że nie był w stanie zamienić z nią słowa - Locke była znana z filmu „Serce to samotny myśliwy", on był początkującym reżyserem telewizyjnym. Locke zagrała więc w filmie na podstawie scenariusza Spielberga i – jak się później okazało - była to jej ostatnia rola w filmie reżyserowanym przez Eastwooda. Serial Spielberga cieszył się słabym powodzeniem i wkrótce został zdjęty z anteny.

W maju 1984 nastąpił rozwód Eastwooda z pierwszą żoną. Kiedyś Eastwood powiedział: „*Mówią, że małżeństwa są darem niebios. Ale pioruny i błyskawice również.*"[459] Maggie otrzymała 25 milionów dolarów oraz dom z prywatną plażą w Pebble Beach. Jednak w pewnych interesach, które prowadzili, pozostali nadal wspólnikami. Miało to zapewnić nie tylko wiarygodność wśród innych kontrahentów, ale dyskrecję Maggie w stosunku do mediów na temat przeszłości związku. W wywiadzie dla New York Sunday News z 12 sierpnia 1984 padło pytanie: „*Czym martwi cię, że cały świat wie o twojej ugodzie rozwodowej na 25 milionów dolarów? - Tak, ale nie mogę nic z tym zrobić. To duża suma pieniędzy, ale żona bardzo mi pomagała w pierwszych latach kariery. Nie żałuję tej sumy, ale nie czuję się dobrze z uwagą jaką się poświęca tej kwocie."*[460]

Samotna od kilku lat Maggie została wkrótce żoną niesławnego niejakiego Henry'ego Wynberga. Swego czasu Liz Taylor była związana z Wynebergiem przez czternaście miesięcy, by odejść, gdy ponownie ożeniła się z Burtonem. Po drugim już rozwodzie z Burtonem wróciła do Wyneberga, mimo że miał na swoim koncie zarzuty o nakłanianie młodych dziewczyn alkoholem i narkotykami do seksu. W 1977 roku uznano go winnym gwałtu i spędził trzy miesiące w więzieniu. Przez prasę był nazywany drugorzędnym Don Juanem, który romansował z odstawionymi żonami m.in. prezydenta Indonezji Sukarno i Deana Martina. Po wyjściu z więzienia poznał Maggie Eastwood.

Tymczasem Eastwood w swoim drugim długoletnim związku z Locke zaczynał się męczyć. Locke chciała nadal pozostać panią Anderson (od wczesnej młodości była żoną Gordona Andersona), jak tłumaczyła, ze względu na wrażliwość Gordona i sprawy podatkowe. Jej relacja z mężem była bardzo emocjonalna (podobno nigdy nie doszło między nimi do zbliżenia, a Gordon był gejem). Eastwood początkowo tolerował ich przyjaźń i często wyjeżdżali w trójkę na wycieczki. Doszło nawet do tego, że kupił Andersonowi dom, żeby Sondra mogła się z nim widywać częściej. Kiedy Anderson zainteresował się francuskimi gilotynami i zapragnął zrobić na ich temat film dokumentalny, Eastwood zapewnił mu prywatny odrzutowiec wraz z ekipą telewizyjną do Francji, gdzie mógł przygotować solidny research. Ale jego menage-a-trois nie wyglądało aż tak sielankowo jak w filmie „Pomaluj swój wóz", gdzie dzielił wspólną żonę graną przez Jean Seberg z Lee Marvinem.

Locke, której kariera aktorska zbliżała się ku końcowi, miała ambitne plany reżyserowania filmów. Dotąd była kojarzona wyłącznie jako aktorka Clinta Eastwooda, a od czasu „Wyjętego spod prawa..." udało jej się zagrać w zaledwie dwóch filmach kinowych i dwóch telewizyjnych, których on nie reżyserował. Sytuację uzależnienia dodatkowo komplikował fakt, że jego agent był jej agentem, a dzielili również wspólnego prawnika i menadżera.

Scenariusz filmu „Ratboy" krążył po wytwórni Warnera od dłuższego czasu. Kiedy trafił do rąk Locke, urzekł ją postacią głównego bohatera i jego dzieciństwem. Była to historia chłopca, którego twarz na skutek problemów genetycznych przypomina szczura. Locke uznała, że to odpowiedni temat na jej reżyserski debiut, a Eastwood był zdania, że taka aktywność dobrze jej zrobi, bo przez ostatnie trzy lata była zajęta urządzaniem ich domu. Obiecał jej, że wspomoże ją swoją ekipą, która w tym czasie nie kręciła żadnego filmu. A ponieważ Locke pracowała z nimi już wielokrotnie jako aktorka, nie musiała się martwić o przełamywanie lodów, nawiązanie porozumienia i autorytet. Umowa ze studiem Warnera zobowiązała ją do zagrania jednej z ról, co miało filmowi zagwarantować powodzenie.

Locke zaczęła dokonywać poprawek w scenariuszu w czym pomagał jej Anderson, który miał zagrać w filmie jedną z ról. Eastwood był wściekły, bo scenariusz który osobiście pokazywał w wytwórni i na który zyskał aprobatę, nie był tym, który chciała zrealizować. Ostatecznie Locke zrezygnowała z wprowadzenia zmian. Obserwując Eastwooda przy wcześniejszych filmach i wspomagając go przy produkcji była dobrze przygotowana do zawodu, więc prace na planie przebiegały sprawnie. Ale stery przy montażu przejął Eastwood. Obawiając się złego wrażenia na wytwórni przed którą był odpowiedzialny, nakłonił ją do zaakceptowania wszystkich swoich decyzji.

Jeszcze przed rozpoczęciem zdjęć obiecał jej, że założą nową firmę, której nazwa ukaże się w czołówce filmu. Miało to jej pomóc odróżnić swój film od dorobku Eastwooda. Jednak pochłonięty lokalnymi sprawami politycznymi zapomniał o całej sprawie. W czołówce nie pojawiło się jego nazwisko, ale jego ekipa była z nim tak mocno kojarzona, że dla widowni było jasne kto odpowiadał za końcowy rezultat. „Ratboy" zebrał całkiem dobre recenzje na festiwalu amerykańskich filmów w Deauville we Francji, a Locke doceniono za sprawną reżyserię. Ale w Stanach film nie znalazł się w szerokiej dystrybucji i wkrótce został zdjęty z kinowych ekranów, gdyż studio nie widziała w nim komercyjnego potencjału. Relacje z Eastwoodem, zaangażowanym teraz w sprawy administracyjne swojego miasteczka, robiły się coraz bardziej napięte. Po latach Locke zauważyła, że chęć reżyserowania pogrzebała na zawsze ich wspólne szczęście.

Carmel-by-the-Sea, miasto w hrabstwie Monterey, było niewielkim nadmorskim kurortem zamieszkanym głównie przez artystów. Mieszkali tam m.in. Bing Crosby, Betty White, Upton Sinclair czy Jack London. Obowiązujące tam prawo mówiło, że miasto jest własnością wszystkich mieszkańców. Domy w mieście nie są numerowane (przesyłki odbiera się na poczcie), a na skrzyżowaniach prawie nie ma świateł. Miasto jest też bardzo przyjazne dla psów, pozwala się im wchodzić wraz właścicielami do sklepów i restauracji, gdzie mogą liczyć na wodę i specjalne menu. Eastwood zakochał się w tej miejscowości już podczas swoich wypadów na przepustkach wojskowych a zamieszkał tam, gdy zaczął grać w serialu „Rawhide. Od tamtego czasu zakupił kilka posiadłości i działek, w tym domów i lokali użytkowych takich jak Hog's Breath Inn, pub wzorowany na brytyjskich lokalach. W menu jego lokalu znajdowały się potrawy czerpiące swe nazwy z filmów Eastwooda, m.in. polska kiełbasa „Nagłe zderzenie", czy stek Brudnego Harry'ego. Licznie pojawiający się turyści byli skłonni płacić wysokie ceny mając nadzieję, że być może przy ich stoliku pojawi się właściciel. W większości swoich inwestycji Eastwood jest jednak współwłaścicielem dbając, by jego nazwisko nie pojawiało się dokumentach. Do niego należy też pole golfowe Pebbles Beach Golf Country Club w Monterey, na którym odbywają się popularne turnieje Pebble Beach National Pro-Am, w których sam czasem bierze udział, a także kilka domów w których mieszkają jego byłe kochanki.

Eastwood rozsławił miasto osadzając w nim akcję swojego debiutu reżyserskiego „Zagraj dla mnie Misty". Z własnych pieniędzy zakupił też mającą wartość zabytkową Mission Ranch - wybudowany w 1850 r. zakład mleczarski, otoczony przez bagna i ranczo. Najstarsza zabudowa pochodziła z 1852 roku. Miejsce pełniło również funkcję motelu a podczas II wojny światowej klubu dla oficerów. Kiedy Eastwood je nabył, zaskoczyło go, że okna od stropu są pomalowane na czarno. Okazało się, że w czasie wojny odbywały się tam tańce. Z obawy, że Japończycy w swych łodziach podwodnych mogliby zobaczyć światła, pomalowano okna na czarno. Dotychczasowi właściciele zamierzali przekształcić teren w nowoczesne budynki mieszkalne. Eastwood obiecał, że zachowa jego historyczny wygląd, na co nie było stać władz miasta, a po remoncie wspominał: „*Wymieniliśmy podłogi. Przeszliśmy remont kawałek po kawałku, przerabiając wszystko. Tak jak na przykład stodołę. Wszyscy żartowali, że jedyne co trzyma ją w całości to termity trzymające się za ręce.*"[461] Inwestycja kosztowała 5,5 milionów dolarów. Zanim Eastwoodowi udało się wykupić posiadłość, musiał podpisać umowę z czternastoma właścicielami i zdecydował się pokryć ich wydatki ponieważ chcąc budować osiedle musieli spełnić sporo wymagań technicznych urzędu miasta, którego biurokratyczne procedury były mało przejrzyste.

Chcąc wyremontować swoją restaurację Hog's Breath Inn Eastwood natrafił na silny opór ze strony władz miasta. Odrzucali jego kolejne wnioski bez podawania przyczyn. Miasto nie zgadzało się na projekt dobudówki uważając, że musi ona mieć mniejszą ilość szkła a większą drewna. Zmiany w wyglądzie budynku mogły według nich ujemnie wpływać na piękno krajobrazu. Wiele innych przepisów utrudniało mieszkańcom życie w Carmelu - obowiązywał zakaz sprzedaży lodów na ulicy, a kobietom nie wolno było nosić butów na obcasach bez zezwolenia (miało to zapobiec pozwom o odszkodowanie za wypadki spowodowane przez nierówne chodniki).

W maju 1984 Eastwood pozwał miasto do sądu uważając decyzję za zbyt subiektywną: *„Miasto nie chciało powiedzieć, co można zrobić, tylko mówiło czego zrobić nie można"*[462]. Narzekając w gronie przyjaciół obiecał wesprzeć któregokolwiek z nich w nadchodzących wyborach, kiedy zaproponowano mu by sam wystartował. Ponieważ przedsiębiorcy prowadzący tam interesy również nie mieli łatwego życia z burmistrzem Eastwood postanowił połączyć z nimi siły i stawić czoło sprawującej urząd Charlotte Townsend w zbliżających się wyborach na burmistrza. Jak zauważa Schickel[463], zależało mu na tym, żeby radni zaczęli go szanować. Uważał, że jeśli człowiek o takich koneksjach jak on może mieć problemy z miastem, to zwykli obywatele są bez szans. W mieście zamieszkanym przez takie sławy jak Paul Anka, czy Doris Day kandydatura Eastwooda mogła być odczytywana jako kaprys gwiazdora: *„Nie chodzi mi o to, by zwrócić na siebie uwagę. Występuję wyłącznie jako obywatel tego miasteczka. Miejsca, w którym mieszkam i chcę żyć aż do śmierci. Czuję sie mocno związany z tą społecznością i niepokoi mnie fakt, że obecnie odbierana jest tak krytycznie. A przecież kiedyś panował tu wspaniały duch bohaterstwa. Chciałbym doczekać chwili, gdy ten stary duch powróci."*[464]Ponieważ przeskok Ronalda Reagana z kinowego ekranu do Białego Domu wciąż zadziwiał, wieści że Eastwood wszedł do polityki zapełniły pierwsze strony gazet na całym świecie. Zaangażował Eileen Padberg, konsultantkę wyborczą pracującą wcześniej dla Reagana i przeprowadził cichy sondaż swoich szans na sukces w wyborach. Padberg doradziła mu nie udzielanie wywiadów mediom krajowym, nie atakowanie Townsend wprost, jak najczęstsze przebywanie w mieście i wystrzeganie się towarzystwa kobiet[465]. To ostatnie zalecenie zresztą nie było pozbawione przesłanek. Eastwood dowiedział się właśnie, że mieszkająca w Carmelu dwudziestokilkuletnia stewardessa Jacelyn Reeves, z którą od pięciu lat miał romans, zaszła w ciążę. 21 marca urodził się ich syn, Scott.30 stycznia 1986, w ostatniej godzinie przyjmowania wniosków Eastwood oficjalnie zgłosił swoją kandydaturę na urząd burmistrza. Wybory stały się nagle gorącym tematem medialnym i do Carmelu ściągali dziennikarze z całego świata. Eastwood, poinstruowany przez swoich doradców, dbał o jak najmniejszy rozgłos wokół swojej osoby. Oprócz sporadycznych akcji jak naklejki z napisem nawiązującym do Brudnego Harry'ego: „No dalej, uczyńcie mnie burmistrzem" był przedstawiany w kampanii jako zwykły obywatel. Miastu nastawionemu dotąd wrogo do biznesu proponował rozwój. W programie znalazły się zdawałoby się tak zwyczajne postulaty jak: zwiększenie liczby miejsc parkingowych przy plażach i umożliwienie sprzedaży lodów na ulicy. Wśród mieszkańców nosił przezwisko Zjawy z Carmel, gdyż pomijając bary był tam osobą niemal niewidywaną. Kampania, która z powodu Eastwooda nabrała światowego rozgłosu, zdawała się przytłaczać jego główną kontrkandydatkę, nieprzywykłą do udzielania tylu wywiadów. Natomiast przyzwyczajony do wielokrotnego powtarzania wyuczonych wcześniej kwestii Eastwood radził sobie znakomicie z pytaniami.

Gilligan zauważył[466], że w porównaniu do 3 tysięcy dolarów wydanych na kampanię przez Townsend, 40 tysięcy wydane przez Eastwooda było ogromną inwestycją, która nie mogła się zwrócić przez dwa lata sprawowania urzędu płatnego 200 dolarów miesięcznie. Gdy był na spotkaniach z wyborcami, grzecznie odmawiał rozdawania autografów. Jego slogan był prosty: „Jednoczenie społeczności". W przemowach podkreślał pragnienie by zbudować porozumienie między światkiem biznesu a społecznością mieszkańców. Ostatecznie w wyborach, które odbyły się w kwietniu zdobył poparcie w wysokości 72,5 procent. Prezydent Reagan, który niegdyś grał w filmie z szympansem zadzwonił z gratulacjami pytając: „*Co aktor, który zagrał w filmie z małpą robi w polityce?*"[467]

Siedmiominutową ceremonię przejęcia władzy obserwowała jego matka Ruth Wood oraz siostra Jean Bernhardt. Tymczasem zwykłe miejsce zebrań rady miejskiej liczące 50 miejsc zmieniono na salę liczącą 250 krzeseł, by pomieścić obserwatorów, których po wygranej Eastwooda przybyło. Zwiększył się ruch turystyczny w Carmelu, którego największą atrakcją stał się burmistrz, a miasto zyskało miano Clintville. Gadżety z jego wizerunkiem pojawiły się na każdej ulicy. Powstał nawet sklep Clintville z jego koszulkami. Eastwood nie domagał się praw do swojego wizerunku, ale prosił sprzedawców, by część zysków z takich gadżetów przeznaczali na centrum młodzieży. Wkrótce sprawa wymknęła się spod kontroli, bo sprzedawcy zaczęli się sądzić o prawa do nazwy Clintville i Eastwood został zmuszony do zamknięcia ich biznesu.

Do obowiązków burmistrza należała obecność podczas comiesięcznych zebrań rady, uczęszczanie na spotkania wydziałów i agencji a także reprezentowanie miasta na różnych wydarzeniach. Eastwood zaczął prowadzić rubrykę w lokalnym tygodniku Pine Cone, która stała się jego prywatnym forum, gdzie dyskutował na temat bieżących spraw miasta. Jako reprezentant miasta musiał też zrezygnować ze swego codziennego stroju - t-shirtu i dżinsów - na rzecz garnituru (który pochodził zresztą z jednego z jego filmów). Jednak tuż po wyborach przekazał swoje codzienne obowiązki Sue Hutchinson, konsultantce która organizowała kampanię, gdyż nie zamierzał rezygnować z kręcenia filmów (w czasie dwuletniej kadencji nakręcił aż trzy). Nie przestawał jednak pełnić roli reprezentacyjnej. W 1987 roku papież w czasie swej pielgrzymki po Stanach wylądował na lotnisku w Monterey i podobnie jak wcześniej król Juan Carlos spotkał się z Eastwoodem. Papież rozmawiał z nim o filmach i swoich aktorskich doświadczeniach w Krakowie. Carmel zyskiwało coraz więcej turystów, chętnie kupujących pamiątki z podobizną Eastwooda. Ale burmistrza interesowały wyłącznie sprawy lokalne i udało mu się spełnić większość obietnic wyborczych: *„Zbudowaliśmy kilka rzeczy: bulwary i miejsca parkingowe na plaży, aneks do biblioteki, z którego budową zwlekano 25 lat. Podszedłem do tego jak do interesu, nie do polityki"*[468]. Eastwood uprościł też formalności związane z budową i remontem nieruchomości, co było przyczyną startu w wyborach.

Nadal spotykał się z Jacelyn Reeves, która w lutym 1988 roku urodziła mu córkę, Kathryn Ann (w 2005 roku jako Miss Golden Globe wręczała ojcu nagrodę za film „Za wszelką cenę"). Wtedy obwieścił, że nie zamierza ubiegać się o reelekcję ani startować w innych wyborach. Doszedł do takiego wniosku, gdy pewnego dnia z członkami rady zastanawiali się czy szanowany lekarz, powinien dostać zezwolenie na zmianę kąta nachylenia dachu swojego garażu. Uznał, że polityka była ciekawym doświadczeniem, ale nie zamierza się nią więcej zajmować. I choć był utożsamiany z Republikanami (przyjaźnił się z Reaganem, Schwarzeneggerem i McCainem) to na temat swoich poglądów politycznych powiedział: *„Nie postrzegam siebie jako konserwatysty, ale nie jestem też ultralewicowcem. Tworzę sobie własną filozofię. Podoba mi się libertariańskie podejście, które nie ingeruje w życie obywateli. Jeszcze kiedy byłem dzieckiem denerwowali mnie ludzie, którzy mówili innym jak mają żyć."*[469]

Eastwood łączył obowiązki burmistrza z kręceniem filmów. Jednego ranka kręcił zdjęcia od szóstej wieczorem do ósmej rano, a później wziął prywatny odrzutowiec do Carmelu, by zdążyć na comiesięcznie zebranie radnych. Jego życie zdecydowanie kręciło się wokół filmu. Jeszcze w trakcie sprawowania urzędu Eastwood rozpoczął pracę nad filmem „Wzgórze złamanych serc", który spełniał jego nadzieje na militarny film o triumfie amerykańskiej armii. Scenariusz Jamesa Carabatsosa zakupiony przez Warnera krążył po wytwórni bez szans na realizację, dopóki nie trafił w ręce Fritza Manesa, który miał za sobą służbę wojskową w Marines.

Eastwoodowi bardzo spodobała się postać głównego bohatera - starzejącego się sierżanta, który nie może żyć bez wojny. Zależało mu teraz na zdobyciu uznania jako aktor, porównywalnego z tym, jakie zdobył jako reżyser. Polecił więc autorowi scenariusza wprowadzenie poprawek i pogłębienie rysu postaci głównego bohatera. Kiedy Carabatsos odszedł, by zająć się swoimi bieżącymi scenariuszami, Eastwood zaangażował Dennisa Hackina, który pracował przy „Bronco Billy". Ale z jego pracy też nie był zadowolony, więc do prac przy poprawkach zaangażował Josepha Stinsona („Nagłe zderzenie", „Gorący towar"), który niestety również nie był w stanie napisać tego czego oczekiwał jego zleceniodawca. W końcu Eastwood sięgnął po znaną sobie z czasów prac nad „Blefem Coogana" metodę nożyczek i taśmy klejącej. Z tekstu Carabtsosa i Stinsona wyciął najlepsze fragmenty łącząc w jedną całość. A ponieważ ich style znacznie się od siebie różniły, zaprosił ich obu do wspólnej pracy nad ujednoliceniem stylu.

Taka gimnastyka przy scenariuszu się jednak opłaciła, bo Eastwood stworzył bardzo interesującą postać, i do dziś jest to jego ulubiona rola. Sierżant Tom Highway to relikt dawnej epoki i zarozumiały szowinista, który w pewnym momencie życia orientuje się jak wiele stracił. *„"Wzgórze złamanych serc" to moje ostateczne oświadczenie na temat macho. Główny bohater jest supersamcem i jest nieźle popaprany – to kompletny ignorant."*[470] Była to w końcu refleksja nad życiem wojownika, gdy wokół nie toczy się żadna wojna. Charakterystyczny, przepity głos, Eastwood stworzył przypominając sobie swojego wujka: *„Miał zniszczone struny głosowe więc zawsze musiał mówić wolno i głęboko. To powodowało w nim ekspresję zgorzkniałości. Jako dzieciak, lubiłem go imitować, bawiąc się w gangsterów. On był naprawdę miłym człowiekiem i nie lubił tego rodzaju wygłupów."*[471]

Gdy scenariusz był już gotowy, rozpoczęły się próby pozyskania poparcia od armii, bez którego trudno byłoby zdobyć potrzebny sprzęt i lokacje. Ale konserwatywna armia, broniąca swego dobrego wizerunku, odrzuciła scenariusz właśnie z powodu kontrowersyjnej postaci Highwaya. Wtedy - odznaczony w przeszłości Purpurowym Sercem - Fritz Manes, który nadal posiadał znajomości użył swych kontaktów i uzyskał zgodę na wykorzystanie wizerunku Marines. Marines wspierali wcześniej produkcje filmów takich jak „Oficer i Dżentelmen" czy „Wielki Santini" i w przeciwieństwie do armii nie uważali, że mający powstać film mógłby zaszkodzić ich wizerunkowi. Nie ukrywali też, że chętnie widzieliby Eastwooda na plakatach rekrutujących, tak jak to było z Tomem Cruise'em i filmem „Top Gun", który zapewnił lotnictwu masę poborowych. Scenariusz przerobiono zatem jeszcze raz, by dostosować go do realiów Marines i ich musztry. Ze względu na wybory burmistrza w Carmelu zdjęcia z wiosny przełożono na lato 1986 roku. Opóźnienie spowodowało, że Departament Obrony raz jeszcze przemyślał całą sprawę i wycofał swoją zgodę na wsparcie produkcji ze względu na wypatrzenie autentyczności faktów takich jak wiek sierżanta, obecność Marines na Grenadzie, czy śmierć jednego z nich podczas działań naziemnych (do tamtej chwili żaden z Marines nie zginął na lądzie). Eastwood zobowiązał się do wprowadzenia odpowiednich zmian w zakresie wiarygodności i zmniejszenia padających w filmie wulgaryzmów.

W roli żony Highwaya o imieniu Aggie (zbieżność z imieniem byłej żony Eastwooda - Maggie - niekoniecznie przypadkowa) wystąpiła Marsha Mason, która obawiała się szybkiego stylu kręcenia z którego Eastwood był znany. On jej obiecał, że nie będą jej filmować, dopóki nie będzie czuła, że jest w pełni przygotowana. Nie było za to prób choreograficznych tańca. Kiedy doszło do sceny, w której z nim tańczyła, a wokół nich oprator Jack Green ze steadycamem, zastanawiała się skąd Eastwood wiedział w jakim kierunku ją prowadzić, co on jej później wyjaśnił: *„Kierowałem się oświetleniem, które przemykało po twojej twarzy."*[472]

Podczas produkcji pojawiły się zatargi personalne. Eastwood czuł coraz większą niechęć do Manesa, którego znał od dzieciństwa a który od kilkunastu lat pracował jako jego producent. Manes, ze względu na swoją przeszłość, cieszył się wśród Marines większym szacunkiem niż Eastwood, co powodowało jego zazdrość. Tymczasem w trakcie zdjęć nastąpiła wizytacja jednego z członków Departamentu Obrony, który wpadł we wściekłość, gdy odkrył, że właśnie kręcono scenę ratowania amerykańskich studentów, której miało nie być w scenariuszu. Odpowiedzialny za sprawy publiczne Generał Walt Boomer zażądał natychmiastowego przerwania produkcji. Eastwood musiał interweniować w obronie filmu u prezydenta Reagana, co ostatecznie zniechęciło Boomera do przerywania zdjęć. Po przegranych w Korei i Wietnamie, inwazja na Grenadę, która odbyła się za administracji Reagana, miała podnieść poczucie wartości amerykańskiego narodu i pozbycie się kompleksu przegranych. Ale zwycięstwo to było bardzo sztuczne i symboliczne, w pewnym sensie czysto propagandowe. William Beard[473] zauważa, że triumfalny finał filmu pełen powiewających amerykańskich flag przypomina ostatnią scenę filmu „Bronco Billy".

Niestety pokaz próbny filmu dla Departamentu Obrony nie zaczął się pomyślnie. Już sam początek, w którym Highway przechwalał się w więzieniu swoimi wyczynami z Azjatkami nie budził dobrych nadziei. Pojawiły się zarzuty o nadmierne przekleństwa i niewłaściwe zachowanie żołnierzy (oddanie serii z karabinu w plecy martwego Kubańczyka). Krytykowano też niewiarygodne ukazanie samej inwazji, czego Eastwood próbował bronić: *„Wiadomo, że brało w niej udział wielu żołnierzy. My pokazaliśmy tylko dwunastu, niewielki pluton zwiadowczy. Czy miałem wydać kolejne pięć milionów, aby zaprezentować całą armię? To jest niedorzeczne."*[474] Marines jednak wycofali swe poparcie dla „Wzgórza Złamanych Serc".

Eastwood zwolnił wtedy Fritza Manesa, kolejnego po Robercie Daleyu i Ferrisie Websterze stałego członka Malpaso. Oficjalnie zapowiedział, że przez najbliższy rok nie zamierza zajmować się żadnym filmem, więc radzi mu poszukać sobie jakiegoś innego zajęcia. Powody zwolnienia nie były jasne, choć niektórzy sądzili że mogło chodzić o współpracę Manesa z Marines i nieprzypilnowanie Sondry Locke przy produkcji filmu „Ratboy". Manes, któremu udało się ponownie zejść ze swoją żoną i zamieszkać w jednym z domów Eastwooda, był też zbyt lojalny wobec Maggie i nie bardzo akceptował jego związek z Locke. Poza tym miał też lepszy kontakt z dziećmi Eastwooda, kiedy ten przechodził przez trudny okres po rozstaniu z Maggie. I choć był odpowiedzialny za większość ostatnich sukcesów Eastwooda nigdy więcej nie znalazł pracy w branży.

Pomimo bojkotu Marines „Wzgórze złamanych serc" przyniósł zyski w wysokości 40 milionów dolarów na świecie i 20 milionów z wypożyczalni wideo. Krytycy w swych recenzjach doceniali grę aktorską Eastwooda, który pokazał inne odbicie swojego wizerunku twardziela: *„Highway był zawsze bezdusznym, pustym człowiekiem. Bezwzględnym w stosunku do innych. Beznadziejnie poszukującym w sobie choćby cienia wrażliwości. Myślę, że takich mężczyzn jak on jest wielu. (...) Właśnie to, jakim mężczyzną był Highway, dało mi dużo do myślenia. Ten film każe mi się* *zastanowić również nad tym, co mam zamiar dalej robić. Chyba nadszedł czas, aby poszukać nowych typów bohaterów i innych problemów."*[475]

Eastwood podejmując się gry sierżanta Highwaya, być może liczył na powtórzenie losów Louisa Gossetta Jr. który za rolę twardego sierżanta artylerii w „Oficerze i dżentelmenie" otrzymał Oskara. Wytwórnia Warner zresztą próbowała promować „Wzgórze złamanych serc" w kampanii oskarowej, ale wtedy całą uwagę zwrócił na siebie „Pluton" Olivera Stone'a, który zyskał cztery Oskary, podczas gdy film Eastwooda jedynie nominację za dźwięk. Eastwood zaangażował się w muzykę przy filmie pisząc z Sammym Cahnem utwór „How Much Can I Care' zaśpiewany przez Jill Hollier.

Doceniany za swój wkład w kinematografię Eastwood w 1987 roku otrzymał od Stowarzyszenia Prasy Zagranicznej Hollywood nagrodę za całokształt twórczości kinematografii im. Cecille B. DeMille'a. Rok później został także wybrany Ulubionym aktorem wszechczasów. Tego typu wyróżnienia powodowały w nim chęć zapisania się na kartach historii nie tylko jak aktor kina akcji. Wkrótce rozpoczął zdjęcia do biograficznego filmu o życiu saksofonisty Charliego „Birda" Parkera, którym zamierzał oddać hołd legendzie jazzu. Film był nominowany do kilku Złotych Globów, zdobył Oskara za dźwięk, Złotą Palmę dla Foresta Whitakera a Eastwood został wyróżniony Złotym Globem za reżyserię. Taka odmiana losu spowodowała liczne zmiany nie tylko w jego karierze, ale i w życiu prywatnym.

Locke niechętnie przebywała w Carmelu, kiedy sprawował tam urząd burmistrza. Wolała spędzać czas w domu w Los Angeles, o który dbała jak o własne dziecko. Wkrótce zamieszkał u niej Kyle Eastwood, który wraz z kolegami urządzał tam próby muzyczne swojego zespołu rockowego. Wcześniej, chcąc zostać filmowcem jak ojciec, Kyle chodził do szkoły filmowej a w wakacje pracował jako sprzątacz w jednym z kin w

Carmelu. Eastwood wspominał wtedy w wywiadzie: „*Widział „Gwiezdne wojny" trzydzieści trzy razy. I może ci powiedzieć o wszystkich błędach i wpadkach. Daj spokój, mówię mu, nikt nie powinien oglądać tyle razy jednego filmu.*"[476] Jednak Kyle'owi niezbyt podobały się studia filmowe na USC, bo coraz bardziej interesował się muzyką. Również córka Eastwooda Alison nie wykazywała aspiracji filmowych, a ojciec był na nią zły za zainteresowanie modą, gdyż pragnął własnej dynastii filmowej, takiej jaką miał Henry Fonda. Gdy Spielberg przygotowywał filmową wersję „Piotrusia Pana" chciał umówić ją na spotkanie w sprawie obsady, ale odmówiła. Prasa plotkowała o niej, gdy zaczęła spotykać się z synem nieżyjącego już Steve'a McQueena, Chadem. Chad McQueen grał w filmie „Karate Kid", który Eastwood zgodził się reżyserować, pod warunkiem że zagra w nim Kyle. Ponieważ wytwórnia Columbia się nie zgodziła, Eastwood przez lata bojkotował produkty Coca-Coli, która w 1982 wykupiła wytwórnię. Tuż po zakończeniu sprawowania urzędu burmistrza Eastwood wyjechał do San Francisco, by zagrać w ostatnim filmie z serii Brudny Harry, który reżyserował jego dubler i kaskader Buddy Van Horn (czasem wymieniany pod prawdziwym nazwiskiem jako Wayne Van Horn). Film mający premierę w lecie 1988 roku przyniósł dochód mniejszy od poprzedniej części, ale na tyle duży by udźwignąć produkcję ambitnego „Birda", nie zwiastującego zysku.

Reżyser, który najchętniej sam reżyserował filmy w których występował, decyzję o angażowaniu innych reżyserów tłumaczył następująco: „*Wynika to z nastroju. Niektóre filmy widzę w sposób bardzo jaskrawy, albo historia tak bardzo mi się podoba, że chcę ją reżyserować, albo też widzę wyraźnie jak to powinno wyglądać, i nie chcę pracować z innym facetem, żeby mu wszystko tłumaczyć. Ale zdarzają się scenariusze, przy których mówię: cóż, ktoś inny może to zrobić równie dobrze. Czasem wynika to z problemów produkcyjnych.*"[477] Wkrótce więc zaproponował Van Hornowi pracę przy kolejnym filmie zatytułowanym „Różowy Cadillac". Obserwujący często przy pracy swojego szefa Van Horn nauczył się kręcić filmy szybko i tanio, co odpowiadało grającej w filmie Bernadette Peters: *„Tempo pracy jest rzeczywiście szybkie. Człowiek nie kręci się cały dzień bez celu, czekając na kolejne ujęcie, i dzięki temu nie rozprasza swojej uwagi i nie traci zainteresowania rolą."*[478] Bryan Adams, którego piosenka „Drive All Night" została wykorzystana w filmie, zagrał małą rolę jako pomocnik na stacji benzynowej. W „Różowym Cadillaku" w głównej roli kobiecej Eastwood obsadził mało znaną Bernadette Peters, drobną aktorkę o dość oryginalnej i delikatnej urodzie. Zapytany o powód w jednym z wywiadów powiedział: *„Jeśli stawiasz wyłącznie na piękne dziewczyny, twoje filmy mogą łatwo utracić walor realizmu i stać się hollywoodzką sztampą. Konwencjonalna uroda bywa źródłem sztuczności, nie tylko u modelek czy aktorek. Ładna kobieta bardzo często jest jak lalka Barbie. Upiększanie filmu na siłę może popsuć cały efekt."*

Jednak na planie to aktorka grająca starszą siostrę głównej bohaterki zwróciła na siebie jego uwagę. Z wysportowaną Frances Fisher, która z urody przypominała Sondrę Locke, łączyło go zamiłowanie do joggingu i podnoszenia ciężarów. Fisher, nowojorska aktorka, która po nieudanym małżeństwie próbowała swych sił w Hollywood, szybko uległa urokowi gwiazdora. Nie wiedziała, że jest związany z Locke, dopóki media nie nagłośniły ich głośnego rozstania nagłówkami w stylu: „Nie nazywają go Brudnym Harrym bez powodu". Jego córka, Alison, uważała że jest to porównywanie na wyrost: *„Ludzie odbierają ojca jako człowieka poważnego, silnego, zamkniętego w sobie i często taki właśnie jest. Ale czasami zachowuje się zupełnie inaczej. Szczególnie w obecności naszej rodziny. Umie cudownie się bawić. Czasami po prostu szaleje. Ma ogromne poczucie humoru. Wielu ludzi je w nim dostrzega. Uwielbia się zgrywać. A tego z kolei prawie nikt nie podejrzewa. Ludzie sądzą, że jest zimny, że to macho."*[479] Van Horn, który pracował z nim jako kaskader od 1968 roku, wspomina z kolei: „*To jak robota marzenie. Budzę się czasem i nie mogę doczekać się, kiedy znów będę z nim pracował. On sprawia, że wszystko idzie tak gładko. Nie kumplujemy się prywatnie, mamy stosunki czysto zawodowe. On ma własnych znajomych, ja mam swoich. (...) Zdejmuje z człowieka presję przy pracy. Nie martwi się o sukces, choć nieźle mu się powodzi.*"[480]

„Różowy Cadillac" miało być rozrywkową produkcją adresowaną do widowni „Każdy sposób dobry" i „Jak tylko potrafisz". Eastwood grał w nim rolę łowcy głów, Tommy'ego Novaka, który często stosował przebieranki by podstępem schwytać zbiegów. Uwielbiający humor braci Marx Eastwood próbował być w filmie zabawny i nie przestawał się uśmiechać, lecz końcowy efekt był średni. Film był nierówny: raz był komedią, raz filmem akcji, ale nigdy oboma naraz. „Różowy Cadillac" uważany przez Warnera za pewny hit miał swą premierę w sezonie letnim, w czasie kiedy premierę miał też sequel wielkiego przeboju „Indiana Jones i Ostatnia Krucjata". Ostatecznie Spielberg zarobił 40 milionów dolarów w weekend otwarcia, a Eastwood marne 4,5 (ostatecznie zyski wyniosły odpowiednio 200 milionów dla Spielberga, i 12 dla Eastwooda). Co ciekawe, obydwaj twórcy w tym samym czasie uwikłali się w rozprawy rozwodowe, które stały się pożywką tabloidów.

Hollywood jeszcze nie zdążyło ochłonąć od głośnego rozwodu Stevena Spielberga z Amy Irving, która po pięciu latach małżeństwa uzyskała 100 milionów dolarów. Był to najdroższy rozwód w historii. Poza tym w Kalifornii obowiązywała zasada tzw. *palimony* (połączenie słów *pal* kumpela i *alimony* utrzymanie), która dawała prawo do alimentów kochankom, kokubentom i dziewczynom, jeśli tylko były w stanie udowodnić swój związek z pozwanym. Sprawy rozwodowe zyskały nowy wymiar od czasów romansu Lee Marvina, którego w 1977 roku do sądu pozwała była kochanka Michelle Triola żądając alimentów. Chociaż para oficjalnie nie miała ślubu Triola argumentowała, że żyli jak małżeństwo, a

Marvin zapłacił za jej dwie aborcje. Efekt rozprawy był taki, że Marvin został zmuszony do wypłacenia swojej kochance 100 tysięcy dolarów na utrzymanie, choć ta początkowo domagała się aż połowy pieniędzy jakie zarobił w okresie kiedy z nią był, czyli przez sześć lat. Po rozprawie Marvin wzbudzał kontrowersje mówiąc, że cały proces przypominał cyrk, gdzie wszyscy kłamali nie wyłączając jego. Zmroziło to Hollywood, gdzie każdy miał na utrzymaniu kochanki.

Locke uważała, że Eastwood zachowuje się dziwnie, gdyż jego ostatnie filmy kiepsko radziły sobie w kinach. Ona sama akurat była zajęta na planie przy swym kolejnym reżyserskim filmie pod tytułem „Odruch", w którym grali Theresa Russell, Jeff Fahey i George Dzundza. W tym czasie Eastwood, dając jej do zrozumienia, że kończy z nią związek, pozmieniał zamki w ich domu, spakował wszystkie jej rzeczy i odstawił pod dom Andersona. Locke rozpoczęła rozmowy z adwokatami. Rozprawa sądowa Eastwooda i Locke była sensacją dla tabloidów i koszmarem dla unikającego rozgłosu Eastwooda. Rozwód z Maggie był bardzo cichy, a teraz rozpętało się piekło. Locke dawała się wykorzystywać dziennikarzom, którzy chętnie przedstawiali ją jako ofiarę niewrażliwego bogacza. Pisano, że Eastwood zmusił ją do dwóch aborcji i do trwałej niepłodności. Locke musiała się tłumaczyć ze swoich kontaktów z mężem, którego nadal kochała. Ironiczne było to, że nie mogła się odwołać do licznych romansów Eastwooda, bo mogłoby to pozbawić ją tytułu bycia jedyną panią Eastwood zasługującą na pieniądze.

Adwokat Locke domagał się 70 milionów dolarów alimentów za 12 lat wspólnego życia. Eastwood dostarczył dokumenty, które dowodziły że wszystkie wydatki na dom pochodziły z jego kieszeni, sugerując że Locke była tam tylko gościem. Eastwood, który piętnaście lat wcześniej potępiał Nixona za aferę Watergate, dostarczył teraz do sądu jako dowód przeciwko Locke taśmy z nagraniami rozmów telefonicznych z podsłuchu umieszczonego w domu. Miał do tego prawo, gdyż dom należał do niego, a on od kilku lat otrzymywał pogróżki i z tego powodu zaczął nawet nosić broń. Locke zeznała przed sądem, że Eastwood nalegał na aborcje i w ramach wynagrodzenia kupił jej dom w Bel Air, a w West Hollywood dom dla jej męża (podobno nie chciał, żeby Anderson kręcił się w pobliżu Bel-Air). Środowisko w Hollywood mu sprzyjało. Uważano, że Locke próbuje się wybielić. Mimo ostatnich porażek, Eastwood nadal był wpływowym człowiekiem i wielu ludziom dawał pracę. Wszyscy go uwielbiali bo był bezproblemowy we współpracy. Locke dla porównania wystąpiła tylko w jednym godnym uwagi filmie i aż pięciu produkowanych przez Eastwooda.

By odpocząć od całej afery Eastwood wyjechał do Zimbabwe. Kręcił tam film „Biały myśliwy, czarne serce" o kulisach powstawania „Afrykańskiej królowej", gdzie kreował postać bazującą na legendarnym reżyserze Johnie Hustonie. Co ciekawe, w filmie obsadził Jeffa Faheya i George'a Dzundze, aktorów podpatrzonych w reżyserowanym przez Locke filmie „Odruch". Gdyby jego film miał wcześniej kinową premierę, oznaczałoby to, że to Locke wykorzystała w swym filmie podpatrzonych u niego aktorów. Po zakończeniu zdjęć plenerowych w Afryce do „Białego myśliwego..." spędził dwa tygodnie w Londynie na dodatkowych pracach w studio. Media doniosły o jego pojednaniu z Maggie, która w 1989 roku wniosła pozew o rozwód z Henrym Wynebergiem, który się upijał i bił ją. Wtedy Wyneberg, który później ożenił się jeszcze z 19-letnią Portorykanką, pozwał do sądu Liz Taylor domagając się profitów jej marki perfum Passion, sugerując że to on jej podsunął ten pomysł w 1973 roku. Eastwood wyjechał ze swoją byłą żoną na wakacje na południe Francji, ale jak utrzymywali była to tylko przyjaźń.

Po powrocie do Stanów znów atakowali go dziennikarze żądni komentarzy w sprawie Locke. Na jaw wyszedł jego romans sprzed dwudziestu lat. Jego córka Kimber, posługująca się nazwiskiem Eastwood, zaczęła udzielać wywiadów prasie. Oskarżała ojca o to, że nie wspomagał jej kariery aktorskiej, ani że jej nie pomógł, kiedy rozpadło się jej pierwsze małżeństwo. Swojemu synowi dała na imię Clint. Jakby kłopotów rodzinnych było mało, młodsza córka Alison została aresztowana za jazdę pod wpływem alkoholu i odebrano jej prawo jazdy. Arnold Schwarzenegger, dla którego Eastwood był przyjacielem z narciarskich stoków (ale też idolem) dwadzieścia lat później kończąc urząd gubernatora wyjawił, że jest ojcem nieślubnego dziecka. Producenci liczyli na jego powrót do aktorstwa szykując wśród propozycji m.in. komiks i film animowany o Schwarzeneggerze jako super-bohaterze i stróżu prawa. Po ujawnieniu romansu Arnold nie mógł już być bohaterem dla dzieci i zrezygnował z grania w filmach. Zdaje się, że Hollywood w latach osiemdziesiątych było dla Eastwooda łaskawsze.

Tymczasem Locke zmieniła swe oczekiwania: żądała dwóch domów w Bel Air, w których mieszkali, oraz jednego w którym mieszkał jej mąż, ugody na 250 tysięcy dolarów i kilkutysięcznych kwot na utrzymanie wypłacanych przez kolejne siedem lat[481]. Eastwood zaprzeczył temu, że zmusił ją do dwóch aborcji i sterylizacji, mówiąc że sama podejmowała decyzje. Jednemu z reporterów wyznał: *„Jestem bardzo rozczarowany sobą. Jak mogłem spędzić z Sondrą tyle lat? Jak mogłem tak źle ocenić jej charakter?"*[482] Okazało się, że Locke bardziej od pieniędzy i domów zależało na zyskaniu niezależności zawodowej. Z chęcią przyjęła propozycję Alberta S. Ruddy'ego, który w imieniu Eastwooda, w zamian za zrezygnowanie ze swoich żądań zaproponował jej kontrakt na rozwój projektów filmowych w studiu Warner Bros. W ramach postanowień, przez trzy lata miała otrzymywać 1,5 miliona dolarów niezależnie od tego, czy któryś z przygotowywanych przez nią filmów wejdzie w fazę realizacji. Otrzymała też dom, z którym mieszkała z Andersonem oraz 450 tysięcy dolarów zaległej pensji za pracę dla Malpaso, kiedy asystowała przy produkcjach.

Kiedy w tym samym czasie Steve Ross z zarządu Warnera był atakowany z powodu dziesięcioletniego kontraktu, który miał uczynić go jednym z najlepiej opłacanych menadżerów na świecie, jego żądań finansowych bronili m.in. Steven Spielberg, Clint Eastwood, Paul Simon i Barbra Streisand. Ross utrzymał swoje stanowisko i przyznał Eastwoodowi sto tysięcy opcji giełdowych Warner Brothers[483]. Była to też forma zabezpieczenia swoich interesów na przyszłość na wypadek spadku popularności.

Gdy kontrakt się zakończył Locke pozwała studio Warner za niedotrzymanie warunków umowy. Po latach wyszło na jaw, że kontrakt był formą prania pieniędzy przez mającego przyjacielskie stosunki z wytwórnią Eastwooda, który w ten sposób uciszył zamieszanie wokół swojej osoby. To on przekazywał studiu pieniądze, które następnie przelewano na konto Locke. Żaden z około trzydziestu projektów nad którymi pracowała Locke nie wszedł w fazę realizacji. Przez trzy lata udało jej się jedynie wyreżyserować jeden film dla telewizji, w który nie było zaangażowane studio Warnera. Locke sprawę przegrała, ale jeszcze w 1995 r. pozwała Eastwooda o oszustwo. Twierdziła, że w interesie studia było nie produkować żadnego z jej filmów i pozwalać Eastwoodowi opłacać kontrakt, który w ten sposób chciał zepsuć jej karierę. W 1996 doszło do porozumienia, lecz wysokość odszkodowania dla Locke pozostaje nieznana. Po pomyślnym zakończeniu batalii z wielkim koncernem, Locke napisała swoją autobiografię, w której dużą część poświęciła swemu związkowi z Eastwoodem a książka zyskała tytuł „The Good, The Bad & The Very Ugly". Locke inspirowała ludzi swą wytrwałością w walce z gigantem medialnym, którego uosobieniem był

Eastwood. W końcu dla wielu ludzi w branży studio Warnera uchodziło w tamtych czasach za prywatne studio Eastwooda.

Tymczasem kręcony w Afryce film - „Biały myśliwy, czarne serce" - startował w konkursie głównym festiwalu w Cannes i zapewnił Eastwoodowi uznanie krytyków, ale nie sukces w boxoffisie. Nie trudno było przewidzieć, że zdecyduje się na kolejny policyjny film akcji, by zachować równowagę finansową. „Żółtodziób", będący pastiszem filmów o Brudnym Harrym, miał być letnim hitem nawiązującym do „Zabójczej broni" i „48 godzin". Sześćdziesięcioletni aktor, by pozyskać młodszą widownię, na której chyba nie robił już wrażenia, w tytułowej roli obsadził Charliego Sheena, gwiazdę filmów „Wallstreet" i „Pluton". Sam zagrał jego przełożonego i mentora, nie stroniącego od cygar detektywa Nicka Pulovskiego. Poza tym do udziału w filmie została zaproszona Sonia Braga i Raul Julia, których Eastwood poznał w Cannes. Oryginalną piosenkę do filmu napisał Kyle Eastwood, któremu ojciec chciał ułatwić start kariery muzycznej. Tym razem sam zajął się reżyserią uważając, że pozwoli mu to lepiej zapanować nad filmem.

W „Żółtodziobie" nie brakuje akcji, karkołomnych wyczynów, pościgów, wybuchów i strzelanin. Liczba kaskaderów była dwa razy większa od liczby aktorów. Ale między parą głównych bohaterów brakowało chemii, a obsadzenie latynoskich aktorów w rolach niemieckich złodziei samochodów i kilka niesmacznych scen zadecydowały o mniejszym od spodziewanego sukcesie filmu. Eastwood nie zamierzał się poddawać: „*Często byłem niesprawiedliwie oceniany. Zawsze buntowałem sie przeciwko temu. Wynika to prawdopodobnie ze sposobu, w jaki zostałem wychowany. Ojciec zwykle mi mówił: pokaż wszystkim, co potrafisz, nie oczekując niczego w zamian powiedz, że będziesz pracował nawet za darmo i staniesz sie wkrótce niezastąpiony. Taka postawa buduje w człowieku pewność siebie. Gdybym nie był wychowany z godnie z tymi zasadami, być może inaczej zareagowałbym na krytykę w początkach mojej kariery. Na przykład wtedy, gdy nazywano Brudnego Harry'ego faszystą. Może bym się poddał decydując: odniosłem kilka sukcesów, a więc zrobię teraz coś przeciętnego, żeby nikogo nie urazić."*[484]

Przy okazji premiery filmu Charlie Sheen wyprodukował zabawny reportaż z planu w stylu mockumentary, w którym wykorzystano fragmenty filmu, ujęcia z planu i zaaranżowane scenki z aktorami i ekipą. Kiedy Sheen próbuje powtarzać przed lustrem kultowe cytaty Eastwooda jak "zrób mi przyjemność", Eastwood w wywiadzie komentuje: *„Muszę wam powiedzieć, że to żenujące, kiedy ktoś wypowiada w ten sposób moje kwestie. Zabrało mi wiele lat by wypowiedzieć te kwestie, wiele myślenia i głębokiej introspekcji. A ten dzieciak robi to w taki sposób i wszystko niszczy. Żałosne."*[485]

Filmik opowiada o aktorze, który za wszelką cenę chce zaimponować reżyserowi i przestać być uważanym za... żółtodzioba. Grający samego siebie Sheen podejmuje próby zdobycia odpowiedniego doświadczenia policyjnego, w bo w "Żółtodziobie" gra nieopierzonego detektywa. W Akademii Policyjnej podczas ćwiczeń strzeleckich nie dość, że nie mieści się w czasie, to jeszcze strzela do tarczy z policjantką. Zostaje pobity przez Sonię Bragę, która ćwiczy na nim ciosy karate. Sheen nie ma też autorytetu wśród członków ekipy, którzy z niego drwią. Kaskader, który pracował dla Johna Wayne'a, Charltona Hestona czy Harrisona Forda mówi, że Charlie Sheen był najgorszy z nich i skasował wszystkie samochody na planie. W scenach kaskaderskich jest tak fatalny, że częściej z Eastwoodem gra jego dubler niż on. Zresztą w scenach, gdzie gra Sheen Eastwood nawet na niego nie patrzy czytając w reżyserskim fotelu gazetę Variety. Dopiero lekcja udzielona przez Chucka Norrisa zapewni mu odpowiedni respekt. W tym zabawnym reportażu poznajemy Eastwooda w jednej z najśmieszniejszych ról. W każdej ze swoich wypowiedzi - parodiując swój wizerunek twardziela - cedzi słowa przez zęby. Mówiąc, jak słabym aktorem jest Charlie Sheen, wspomina, że początkowo chciał zaangażować Toma Cruise'a lub Nicolasa Cage'a . I bez cienia żenady nazywa Charliego Martinem, tłumacząc mu później, że to przez szacunek dla jego ojca.

W samym „Żółtodziobie" jest sporo odniesień do wcześniejszych filmów Eastwooda, zupełnie jakby symbolicznie dawał znak, że żegna się z określonym typem filmów. Grany przez niego Pulovski zazwyczaj zajmuje się drobnymi napadami licząc na wielką sprawę (jak w „Wyzwaniu"), przysięga pomścić śmierć partnera (jak Brudny Harry w „Egzekutorze"), prowokuje przestępcę do walki gasząc cygaro w jego drinku (jak w „Powieście go wysoko"), lubi cygara, ale nigdy nie nosi zapałek (jak w „Dobrym, Złym i Brzydkim"), wreszcie na lotnisku poucza swojego partnera, żeby celował w serce (jak w „Za garść dolarów"). Poza tym w jednej scenie na ekranie telewizora leci fragment filmu „Tarantula", a Pulovski posiada kolekcję motorów (wśród nich Norton 69 i Triumph 67 TCR), podobnie jak sam Eastwood.

Krytycy zastanawiali się jak jedna osoba w tym samym roku może wyreżyserować tak znacząco różniące się jakościowo filmy jak „Żołtodziób" i „Biały myśliwy, czarne serce". Dziennikarze zauważyli, że przez ostatnie cztery lata wpływy z filmów Eastwooda były znacznie mniejsze. Niektórzy zaczęli go nazywać przemijającą gwiazdą kina akcji, taką jak Charles Bronson czy Burt Reynolds. W wywiadzie z 2003 roku dla Der Spiegel mówił: *„Dzisiaj wcale nie robiłbym tego filmu. Po prostu są rzeczy, których bym nie powtórzył. Zwyczajnie jestem starszy i dojrzalszy. I trochę mądrzejszy."*[486]

Eastwood nadal był jednak postrzegany jako ikona kina. Zgodził się użyczyć swojego wizerunku Człowieka bez imienia na potrzeby produkowanego przez Spielberga filmu „Powrót do przyszłości III", którego bohater przenosząc się w czasie na Dziki Zachód nosi ponczo i przybiera nazwisko Clint Eastwood (wyzwany do pojedynku słyszy: „Stań i walcz, albo cały świat się dowie, że Clint Eastwood to największy tchórz na Dzikim Zachodzie"). Jako reżyser zdobywał sobie coraz większe uznanie. Poszukując dla siebie nowej drogi postanowił pójść w kierunku dojrzalszych filmów, gdyż od kilku lat posiadał w rękawie asa w postaci scenariusza, którego zamierzał wyciągnąć w odpowiednim momencie, który zdawał się nadchodzić.

Zabicie słonia

nie jest przestępstwem.

Zabicie słonia jest

grzechem.

„Biały myśliwy, czarne serce."

(1990)

Artystyczne Rozpoznanie

Niesamowity jeździec - Bird
Biały myśliwy, czarne serce

Na początku lat osiemdziesiątych Clint Eastwood przeżywał szczyt swojej popularności. Filmy takie jak „Każdy sposób dobry", „Ucieczka z Alcatraz" czy „Nagłe zderzenie" zapewniły mu pierwsze miejsca w dziesiątce najlepiej zarabiających aktorów. Występując wyłącznie w filmach, które sam produkował (a często też reżyserował), utrzymał finansową i artystyczną kontrolę. Trzecia dekada odnoszenia sukcesów komercyjnych stanowi jednocześnie jego narodziny jako artysty. Eastwood zyskał sobie dobre kontakty z dziennikarzami z poważnych magazynów, takich jak Film Comment, które zapewniały mu dłuższe i tematycznie bardziej wnikliwe wywiady. Przedstawiano go w dobrym świetle, jako artystę świadomego, który wie co chce osiągnąć. Norman Mailer pisał: *„Eastwood jest artystą z prawdziwego zdarzenia. Wszystkie jego filmy naznaczone są piętnem jego osobowości, tak samo, jak na każdej stronie 'Pożegnania z bronią' rozpoznajemy Hemingwaya."*[487]

Korzystając z niebywałej popularności, własnego studia produkcyjnego i wyrobionego fachu realizowania tanich filmów, Eastwood coraz częściej podejmował próby tworzenia filmów nie nastawionych na sukces komercyjny, za to bardziej ambitnych. Były to najczęściej historie, które należały do jego prywatnych zainteresowań takich jak: życie artysty, amerykańskie mity, czy fenomen męskości. I choć dla jego stałej publiczności były to niezrozumiałe kroki, wytwórnia Warner Bros. wspierała jego wysiłki zaistnienia w świadomości widzów nie tylko jako gwiazdora kina akcji. Eastwood tak mówił o poszukiwaniu dla siebie nowej drogi: *„Z filmem jest jak ze sztuką współczesną. Gdy twórca przestaje poszukiwać nowych pomysłów i sposobów wypowiedzenia się, osiągając stan samozadowolenia, przestaje istnieć. Uważam, że nie można stać w miejscu. Trzeba być otwartym na nowe wyzwania."*[488]

„Bronco Billy", komedia o wędrownej trupie cyrkowej, w której Eastwood podejmował temat amerykańskiego mitu o wartościach Dzikiego Zachodu, był jednym z pierwszych dzieł zapowiadających przemianę. Film miał świetne recenzje nie tylko w New York Timesie. Tom Allen z Village Voice pisał: *„Nadszedł czas, by zacząć go traktować poważnie, nie tylko jako fenomen popularności, ale jako jeden z najszczerszych, wpływowych i osobistych reżyserów dzisiejszego świata."*[489] W grudniu 1980 r. nowojorskie Muzeum Sztuki Współczesnej przygotowało specjalną retrospektywę czterech filmów Eastwooda: „Za garść dolarów", „Ucieczka z Alcatraz", „Zagraj dla mnie Misty" i wspomnianego „Bronco Billy". Komentując te wydarzenia powiedział: *„Tego typu rzeczy nie robią dla wielu aktorów, a na pewno nie dla aktorów w moim wieku. Zwykle czekają, aż ktoś taki zacznie już okropnie kaszleć. To było bardzo miłe."*[490] „Bronco Billy" trafił również na festiwal amerykańskich filmów w Deauville we Francji. Był to, jak się miało okazać nie ostatni z przejawów uznania dla reżyserskiej twórczości Eastwooda na Starym Lądzie. Eastwood zauważył: *„Właściwie Europejczycy wspierali mnie od początku, od mojego pierwszego filmu reżyserskiego 'Zagraj dla mnie Misty', bardziej niż Amerykanie, którzy potrzebowali dużo czasu, by przekonać się że mogę być reżyserem, bo potrzebowali też dużo czasu, by przekonać się, że mogę być aktorem. Pytali – dlaczego to robi? Kim mu się wydaje, że jest, i tak dalej. Europejczycy zaś wspierali mnie od początku i próbowali znaleźć jakąś wartość w tym, co robiłem"*[491].

Kolejnym filmem, mającym potwierdzić artystyczne poszukiwania Eastwooda, był „Honkytonk Man" – historia starzejącego się muzyka w czasach Wielkiego Kryzysu, który marnuje swój talent. Rozprowadzany w dużej ilości kopii film poniósł porażkę finansową. Nie zmieniło to postanowienia, że właśnie takim produkcjom warto poświęcać swój czas. „Lina" w reżyserii Richarda Tuggle'a (debiutującego pod czujnym okiem Eastwooda) stanowi interesujący przykład polemiki z wizerunkiem Brudnego Harry'ego. Bohater „Liny" przypomina wcześniejsze role Eastwooda, ale scenarzysta poważniej potraktował jego powikłane życie prywatne i własne obsesje. Ważną rolę odgrywa postać policyjnej psycholog, która wikła się z nim w romans i pomaga w śledztwie. Zagrała ją znana kanadyjska aktorka Genevieve Bujold a „Lina" otwierała festiwal filmowy w Montrealu. Był to też kolejny film Eastwooda z tak interesującą kobiecą rolą (po „Nagłym zderzeniu", gdzie Sondra Locke grała kobietę, która mści się na swoich gwałcicielach sprzed lat), co zainspirowało dziennikarza Los Angeles Times do napisania, że: *„Eastwood może być nie tylko najlepszym, ale najważniejszym i najbardziej wpływowym biorąc pod uwagę liczebność swojej publiczności, feministycznym reżyserem pracującym obecnie w Stanach"*.[492]

W następnym filmie Eastwood powrócił do gatunku, który zdefiniował początek jego kariery: *„Gdy ktoś mnie pyta, dlaczego robić dziś western, kusi mnie by odpowiedzieć: dlaczego nie. Mój ostatni western radził sobie całkiem nieźle. Jest niemożliwe, żeby 'Wyjęty spod prawa...' miał być ostatnim westernem, który odniósł sukces kasowy. W każdym razie, czy 'Gwiezdne wojny' nie są westernem przeniesionym w przestrzeń kosmiczną?"*[493] Michael Butler i Dennis Shryack, scenarzyści „Wyzwania", przygotowywali dla niego projekt kolejnego „Brudnego Harry'ego". Eastwood odrzucił jednak scenariusz uważając, że nie o taką historię mu chodziło. Nie wykupił praw do tekstu (co pozwoliło im na pokazanie projektu poza wytwórnia - efektem był film „Zmowa milczenia" z Chuckiem Norrisem), ale zachęcił do napisania westernu, o czym obaj od dawna marzyli. Butler i Shryack podjęli się odświeżenia historii z klasycznego „Jeźdźca znikąd" George'a

Stevensa. Po klęsce „Wrót niebios", epickiego westernu Michaela Cimino, którego budżet z 9 milionów urósł do 44 doprowadzając United Artists do bankructwa, wytwórnie unikały westernów jak ognia. Eastwood sugerował pójście w kierunku rewizjonistycznym: *„Zasadniczo chciałem współczesne zmartwienia przedstawić w klasycznej tradycji"*[494]. I o ile „Mściciel" był demonicznym sequelem klasycznego „W samo południe", to „Niesamowity jeździec" jest demonicznym remakiem „Jeźdźca znikąd". Eastwood oddaje też hołd „Straży przybocznej" i innym samurajskim filmom Kurosawy poprzez zawarcie sceny z pojedynkiem na kije.

Głównym bohaterem został tajemniczy pastor (wcześniej w takim zaskakującym przebraniu Eastwood pojawia się na początku „Pioruna i Lekkiej Stopy"). Jako motyw jego działania Eastwood zasugerował niedokończone interesy z jednym z mieszkańców wioski. Z filmu dowiadujemy się, kto postrzelił Pastora, lecz nie wiemy jak do tego doszło. Eastwood, który sądził, że niewystarczająco zgłębił potencjał tkwiący w „Mścicielu" zasugerował by główny bohater miał nadprzyrodzone zdolności: *„Kiedy zaczynałem pracę nad 'Niesamowitym jeźdźcem', przez chwilę kusiło mnie, żeby obejrzeć ponownie 'Wyjętego spod prawa...' i moje wcześniejsze westerny. Ale powiedziałem sobie: nie mogę tego zrobić, tu nie ma żadnego połączenia. Jedynym połączeniem jest gatunek i pewna osadzona w nim mitologia. Ale nie chcę się powtarzać, nie chcę żeby przeszłość miała na mnie wpływ."*[495]

Tym razem nieznajomy przybysz nie działa we własnym interesie, lecz jednoczy społeczność jak nawrócony grzesznik. Eastwood wprowadził scenę gdzie dziewczyna czytając fragment Biblii o czwartym Jeźdźcu Apokalipsy na sinym koniu dostrzega przez okno Pastora, co sugeruje, że jego przybycie ma coś wspólnego z wysłuchaniem jej modlitw przez boga. Jak odnotował McGiligan[496], scena pochodziła z innej historii. W książce „Honkytonk Man" pewien pastor czytał ten sam fragment Bibli, co zainspirowało Reda Stovalla do napisania utworu „Pale Rider" (136.

odcinek serialu Rawhide napisany przez Deana Riesnera nosił tytuł „Incident of the Pale Rider"). Zresztą stąd też wziął się tytuł westernu Eastwooda (który powinien brzmieć „Jeździec na sinym koniu"). Nadprzyrodzone zdolności Pastora potwierdzają ślady na jego plecach po licznych kulach, co oznacza, że przeżył ostrą strzelaninę. Mistykę potęgowało też zaskakujące zakończenie, ostrożnie przygotowane przez reżysera: „*Uwielbiam historie, których zakończenie trudno odgadnąć. Przy większości westernów łatwo odgadnąć, jak się skończy.*"[497]

Niemałe znaczenie ma też osadzenie filmu. Akcja rozgrywa się w miasteczku poszukiwaczy złota, a zimne tło górskiej okolicy potęguje klimat krainy zła. Nie jest to świat farm i rancz, jak w „Jeźdźcu znikąd", ale świat zdominowany przez nowoczesną technologię wydobywczą u progu korporacjonizmu. Eastwood wolał jednak odciąć się od wielu symboli przytakując każdej dowolnej interpretacji: „*Mógłbym intelektualizować, usiąść, opowiadać godzinami o symbolice i tak dalej. Ale nie podchodzę w ten sposób do filmów. Zaczynam od animalistycznego poziomu. Kiedy cały scenariusz mam już w głowie, wtedy mogę zabrać się za film i przenieść na inny poziom. Wolę być bowiem przyciągnięty przez emocjonalny poziom. Uważam, że jeśli zaczyna się robić film od intelektualizowania, zaczyna się bez jądra jakim są emocje.*"[498]

Zdjęcia powstawały w specjalnie wybudowanej wiosce, która podobnie jak przy jego wcześniejszych westernach, posiadała prawdziwe wnętrza budynków zamiast atrap (zbudowaną wtedy stację kolejową można było ponownie zobaczyć w filmie „Powrót do przyszłości III", gdzie dokonano małej parodii westernowego wizerunku Eastwooda). Zdjęcia postanowiono kręcić jesienią ze względu na kolorystykę: „*Lubię jesień, gdy słońce jest już nisko. Nie ma bardziej odpowiedniego światła do zdjęć.*"[499] Ponadto Eastwood chciał kręcić przy zastanym świetle, czego efektem był typowy dla jego filmów ciemny obraz (przy transferze filmu na potrzeby telewizji trzeba go było rozjaśnić, aby cokolwiek było widać). Jego montażysta tłumaczył to w taki sposób: *„Nieważne, jeśli aktor zapomni fragment kwestii, czy użyje innego słowa. Najważniejsze czego Clint szuka to prawda w scenie. Dlatego tak bardzo lubi naturalne światło. Niektórzy operatorzy lubią wszystko doświetlić, żeby było wszystko widać. Eastwood nie chce pokazywać wszystkiego."*[500] W „Niesamowitym jeźdźcu" zależało mu na silnym kontraście między wnętrzami a plenerami, by lepiej oddać realizm epoki (ciemne chaty oświecane lampami naftowymi i górskie stoki naświetlone słońcem). Uważał, że nawet jeśli w paru ujęciach nie widać jego twarzy, to po nakręceniu tylu rolek materiału ludzie go w końcu rozpoznają.

Grając postać Pastora zadbał o dodanie mu autorytetu przez kręcenie go z niskich kątów kamery. Jednakże taki punkt widzenia zawsze wynikał z logicznego usytuowania sceny: gdy widzimy Pastora w heroicznym kącie widzenia, to dlatego, że siedzi na koniu, a kamera jest na wysokości stojącego człowieka, a gdy idzie po deptaku, kamera jest umieszczona na wysokości ulicy[501]. Swoje podejście do pracy nad wizerunkiem Eastwood widzi następująco: *„Wciąż bacznie się sobie przyglądam. Montuję film z moim udziałem i zawsze obserwuję bohatera, którego gram. Sprawdzam, czy nie trzeba go gdzieś przyciąć. Zawsze myślę o sobie jako „o nim", jako o kimś innym."*[502]

Bliskie kontakty z francuskimi dziennikarzami i filmowcami zaowocowały startem filmu w konkursie głównym festiwalu w Cannes. Jean-Luc Godard, zadedykował mu wtedy swojego „Detektywa". Eastwood, który był gościem w Cannes po raz pierwszy, większość czasu spędzał z dala od ludzi na wynajętym jachcie, gdzie przyjmował gości przy piwie. Jeden z dziennikarzy zauważył u niego większą pewność siebie, bo w wywiadach był mniej wyważony niż przed laty, a słowa przychodziły mu znacznie łatwiej[503]. Film jednak nie zdobył żadnej nagrody, co bardzo zaskoczyło Eastwooda, ale na okładce New York Times ukazał się artykuł „Clint Eastwood, na poważnie" autorstwa Johna Vinocura - tekst podsumowujący dorobek Eastwooda i jego europejskie torunee. W końcu francuski rząd przyznał mu najwyższe wyróżnienie w dziedzinie kultury - Order Literatury i Sztuki. Po trwającej od grudnia retrospektywie w Cinematheque Francaise poleciał na podobną retrospektywę do Monachium. W Londynie dał jeden ze swoich pierwszych wykładów zatytułowany: „Uparty liberał za wizerunkiem Magnum". Vinocur zauważył, że do niedawna Eastwood był postrzegany jako *„filmowy jaskiniowiec, prostak o niewybrednych gustach i przygłup"*[504]. Tymczasem w 1985 roku w sondzie Ropera uplasował się tuż przed Matką Teresą jako najbardziej podziwiana postać przez młodych Amerykanów.

Po premierze „Niesamowitego jeźdźca" w historii dopatrywano się podobieństw do polityki prezydenta Reagana, którego Eastwood podziwiał. Filmowy Pastor swą siłą przypominał styl reaganowskiej polityki, a przeżycie przez Reagana próby zamachu z kulą w piersi było wydarzeniem tak niezwykłym, że prezydent bez wątpienia musiał posiadać nadprzyrodzone zdolności[505]. Amerykańscy krytycy byli pod wrażeniem opowieści, kombinacji klasyki i komercyjnego obrazu. Vincent Canby pisał: *„Zaczynam sobie teraz zdawać sprawę, że tak jak pan Eastwood przez te lata się rozwinął, tak większość z nas potrzebowała czasu, by docenić go jako filmowca".*[506] Zmianę nastawienia krytyków do swoich ostatnich filmów Eastwood dowcipnie tłumaczył nie tylko zmianą, jaka zaszła w nim samym: *„Sądzę, że pokolenie obecnych krytyków wychowało się na moich filmach. Może z niektórymi z nich wiążą się im wspomnienia udanej randki z dziewczyną i czują, że coś mi zawdzięczają."*[507] „Niesamowity jeździec" uraczył nie tylko krytyków, bo radził sobie nieźle wśród publiczności zarabiając 40 milionów dolarów. Sukces pokazywanego niemal równolegle z filmem Eastwooda „Silverado" Lawrence'a Kasdana z Kevinem

Costnerem mógł nawet sugerować, że być może western przeżywa swój renesans.

Eastwood był w tym czasie jedynym filmowcem, który jako współtwórca gatunku miał pełne prawo do rozbijania narosłych wokół niego mitów - dawni mistrzowie już dawno przestali tworzyć i często umierali w zapomnieniu, a młodzi jak Cimino czy Kasdan, podejmowali nieśmiałe próby zmierzenia się z klasyką w nowej formie. Eastwood wspomina: *„Pewnego dnia dawałem wykład na zajęciach na Uniwersytecie Kaliforni. Ktoś zapytał mnie jak to się stało, że nigdy nie pracowałem z Samem Peckinpahem. Odpowiedziałem, że nigdy mi tego nie proponował. Wtedy jakiś facet siedzący z tyłu wstał i powiedział: proponuję ci to właśnie teraz. Dostrzegłem, że był to Peckinpah, ale był już wtedy bardzo dziki, zepsuty i mieszkał w burdelach."*[508] Eastwood nie nawiązał współpracy z Peckinpahem, za to w 1997 roku zgodził się firmować swoim wizerunkiem piwo o marce Pale Rider Ale, z którego dochody były przeznaczone na cele charytatywne. Na etykiecie znalazł się napis będący aluzją do sosów produkcji Paula Newmana: *chyba nie spodziewałeś się, że Clint Eastwood zrobi dla ciebie sos do sałatek.*[509]

Wielu teoretyków kina, szczególnie miłośników jego talentu we Francji, widząc jego oryginalny styl, wpływ jaki wywierał na innych i wielość ról przy produkcji filmów, zaczęło nazywać go mianem autora kina, z czym sam zainteresowany nieszczególnie się zgadzał. Joe Hyams z Warnera powiedział: *„Clint mógłby być Frankiem Sinatrą, ale nawet on potrzebował tych wszystkich wspaniałych muzyków w zespole, żeby mieć swoje brzmienie. Stało za nim wiele ludzi."*[510] Zgadza się z nim Eastwood, podobnie jak ze zdaniem Spielberga, który obawiał się ingerowania w grę aktorską: *„Cóż, uważam że teoria kina autorskiego jest interesująca. Myślę, że wprowadzili ją Francuzi, którzy dodali roli reżysera splendoru. Ale film jest wspólnym wysiłkiem i dlatego nienawidzę używać słowa autor bo brzmi ono* *jednowymiarowo. Autor jest tylko tak dobry jak dobry jest w dobieraniu odpowiednich aktorów, członków ekipy, wszystkich w dół list płac aż po zamiatacza podłóg.*"[511]

Jeszcze podczas swego pobytu w Cannes Eastwood spotkał się z Bertrandem Tavernierem, gdyż Warner Bros. interesował się projektem jego filmu o czarnoskórym jazzmanie żyjącym w Paryżu zatytułowanym „Około północy". Bohaterem miał być fikcyjny muzyk Dale Gordon (w tej roli Dexter Gordon), będący kolażem postaci Lestera Younga i Buda Powella. W filmie zagrali też Herbie Hancock, Philippe Noiret a także Martin Scorsese. Eastwood pomógł zorganizować produkcję, a film zdobył później kilka nominacji do Oskara oraz nagrodę za muzykę. Sam Eastwood jeszcze w trakcie pełnienia obowiązków burmistrza Carmelu, zabrał się za najbardziej ambitny projekt w swojej dotychczasowej karierze.

Legenda jazzu jaką był niewątpliwie Charlie Parker, to jeden z najbardziej inspirujących amerykańskich muzyków. Stworzył Bebop - formę jazzu charakteryzującą się szybkim tempem, wirtuozerską techniką i bazującą na harmonicznej strukturze improwizacją. Bebop był muzyką buntowników, protestem wyrażonym przeciw tradycjonalistom, który manifestował w ten sposób niezwykłość czarnych muzyków. Dla późniejszych pokoleń Parker był ikoną muzyka jako bezkompromisowego artysty i intelektualisty, a nie popularnego showmana. Eastwood od dzieciństwa uwielbiał jego płyty i udało mu się nawet w 1948 osobiście podziwiać mistrza podczas jednego z koncertów. Parker, który z powodu pochłaniania olbrzymich ilości kurczaków był nazywany przez znajomych Yardbird, a później w skrócie Bird, był uzależniony od heroiny i alkoholu. Zmarł w wieku 35 lat.

Scenariusz Joela Oliansky'ego oparty na wspomnieniach żony Birda Chan Parker „Life in E-flat" był w obiegu już od dłuższego czasu.

Film miał powstawać w wytwórni Columbia, a główną rolę miał grać Richar Pryor, ale o wszystkim zadecydował wypadek. W 1980 r. podczas eksperymentów z narkotykami Pryor omal się nie spalił, a połowa jego ciała uległa poparzeniu trzeciego stopnia. Eastwood postanowił przejąć projekt: *„Kto wie, czy gdybym nie zadał sobie tyle trudu, by zrobić film, czy kiedykolwiek by powstał, czy podobnie jak inne projekty w Hollywood pokryłby go kurz na półce. Jest to częsta praktyka. Gdy projekt kręci się przez 10 lat i nie zostaje wzięty przez nikogo, nie zostanie już nigdy więcej tknięty."*[512] By umożliwić jego realizację w 1986 r. scenariusz należący do wytwórni Columbia został wymieniony za scenariusz „Zemsty" z wytwórni Warner, gdzie miał zagrać Kevin Costner. *„Zawsze starałem się nakłonić studio, żeby nie obawiało się robić rzeczy, które nie przyniosą wiele pieniędzy, ale z których będą dumni za trzydzieści, czterdzieści lat. Tak właśnie powiedziałem Bobowi Daly'emu z Warner Bros kiedy robiłem „Birda": nie wiem czy to przyniesie jakieś pieniądze, to jest o jazzie, mało komercyjna tragiczna historia. Ale gwarantuję ci, że spróbuję zrobić film, z którego będziesz dumny mając na nim swoje logo"*.[513]

Eastwood rozpoczął przygotowania do jak najwierniejszego oddania autentyczności jazzu na ekranie. Chciał odtworzyć improwizacyjny charakter jazzu i podniecenie występem na żywo, jakiego nie miał żaden z filmów o jazzie, które nie były zwykle robione przez miłośników tej muzyki. Rozmawiał też w swoim rodzinnym mieście z Buddym Jonesem, basistą z Carmelu, który grywał jazz w latach czterdziestych i znał sporo historii dotyczących Parkera. *„Obecnie ludzie traktują jazz bardziej serio – jako formę amerykańskiej sztuki. Ale w czasach Birda nie myślano w ten sposób. Muzycy po prostu mieli przyjemność z grania tego, co chcieli grać i byli szczęśliwi tworząc nowe rzeczy. I mieli gorące brzmienie. Nikt nigdy nie pokazal jak bardzo gorący może być be-bop. To było to, co naprawdę chcieliśmy zrobić w „Birdzie", przypomnieć jak wtedy naprawdę było."*[514]

Gdy producenci Tom Rooker i David Valdes szukali w Kansas City odpowiednich lokalizacji dla „Birda", trafili na plakat reklamujący film z lat siedemdziesiątych „The Last Of Blue Devils". Był to dokument jazzowy o regionalnej grupie z późnych lat dwudziestych, w której grał Count Basie. W filmie pojawiał się też Jo Jones i Charlie Parker. Zachwycony filmem Eastwood zapewnił mu wznowienie i projekcje we Włoszech i we Francji. Film ten był poprzedzony planszą „Clint Eastwood prezentuje", co zdaniem Joe Hyamsa, miało ugruntować pozycję Eastwooda jako miłośnika jazzu jeszcze przed premierą „Birda".

Eastwood pojechał do Paryża porozmawiać z Chan Richardson, wdową po Charliem Parkerze. To na jej wspomnieniach oparto scenariusz filmu, dużo wydarzeń było opowiedzianych z jej punktu widzenia. Początkowo Richardson była zdziwiona, że chce się z nią spotkać Brudny Harry. Kiedy już go poznała, nabrała zaufania. Okazało się, że liczne plotki o zaginionych utworach Parkera okazały się prawdziwe. Charlie Parker nie zdążył za swego życia nagrać zbyt wiele płyt. Było ich niewiele i były złej jakości, na pewno nie były przystosowane do odtwarzania w salach kinowych z przestrzennym dźwiękiem. Poza tym wtedy rejestrowano krótkie utwory, a Parker często grał długie solówki. Zaginione utwory były przechowywane w sejfie przez jego żonę, która zgodziła się ich użyczyć na potrzeby produkcji. Wśród nich znalazły się nawet solówki Birda, ale rekonstrukcja nagrań trwała kilka miesięcy. Wyeliminowano elektronicznie z oryginalnych nagrań częstotliwości innych instrumentów, pozostawiając jedynie muzykę Parkera, którą następnie oczyszczono. Zaangażowano najlepszych muzyków do odtworzenia partii muzyków akompaniujących. Wszystkich operacji dokonano na najlepszym dostępnym wówczas sprzęcie.

Eastwood od zawsze chętnie wykorzystywał w ilustracjach muzycznych swoich filmów muzykę jazzową. Ich kompozytorzy: Jerry

Fielding, Lalo Schifrin i Dee Barton, wywodzili się ze świata jazzu. Muzyką do „Birda" zajął się Lennie Niehaus, którego Eastwood poznał podczas służby wojskowej w Fort Ord. Niehaus grał w Stan Kenton Orchestra, a później współpracował z kompozytorem Eastwooda Jerrym Fieldingiem, między innymi przy filmach „Wyjęty spod prawa..." i „Wyzwanie". Całą muzykę do „Birda" nagrano wcześniej, by aktorom było łatwiej się z nią zsynchronizować. Do głównej roli wybrano znanego z takich filmów jak „Pluton" czy „Good Morning Vietnam" Foresta Whitakera, który nawet nie potrzebował charakteryzacji, by upodobnić się do Birda (podobnie jak dwadzieścia lat później, gdy wcielał się w rolę Idi Amina w filmie „Ostatni król szkocji"). Niehaus, który zaczynał swą karierę jako saksofonista uczył go jak przekonująco wypaść na ekranie z saksofonem. Whitaker przygotowując się do roli studiował nagrania Parkera, czytał biografie a także rozmawiał z jego żoną.

Prace nad scenariuszem wymagały skrócenia tekstu. Eastwood wyrzucił 40 stron niemal trzygodzinnego filmu, ale zwiększył rolę jaką w życiu Parkera odgrywał Red Rodney, co miało ułatwić białej publiczności wejście w świat czarnej muzyki. Oliansky, który nie mógł zająć się osobiście poprawkami, zauważył później że sam również wyciąłby te same sceny. Natomiast nielinearna forma narracji - liczne antycypacje i retrospektywy - były zaplanowane w filmie już na etapie scenariusza. Taka forma pozwoliła uniknąć typowej dla biografii formuły wzlotu i upadku, gdyż Bird doznawał obu tych stanów równocześnie.

Ponieważ Eastwood chciał uzyskać na ekranie klimat lat czterdziestych, zasugerował operatorowi takie oświetlenie, aby sprawiało wrażenie, że film kręcono na czarno-białej taśmie. Ponieważ jego stały operator Bruce Surtees zachorował podczas zdjęć do „Liny", zastąpił go jego dotychczasowy oświetlacz Jack N. Green. Green, który również był miłośnikiem jazzu i przeprowadził w tym celu specjalne próby kontrastu.

Eastwood zignorował ówczesną modę na doświetlanie filmów, by szczegóły były widoczne po transferze na taśmę video. *„To co robię to staram się znaleźć prawdziwe światło dla sceny. W moich filmach zdarzają się też jaśniejsze sceny, nawet w tak ciemnych jak „Lina" czy „Wyzwanie". (...) Filmy kinowe nie powinny być kręcone w telewizyjnym formacie z myślą o dobrej widzialności.(...) Jeszcze podczas pracy przy 'Rawhide' nie cierpiałem rozmów z producentami, którzy uważali, że skierują na mnie 900 lamp i byli przekonani, że tyle było potrzeba. Przeciwnie, jeśli spojrzysz na wspaniałe stare filmy, dla przykładu „Trzeci człowiek" z mocnymi kontrastami, wiesz że to nieprawda."*[515]

Budżet 10 milionów dolarów pozwolił na wierne odtworzenie atmosfery tamtej epoki, łącznie ze szczegółami lokali. Wyjątkowo długi jak na film Eastwooda okres zdjęciowy trwał aż dziewięć tygodni, a Eastwood grał osiem, dziesięć i więcej dubli, by osiągnąć pożądany efekt. Schickel zauważa, że Eastwood uczynił swemu idolowi zaszczyt przedstawienia go w taki sposób, jak postacie grane dotychczas przez siebie - luźno, bez sentymentów, enigmatycznie[516]. Sam nie wystąpił w obsadzie, co z pewności przełożyło się na mocniejsze zaangażowanie w reżyserię. Był to drugi film reżyserski Eastwooda (po „Breezy" z 1973 r.), w którym nie zagrał, co w późniejszym okresie będzie jego częstą praktyką.

Film był na tyle niepodobny do wcześniejszych dokonań Eastwooda, że jego nazwisko w połączeniu z Parkerem mogło się wydawać pomyłką. „Bird" uznano za osobisty film, uważając go za prywatny kaprys gwiazdy, której udało namówić się wielkie studio na produkcję filmu o „mniejszościowym kulcie". Film był w końcu od początku skazany na porażkę, gdyż ważna grupa widzów w wieku 15-18 lat słuchała głównie muzyki rockowej lub disco. Dlatego Eastwood jeszcze w trakcie postprodukcji „Birda" wyjechał do San Francisco, aby pod sprawną ręką Buddy'ego Van Horna zagrać w piątej części przygód Brudnego Harry'ego. Kręcony naprędce film miał przede wszystkim wspomóc wyrównanie bilansu przy dystrybucji „Birda", który ostatecznie zarobił dobre 14 milionów, wyrównując tym samym koszt produkcji i obok filmu Taverniera „Około północy" uchodzi za najlepszy film o jazzie. Eastwood nie powtórzył błędu kiedy „Honkytonk Man" trafił do kin w liczbie 600 kopii. „Bird" był dystrybuowany tylko na 20 kopiach przy bardzo wyważonej kampanii marketingowej.

Drugi już film Eastwooda prezentowany na festiwalu w Cannes przyjęto znacznie lepiej. William Goldman pełniący rolę członka jury zauważył: *„Jak dotąd był to najznakomitszy film festiwalu. Jedyną jego wadą było piętno Eastwooda i nasze wspomnienia z tylu filmów akcji, które zrobił. Jak śmiał się brać za tak poważny film? I podołać temu. Wierzę, że gdyby pod filmem był podpisany Francis Ford Coppola, krytycy przywróciliby go na piedestał obok Woody Allena. A gdyby zrobił go Allen, zrównano by go z Orsonem Wellesem."*[517] Kiedy Forest Whitaker zdobył w Cannes nagrodę dla najlepszego aktora, było jasne, że Eastwood nie dostanie nagrody za reżyserię, gdyż jury rzadko nagradzało dwukrotnie ten sam film. Ostatecznie „Bird" zdobył jeszcze nagrodę specjalną za wyjątkowe osiągnięcia techniczne, lecz Eastwood wyjechał z pustymi rękoma. Amerykańska premiera odbyła się podczas Festiwalu Filmowego w Nowym Jorku w sierpniu. Film nie zdobył przychylności członków Akademii filmowej. Jedyną nominację i ostatecznie nagrodę Oskara zdobył za dźwięk. Eastwooda doceniono jednak za reżyserię pierwszą w jego karierze nagrodą Złotego Globu.

Uhonorowano go też nagrodą NAACP (Krajowe Stowarzyszenie Postępu Ludzi Kolorowych) za angażowanie Afro-Amerykanów do kreowania w jego filmach pozytywnych ról (a pośrednio również za rzadki przykład związku na ekranie między czarnym a białą, mało obecnym w latach osiemdziesiątych). Eastwood już od swych najwcześniejszych filmów chętnie obsadzał przedstawicieli mniejszości. Carlson odnotowuje[518], że Parker nie jest prześladowany przez policję z powodu swojej rasy, ale z powodu uzależnienia od narkotyków i nie jest to pierwszy z filmów Eastwooda, gdzie ludzie są ślepi na kolor skóry (w westernie „Bez przebaczenia" nikt nie wytyka granemu przez Morgana Freemana Nedowi, że jest czarny). Eastwood jako reżyser nie próbuje w swym filmie idealizować Parkera, rozgrzeszać uzależnienia od narkotyków, czy zdrad. Nie oskarża też społeczeństwa. Bird sam ponosi odpowiedzialność za swoje czyny. Świadomy znaczenia słów T. S. Elliota, który mówił, że ludzie będą oceniać pracę artysty w sposób jakiego się nie spodziewał i nic nie można na to poradzić, Eastwood nie narzucał własnej interpretacji filmu: *„Prowadziłem zajęcia z kina na całym świecie i ludzie czasem przedstawiali mi najdziksze interpretacje tego co zrobiłem. Cokolwiek mówili odpowiadałem: tak masz rację. Pragnę ich zaangażowania. Liczy się tylko to co im daje największą radość."*[519]

Krytycy, szczególnie związani z jazzem, doceniali „Birda" za autentyzm i pasję, w której nie było śladu hagiografii. Dotąd nie przywiązywali wielkiej uwagi do filmów Eastwooda, zaślepieni wizerunkiem gwiazdora, który usuwał w cień jego rolę sprawnego reżysera. Variety pisało, że film zaskoczy tych którzy uważali że talent Eastwooda to *„tylko zniszczenie i małpy."*[520] Jedynie Pauline Kael kręciła nosem pisząc, że film jest tak ciemny, jakby Eastwood nie zapłacił rachunku za elektryczność. Kael u której stwierdzono chorobę Parkinsona zrezygnowała wkrótce z pisania recenzji a jej zadurzenie w innej gwieździe ekranu sprawiło, że została story edytorem Warrena Beatty'ego.

Eastwood zachęcony artystycznym sukcesem „Birda" zaangażował się w produkowanie dokumentów poświęconych legendom jazzu. Bruce Ricker, producent „The Last of Blue Devils", zyskał dzięki niemu fundusze na dokument „Thelonius Monk: Straight No Chaser" w reżyserii Charlotte Zwerin. Dzięki pozyskaniu do współpracy Eastwooda film był nie tylko sukcesem artystycznym, ale też sporo zarobił. Współpraca z Rickerem zaowocowała jeszcze powstaniem filmów „Dave Brubeck - In His Own Sweet Way", oraz „The Music Never Ends" o Tonym Bennecie. Eastwood również był producentem wykonawczym dokumentu „Monterey Jazz Festival". W 1996 r. w Carnegie Hall odbył się koncert będący dla niego hołdem w uznaniu za częste promowanie i wykorzystywanie muzyki jazzowej w filmach.

Eastwood po dwóch latach ponownie gościł na festiwalu w Cannes z filmem „Biały myśliwy, czarne serce". Znając trudy bycia artystą z autopsji, już od pewnego czasu przedstawiał w swych filmach artystów i ich życie. W półgodzinnym odcinku „Niesamowitych historii" pokazał co się dzieje z malarzem, gdy umiera ukochana będąca jego muzą. W „Nagłym zderzeniu" skrzywdzona przez życie i brutalnych właścicieli kobieta maluje pełne bólu i ciemnych barw obrazy, opiekując się katatoniczną siostrą i dokonując wendety na gwałcicielach. Jednak najciekawiej Eastwood przedstawiał nie mogących się dostosować do rzeczywistości artystów, którzy marnowali swój talent: *„'Bird' i 'Biały myśliwy, czarne serce' to właściwie dwa filmy, które mają do czynienia z tematem autodestrukcji, podobnie jak bohater filmu 'Honkytonk man", który posiada talent, ale go zabija nim ten zdąży w pełni się objawić. Trudno mi wyjaśnić fascynację tym tematem. Są rzeczy, które często się spotyka w prawdziwym życiu i być może to mnie w tym pociąga."*[521]

Bohaterem był wybitny i kłopotliwy reżyser John Huston (w scenariuszu z powodów prawnych przedstawiany jako John Wilson). Huston stał się legendą jeszcze za życia. Już za swój debiut reżyserski „Sokół maltański" (1941) był nominowany do Oskara za najlepszy scenariusz, film okrzyknięto arcydziełem i do dziś uchodzi za najlepszy film gatunku noir. „Skarb Sierra Madre" (1948), zapewnił mu Oskara za reżyserię, a jego ojcu który partnerował Bogartowi na ekranie, Oskara za drugoplanową rolę. W 1985 wyreżyserował córkę Anjelicę w „Honorze Prizzich" która również zdobyła Oskara. Łącznie Huston otrzymał 15 nominacji do Oskara za scenariusz lub reżyserię i chętnie też występował przed kamerami, między innymi w „Chinatown" Romana Polańskiego.

Eastwood miał od dzieciństwa styczność z jego filmami. Podkreślał, jaką inspiracją dla jego gry aktorskiej były filmy z Bogartem, a filmy Hustona, Hawkesa i Forda uważa za najwybitniejsze dzieła amerykańskiego kina. Podczas służby wojskowej oglądał reżyserowaną przez Hustona „Bitwę o San Pietro", propagandowy obraz o II wojnie światowej. Słuchając Hustona będącego narratorem filmu, Eastwood przyzwyczaił się do specyficznego, mocnego głosu: *„Huston miał nieco protekcjonalny sposób bycia i autoratywny stosunek do otoczenia. Kiedy coś mówił, wymagał, by wszyscy go słuchali. Potrafił być bardzo sympatyczny, ale bywał tez okrutny w stosunku do bliskich sobie ludzi. Chciałem pokazać go takim, jakim był, ale nie miałem zamiaru całkowicie się z nim utożsamiać."*[522]

Jeszcze w 1972 roku podczas zdjęć do „Joe Kidda" w Tucson rozmawiał o nim z Paulem Newmanem, który w pobliżu grał w filmie Hustona „Sędzia z Teksasu" (1972). Newman wspominał, że Huston pił martini i palił mocne cygara przez całe noce, spał od pierwszej do czwartej, bo cierpiał na bezsenność i robił wszystko, czego zwykło się unikać chcąc dożyć późnych lat. Słynął też z nieprzewidywalności i obsesji. Podczas pobytu w Meksyku spotkał bezdomnego chłopca pozbawionego rodziców. Adaptował sierotę o czym poinformował kompletnie zdziwioną żonę po powrocie do Stanów. W młodym wieku lekarze przepowiedzieli mu szybką śmierć z powodu problemów z sercem, czym Huston kompletnie się nie przejął. Postanowił wykorzystać życie na maksimum. Uwielbiał kobiety, hazard i ryzyko. Był nałogowym palaczem i alkoholikiem. Podczas zdjęć w Las Vegas do „Skłóconych z życiem" Clark Gable pouczał go, że żyjąc ciągle na wysokich obrotach niedługo zejdzie z tego świata.

Paradoksalnie Gable zmarł kilka miesięcy później, a Huston zmarł w 1987 roku dożywając 81 lat. Nic dziwnego, że ta osobowość fascynowała Eastwooda, maniakalnie oddanego zdrowemu odżywianiu: „*Zafascynowało mnie jego obsesyjne zachowanie. Była to osobowość o prawdziwej dychotomi. Mógł być pełen wdzięku i wielkoduszności, zaniepokojony losem kloszardów, a w tym samym czasie okrutny dla ludzi w swoim towarzystwie, jeśli taki miał nastrój. Była to bardzo ciekawa postać do zbadania.*"[523]

Scenariusz Petera Viertela o wydarzeniach towarzyszących powstawaniu „Afrykańskiej królowej" powstał na podstawie jego książki, a Viertel był bohaterem opisywanych przez siebie wydarzeń. Jego matka pisywała scenariusze dla Grety Garbo a on sam został zatrudniony przez Johna Hustona, do poprawienia scenariusza „Afrykańskiej Królowej" Jamesa Agee. Razem z ekipą udał się na plan filmowy do Kongo, gdzie na podstawie różnych przeżyć powstała opowieść o obsesji upolowania słonia przez wielkiego reżysera. Książka ta była bestsellerem roku 1953, głównie za sprawą zakończenia podsuniętego przez samego Hustona (gdzie został pokazany jeszcze bardziej negatywnie niż we wspomnieniach ludzi). Sam Huston w swej autobiografii deklarował, że nigdy nie zabił słonia, choć bardzo próbował. Różni scenarzyści próbowali na podstawie książki Viertela przygotować zadowalający scenariusz co zajęło ponad trzydzieści lat. Uwagę Eastwooda na tekst zwrócił Stanley Rubin, który produkował jeden z jego pierwszych aktorskich filmów „Francis in the Navy". Rubin ze swoją firmą Rastar wszedł z nim w spółkę przy produkcji i omówił niezbędne poprawki. Ze względów prawnych pozmieniano nazwiska występujących w nim bohaterów, choć są one rzeczywistym odbiciem Hustona, Viertela i producenta Sama Spiegela. Eastwood uważał też, że widzowie dobrze znają „Afrykańską królową", dlatego postacie Hepburn i Bogarta mogą pozostać w cieniu, bo jego film opowiadał o innym aspekcie tworzenia filmu.

Samego Hustona alias Wilsona miał grać Eastwood. Było to sporym wyzwaniem ze względu na liczne legendy dotyczące twórcy, który sam bywał aktorem. Przygotowując się do trudnej i wymagającej roli oglądał dokumenty o Hustonie, słuchał narracji które robił do filmów, oglądał filmy, w których wystąpił jako aktor oraz rozmawiał z Peterem Viertelem i córką nieżyjącego już Hustona Anjeliką. O swej pracy nad rolą Eastwood i samym Hustonie mówił: *„Miał własny sposób wpływania na to, by ludzie go słuchali. Chciałem odtworzyć tą postawę. Będąc samemu wysokim, całkiem jak sam Huston, obserwowanie jego zachowania i jego dykcji w filmach, usiłując zrekonstruować jego myśli, oraz rzeczy przyszły naturalnie. Chciałem przejąć jego wewnętrzne samopoczucie, filozofię,(...) ale ponieważ moja postać nazywa się John Wilson, była to fikcyjna strona i nie chciałem przytłaczać widzów zbyt wieloma podobieństwami."*[524] Produkcję postanowiono nakręcić w Zimbabwe co przy okazji miało pomóc Eastwoodowi nabrać dystansu do niewygodnych spraw w Hollywood związanymi z procesem wytyczonym przez Sondrę Locke.

Huston zwykł mówić: *„Połowa reżyserii opiera się na wybraniu właściwych aktorów"*[525], co stało się też ulubionym powiedzeniem Eastwooda. Podobno reżyserując Hepburn na łodzi Huston był całkowicie oddany łowieniu ryb, nie zwracając na nią w ogóle uwagi. Gdy ta się upomniała mówiąc, że w ogóle jej nie widzi odparł, że wystarczy mu, że ją słyszy.[526] Sondra Locke wspominała, że Eastwood miał podobne podejście i uwielbiał mówić: *„Jestem jak Hitchcock. Wierzę, że kiedy wybiera się aktorów, to jest reżyserowanie. Później pozwalasz im działać."*[527] Uparł się by scenę z łodzią, która brała udział w „Afrykańskiej królowej" kręcić na rzece, a nie w studio. Chcąc dodać jej autentyczności, sam ją prowadził. W scenie walki z właścicielem hotelu granym przez Clive'a Mantle'a młodszego o połowę od Eastwooda, brytyjski aktor z trudem dotrzymywał mu tempa, choć Eastwood miał już 60 lat.

Po powrocie do Stanów studio Warner Bros. namówiło go do realizacji „Żółtodzioba", a Eastwood uznał, że nie ma w tym czasie nic lepszego do roboty. Poza tym miał nadzieję, że wypełniony akcją film pomoże wyrównać bilans przy niepewnym kasowo filmie o Hustonie. Na kilka dni przerwał tylko zdjęcia, by wziąć udział w festiwalu w Cannes, gdzie w konkursie startował „Biały myśliwy, czarne serce", lecz nie zdobył Złotej Palmy (w jury zasiadała Anjelica Huston, która nie chciała być posądzona o stronniczość). Tam też Eastwood spełnił swe wieloletnie pragnienie i spotkał się Akirą Kurosawą, reżyserem „Straży przybocznej", na której bazował film „Za garść dolarów". Na festiwalu Eastwood uchodził już za poważnego reżysera, a prasa silnie walczyła z pokusą nie zadawania mu pytań na temat życia prywatnego.

W ocenie najnowszego dzieła Eastwooda krytycy skupili się jednak na osobie niedawno zmarłego Hustona, a nie *„na sławie, władzy czy urojeniu męskości, które uosabiał"*[528], a których ponadczasowość Eastwood chciał oddać na ekranie, choć zgodnie uważano film za jego najlepsze dokonanie reżyserskie. Największe zarzuty kierowano pod kątem gry i próby sportretowania Hustona. Eastwood zgodził się z ich zarzutami: *„Z moją budową ciała i moją osobowością 'legato' nigdy nie zagram pewnych ról. Ale nadal mogę robić rzeczy które mają jakąś wartość. Nigdy nie wgłębiałem się w aktorstwo. Życie jest nauką, robienie filmów jest generalnie nauką.(...) Jeśli człowiek myśli, że już się wszystkiego nauczył to może tylko pójść wstecz.*[529]

Film był później pokazywany na festiwalu Telluride w sierpniu oraz w ramach retrospektywy jego reżyserskich dokonań w Walker Art Center w Minneapolis i na festiwalu w Toronto. Po rozpowszechnianiu w kinach zarobił jednak skromne 2 miliony dolarów, jeszcze mniej niż „Bird". Dla szukającego dla siebie nowej drogi Eastwooda było to spore rozczarowanie. Nie był jeszcze na tyle interesującym reżyserem, żeby tematami które podejmował, przyciągać do kin dużą publiczność. Jeszcze większego rozczarowania doznał, gdy niezbyt dopracowany fabularnie „Żółtodziób" mający być pewnym letnim przebojem nie zarobił oczekiwanych pieniędzy. Ale starał się zachować zimną krew i podkreślał jak dużą przyjemnością był dla niego film o Hustonie: *„Myślę, że jeśli człowiek zbytnio się skupia na reżyserowaniu filmu, łatwo mu znaleźć się pod presją: „mam ekipę, której byt zależy ode mnie", „mam publiczność, której zależy na tym filmie". W ten sposób Huston nigdy nie myślał. Bliższe jego myśleniu byłyby słowa: 'Robię film w Santa Anita, ciekawe co tam jest do obejrzenia.' Albo 'mam tam taką ładną dziewczynę, która mieszka po drugiej stronie rzeki, może pójdę z nią na kolację'. Zawsze były rzeczy, które trochę go odciągały"*.[530]

Eastwoodowi zależało na tym, by zarobić na filmach, ale już nie tak jak dawniej. Peter Viertel tak zapamiętał współpracę przy filmie „Biały myśliwy, czarne serce": *„Na planie filmowym nie krzyczy ani nie używa megafonu, wiadomo jednak, że to on wszystkim rządzi. Myślę, że w głębi duszy jest bardzo nieśmiały. I niezwykle ambitny. To człowiek, który robi filmy, bo chce coś powiedzieć innym ludziom. Większość producentów myśli tylko o tym, by jak najwięcej zarobić na swoich filmach. Ale dla niego pieniądze nie są najważniejsze."*[531] Natomiast Eastwood, zafascynowany postawą Johna Hustona wspomina: *„Nikt z założenia nie robi filmu dla pustej sali. Zawsze masz nadzieję, że ludzie przyjdą do kina i spodoba im się to, co zobaczą. Ale ja rzeczywiście podchodzę do tego filozoficznie. W pewnym momencie skupiam się całkowicie na projekcie i staram się zaufać swojej intuicji. Postać reżysera w filmie 'Biały myśliwy, czarne serce' wzorowana jest na Johnie Hustonie. W jednej ze scen mówi on: "Kiedy kręcisz film, musisz zapomnieć o tym, że ktokolwiek go obejrzy. Po prostu rób swoje i pozostań wierny swojej wizji". Święcie wierzę w te słowa. Reżyser powinien pracować przede wszystkim w zgodzie ze sobą i tylko gdzieś po drodze mieć nadzieję, że widzowie przyjdą do kina. A w każdym kinie świecą się strzałki wskazujące drogę do wyjścia. I to jest w porządku."*[532]

Teraz jestem

zwykłym facetem.

Nie różnię się od innych.

„Bez przebaczenia"

(1992)

Grzechy Przeszłości

Bez przebaczenia - Na linii ognia
Doskonały świat

W 1990 roku Eastwood był pochłonięty jednoczesną pracą nad filmami „Żółtodziób" i „Biały myśliwy, czarne serce". Pierwszy z nich - posiadający wszystkie czynniki mające mu zapewnić sukces kasowy - miał za zadanie zarobienie wystarczającej ilości pieniędzy by pokryć koszta nie posiadającego komercyjnego potencjału drugiego filmu. „Żółtodziób" nie spełnił stawianych mu oczekiwań ponosząc porażkę finansową, a akcje Eastwooda jako sprawnego producenta zaczęły spadać w dół. Jego filmy od 1988 roku nie przynosiły przewidywanych zysków i nawet „Pula śmierci" - ostatnia część przygód Brudnego Harry'ego - zarobiła mniej niż oczekiwano. Młodzieńczy urok Eastwooda już dawno odszedł w zapomnienie, choć nadal grywał w filmach akcji. Pojawiło się jednak kolejne pokolenie widzów, których idolami byli młodsi aktorzy. Dla tego pokolenia film „Żółtodziób", mający nawiązywać do „Zabójczej broni" był filmem z Charlie Sheenem, nie z Eastwoodem.

Poza trudnościami z wyprodukowaniem boxoffisowego przeboju Eastwood zmagał się z problemami w życiu prywatnym. Wciąż zajęty procesem sądowym o alimenty z Sondrą Locke trafił do sądu w innej sprawie, tym razem pozwany przez Stacy McLaughlin. Eastwood został oskarżony o zniszczenie jej samochodu, kiedy na terenie wytwórni zaparkowała na jego miejscu. Według relacji świadków Eastwood zaparkował obok, poszedł do swojego biura po młotek, zdemolował samochód McLoughlin, a następnie przepchał go swoim pick-upem na koniec parkingu. McLoughlin wykazała się nieznajomością zwyczajów panujących w Hollywood, bo Eastwood był wielką gwiazdą, która miała prawo do własnego miejsca parkingowego. Nie obyło się jednak bez kolejnej niepotrzebnej mu sensacji w mediach. Ostatecznie doszło do ugody, nie jest jednak tajemnicą, że McLoghlin której odradzano pójście do sądu, nie zyskała wiele na rozgłosie w swojej branży. Eastwood chcąc wydobyć się z pasma nieszczęść postawił na sprawdzony gatunek. Gatunek, któremu zawdzięczał swą karierę, a jak się miało okazać wkrótce, również uznanie.

Scenariusz filmu „Zabójstwa Williama Munny" powstał w 1976 roku kiedy westerny cieszyły się jeszcze całkiem dużą popularnością, a Eastwood był zajęty pracami przy „Wyjętym spod prawa Josey Walesie". Fabuła nawiązywała do takich dzieł jak „Dzika banda" czy „McCabe i pani Miller". Scenariusz Peoplesa został jednak przez producentów odłożony na półkę i zdawało się, że już nigdy nie zostanie zrealizowany, gdyż moda na westerny przemijała, a w Hollywood rzadko kto pamięta o odłożonych scenariuszach. Jego autorem był David Webb Peoples, który przez lata pracował jako montażysta newsów. Dokument „The Day After Trinity", który napisał i wyreżyserował był nominowany do Oskara. Współpracował też przy pisaniu „Łowcy androidów", który w roku premiery w 1982 w kinach cieszył się umiarkowanym powodzeniem (dopiero po latach zyskał miano kultowego), a w 1989 roku wyreżyserował swój pierwszy scenariusz, „Krew bohaterów".

W 1983 roku Eastwood poszukiwał scenarzystów do pracy nad jednym ze swoich projektów. Ktoś pokazał mu próbkę talentu Davida Peoplesa w postaci „Zabójstw Williama Munny", na który przez jakiś czas opcję posiadał Francis Ford Coppola, ale po kiepskim przyjęciu filmu „Ten od serca" odsprzedał scenariusz. Eastwood później mówił: *„nie mogę zrobić tego co Francis by zrobił, ale moge wnieść tu coś własnego"*[533] Niektórzy twierdzą, iż osobą odpowiedzialną za przedstawienie scenariusza

Eastwoodowi była Megan Rose, z którą Eastwood miał romans do grudnia '87 roku. Rose zajmowała się też przeglądaniem innych scenariuszy i została współproducentem filmu z Tomem Selleckiem „Quigley na antypodach". Uważała, że warto zwrócić uwagę na Peoplesa, który być może mógłby napisać dla Eastwooda kolejny film. Opowieść o krwawej zemście od razu przypadła mu od gustu, mimo że Sonia Chernus z Malpaso odrzuciła go kiedyś uznając za niewarty uwagi i nie widząc w nim ani jednej zalety. Eastwood był jednak innego zdania: *„Podoba mi się moralność tego scenariusza. To jakby podsumowanie moralności długiego łańcucha westernów i filmów przygodowych, w których wcześniej grałem. Ten film próbował nie tylko zdemitologizować, jeśli takie słowo istnieje, Zachód, ale też pokazać, że zabijanie nie jest niczym pięknym, że to nic romantycznego."*[534] Natychmiast poczynił starania, żeby go kupić, choć nie wiedział jeszcze, kiedy zamierza go zrealizować. Postanowił go schować do przysłowiowej szuflady i zaczekać, co później tłumaczył tym, że musiał do niego dojrzeć. W 1991 roku uznał, że odpowiedni moment nadszedł kiedy filmy takie jak „Silverado" czy „Tańczący z wilkami" (Oskar za najlepszy film), zdawały się przywracać westernom utraconą cześć. Eastwood mówił. *„Zwykle gdy wszyscy chcą już ogłosić śmierć jakiegoś gatunku, zjawia się ktoś z nową koncepcją i dokonuje przewrotu. Publiczność się zmienia. Dorosło całe nowe pokolenie."*[535]

Scenariusz Davida Peoplesa sugerował, że postać Munny'ego jest w wieku 35-40 lat. Eastwood - wtedy w wieku sześćdziesięciu jeden lat - nie wiedział jeszcze, że rola ta będzie odczytywana jako pokuta za wizerunek mściciela, którego stworzył w młodości. Sam uznał jednak, że jest już na tyle dojrzały, że pora na zmianę image'u. W wywiadzie dla Psychology Today powiedział: *„Człowiek lubi mieć poczucie, że idzie do przodu, że się rozwija. Ale kiedy się starzeje, próbuje robić więcej rzeczy, które sprawiają mu przyjemność. Staje się bardziej samolubny. (...) Nie chcę biegać i* *skakać przez budynki. To znaczy, zabijać nieznanych ludzi z dachu dyliżansu czy czegoś w tym stylu. To mnie nie ciekawi. „Bez przebaczenia", dlatego wydało mi się ciekawym projektem, gdyż podsumowało moje odczucia na temat pewnych filmów, w których brałem udział - filmów gdzie zabijanie jest romantyczne. I wreszcie pojawiła się okazja pokazania, że to wcale nie było romantyczne."*[536]

Peoples inspirował się książką Glendona Swarthouta „The Shootist" (na jej podstawie powstał ostatni western z Johnem Wayne'em „Strzelec" Dona Siegela). Uważał że kluczem do filmu jest postać Williama Munny, który chce być jak inni ludzie, a jego cierpieniem jest to, że nie potrafi być jak inni: *„Ludzie zabijają sześciu ludzi a potem jedzą śniadanie i rozmawiają jakby to było czymś normalnym. Nie mogłem uwierzyć, jak można pokazywać takie rzeczy w filmach. W tym czasie widziałem „Taksówkarza" i pomyślałem - nieźle, to ma inną jakość. To zmieniło mój sposób patrzenia na to, co jest możliwe w hollywoodzkim filmie."*[537] Jedyną poprawką jaką Eastwood naniósł na scenariusz była zmiana tytułu na „Bez przebaczenia".

Zapytany o to, dlaczego wraca do westernu Eastwood powiedział: *„To z powodu moich gustów, mojej przeszłości i kariery. Western przyniósł mi złą sławę, ale jest to również gatunek który daje olbrzymią przestrzeń na analizę pewnych tematów, czy pewnych zasad moralnych. Regularnie eksperci ogłaszają, że western już umarł - to się powtarza w cyklach - dopóki nie pojawi się kolejny western, który dobrze wypadnie i kolejny ekspert ogłosi odrodziny gatunku. Hollywood, co jest dość głupie, podąża za tymi modami jak owca."*[538]

Po raz pierwszy od dłuższego czasu do udziału w filmie zamiast mało znanych aktorów zaprosił hollywoodzkie sławy: Gene'a Hackmana, Morgana Freemana i Richarda Harrisa. Ten ostatni zresztą, jak głosi anegdota, w chwili gdy Eastwood do niego telefonował, siedział w swoim domu na Bahamach przed telewizorem i oglądał „Mściciela". Hackman początkowo odmawiał udziału tłumacząc, że zagrał w zbyt wielu filmach o przemocy. Dał się przekonać dopiero, gdy Eastwood go zapewnił, że film jest krytyką przemocy. W „Bez przebaczenia" wystąpiła też Frances Fisher, przeżywająca wtedy swój najlepszy okres z Eastwoodem, a główną rolę grał oczywiście on sam.

Do stałej ekipy Malpaso dołączył Henry Bumstead, który dwadzieścia lat wcześniej pracował przy „Mścicielu". Dwukrotny zdobywca Oskara - podobnie jak przy „Mścicielu" - pomógł zbudować od podstaw miasteczko Dzikiego Zachodu w kanadyjskiej Albercie. Na potrzeby produkcji zakazano ruchu pojazdów silnikowych. Aktorzy i ekipa byli dowożeni końmi lub szli pieszo. Miało to zapobiec czasochłonnemu zamazywaniu śladów opon, a odizolowanie od świata zewnętrznego sprzyjało lepszemu wczuciu się w klimat epoki. Dookoła nie było widać śladów nowoczesnej cywilizacji, co pozwalało też na pełną swobodę kamery. Zdjęcia rozpoczęły się wczesną jesienią 1991 roku i były zaplanowane na dwukrotnie dłuższy okres niż poprzedni western, „Niesamowity jeździec". Świadczyło to o przynajmniej chwilowej zmianie podejścia do produkcji filmowej. Odbywało się więcej prób, kręcono więcej dubli. Gdy pogoda uległa pogorszeniu Eastwood zdecydował się kręcić nawet przy opadach śniegu. Włączył je jako element dekoracji do filmu. Zdecydował się kręcić pozostałe sceny przy ograniczonym czasie na odpoczynek, choć mróz utrudniał nie tylko jemu wypowiadanie kwestii, ale ekipa nie śmiała mu się sprzeciwić.

Eastwood kręci filmy przy maksymalnym wykorzystaniu naturalnego oświetlenia, sztucznego używa bardzo rzadko, a czasem wcale. Pomijając koszty za obsługę urządzeń i czas potrzebny na przestawianie skomplikowanej maszynerii, rozwiązanie takie owocuje ciekawym efektem przypominającym obrazy Edwarda Hoppera. Woli niedopowiadać pewnych rzeczy niż pokazywać wszystko w pełnym świetle, uważając że film rozgrywa się w wyobraźni widzów a nie na taśmie. Kiedyś zauważył, że w większości starych westernów widzi się ludzi, którzy ze słonecznego podwórka wchodzą do jasnego pomieszczenia. Można się zastanowić skąd w połowie XIX wieku mieli tyle prądu, żeby to wszystko doświetlić? Dlatego w jego westernie "Bez przebaczenia" oświetlenie przypomina użycie lamp naftowych a w zdjęciach jest duży kontrast między światłem a cieniem, co sam tłumaczył: *„John Wayne miał taką teorię, że widz musi przez cały czas widzieć oczy, bo to oczy opowiadają historię. Nie wierzę w to. Widzimy oczy, kiedy musimy je widzieć. Czasami to czego nie widać bardziej przemawia do widowni.*[539] O swoim podejściu do zdjęć i zamiłowaniu do mrocznych scen, którym dał przejaw również w tej produkcji, mówił: *„Reżyser oczywiście ma wiele możliwości. Czasem zależy mu na osiągnięciu efektu cienia, takiego jak w filmie „Trzeci człowiek" Carola Reeda. Czasem oświetlenie jest takie, że gdy aktor zrobi krok wstecz, widać mu tylko połowę twarzy, lub podbródek. Widzowie nie muszą widzieć wszystkiego. Mogą za to czuć czyjąś obecność na ekranie, jeśli zaprezentuje im się interesujące ujęcie."*[540]

Dwa miesiące po ukończeniu zdjęć była już gotowa robocza wersja filmu. David Peoples, który spotkał się z Eastwoodem wtedy po raz pierwszy uznał, że w filmie zawarto wszystko to, co było w scenariuszu. Eastwood nawet osobiście skomponował motyw przewodni filmu „Claudia's theme", który krążył mu po głowie jeszcze przed rozpoczęciem produkcji. W napisach końcowych znalazła się jego osobista dedykacja dla reżyserów, których uważał za swoich mentorów - Dona Siegela i Sergio Leone: *„Byli dwojgiem ludzi z którymi pracowałem w ważnych momentach mojego życia i obaj, ironicznie, zmarli w przeciągu ostatnich paru lat. Dlatego chciałem oddać hołd tej dwójce, która tak mocno odcisnęła na mnie swoje piętno, niezależnie od tego czy mają coś wspólnego z filmem czy nie. Myślę, że historia mogłaby im się spodobać."*[541] Megan Rose, która chciała zostać wymieniona w napisach za odkrycie scenariusza i zarekomendowanie go, wniosła przeciw Eastwoodowi sprawę o odszkodowanie i dołączenie jej nazwiska do czołówki. Eastwood zaproponował jej 10 tysięcy dolarów i posadę story editora przy swoim kolejnym filmie.

W wywiadzie przeprowadzonym na planie „Bez przebaczenia" Eastwood powiedział: *„Przeszedłem przez okres bycia jednym z tych kolesi którzy przewijali się przez miasto w telewizyjnych serialach z pięćdziesiątych, choć nigdy się za takiego nie uważałem. Próbowałem być aktorem charakterystycznym."*[542] W „Bez przebaczenia Eastwood stworzył jedną ze swych najlepszych ról w karierze, ale - co być może istotniejsze – aktor stał się poważnym reżyserem. Studio Warner Bros. bardzo zaangażowało się w przemyślaną kampanię oskarową. Film pokazywano wpływowym dziennikarzom na specjalnych pokazach w Nowym Jorku, a reklamy telewizyjne akcentowały konflikt moralny historii. Eastwood włączył się w promocję udzielając wielu wywiadów, wystąpił m.in. w programie Jaya Leno Tonight Show, oraz u Barbary Walters i Davida Frosta. Pojawił się też w dokumencie „Man from Malpaso", który był poświęcony jego twórczości. Eastwood obawiał się, że zmasowana kampania promocyjna może filmowi zaszkodzić. Wolał wybrać mniej nachalną metodę, chciał żeby widzowie odkrywali ten film samodzielnie. *„Nie robiłem tego z myślą o komercyjnym sukcesie. Gdybym tak robił pewnie zmieniłbym pewne rzeczy, ale nie chciałem w tym wypadku iść na kompromisy"*.[543] W czasie promocji Vogue pisał o teksaskim rangerze, który prosił Eastwooda o zgodę na wykorzystanie swojego imienia dla jego byka rozpłodowego. Eastwood się zgodził, ale kiedy usłyszał: *„Ten byk jest wart fortunę. Sprzedajemy jego spermę na całym świecie"*[544], po namyśle odparł, żeby nie sugerowali w reklamie, że sprzedają spermę Clinta.

15 tysięcy kopii zwiastunu zostało dołączonych do takich przebojów jak „Zabójcza broń 3", „Powrót Batmana" czy „Czas patriotów". Premiera filmu miała mieć miejsce w sierpniu, kiedy ludzie znudzą się już letnimi hitami. Zgodnie z przewidywaniami, zmęczeni

lekkim kinem krytycy i widzowie z czasem sięgnęli po film Eastwooda. W rezultacie weekendowe otwarcie filmu w wysokości około 14 milionów było najlepszym otwarciem filmu Eastwooda - w jeden weekend zarobił więcej niż łącznie na filmach „Biały myśliwy..." i „Różowy Cadillac". Co więcej, „Bez przebaczenia" grano w kinach nieustannie przez dziewięć miesięcy. Tylko w Ameryce film zarobił 160 milionów stając się jednym z jego najlepszych dokonań również pod względem komercyjnym. Schickel zwraca uwagę[545], że Eastwood tym razem nie wkraczał na nieznane sobie terytorium z odważnym tematem - jak przy słabo odczytanych „Honkytonk man" i „Biały myśliwy, czarne serce" - ale podobnie jak przy „Linie" sprawdzał ograniczenia gatunku, którego sam był ikoną.

Krytycy z Cahiers du Cinema zauważyli podobieństwo do ostatniego westernu Anthony'ego Manna „Człowiek z dzikiego zachodu" z Garym Cooperem grającym farmera, który musi powrócić do zabijania[546]. Eastwood poza tym odwracał aksjomat Johna Forda – jeśli legenda staje się faktem, drukuj legendę – demistyfikując Dziki Zachód, podobnie jak było to w filmie „Człowiek, który zabił Liberty Valance'a", który pokazywał świat westernu jako prawdę zgodną z historią a nie mitem. Krytycy wysoko oceniali „Bez przebaczenia" jako jeden z najlepszych westernów od czasów „Poszukiwaczy" Johna Forda, a Richard Corliss w Time napisał że to *„refleksja Eastwooda nad wiekiem, reputacją, odwagą, bohaterstwem – wszystkimi brzemieniami które nosił z sobą z taką gracją przez dekady."*[547] Francuskie pismo Cahiers du Cinema uznało go za najlepszy film roku. „Bez przebaczenia" ponadto zapewniło Eastwoodowi nagrodę National Society of Film Critics dla najlepszego reżysera, a Boston Society of Film Critics uznało go za najlepszy film roku. Eastwood po raz pierwszy zdobył nominację Gildii reżyserów.

Zaczęto mówić o szansach na Oskara, choć dotąd zdobyły go tylko dwa filmy będące westernami: „Cimmaron" z 1930 r. i „Tańczący z wilkami" z 1991 r. „Bez przebaczenia" był w sumie nominowany w dziewięciu kategoriach: najlepszy aktor (Eastwood), drugoplanowy aktor (Gene Hackman), montaż (Joel Cox), scenariusz oryginalny (David Webb Peoples), dekoracje (Henry Bumstead, Janice Blackie-Goodine), zdjęcia (Lennie Niehaus) i dźwięk (Les Fesholtz, Vern Poore, Dick Alexander, Rob Young). Nominacje te - jak punktował Los Angeles Times[548] - zyskano ze względu na: całokształt dokonań Eastwooda, osadzenie filmu w klasyce westernu, oraz lokalne, kalifornijskie pochodzenie reżysera (przeciwstawione takim outsiderom Hollywood jak Robert Altman, Neil Jordan i James Ivory). Poza tym żaden film nie zdobyłby nominacji do głównej nagrody bez wsparcia wielkiego hollywoodzkiego studia lub mainstreamowego producenta, a Eastwood - w przeciwieństwie do Altmana - aktywnie promował film.

Jeszcze w 1973 r. zarzekał się, że już nigdy nie będzie gościem na ceremonii rozdania Oskarów, chyba że sam zostanie nominowany, ale wtedy był tylko prezenterem zastępującym przez krótki czas Charltona Hestona. Obietnicy dotrzymał i kiedy po dwudziestu latach Akademia wreszcie zapewniła mu nominację, Eastwood na wręczenie nagród zabrał swoją matkę. Przez cały czas zastanawiał się czy jej nie zawiedzie: *„Czułem się dobrze i zamierzałem rozegrać to z gracją, wygram czy przegram. Ale nie zdobyliśmy nagrody za zdjęcia ani za scenariusz i myślałem sobie: więc przyprowadziłem tu swoją osiemdziesięcioczteroletnią matkę tylko po to, żeby odejść z pustymi rękami. Ale potem zobaczyłem jak Barbra Streisand otwiera kopertę i się uśmiecha i już wiedziałem."*[549] Eastwood odebrał nagrodę dla najlepszego reżysera i największym zaskoczeniem było tylko to, że nie dostał Oskara za najlepszą rolę. Ale przypadła ona nominowanemu już sześciokrotnie (i jak dotąd bezskutecznie) Alowi Pacino za „Zapach kobiety". Eastwood po raz drugi pojawił się na podium jako producent odbierając statuetkę dla najlepszego filmu. Nagrody otrzymali też Joel Cox za najlepszy montaż, oraz Gene Hackman dla najlepszego aktora drugoplanowego. Hackman powiedział odbierając statuetkę, że jest wdzięczny reżyserowi iż przekonał go, że nie będzie to kolejny pełen przemocy, typowy film Clinta Eastwooda.

„Bez przebaczenia" może być odczytywane jako film, w którym Eastwood godzi się z odpowiedzialnością za pewne aspekty swojego życia. Jest to opowieść o sposobach w jakie człowieka ciągnie do przemocy, poprzez niezrozumienie, nierozważne machismo, źle umiejscowioną dumę i surowość zasad moralnych, a wreszcie koszty, nieuświadamiane w wielu filmach. William Munny mając szansę na odkupienie wybiera przemoc, podobnie jak jego późniejsi bohaterowie, który stoją wobec straconych szans marząc o następnych. Jego przemiana, jak w komentarzu filmu[550] zwraca uwagę Schickel, nie jest pełna. Ciągle o niej mówi, podczas gdy Ned, który faktycznie stał się farmerem i nie czuje instynktu zabójcy, nie potrzebuje mówić o zmianach, gdyż się zmienił.

Po latach sam twórca zauważył: *„Byłem powiązany z przemocą w moich filmach, które stanowiły kino rozrywkowe, kryminały, czy cokolwiek. Ale wraz z upływem lat dojrzałem i pragnąłem przejść na kolejny stopień. (...) 'Bez przebaczenia' mówi o żalu z powodu przemocy. Czym ona jest dla kogokolwiek. Nagle człowiek spogląda wstecz na swoje dokonania i zadaje sobie pytanie: co do cholery narobiłem."*[551] Krytyk literacki George Steiner[552] dopatruje się w filmie też kafkowskiej wizji świata, gdy w jednej scenie Mały Bill na zarzut o pobicie niewinnego człowieka odpowiada: „niewinnego czego?". Hackman zauważył w swojej roli podobieństwa do Daryla Gatesa, szefa policji z Los Angeles, katującego wraz z kolegami ciemnoskórego Rodneya Kinga w imię prawa, co było bardzo głośnym wydarzeniem medialnym. Hackman nie inspirował się Gatesem, lecz wiedział, że ma on silne przekonania na temat prawa i porządku. Poza tym przemoc została tu ukazana w bardzo realistyczny sposób, daleki od gloryfikacji i fetyszu.

Engel w swej analizie filmu pisał: „*Niełatwo zabijać, gdy pistolet nie zawsze wypala kiedy powinien, a cele nie są precyzyjne. Gwałt jest pokazany jako bardzo chaotyczny, niewypał z finału filmu czy pistolet wybuchający w ręce z opowiadania Małego Billa są przykładami zawodzącej techniki.*"[553]

W „Bez przebaczenia" zawarto też krytykę mediów, które pokazują - nieważne czy w roku 1880, czy w 1992 roku - pozbawioną skrupułów przemoc. Eastwood komentował: „*W filmie tym chciałem opowiedzieć historię w konwencji baśni, ale baśni która odmitologizuje Zachód w pewien sposób, jednocześnie odwołując się do klasycznych westernów. Tak jak na przykład fakt, że niektóre rzeczy nie tak łatwo zrobić, że celowanie w ludzi jest nieprecyzyjne, że pistolety nie zawsze działają przy każdym wystrzale tak jak powinny. Nie wiem czy tak było naprawdę na Dzikim Zachodzie, ale film ma takie założenie. Film zawiera dwie równolegle opowiedziane opowieści: jedna o kronikarzu który chce pisać książki o legendach Dzikiego Zachodu, a druga przez cały film zaprzecza tym legendom. Spotkanie tych dwóch opowieści najbardziej mnie urzekło w scenariuszu.*"[554]

William Beard zauważył ciekawe analogie i paradoksy w odniesieniu do wcześniejszych filmów Eastwooda[555]. Josey Wales na początku filmu był miłującym pokój farmerem, który brutalnie został zmuszony przez wojsko do krwawej zemsty stając się mścicielem. Natomiast William Munny był najpierw zabijaką, by następnie zostać hodowcą świń. Inna jego postać z wcześniejszych dokonań, Bronco Billy, opuścił rodzinne miasto (New Jersey) porzucając pracę sprzedawcy obuwia, żeby żyć według ideałów Dzikiego Zachodu. Tymczasem William Munny po dokonanej zemście (dowiadujemy się o tym z epilogu) ucieka od świata przemocy do San Francisco, żeby zająć się sprzedażą tekstyliów.

„Bez przebaczenia" stanowił pierwszy film, w których Eastwood grał człowieka w starszym wieku. Munny z siwymi włosami i trzęsącymi się rękoma zapoczątkował nowy typ bohatera w swojej karierze, który

Jakub Półtorak[556] proponuje nazwać Starym Wygą. Eastwoodowi przestało zależeć na grywaniu wysportowanych (i udających młodszych niż są naprawdę) bohaterów kina akcji. Grając postacie w swoim wieku rozszerzyły się jego możliwości na kreowanie ciekawszych postaci. Im starsi byli jego bohaterowie, tym ciekawszą dysponowali historią. Odtąd w każdym kolejnym filmie Eastwood rozbudowywał ten wzorzec. Republika afrykańskiej republiki Niger wypuściła znaczek z wizerunkiem Eastwooda, a wkrótce trafił on również na znaczki pocztowe innych krajów. Eastwood - zdobywca Oskara i Złotego Globu - był znów na szczycie, już nie tylko jako aktor, ale również poważany reżyser i sprawdzony producent. Jednak kolejna produkcja filmowa w której miał wziąć udział wymagała od niego jedynie aktorskiej aktywności.

Scenariusz filmu „Na linii ognia" powstał na początku lat 80-tych. Wtedy to Jeff Apple, zafascynowany ochroniarzem prezydenta Lyndona Johnsona, napisał scenariusz o kulisach pracy agenta służb specjalnych. Początkowo agent miał być znacznie młodszy niż to było w późniejszej filmowej wersji, co miało umożliwić zaangażowanie młodego gwiazdora. Scenariusz krążył po Hollywood przez kilka lat. Z czasem miał w nim nawet zagrać Dustin Hoffman, ale zrezygnował, gdy pojawiły się kolejne wersje scenariusza. Do pracy nad rozwojem historii zaangażowano Jeffa Maguire, który wprowadził wątek zabójstwa JFK. Powoływał się tutaj na prawdziwego agenta Tajnych Służb, Clinta Hilla, któremu udało się ocalić żonę prezydenta, ale nie jego samego. Przed kamerami telewizyjnymi Hillem targało poczucie winy i był załamany. W pracy nad scenariuszem autorzy mieli pełną współpracę Tajnych Służb, co pozwoliło im stworzyć przekonującą i wiarygodną historię.

Scenariusz trafił do rąk agenta Eastwooda, Leonarda Hirshana, gdy stanowił jeszcze własność wytwórni Warner. Hirshan obiecał, że go przeczyta, ale był piątek a on wyjeżdżał na weekend do Palm Springs. W poniedziałek, gdy miał odebrać scenariusz, dowiedział się z prasy, że projekt przejęła wytwórnia Castle Rock. Hirshanowi udało się wyżebrać od wytwórni kopię scenariusza, a kiedy ją przeczytał dzwonił do nich błagając, by nie podejmowano żadnych kroków, dopóki jego klient nie przejrzy scenariusza. Ponieważ „Bez przebaczenia" nie miało wtedy jeszcze swojej premiery, wytwórnia rozważała do głównej roli takich gwiazdorów jak Nick Nolte czy Robert Redford, którzy stanowili wtedy potencjalnie ciekawszą alternatywę od Eastwooda.

Eastwood natychmiast po przeczytaniu scenariusza wyraził wolę zagrania w filmie: *„Scenariusz miał interesujące wyzwania i tak jak „Bez przebaczenia' dał mi szansę zagrać człowieka, który jest ścigany przez błąd, który popełnił w przeszłości. Trudno jest znaleźć dziś dobre postacie do zagrania, postacie która mają dokąd pójść, które można rozwijać."*[557] Była to też kolejna z postaci, gdzie Eastwood nie grał znacznie młodszego od siebie, choć nadal sprawnego fizycznie. Wytwórnia rozważała nawet ewentualność, że będzie on reżyserem filmu. *„Skończyłem właśnie zdjęcia do "Bez przebaczenia" i nie chciałem reżyserować kolejnego filmu tak szybko, a materiał naprawdę mi się podobał. Dlatego powiedziałem im, żeby pozwolili mi wybrać reżysera to wtedy zagram. Akurat widzialem film "Shattered" i pomyślałem, że zawsze miałem szczęście przy podejmowaniu amerykańskiej tematyki przez europejskich reżyserów"*[558] Miał to być pierwszy od dwudziestu lat film, w którym Eastwood zagra poza wytwórnią Warnera. W zamian za udostępnienie swojego gwiazdora studio Warner, (podobnie jak w przypadku późniejszej „Władzy absolutnej" będącej również własnością Castle Rock), zyskało prawo do dużego procentu z zysków z rynków międzynarodowych i sprzedaży video.

Do filmu zaangażowano Johna Malkovicha, który miał zagrać zamachowca dybiącego na życie prezydenta. Po tym jak rolę odrzuciła Sharon Stone, do roli agentki Tajnych Służb producenci wybrali Rene

Russo, byłą modelkę która niedawno wystąpiła w przeboju „Zabójcza broń 3". Eastwood naciskał, by nie wprowadzano kolejnych zmian w fabule: *„Kilku ludzi z biura sugerowało zmiany w scenariuszu. Powiedziałem; słuchajcie chłopcy, historia podobała wam się na tyle, by rozpocząć jej produkcję. Podoba mi się scenariusz. Każdemu się podoba. Powinniście pozwolić go zrealizować, dać nam szansę go ukończyć i dopiero potem podjąć decyzje o zmianach."*[559]

Wolfgang Petersen cieszył się na tyle dużym prestiżem, że jako pierwszy od czasów Dona Siegela zyskał niezależność w swych decyzjach od uwag swojego gwiazdora. Jego sprytnym posunięciem było nie angażowanie zbyt wielu członków ekipy Malpaso, wiernych i lojalnych Eastwoodowi. Od pracy przy filmie odsunięto m.in.. operatora Jacka N. Greena, i montażystę Joela Coxa, ale do ekipy włączono m.in. koordyndatora kaskaderów Buddy'ego Van Horna oraz producenta Davida Valdesa. Poza tym Petersen - miłośnik filmów Leone - namówił Ennio Morricone (który ostatnio pracował z Eastwoodem przy westernie „Dwa muły dla siostry Sary"), do skomponowania ścieżki dźwiękowej. Współpraca na planie pomiędzy Petersenem-reżyserem a Eastwoodem-aktorem, przebiegała pomyślnie. Eastwood starał się powstrzymywać od wydawania sugestii reżyserskich, ale drażniła go duża liczba dubli. Petersen mówił: *„Clint wie, że jeśli reżyseruję film, trzeba zostawić mnie samego. Nie jest typem faceta, który mówi: nakręć to w ten sposób. Jednak czasami zdarza się, że gdy mówię: Clint, to było świetne, ale proszę zróbmy to jeszcze raz; on odpowiada: jeśli było świetne to po co powtarzać?"*[560]. Kiedy indziej wspomniał: *„Jestem pewny, że chętnie zająłby się reżyserowaniem naszego filmu, ale nie kłócił się z tym co proponowałem. Raz poprosił o ustawienie kamery z drugiej strony, ponieważ tego ranka uderzył się w głowę, więc ustawialiśmy kamerę i światło w innym miejscu."*[561]

Petersen zastanawił się jak oszukać widza sugerując w jednej scenie, że Horrigan zwisa z krawędzi budynki. Kiedy zapytał o to

Buddy'ego Van Horna, on odpowiedział, żeby spytać samego Eastwooda, bo być może zechce to zrobić samemu naprawdę[562]. Eastwood upewniwszy się, że nad efektami czuwają ludzie z jego ekipy odparł, że da radę. W trakcie kręcenia był podwieszony kablem do fasady budynku, więc nawet gdyby stracił przyczepność palców nie spadłby, lecz obił się i zawisł do góry nogami. Nic dziwnego, że w ujęciu był taki przerażony przez dziesięć kolejnych dubli.

Poza tym reżyser namawiał Malkovicha do prowokowania Eastwooda, żeby zaburzyć jego uporządkowaną grę aktorską. Malkovich, uznany aktor nominowany później za tę rolę do Oskara, prowokował go więc swoimi improwizacjami, tak jak w scenie gdzie bierze do ust jego pistolet. Dzięki temu Eastwood, kierowany przez niemieckiego reżysera, stworzył jedną ze swych najbardziej przekonujących ról. W jednej scenie na jego twarzy nawet pojawiają się łzy, co pozwoliło Petersenowi powiedzieć: *„Jest znacznie lepszym aktorem niż mi się początkowo zdawało. Im więcej kręciliśmy, tym bardziej mi się podobało dostrzeganie kolejnych warstw, które ujawniał"*[563]. Okazana przez Eastwooda słabość, gdy wyznaje postaci granej przez Rene Russo wspomnienia z Dallas była emocją od której Eastwood uciekał przez lata. Petersen zauważył: *„'Bez przebaczenia' zbierało świetne opinie w kinach podczas, gdy kręciliśmy film. Myślę, że to psychicznie zachęciło go do podjęcia ryzyka, do bycia bardziej dostępnym i dodawania więcej warstw swojemu wykonaniu."*[564]

Wysokobudżetowy film akcji zawierał też sporo efektów komputerowych. Jednym z nich było cyfrowe przystrzyżenie fryzury Eastwooda z lat siedemdziesiątych i umieszczenie go na zdjęciach z czasów zamachu w Dallas. Wśród innych efektów pojawiła się technika kręcenia zdjęć na niebieskim ekranie i wykorzystywanie archiwalnych zdjęć ze spotkania Clintona mówiącego do pięciuset Demokratów, gdzie dodano Eastwooda i podmieniono prezydenta. Poza tym zmultiplikowano tłum statystów. Eastwood nie był fanem tego typu trików, ale też nie protestował. Petersen chwalił swojego operatora: "*Bailey jest mistrzem światła i myślę że dobrze wykonał swoją robotę. Samotność jest tematem przewodnim dla obydwu bohaterów... Eastwood jest samotny w swoim apartamencie a Malkovich jest samotny planując złe rzeczy. To niemal jak obraz z dzieł Edwarda Hoppera.*"[565]

W postaci Franka jest wiele nawiązań do wcześniejszych postaci Eastwooda: jest outsiderem, dobrze wykonującym swą pracę, ale skonfliktowanym z przełożonymi, samotnym i upierdliwym. Ale Eastwood dokłada nowy element: Frank nosi w sobie poczucie winy za to, że nie zapobiegł śmierci JFK - jest jedynym żyjącym agentem, który stracił prezydenta. Jak zauważa William Beard, Horrigan podobnie jak bohater „Wzgórza złamanych serc", ma „*pronacjonalistyczną profesję, wykonuje symboliczną pracę w służbie ideologii i próbuje się oczyścić z traumy narodowej psyche jaką stanowi Wietnam i zabójstwo JFK*" [566]. Frank Horrigan nie wie dlaczego nie zareagował podczas zamachu, co kłóci się z umiejętnościami bohaterów granych wcześniej przez Eastwooda. Co więcej, ciało tej postaci, nie jest doskonałe i odporne na kule - Horrigan przeżywa postrzelenie przez Leary'ego tylko dzięki kuloodpornej kamizelce. Wreszcie w finale, swoje życie zawdzięcza krótkofalówce dającej mu łączność ze snajperami. Branie na siebie kuli, by się poświęcić dla kogoś innego, było z pewnością czymś, czego Brudny Harry by się nie podjął. Rozgrywka między Learym a Horriganem, przywołuje na myśl relacje między Scorpio a Brudnym Harrym (gdyby Callahan pozwolił Skorpionowi zabić uprowadzone przez niego dzieciaki, być może stałby się później rozgoryczonym Frankiem Horriganem).

Film pokazywany latem, już po zdobyciu przez Eastwooda Oskarów, trafił świetnie w swój czas. Produkowany za 40 milionów dolarów zarobił 175 milionów dolarów. Poza tym był to drugi film z

Eastwoodem obok „Bez przebaczenia" umieszczony na liście 200 przebojów wszechczasów wg magazynu Variety[567].

Eastwood trafił na scenariusz Johna Lee Hanckocka poszukując nowych historii, a „Doskonały świat" przypominał mu film o podobnej fabule z Kirkiem Douglasem „Ostatni kowboj". Scenariuszem początkowo był zainteresowany Spielberg. Później uznał, że rola zbiega porywającego młodego chłopaka byłaby idealna dla Eastwooda. Ten jednak po raz pierwszy uznał, że jest za stary na taką rolę, choć dwadzieścia lat wcześniej chętnie zagrałby postać Butcha, a teraz nie zamierzał w ogóle występować w tym filmie. Producent Mark Johnson zaproponował Kevina Costnera, który był na szczytach sławy po występach w „Nietykalnych" i „JFK" a po zdobyciu Oskara za reżyserię „Tańczącego z wilkami" mógł przebierać w ofertach (było to jeszcze przed „Wodnym światem" i „Listonoszem" po których został uznany za „truciznę box-offisu").

Film opowiadał o młodym chłopcu porwanym przez bandytę, za którym rusza pościg policji w przeddzień pamiętnej wizyty Kennedy'ego w Dallas. Było to kino drogi, gdzie bandyta i chłopiec z czasem się zaprzyjaźniają. Eastwood miał wątpliwości czy to odpowiedni dla niego gatunek, ale Costner się zgodził i chciał żeby w filmie wystąpił również Eastwood, co miało podnieść szanse filmu na sukces. Miał on się wcielić w szeryfa ścigającego zbiega -niewielka rola, która wydawała mu się mało interesująca, a poza tym spotykała się ze zbiegiem tylko w jednej scenie. Wtedy Costner zasugerował scenarzyście odpowiednie zmiany, by stworzył ciekawą postać którą Eastwood zgodzi się zagrać. W ten sposób Butcha i Reda połączyły wspólne losy - kiedy Butch był dzieckiem, szeryf chcąc go zachować od złych wpływów ojca, posłał go do poprawczaka. Eastwood ostatecznie zgodził się zagrać Reda też dlatego, że sceny te mogły być kręcone bez udziału Costnera i chłopaka, a Eastwood chciał się w pełni poświęcić relacjom między nimi. Zdjęcia zaplanowano na okres tuż po ukończeniu „Na linii ognia" a jeszcze przed rozpoczęciem „Wyatta Earpa" w reżyserii Costnera.

Było oczywiste, że na planie filmu znalazły się dwie gwiazdy światowego formatu, ale podobieństw było więcej: obaj aktorzy trudnili się też reżyserią i niedawno otrzymali Oskara za najlepszy film (którym - dziwnym zbiegiem okoliczności - obu wypadkach był western), co potęgowało ich ambicje. Costner przyznawał, że na planie tego filmu jest tylko jeden reżyser i jest nim Eastwood, ale nie był przyzwyczajony do jego szybkiego tempa zdjęć. Na planie dochodziło do spięć, gdyż będący perfekcjonistą Costner chciał mieć odpowiednie rekwizyty i deliberował nad wieloma scenami. Na plan przyjechał z własnymi wskazówkami reżyserskimi. Wszystko to spowodowało znaczne opóźnienia w realizacji filmu.

W jednej ze scen w polu, gdy jeden ze zbiegów chce wkraść się do domu i zabrać ubrania, postać Costnera miała wejść na traktor i rozbroić jadącego nim farmera. Zaplanowane na dwie kamery ujęcie nie udało się, bo aktor źle się zamachnął i uderzył Costnera. Gwiazdor upadł. Człowiek jadący na traktorze był fatalny, a Costner poddał się i opuścił plan. Eastwood wziął dublera Costnera i ubrał go w identyczny kostium. Z ujęciem przez jego plecy i kilkoma zbliżeniami udało mu się ukończyć scenę nim na plan powrócił spokojny już Costner. Zaskoczony obrotem sprawy wdał się w dyskusję. Eastwood: *„Daly i Semel [kierownicy z wytwórni Warnera] płacą mi za realizację filmu. Jeśli odejdziesz, nakręcę zbliżenia z udziałem dublera. Bo zamierzam ukończyć film."* Costner: *„Nie zrobiłbyś tego, prawda?"* Eastwood: *„Przekonaj się. Ten facet zagra w całym filmie. Może nie wszędzie się nada, ale po coś tu jestem. Nie zamierzam się z nikim szarpać."* [568] Costner potulnie uznał swą przegraną i odtąd wszystko na planie poszło już gładko. Zdjęcia odbywały się latem 1993 kiedy Amerykę nawiedziła fala powodzi. Producent David Valdes patrząc za okno widział masę chmur, co nie odpowiadało nakręconym już wcześniej ujęciom w słońcu i był gotowy zarządzić dzień wolny. Ale nawet gdy deszcz padał dwadzieścia cztery godziny na dobę kamery nie przestawały kręcić a Eastwood nie zmieniał planów. Nawet gdy już było zbyt niebezpiecznie żeby używać elektryczności na zewnątrz, postanowił przenieść się do studia i używając starych sztuczek sugerować, że auto jest nocą w ruchu.

Eastwood nadal był związany z Frances Fisher, która zagrała w „Różowym Cadillacu" i „Bez przebaczenia". Fisher w wywiadach dla prasy powtarzała, że od dawna chciała mieć dzieci a on nie był temu przeciwny. Zależało jej jednak na życiowym partnerze, choć ten nie widział się z nią w roli męża i ojca. Nie chciał też, żeby przed oskarową galą ujawniała że będą mieć razem dziecko, kiedy była już w czwartym miesiącu ciąży. Francesca-Ruth Fisher Eastwood urodziła się w sierpniu, tuż po zakończeniu zdjęć do „Doskonałego świata". Zajmując się nowonarodzonym potomkiem Eastwood przygotowywał też montaż na grudniową premierę. Warnerowi zależało na premierze przedświątecznej, by wraz z jego poprzednimi dwoma filmami z tego roku skapitalizować niezłą sumę pieniędzy. Napięcie związane z montażem było potęgowane przez Costnera. Jego agent naciskał na Eastwooda na przygotowanie dla swojego klienta wersji próbnych filmu i trailerów, bo Costner miał prawo ich akceptowania. Eastwood był wściekły: *„Nie tak to miało wyglądać na moje stare lata"*[569] Studio liczyło, że Costner swoją osobą przyciągnie publiczność, a film wypuszczony jeszcze w tym roku pozwoli mu zdobyć nominację do Oskara, rok po sukcesie „Bodyguarda".

Mający premierę jeszcze w listopadzie film ostatecznie odniósł sukces, choć głównie za granicą. W Stanach zarobił tylko 32 miliony dolarów, zaś poza Ameryką aż 104 miliony. Krytycy w swych recenzjach chwalili go bardziej od „Bez przebaczenia". Niektórzy uważali, że błędem było obsadzenie Costnera w roli złoczyńcy, który kojarzył się z człowiekiem zaufania oddanym rodzinie. Eastwood oceniał: *„Jedne filmy zaskoczą, inne nie. Na przykład 'Doskonały świat' nie był w Stanach zbyt doceniony, gdyż zdaje mi się ludzie oczekiwali więcej walk między Costnerem a mną, bardziej w klimacie Westernu, ale w Europie film sobie nieźle radził. Liczy się to, by zrobić to na co się ma ochotę, być szczęśliwym z filmem, wiedzieć, że się nie oszukiwało."*[570] Engel podsumowując jego filmy stwierdza, że bohaterowie tacy jak Red Garnett, William Munny czy późniejszy Robert Kincaid z „Co się wydarzyło w Madison County" są *„samotni, złapani w smętny i niebezpieczny krajobraz, broniący się przed rozczarowaniem i porażką, a ostatecznie stają się ofiarami przemocy, którą sami przygotowali."*[571]

„Doskonały świat" nawiązuje do poprzedniego filmu Eastwooda, gdy mającego przybyć do Teksasu JFK ma witać Johna Connally, gubernator, który cudem przeżył zamach na prezydenta. Zaskakujące zakończenie filmu dowodziło niemocy bohatera - Red jest postacią, która nie może sprawować kontroli nad sytuacja jak wcześniejsi bohaterowie „Honkytonk man", czy „Biały myśliwy, czarne serce" i nie umie przyznać, że jego duma doprowadziła do czyjejś śmierci. W finale stwierdza: *nie wiem nic, cholernie nic.* Eastwood mówił o swoim rozumieniu tej sytuacji: *„Myślę, że to prawda, że się zmieniłem, ale w końcu jestem starszy i mądrzejszy. (...) Tutaj chodził mniej o sposób rozwiązywania problemów świata z pozycji macho, a raczej o łagodne, bliskie Yodzie zrozumienie: nie wiem nic."*[572] Engel widzi w jego zachowaniu konieczność postępowania zgodnie z zasadami jego kodeksu etycznego, opartego o odczytywanie nowoczesnego świata[573]. Red niegdyś wierzył, że wysłanie chłopca do więzienia jest dobrym rozwiązaniem, gdyż uwolni go od ojca-recydywisty. W finale filmu ponosi tego konsekwencje. Red nie potrafił opanować niebezpiecznej sytuacji i zachować stabilizacji świata. Engel zauważa, że jest to gorzki moment w ewolucji bohatera westernu, gdy stwierdza, że nic nie wie. I chociaż nie zostało to jasno podkreślone, można podejrzewać, że fatalny cykl zostanie kontynuowany - młody Philip może ciągnąć dalej przestępczą drogę po tym jak ukradł kostium Kaspra, a także postrzelił Butcha z jego rewolweru. Butch w wieku ośmiu lat również kogoś postrzelił.

Beard zauważył[574], że podobnie jak w przypadku filmu „Honkytonk Man" - bohaterami są dojrzały mężczyzna i chłopiec podróżujący przez kraj. Chłopiec oderwany od rodziny rządzonej przez matkę poznaje świat i uczy się bycia mężczyzną od substytutu ojca. Zastępujący go mężczyzna imponuje mu, gdyż jest wyzwolony z krępujących więzów narzucanych przez społeczeństwo. Beard widzi też dalsze podobieństwa. W obu filmach chłopiec przechodzi inicjację poprzez kradzież, w obu doświadcza utraty i pustki, gdy jest świadkiem śmierci swojego przybranego ojca. W Dallas w tym czasie dochodzi do zabójstwa JFK, wyidealizowanego ojca narodu, co nasuwa wniosek, że nie ma ojców doskonałych. Osadzenie filmu w tym kontekście daje dodatkowy aspekt. O ile w „Na linii ognia" śmierć prezydenta oznaczała utratę niewinności przez cały naród, w tym wypadku funkcjonuje ona jako kierunkowskaz konsekwencji przemocy na poziomie osobistym. Śmierć Butcha była nieunikniona co jest zasugerowane przez umieszczenie sceny finałowej w prologu filmu, a w ten sposób film robi pełne koło. Teraz mały Philip, który już się nauczył zabijać, pójdzie ścieżką Butcha. Jak pisze Bernard Benoliel w Cahiers du Cinema: *„Pewne rzeczy zawsze będą się powtarzać. Świat nigdy nie będzie doskonały bo rządzi nim przemoc"*[575]

Mając w 1993 roku trzy filmy w kinach Eastwood był ponownie numer jeden boxoffice'u, co nie zdarzyło mu się od 1984 roku. Zmienili się krytycy, którzy coraz częściej doceniali jego reżyserskie dokonania, a Pauline Kael, która przeszła na emeryturę nieudolnie próbowała szkalować jego kolejne filmy. Tymczasem Eastwood zdobywał coraz większe zaszczyty w świecie filmu. W sierpniu 1993 r. był gościem

Brytyjskiego Instytutu Filmowego. W Londynie był na premierze „Ściganego" i tańczył z księżną Dianą, którą znał jeszcze ze spotkań w Białym Domu. We wrześniu Muzem Sztuk Nowoczesnych w Nowym Jorku urządziło na jego cześć galę honorową.

W maju 1994 Eastwood pojechał na festiwal do Cannes, tym razem bez filmu. Jako międzynarodowa gwiazda i reżyser z wyjątkowymi wyróżnieniami pełnił obowiązki przewodniczącego Jury. Dyrektor festiwalu tłumaczył, że zaproszenie Eastwooda miało pomóc rozszerzyć wizerunek gwiazdora, a także wizerunek europocentrycznego dotąd Cannes. Eastwood był wyjątkowym bohaterem festiwalu. W jury oprócz niego znaleźli się Catherine Deneuve, z którą niegdyś flirtował i Lalo Schifrin, argentyński muzyk, który skomponował ścieżkę dźwiękową do kilku jego filmów. W Cannes oprócz Frances i Franceski towarzyszyli mu syn Kyle ze swoją żoną Laurą i wnuczką Graylen. Jako juror Eastwood zwykle słuchał tego co mówili inni jurorzy, lecz sam niewiele dodawał od siebie. Europejscy miłośnicy kina narzekali, gdy główną nagrodę zdobył film „Pulp Fiction" Tarantino, pełny przemocy obraz popkultury. Zarzucano to osobie przewodniczącego jury. Inni członkowie jury próbowali udowadniać bezskutecznie, że był to ich wspólny wybór. Decyzją tą Eastwood narobił sobie wrogów wśród polskich krytyków, którzy liczyli iż Złotą Palmę dostanie „Czerwony" Kieślowskiego. Przy okazji pobytu we Francji Eastwood został odznaczony Komandorem Orderu Literatury i Sztuki - jeszcze bardziej prestiżowym wyróżnieniem niż dotychczasowy stopień Kawalera, który uzyskał w 1985 roku.

Tymczasem związek z Frances Fisher zaczął ulegać zachwianiu, co Schickel[576] tłumaczył żądaniami aktorkami do występów w jego kolejnych filmach. Fisher rozpoczęła prace nad własnym projektem, do którego została zaangażowana ekipa Malpaso. Reżyserem filmu „Pod niebem Henrietty" był James Keach (mąż Jane Seymour i brat popularnego aktora

Stacy Keacha). Zdjęcia wykonywał weteran Malpaso, niepracujący od pewnego czasu z powodów zdrowotnych, Bruce Surtees, a była to druga produkcja realizowana przez ekipę Malpaso bez aktywnego udziału Eastwooda. W filmie „Pod niebem Henrietty" zagrali też Robert Duvall (grał z Eastwoodem w westernie „Joe Kidd"), Aidan Quinn, Brian Dennehy i Billy Bob Thornton. Rolę żony Aidana Quinna grała Frances Fisher. Film zyskał bardzo dużo negatywnych recenzji, a jedyną jego zaletą była kreacja Roberta Duvalla. Eastwood poza wyprodukowaniem filmu trzymał się z daleka zarówno od niego, jak od Frances Fisher. Na początku lat dziewięćdziesiątych nadal gnębiła go rozprawa z Sondrą Locke. On sam zwykł mówić: *„Nie zamierzam żałować swojej przeszłości. Życie jest stałą lekcją. Czasem uczysz się go lepiej niż innymi razami. (...) Jeśli zbyt długo rozmyślasz nad starymi błędami które popełniłeś, nie masz czasu na robienie nowych lub ich unikanie."*[577] Od pewnego czasu miał romans z młodą dziennikarką Diną Ruiz, a na konferencji w Cannes oświadczył, że jego kolejnym filmem będzie adaptacja powieści Roberta Jamesa Wellera, która miała być jego pierwszym w karierze prawdziwym melodramatem.

Po latach zapytany o wspólny mianownik dla dobieranych przez siebie ról Eastwood odpowiedział: *„Czasami wydaje mi się, że mam skłonność do wcielania się w postacie bohaterów, którzy szukają odkupienia i wewnętrznej równowagi, ale nie wiem, czy można to uznać za motyw przewodni mojej kariery. Często gram outsiderów, ludzi zbuntowanych przeciwko regułom rządzącym w społeczeństwie, samotnych z wyboru lub z wyroku losu, takich jak fotograf w Co się zdarzyło w Madison County - typowy samotnik. Chyba nieprzypadkowo wybieram takie role, widocznie w jakiś sposób utożsamiam się z nimi. Zasadniczo lubię facetów, których coś gnębi."*[578]

Szczerze mówiąc
mam gdzieś
Jezusa Chrystusa
i nie dbam
o sprawiedliwość
na tym świecie
czy na następnym.

„Prawdziwa zbrodnia"
(1999)

Adaptacje Bestsellerów i Problemy Starości

Co się wydarzyło w Madison County
Władza absolutna
Północ w ogrodzie dobra i zła
Prawdziwa zbrodnia
Kosmiczni kowboje - Krwawa profesja

Początkowo Eastwood nie myślał o adaptacji bestsellerowej powieści Roberta Jamesa Wellera. Krytycy źle ją przyjęli zarzucając zbytni sentymentalizm, choć czytelnikom przypadła do gustu i sprzedała się w 10 milionach egzemplarzy. Prawa do niej jeszcze przed publikacją zakupił Steven Spielberg. Na reżysera rozpatrywano kandydaturę Sydneya Pollacka i obsadzenie Roberta Redforda w roli niemalże napisanej dla niego. Scenarzyści mieli jednak problemy z przełożeniem powieści na język filmu, a Spielberg rozważając przez krótki czas reżyserię, zajął się „Listą Schindlera". Sam uważał, że w filmie powinien zagrać przyjaźniący się z nim od dawna Eastwood, żeby pokazać *„część Clinta, którą znają wszyscy jego przyjaciele, ale której nigdy nie widziano na ekranie"*[579]. Podobnego zdania był wieloletni montażysta Eastwooda Joel Cox: *„Rola Clinta w tym filmie bazuje na jednej rzeczy i ludzie o tym nie wiedzą – to kim Clint Eastwood jest naprawdę, a jest tą postacią."*[580]

Z powieścią Wellera Eastwood spotkał się przypadkowo na planie „Doskonałego świata", kiedy poleciła mu ją jedna z osób na planie: *„To jedna z wielkich amerykańskich fantazji. Twój mąż i dzieci wyjechali, ty się* *nudzisz, jesteś samotna i nagle na twoim podjeździe pojawia się Clint Eastwood."*[581] Coś w tym faktycznie było, bo nie tylko Eastwood poczuł podobieństwo do postaci Roberta Kincaida - wrażliwego, samotnego macho - ale nadal nie był przekonany do brania w tym udziału. Zmienił zdanie, gdy fabuła uległa przemianie: *„Mnie też się ona [książka] nie podobała. Ale pomyślałem, że jej siła leży w spotkaniu tych dwojga - żadne z nich nie umiera, a jednak ich uczucie nie ma szans. I po prostu usunąłem całą resztę, którą uznałem za nudziarstwo. Koniec końców, wyszło nieźle."*[582]

Eastwooda do udziału w projekcie mogło przekonać imię głównej bohaterki - Francesca - takie samo jak jego świeżo urodzonej córki, a także jej matki, Frances Fisher. Film oferował mu też możliwość poszerzenia swojego aktorskiego doświadczenia o melodramat. Poza tym książka została wydana przez wydawnictwo należące do jego studia, Warner Books, co znacznie ułatwiało kwestie umów. Tymczasem zależało mu na odpoczynku od filmów i spędzeniu czasu ze swoją świeżo urodzoną córką. Spielberg zaś zmęczony jednoczesną pracą nad „Listą Schindlera" i „Parkiem Jurajskim" zaczął szukać swojego następcy na stołku reżysera. Został nim pochodzący z Australii Bruce Beresford, autor docenianego przez krytyków filmu z Morganem Freemanem „Wożąc pannę Daisy" oraz „Pod czułą kontrolą" z Robertem Duvallem. Beresford rozważał do roli Franceski kandydaturę Leny Olin lub Isabelli Rossellini. Eastwoodowi jednak nie podobał się ten pomysł bo wolał amerykańską aktorkę. Był zaskoczony tym, że do roli Franceski rozważano aktorki w wieku około trzydziestu lat. Sam zaproponował 45-letnią Meryl Streep. Do tej pory była dziewięciokrotnie nominowana do Oskara i zdobyła nagrodę już dwukrotnie (a za tę rolę zyskała kolejną nominację). Streep swoją klasą mogła dodać produkcji niezbędny element emocjonalny. Gdy rozpoczęto przygotowania do filmu Beresford opuścił ekipę a reżyserię przejął Eastwood (podobnie jak wcześniej przy „Wyjętym spod prawa Joseyu

Walesie"). Przeglądając lokacje wybrane przez Beresforda uznał, że ważny dla całej akcji most Rosemana, który miał zostać specjalnie zbudowany, zostanie zastąpiony prawdziwym mostem, odpowiednio postarzonym przez dekoratorów.

Meryl Streep nie znała ani aktorskiej ani reżyserskiej działalności Eastwooda. Osobiście spotkała go tylko raz na jakimś przyjęciu. Poza tym nie znosiła książki, mimo że kilkoro znajomych polecało jej lekturę sugerując zagranie głównej roli. Eastwood zapewniał ją, że scenariusz ma znacznie lepszą dramaturgie i dialogi od książkowego pierwowzoru. Narrację z pamiętników fotografa zmieniono w nim na pamiętnik Franceski. Streep odkryła, że scenarzysta LaGravenese istotnie pozbył się wszystkich wad książki. Następnie obejrzała z wypożyczalni ostatnie filmy Eastwooda, w których jej zaimponował: *„Nigdy nie widziałam kogoś w jego wieku robiącego takie rzeczy, stawiającego wszystko na jedną kartę"*[583] Ostatecznie Streep się zgodziła: *„Zaintrygowało mnie, że chciał zrobić coś tak emocjonalnego, czego większość aktorów boi się ruszyć. I że miał na tyle czelności, żeby sądzić, że jest w stanie to jednocześnie reżyserować. Zaintrygował mnie jego poziom pewności siebie."*[584]

Scenariusz był jeszcze przez tydzień poprawiany przez faks między Spielbergiem, który rozbudowywał część emocjonalną a Eastwoodem, który minimalizował liczbę dialogów. Spielberg dodał też do historii współczesne sceny, gdy dzieci Franceski czytając jej testament odnajdują pamiętnik, w którym prosi o rozsypanie swych prochów wokół mostu. Streep przygotowując się do roli przytyła, zafarbowała włosy i nauczyła się włoskiego akcentu, żeby upodobnić się do postaci z książki - matki w średnim wieku. Wiedziała, że Eastwood nie życzył sobie zmiany akcentu. Ponieważ nie było wcześniej żadnych prób podczas pierwszych scen czekała na jego reakcję. Ale Eastwood nie zareagował tłumacząc swoje reżyserskie podejście: „*Wiesz, mówię niewiele, chyba że coś zaczyna mi się nie podobać.*"[585]

Grając z Eastwoodem nie odczuła ani razu towarzyszącego jej „oka reżysera" podczas scen aktorskich, co często ją drażniło w filmach aktorów-reżyserów Alberta Brooksa i Woody Allena. Jedynie w scenie łóżkowej zauważyła jak Eastwood za jej plecami daje znaki operatorowi kamery. Najbardziej spodobało jej się jak dużą wagę przykładał do nakręcenia pierwszego ujęcia i jak bardzo unikał dubli. Eastwood nigdy dotąd nie pracował z aktorką tej klasy co Streep – dzieląc z nią we dwoje większość czasu ekranowego - ale wypadł nieźle. Jego późniejsza żona Dina Eastwood mówiła później: „*Zdałam sobie sprawę jakim dobrym był aktorem po jakichś dwóch latach przebywania z nim. Myślałam sobie: nie jesteś taki jak w swoich filmach. (...) najbliższą niego postacią był Robert Kincaid – kochający facet, który obiera marchewki do obiadu, zmywa naczynia i pyta: 'czy mogę coś jeszcze zrobić' lub 'czy zatańczymy w salonie'? To właśnie Clint.*"[586] On sam dodał: „*Kincaid to osobliwy facet. W rzeczywistości jest takim samotnym osobnikiem, to rodzaj zaginionej duszy w środku XX-wiecznej Ameryki. Byłem takim facetem.*"[587]

Eastwood używał bardzo skromnych środków aktorskich. Nie wiadomo czy w finałowej scenie pożegnania płacze, czy to tylko deszcz po nim spływa, bo odwraca się tyłem. Streep zauważyła: „*Większość aktorów chętnie pokazuje emocje, żeby rozrzewnić członków Akademii. (...) On nie chciał tego zrobić. Zapytałam go: "Dlaczego ukrywałeś emocje?" Odpowiedział: "Ludzie nie chcą widzieć, jak płaczę". Pomyślałam: "O rany. Oto człowiek, który zna swoją publiczność".*"[588] W wywiadzie dla Actors' Studio[589] sam przyznawał, że publiczność nie musi widzieć wszystkiego, bo jest inteligentna, a odbiór staje się dużo głębszy, gdy się angażuje wyobraźnię. Dla niego ważniejsze jest to czego nie widać.

Głównym bohaterem jest pięćdziesięcioletni beatnik, fotograf National Geographic. Robiąc zdjęcia mostów zmienia filtry i obiektywy dążąc do najlepszych efektów. Kincaid,- podobnie jak Eastwood - łagodzi swoją artystyczną moc świadomością swojej komercyjnej natury: gdy w wizjerze pojawia się stado koni, stwierdza, że już wie jak będzie wyglądało zdjęcie po wywołaniu, a ponieważ nadaje się na okładkę magazynu, zrobi więcej miejsca u góry na napis i logo.[590] Podobnie jak starzejący się Eastwood, starzejący się Kincaid nadal może poderwać dziewczynę z taką samą dynamiką z jaką podchodzi do zdjęć. Ale film nie jest przejawem dominacji Kincaida. Francesca jest nim tak samo zauroczona jak on nią: podgląda go przy kąpieli, przytula się do niego w łóżku. Zresztą historia jest opowiadana z jej perspektywy. Dla Eastwooda był to film niepodobny do jego wcześniejszych dokonań. O ile dotychczas raczej wygłaszał swoje kwestie bez oczekiwania na reakcje, tutaj wyraźnie jest zainteresowany rozmową i słucha. Scena finałowa, gdy widzimy go przemoczonego od deszczu z posklejanymi włosami robi silne wrażenie również na Francesce, która siłuje się z drzwiami i własnymi pragnieniami, żeby opuścić męża. We wcześniejszych jego filmach takie ujęcie ukazywało go jako ikoniczną statuę, ale w tym filmie widzimy jego bezradność[591].

Spielberg pomimo obowiązków przy swoich innych filmach ingerował i tutaj. Prosił Eastwooda i kompozytora Lenniego Niehausa o przedłużenie piosenki 'For All We Know' *„ze sceny miłosnej na scenę po niej następującą, kiedy dzieci z lektury listu poznają prawdę o miłosnym związku swej matki. Słysząc piosenkę – dowodził – widzowie zrozumieją, że dzieci poznały nowe oblicze matki."*[592] Most z oryginalnego tytułu filmu pod którym bohaterowie się spotykają - jak zauważa Howard Hughes[593] - symbolizuje połączenie nie tylko dwóch miejsc, ale i dwóch serc, a dotąd w filmach Eastwooda mosty były wysadzane w powietrze. W prasie pojawiły się plotki o romansie dwóch aktorskich gwiazd, które były jednak tylko plotkami.

Część z nich podrzucało kierownictwo Warnera, by wywołać niemałe i tak zainteresowanie filmem. Frances Fisher wyczuwając, że Eastwood się od niej oddala, starała się o rolę córki Franceski do współczesnych scen, bądź o jakąkolwiek inną rolę. Ale Eastwood nie zamierzał powtarzać schematu z Sondrą Locke i łączyć ponownie spraw zawodowych z prywatnymi. Nie zgodził się też na obecność Fisher na planie, która chciała obserwować Meryl Streep przy pracy. Ostatecznie kiedy Fisher udało się już wyprosić zgodę na odwiedziny na planie, Streep zakończyła już zdjęcia. Fisher po jakimś czasie odkryła kartkę urodzinową od dzieci Eastwooda - lecz nie od Kyle'a i Alison, a od Katie i Scotta. Wtedy dopiero dowiedziała się o Jacelyn Reeves, z którą Clint miał romans po premierze „Niesamowitego jeźdźca" w 1985 roku. Fisher poznała się kiedyś osobiście z Reeves na pogrzebie jednego z przyjaciół Eastwooda Nie wiedziała, że relacja ta trwała ponad dziesięć lat, o czym w Carmelu wiedzieli wszyscy. Kilka tygodni później Fisher trafiła w gazecie na zdjęcie Eastwooda z Diną Ruiz na turnieju golfowym. Eastwood był też ojcem Kimber, urodzonej w 1964 roku, o czym Frances zdawała się nie wiedzieć. Rodzinne sprawy Eastwooda były mocno skomplikowane. W 1993 roku pewna kobieta po trzydziestce ze stanu Washington przeglądając papiery adopcyjne odkryła, że Eastwood jest jej biologicznym ojcem. Zanim doszło do spotkania, prawnicy Eastwooda sprawdzili jej papiery. Kobieta miała już wtedy bogatego męża więc nie miała żadnych roszczeń finansowych do Eastwooda, ani nie zależało jej na rozgłosie. Zadowolona z zapewnionej jej anonimowości spotkała się z ojcem, który obiecał pozostać z nią w kontakcie. Jak dotąd nikt nie wiedział o jej istnieniu.

Rozstanie Eastwooda z Fisher ponoć zaczęło się od incydentów, kiedy wracając z Cannes kupiła najdroższe torby bagażowe od Luis Vittona, a później jego kartą płaciła za odrzutowiec na premierę filmu do Los Angeles. Lecz nie sprawy finansowe, na punkcie których Eastwood był wyczulony, a inna kobieta przesądziła o rozstaniu. Frances wyprowadziła się z córką do jego domu gościnnego w Bel-Air. Francuskiemu tygodnikowi Paris Match Eastwood powiedział: „*Miłość jest silniejsza, kiedy spotykasz kogoś, w kim odnajdujesz połowę swojego życia. Uderza cię to w najmniej oczekiwanej chwili. Jeśli dostaję taki przekaz, to mogę tylko odpowiedzieć: nie chcę żeby to przeszło obok mnie.*"[594]

Zdjęcia do filmu przewidziane na sześćdziesiąt dni zostały ukończone w czterdzieści dwa. Kiedy w prasie pojawiła się informacja, że film został ukończony przed terminem, Eastwood się wściekł, uważając że ktoś bagatelizuje jego pracę. Nawiązując do tanich filmów klasy B Rogera Cormana mówił w złości: „*Nie robimy 'Planu dziewiątego z kosmosu'*"[595]. Studio Warnera dbając o promocję zapewniło mu pomoc w przyznaniu nagrody Akademii imienia Irvina Thalberga, co gwarantowało mu wystąpienie podczas gali oskarowej. Nosząca imię wielkiego producenta MGM honorowa nagroda jest przyznawana twórczym producentom filmowym, których działalność przyczynia się w istotny sposób do wzrostu poziomu produkcji filmowej[596]. W głosowaniu brała udział komisja członkowska, w której skład w 1995 roku wchodzili Robert Daly (z Warnera), Kathleen Kennedy (wspólniczka Spielberga, producentka „Co się wydarzyło...") i Richard Zanuck (przyjaciel Eastwooda, producent „Akcji na Eigerze"). Nagrodę wręczył mu przyjaciel ze stoków narciarskich i siłowni Arnold Schwarzenegger. Zarówno na tej ceremonii jak i na premierze filmu „Co się wydarzyło w Madison County" Eastwood pojawił się sam, twierdząc w wywiadach, że nie jest obecnie z nikim związany. Jego przyjaciel Frank Wells z wytwórni Warner, z którym często wyjeżdżał na narty od dziesięciu lat pracował dla koncernu Disneya. W wielkanoc 1994 roku podczas powrotu z kolejnej eskapady rozbił się helikopter z Wellsem na pokładzie. Eastwood tą samą trasą odleciał swoim helikopterem z Nevady na godzinę przed nim. Na jego pogrzebie zaśpiewał „Hey Jude" Beatelsów, ulubioną piosenkę Wellsa a wytwórnia Disneya dedykowała mu swój przebój „Król Lew" i nazwała jeden z budynków jego imieniem.

Ścieżka dźwiękowa z filmu „Co się wydarzyło w Madison County", do której Eastwood przyłożył swoją rękę, trafiła na listy przebojów muzyki jazzowej. Na składankę złożyły się utwory wybrane przez Eastwooda z lat pięćdziesiątych, a także „Doe Eyes", czyli motyw miłosny z filmu który sam skomponował. W celu wydania płyty założył wytwórnię Malpaso Records, która w następnym roku wydała inspirowaną filmem ścieżkę dźwiękową „Remembering Madison County" (a później też zapis koncertu „Eastwood After Hours"). Sam Eastwood już od dekady zajmował się komponowaniem motywów przewodnich do swoich filmów. Pracując nad kompozycjami wygrywa melodie na skomputeryzowanej klawiaturze, która drukuje zapis nutowy, przerabiany następnie przez zawodowych muzyków. O ile tytuł „Megan's theme" z „Niesamowitego jeźdźca" odnosił się zarówno do bohaterki filmu jak i Megan Rose (kobiety, która odkryła dla niego scenariusz „Bez przebaczenia", z którą miał wtedy romans), a „Big Fran's Baby" z filmu „Doskonały świat" do Frances Fisher (którą prywatnie nazywał Big Fran) to „Doe's Eyes", czyli sarnie oczy należały do Diny Ruiz, dziennikarki telewizyjnej z Salinas z kanału KSWB.

Oficjalnie Eastwood poznał dwudziestosiedmioletnią Dinę podczas wywiadu dla jej stacji w kwietniu 1993 roku, gdy promował film „Bez przebaczenia". Gilligan[597] powołując się na jeden z wywiadów twierdzi, że para poznała się wcześniej na spotkaniu radnych w Carmelu, gdy Ruiz przyprowadziła ze sobą swoją rozwiedzioną matkę, licząc, że wpadnie w oko Eastwoodowi. Jemu jednak bardziej podobała się córka. Dina spotykała się wtedy ze swoim chłopakiem i wiedziała, że Eastwood też miał kogoś. W późniejszych wywiadach oboje wspominali, że poczuli więź, gdy odkryli wiele wspólnych tematów. Jej wywiad z Eastwoodem wypadł tak dobrze, że przerodził się w serię wywiadów, w których aktor wypadł nadzwyczaj dobrze. Ruiz przyznała, że do tamtego czasu nie widziała żadnego filmu Eastwooda.

Para spotykała się sporadycznie przed jego wyjazdem do Cannes w 1994 roku i przed rozpoczęciem zdjęć do „Co się wydarzyło w Madison County". Po zakończeniu prac nad filmem oboje stali się nierozłączni. Pierwszy raz publicznie pojawili się na rozdaniu nagród Emmy w połowie maja w Oakland, a w maju 1996 wzięli ślub w hotelu Mirage w Las Vegas. Drużbą Eastwooda był jego syn Kyle, a w tle pobrzmiewała melodia „Doe's Eyes". Eastwood obwieścił: *„Jestem dumny, że ta pani zostanie moją żoną. Jest tą jedyną na którą czekałem."*[598] Dina zaś mówiła: *„Clint ma wszystkie cechy, jakie wymarzyłam sobie u faceta. Czuję się z nim doskonale. Może dlatego, że dorastaliśmy w tej samej części Kalifornii, chodziliśmy do tej samej szkoły i jedliśmy podobne lody. Kocham Clinta i cenię czas, który spędzamy razem, ale nie zostawiłabym dla niego mojej pracy, tak jak on nie porzuciłby filmu."*[599] Miesiąc miodowy spędzili na Hawajach, gdzie odwiedzili mieszkająca tam wówczas Jacelyn Reeves, dawną kochankę Eastwooda, i dwójkę jego dzieci. Eastwood udał się też na szkolne przedstawienie swojej córki, a kiedy jego syn Scott podrósł wspierał go w jego ambicjach aktorskich angażując do epizodów (Scott Eastwood Reeves, później wymieniany w napisach jako Scott Eastwood zagrał m.in. w „Sztandarze chwały", „Gran Torino" i „Invictus-Niepokonany").

Jak na mało widowiskową produkcję od majowej premiery do lata „Co się wydarzyło w Madison County" zdołał zarobić 70 milionów dolarów, wywołując również ciepłe reakcje wśród krytyki. Trafił do dziesiątki letnich przebojów, a z wpływami światowymi zarobił łącznie 180 milionów. W 1996 roku Eastwood nie zdobył żadnej oskarowej nominacji, ale za to Meryl Streep nominowano za najlepszą rolę pierwszoplanową. W ramach pocieszenia Eastwood otrzymał od Amerykańskiego Instytutu Filmowego nagrodę za całokształt twórczości. Jej wręcznie zawsze odbywało się podczas okolicznościowego obiadu dla gwiazd, prezentowanego później w formie godzinnego programu w telewizji. Nagrody te odebrali dotąd m.in. John Ford, John Huston, Alfred Hitchcock, James Cagney i Steven Spielberg. Imprezę dedykowaną Eastwoodowi prowadzili Rene Russo (która wystąpiła w „Na linii ognia") i Jim Carrey (grał epizody w filmach „Różowy Cadillac" i „Pula śmierci"), który bawił gości anegdotami z planów i przedrzeźnianiem specyficznej wymowy Eastwooda.

Nie było to jedyne wyróżnienie, jakie spotkało go w tym roku. Jeden z jego wcześniejszych westernów, „Wyjęty spod prawa Josey Wales", uznany za film „kulturowo, historycznie i estetycznie znaczący" został wpisany do Narodowego Rejestru Filmów Biblioteki Kongresu. Na rynku w tym czasie pojawił się poświęcony mu multimedialny CD-ROM, na którym znajdowały się fragmenty jego filmów i zdjęcia. Był to jeden z pierwszych programów zrobionych specjalnie pod rewolucyjną wówczas platformę Windows 95. Podkreślając swój status gwiazdorski Eastwood wziął udział w produkowanym przez Spielberga filmie „Kacper" gdzie zagrał odbicie w lustrze Billa Pullmana parodiując swoje wcześniejsze role twardzieli (zresztą kostium Kacpra stanowił główne ubranie Philipa w „Doskonałym świecie").

W grudniu 1996 roku w księgarniach ukazała się pierwsza autoryzowana biografia gwiazdora, podsumowująca całe jego dotychczasowe życie jego własnymi słowami. Książka była napisana przez historyka filmu, nowojorskiego krytyka a zarazem przyjaciela Eastwooda, Richarda Schickela. Za próbę wybielania swego idola oraz dewaluowanie recenzji i opinii ich przyjaciółki po fachu, Pauline Kael, krytycy nazwali Schickela „*torturowanym ewangelistą Eastwooda*"[600]. Sugerowano, że pisał książkę z lufą przy głowie trzymaną przez Brudnego Harry'ego. W istocie Schickel bardzo przychylnie potraktował swego bohatera, czerpiąc większość informacji z jego ust, a - jak zarzuca mu Gilligan[601] - cytaty innych bliskich Eastwoodowi osób były bardzo wybiórcze. Przyjaciel Schickela, David Thomson, zarzucił mu, że sztucznie próbuje podnieść zasługi Eastwooda dla świata filmu. Tymczasem Eastwood nie zamierzał spoczywać na laurach i jeszcze w tym samym roku zabrał się za kolejną adaptację bestsellerowej powieści.

„Władza absolutna" – książka o starzejącym się złodzieju będącym świadkiem morderstwa dokonanego przez głowę państwa - została wydana w 1995 roku. Był to debiut pisarski waszyngtońskiego prawnika Davida Baldacciego i szybko trafił do dziesiątki najlepiej sprzedających się książek. Prawa do adaptacji zakupiła wytwórnia Castle Rock, która produkowała wcześniej „Na linii ognia". Do prac przy adaptacji scenariusza zaangażowano zdobywcę dwóch Oskarów Williama Goldmana, który zauważył że w powieści pojawia się zbyt wiele postaci, a żadna nie uchodzi za głównego bohatera. Co więcej, w książkowym oryginale włamywacz Luther umiera w połowie filmu, a jego sprawę kontynuuje prowadzący śledztwo policjant Seth Frank. Luther był postacią najbardziej przyzwoitą w całej książce, ale z racji swojej profesji musiał umrzeć, co bardzo odpowiadało Goldmanowi.

Wytwórnia Castle Rock, która zarobiła miliony na przeboju „Na linii ognia" postanowiła po raz kolejny zaangażować sprawdzonego Eastwooda, nie tylko jako odtwórcę głównej roli, ale również jako reżysera. Eastwood przyjaźnił się z Goldmanem od czasu festiwalu w Cannes w 1994 roku, gdzie obaj zasiadali w jury. *„Przy 'Władzy absolutnej' podobała mi się cała struktura i polubiłem postacie, ale pojawił się problem, bo wszyscy ci wspaniali bohaterowie zostają w książce zabici. Moje pytanie brzmiało: jak przygotować scenariusz, gdzie wszyscy, których lubi publiczność nie zostają* *zabici? Wzięliśmy więc Billa Goldmana, który dążył do pogodzenie Luthera z jego córką i dzięki temu zgłębił relacje między nimi."*[602] Idąc tym tropem szefowie wytwórni widzieli Eastwooda w roli Setha Franka, co miało być nawiązaniem do jego wcześniejszych ról twardych i nieustępliwych gliniarzy. Jednak Eastwood po przeczytaniu kolejnego scenariusza - i zapewne zmęczony powtarzaniem tego samego schematu w kolejnych filmach - zauważył, że rola Luthera jest znacznie ciekawsza. Zażyczył sobie od scenarzysty wprowadzenia jeszcze jednej istotnej poprawki - chciał, by postać Luthera przeżyła i doprowadziła do ukarania prezydenta. Goldman zgodził się, gdyż zależało mu na pracy z Eastwoodem, którego od dawna podziwiał: *„Nie utrzymasz się w branży długo, jeśli nie masz głowy na karku. To zbyt skomplikowane. Jest za duża konkurencja. Za dużo się dzieje. Woda sodowa może uderzyć ci do głowy. Z nim tak nie było."*[603]

Grany przez niego Luther Whitney zajmuje się włamaniami do bogatych domów. Kierując się złodziejskim kodeksem uważa, że bogaczom taka strata nie zaszkodzi. I choć Eastwood nie grał wcześniej złodzieja, interesujące są tu nawiązania do jego wcześniejszych ról. Whitney jest bohaterem wojny w Korei (podobnie jak Tom Highway z „Wzgórza złamanych serc" i Thunderbolt z „Pioruna i Lekkiej Stopy"), za co zdobył liczne odznaczenia, ale nigdy nie stosuje broni. Dopiero w scenie, gdy ratuje życie swej córki zabija agenta Tajnych Służb, który błaga go jeszcze przed śmiercią o litość (na co Eastwood w stylu Williama Munny czy Harry'ego Callahana odpowiada: litość się skończyła; po czym strzela). Eastwood ponownie podejmuje temat rodziny i nieobecnego ojca - kluczowy motyw z filmu „Doskonały świat" - nie mogąc być przy swojej córce, gdy dorastała, Luther zbierał jej fotografie, które umieścił w swoim domu. Chcąc być na bieżąco z jej życiem zakradał się niepostrzeżenie do jej mieszkania, licząc że w końcu dojdzie między nimi do pojednania. Motyw nieobecnego ojca i dorosłej już córki (dobrze znany Eastwoodowi z prywatnego życia) został tu dodatkowo wzmocniony sceną w galerii, gdy nauczycielka - grana przez Alison Eastwood - komentując rysunek mówi: nie poddawaj się; na co on odpowiada: nigdy się nie poddaję.

Na produkcję „Władzy absolutnej" przeznaczono 50 milionów dolarów, co pozwoliło zaangażować do obsady dwukrotnie nominowaną do Oskara Judy Davis, Eda Harrisa a także laureata Oskara w kolejnej roli czarnego charakteru Gene'a Hackmana. W filmie wystąpili też Scott Glenn i Laura Linney (zagrała kilka lat później w „Rzece tajemnic" Eastwooda). Oprócz Alison w filmie pojawiła się też jego pierwsza córka, Kimber Eastwood (pracująca niegdyś przy produkcji „Liny", w której wystąpiła Alison), która zagrała przewodniczkę wycieczki po Białym Domu. Eastwood został „wypożyczony" wytwórni Castle Rock przez studio Warnera, ale ponieważ miał też reżyserować, wytwórnia zgodziła się na udział ekipy Malpaso przy produkcji. W Waszyngtonie było zbyt dużo problemów z ochroną dlatego zdjęcia kręcono w podobnym stylistycznie Baltimore.

Trudno wspomnieć o różnicach między książką a filmem, gdyż jest ich zbyt wiele. Jedynym za to podobieństwem jest fakt zamordowania kobiety przez prezydenta i następujące po nim zacieranie dowodów. Główny bohater Luther umiera w połowie książki a jego miejsce zastępuje młody prawnik Jack Graham, który rozwiązuje sprawę morderstwa wraz z policjantem Sethem Frankiem. Co więcej, Graham był w związku z Kate, lecz autor nie zawarł w książce wątku relacji ojciec-córka, który został dodany w całości w filmie, a niewątpliwie świadczy o jego sile. Również zakończenie książki było inne. Walter Sullivan został zamordowany przez agentów prezydenta, który nie popełnił samobójstwa, lecz został aresztowany. W książce były też bardziej podkreślone wątki seksualne. I chociaż film stanowi zupełnie inną opowieść, nadal pozostaje interesującym thrillerem.

Eastwood noszący w dowodzie imię, które stanowiło nazwisko ówczesnego prezydenta, nie głosował na niego w wyborach. Bill Clinton był pierwszym prezydentem USA wywodzącym się z Demokratów, który sprawował urząd przez dwie kadencje, a jednocześnie film był tak antyclintonowski, jak wszystkie wcześniejsze filmy Eastwooda były proreaganowskie[604]. *„Oczywiście, wszyscy wiemy, że prezydenci nie robią tego typu rzeczy. Ale musicie się zgodzić, że przecież to tylko film."*[605] mówił Eastwood powołując się na słowa Hitchcocka. Nie mógł zaprzeczać, że „Władza absolutna" - po aferze Clintona z Moniką Lewinsky - dotknie społeczeństwo amerykańskie (w fabule prezydent ma romans z żoną lobbysty). Robił w końcu film rozrywkowy, w którym przy okazji wykorzystywał brak zaufania społecznego do rządu. Tym razem Tajne Służby - tak dzielnie przedstawione w filmie „Na linii ognia" - bardziej przypominały gestapo. Mimo to Luther jest bardziej przejęty swoimi relacjami z córką, niż zbrodnią dokonaną przez najpotężniejszego człowieka na świecie. „Władza absolutna" zarobiła 50 milionów dolarów wyrównując koszty produkcji - tego roku w kinach pojawiło się wiele innych, znacznie chętniej oglądanych filmów. Film był zresztą pokazywany przedpremierowo na zamknięcie festiwalu w Cannes w sekcji pozakonkursowej, lecz Eastwood nie zjawił się na imprezie, być może obawiając się słabego przyjęcia, a być może zajęty przygotowaniami do kolejnego filmu.

12 grudnia 1996 roku na świat przyszła Morgan, córka Eastwooda i jego drugiej żony, Diny Ruiz. Reporterzy odnotowali, że druga pani Eastwood posiada osobne konto bankowe, własną kartę Visa, a nawet osobno opłaca swoje rachunku telefoniczne[606], co było częstym problemem dla Sondry Locke i Frances Fisher w jego poprzednich związkach. Eastwood zaś wyznał: *„Jest młodsza ode mnie, ale bardziej dojrzała niż większość starszych od niej kobiet. Dla mnie jest wręcz idealna. To jest to. Jeśli o*

mnie chodzi to kobieta, z którą chciałbym żyć w monogamii. Jest ekscentryczna, ale zabawną, i ma naprawdę dobrą duszę. Nigdy nie odczułem, że jest ze mną tylko dla pieniędzy."[607] Miesiąc później na premierze „Władzy absolutnej" Dina wyznała, że jej mąż jest świetny również w zmienianiu pieluch.

Tymczasem jeszcze w 1996 roku odbył się dalszy ciąg rozprawy sądowej między Eastwoodem, a Sondrą Locke, która wynajęła znanego prawnika Neila Papiano. Eastwood - jak wspomina Gilligan[608] - nie powiedział więcej niż piętnaście słów, z których najczęstszymi były: *nie, tak, to prawda.* Ostatecznie przyznał, że potajemnie przelewał Warnerowi pieniądze, które stanowiły wynagrodzenie Locke za pracę dla wytwórni. Pieniądze były prane przez Malpaso, a cała kwota 975 tysięcy dolarów - jak dowiodły zapisy księgowych - pochodziła z budżetu na promocję filmu „Bez przebaczenia". Eastwood nie był w stanie wytłumaczyć, czy sugerował wytwórni, by nie produkowała żadnego filmu przygotowywanego przez Locke. Pojawiło się ryzyko, że oszukano ludzi, którym gwarantowano zyski z „Bez przebaczenia", ale studio potwierdziło, że pieniądze pochodziły z prywatnego konta Eastwooda.

Eastwoodowi nie udało się utrzymać pozytywnego wizerunku w obliczu całej afery, choć w wywiadach utrzymywał: *„Wolałbym nie wiedzieć kim jestem dla ludzi, ani jak ludzie mnie odbierają. Istnieje ryzyko uwierzenia w swój medialny wizerunek a zbyt wielu aktorów zostało zniszczonych, gdy wpadło w tę pułapkę."*[609] W czasie rozprawy Locke po raz pierwszy oficjalnie wyznała, że jej mąż Gordon Anderson, z którym utrzymywała relacje przez cały czas trwania związku z Eastwoodem, jest gejem. Prasa nie podchwyciła tego wątku uważając go za marginalną postać w całej sprawie, choć Eastwood mówił o tym w wywiadzie dla Playboya, gdzie oskarżył Locke o odgrywanie przed dziennikarzami roli ofiary i wywoływanie współczucia tym, że miała raka piersi.

W kuluarach przyjaciele namawiali go do zawarcia porozumienia z Locke, co mogło być tańsze od ewentualnego orzeczenia sądu. Eastwooda bardziej jednak skusiła możliwość uniknięcia hałasu wokół całej sprawy za pomocą zakulisowych działań. Locke w efekcie zarzuciła swoje roszczenia i wycofała sprawę. Nie ujawniono na jakiej wysokości zadośćuczynienie się zgodziła (mówiono o kwocie między 7 a 30 milionów dolarów), ale częścią porozumienia było milczenie z jej strony. W prasie pojawiły się zdjęcia triumfującej Locke - pokonała Goliata jakim był wszechpotężny, mający koneksje w całym Hollywood Clint Eastwood. W 1999 roku Sondra Locke raz jeszcze wyruszyła na sądową batalię. Tym razem zaskarżyła studio Warnera (już bez udziału Eastwooda) za zniszczenie jej kariery poprzez nie wywiązywanie się ze zobowiązań kontraktu: podpisała z nimi kontrakt producencki, lecz nie zrobiła żadnych filmów.

Namówiony przez przyjaciół Eastwood - wielbiciel golfa i właściciel Pebble Beach, gdzie odbywały się turnieje golfowe - zgodził się reprezentować markę ubrań dla golfistów Tehama (czyt. Te-haj-ma), która swą nazwę od indiańskiego słowa oznaczającego „dostatek natury". Wkroczył tym samym w świat mody i od tej stał się nie tylko współwłaścicielem firmy, ale również ambasadorem marki nosząc odtąd koszulki polo z logo Tehama. Zgodził się też na firmowanie swoim wizerunkiem piwa Pale Rider Ale (piwo nawiązujące do filmu „Niesamowity jeździec"), z którego dochody przekazał na cele charytatywne. Wreszcie Eastwood został też doceniony za swój wkład w rozwój muzyki filmowej. Jazzmani oddali mu hołd w wydanym na jego cześć koncercie w Carnegie Hall. Był to rodzaj podziękowania za promowanie muzyki jazzowej w filmach. Koncert został zarejestrowany przez Bruce'a Rickera i wydany później na płytach CD i DVD pod nazwą „Eastwood After Hours". Do ostatniego utworu na koncercie przy pianinie zasiadł sam Eastwood, który jeszcze będąc nastolatkiem marzył o karierze muzyka.

W kolejnej reżyserowanej przez siebie adaptacji popularnej książki Eastwood postanowił nie występować. Poprzednie filmy bez jego udziału - „Breezy" i „Bird" - nie skusiły do kin wielu widzów. Eastwood w wywiadach podkreślał, że zawsze marzył o byciu reżyserem a grywanie w filmach miało być jedynie środkiem do osiągnięcia celu, gdyż coraz częściej myślał o porzuceniu kariery aktorskiej. Książka „Północ w ogrodzie dobra i zła" Johna Berendta, felietonisty magazynu Esquire, była oparta na faktach i opisywała niezwykłą społeczność leżącego na południu Stanów miasta Savannah. Osią intrygi było zabójstwo dokonane na swoim kochanku przez kolekcjonera antyków. Powieść wydana w 1994 roku jeszcze w czasie produkcji filmu znajdowała się na liście bestsellerów New York Timesa i była na niej obecna ponad 220 tygodni.

Historia powstawania scenariusza była bardzo zawiła. Prawa do jej adaptacji (jeszcze przed jej publikacją) zakupił Arnold Stiefel, odpowiedzialny za karierę Bette Midler i Roda Stewarta. Do prac nad adaptacją zaangażował Johna Lee Hanckocka, autora „Doskonałego świata". W 1994 roku prawa do książki przeszły na własność wytwórni Warnera, która w scenariuszu widziała wady w postaci braku głównego bohatera i niejasnej struktury - książkowy oryginał skupiał się bardziej na atmosferze Południa niż na fabule i narracji. Hanckock postanowił zatem głównym bohaterem uczynić Johna Kelso, młodego dziennikarza, który przyjeżdża do Savannah napisać artykuł o dziwnych ludziach i mających tam miejsce tajemniczych zdarzeniach. Wytwórni nie spodobała się ta wersja i odłożyła scenariusz na półkę, lecz mający kontakty z Eastwoodem Hanckock postanowił zasięgnąć jego opinii. Eastwood zainteresował się scenariuszem i wyraził chęć jego wyreżyserowania: *„W tych czasach, gdzie młodzież wychowuje się na szybkich obrazach w MTV, a opowiadanie historii jest* *podporządkowane efektom specjalnym lub innych chwytom mającym wypromować film, poczułem że byłoby wspaniale wrócić do zajęcia się staroświeckim opowiadaniem historii."*[610] Bez czytania książkowego oryginału Eastwood dokonał w scenariuszu drobnych poprawek: skrócił liczbę rozpraw sądowych i jeszcze bardziej podbił wyjątkowość ludzi z Savannah. Główny bohater mieszkał w Mercer House znajdującym się przy placu Monterey i zbudowanym w 1860 roku przez generała Hugh Mercera, a którego prawnukiem był znany kompozytor Johnny Mercer (Eastwood wyprodukował o nim dokument w 2010 roku).

„Północ w ogrodzie dobra i zła" wydawała mu się dobrą historią do opowiedzenia. Uważał, że ludzie są przyzwyczajeni do jego standardowego wizerunku, a on lubi ich zaskakiwać - tak jak w filmach gdzie wystąpił z orangutanem, w melodramacie z Meryl Streep, czy tak jak teraz w historii tajemniczego morderstwa dokonanego na geju. Żartując z tego co myślą o nim inni powiedział: *„Ludzie sądzili, że potrzebowałem pieniędzy, kiedy robiłem filmy o orangutanach. Sądzili, że stałem się miękki, gdy nakręciłem love story, a teraz pewnie się zastanawiają, czy nie jestem gejem, bo zgodziłem się reżyserować ten film."*[611]

Do obsady zaangażowano Johna Cusacka (był wtedy narratorem dokumentu „Eastwood on Eastwood"), Kevina Spacey'a dopiero co nagrodzonego Oskarem za „Podejrzanych", a także rozpoczynającego wielką karierę Jude'a Law. Do roli transwestyty Lady Chablis zaangażowano Lady Chablis, a wśród pozostałych epizodycznych ról znalazło się również miejsce dla Geoffrey'a Lewisa, niegdyś stałego aktora w filmach Eastwooda, obecnie bardziej znanego jako ojca Juliette Lewis. I choć sam Eastwood nie grał w filmie to w obsadzie znalazła się grająca główną żeńską rolę jego córka Alison Eastwood. Żeby jednak nie być posądzonym o nepotyzm nie obyło się bez castingu. Alison wspominała, że na święta, które spędzała z ojcem Eastwood dał jej scenariusz, żeby poznać jej zdanie o historii. Parę miesięcy później jej agent poinformował ją, że ma casting do filmu. Eastwooda przy tym nie było i nie rozmawiał z nią o tym, dopóki po kilku tygodniach jej agent nie oświadczył że dostała rolę. Alison zaśpiewała też jedną z piosenek w filmie pt. „Come Rain or Come Shine", a Eastwood pokusił się o wykonanie utworu „Accentuate the Positive". Na ścieżce dźwiękowej oprócz utworów w kompozycji pochodzącego z Savannah Johnny'ego Mercera pojawiły się kawałki: K. D. Lang, Rosemary Clooney, Cassandry Wilson, Joshuy Redmana czy Diany Krall.

Praca na planie przebiegała bez większych problemów. John Cusack zauważył sporo podobieństw w pracy reżysera z aktorami do Woody'ego Allena: *„Eastwood i Allen ufają swoim aktorom i pracują z nimi, nie starając się ich "przereżyserować". Odnoszę wrażenie, że Clint jest zainteresowany, jaka będzie twoja gra w pierwszym ujęciu, chce zobaczyć pierwsze wrażenia, człowieczy instynkt oraz spontaniczność. To jest według mnie prawdziwa metoda."*[612] Kevin Spacey nazwał go mistrzem zen reżyserii, gdyż: *„choć nie wypowiadał wielu słów, to stale odnosiłem wrażenie, że mówimy i myślimy w tym samym języku. Pozwala każdemu brać odpowiedzialność na siebie, dzięki czemu aktorzy, jak i pozostali członkowie ekipy uczą się, aby przez cały czas dawać z siebie wszystko (...). Można mu zaufać, ponieważ doskonale wie, dokąd zmierza i co chce tam znaleźć. Jest fenomenalnie przygotowany do każdej sceny"*[613]. Sześciotygodniowy okres zdjęć zaowocował listopadową premierą filmu, co oznaczało po raz kolejny dwa filmy Eastwooda tego samego roku w kinach. Ponieważ osią fabuły było zabójstwo geja, a w filmie jedną z ról gra transwestyta, promocję filmu stanowiły artykuły w liberalnych pismach. W końcu nie było to coś, czego się można było spodziewać po Brudnym Harry'm, a jak twierdził twórca: *„Jestem na takim etapie życia, gdzie nie zamierzam się powtarzać."*[614]. W ramach promocji Eastwood ze swoją matką, żoną i najmłodszą córką wziął udział w programie Oprah Winfrey. Z kolei w programie 60 minutes przyznał przed badającym jego przeszłośc Stevem Kroftem, że uwielbia dzieci[615] i ma ich trochę - siedmioro z pięcioma kobietami. Ale i tak przed kamerami zmierzył dziennikarza wzrokiem Brudnego Harry'ego, bo całe życie liczył, że nikt nie zada mu tego pytania. Podczas innego z wywiadów Ginny Dougary z London Timesa zadała Eastwoodowi pytanie o jego siódemkę dzieci, z czego czwórka pochodziła spoza małżeństwa na co ten plącząc się odparł: *„Cóż, ughh, arghh, Ja, , nie … ahh nie wiem dlaczego jestem bardziej płodny niż ktoś inny. Hmm… ah,… to może mieć coś wspólnego z genami."*[616]

Mimo niezłej obsady i wyważonej promocji filmu „Północ w ogrodzie dobra i zła" nie okazała się sukcesem. Problemem mogła być słaba gra aktorska Johna Cusacka w głównej roli, jak też nieobecność Eastwooda we własnym filmie, który mówił: *„Czasem mi się zdaje, że Amerykanie nie mają zbyt dużego poczucia subtelności i że przeoczyli, że jest to historia o tolerancji różnych rodzajów ludzi, którzy wiedzą jak żyć obok siebie. Amerykanie wolą bardziej, gdy uderza się ich w głowę młotkiem…"*[617] Największym błędem mógł być jednak metraż, gdyż film trwał 155 minut. Uznany za katastrofę był jednym z najmniej dochodowych produkcji tego roku i z budżetem 30 milionów dolarów zarobił niecałe 25.

Słaby wynik finansowy spowodował, że po raz kolejny pojawiły się plotki o kolejnej części Brudnego Harry'ego. Szczególnie, że Eastwood po swój następny film ponownie sięgał do literatury. Wytwórnia Warner Bros. za milion dolarów zakupiła prawa do niepublikowanej jeszcze książki Michaela Conelly'ego pt. „Krwawa profesja" (która ostatecznie została wydana w 1998 r.). Connely był reporterem śledczym Los Angeles Times, który w połowie lat dziewięćdziesiątych zaczął pisać kryminały. Bohaterem „Krwawej profesji" był emerytowany agent FBI po transplantacji serca, który po raz ostatni musi wrócić do akcji. Eastwood, który nie znał jeszcze nawet treści książki, dał się przekonać do udziału w projekcie swoim agentom, którzy porazili go swoim entuzjazmem. Sam później mówił: *„To kryminał i opowieść o relacjach międzyludzkich. Film pozwoli mi pokazać odmienne podejście do pracy detektywistycznej, z którą byłem identyfikowany od lat. Pomyślałem, że na tym etapie życia czas zagrać postać, która staje przed innego typu przeszkodami niż młodsi bohaterowie, trzydziestoczy czterdziestoletni."*[618]

Podobieństwo do kolejnych przygód Brudnego Harry'ego nasuwało się samo. Eastwood wielokrotnie podkreślał, że Harry Callahan jest emerytowanym policjantem, który obecnie zajmuje się łowieniem ryb na wędkę. Tymczasem bohaterem „Krwawej profesji" był żyjący na łodzi emerytowany agent FBI Terry McCaleb. Jego ostatnią sprawą miało być schwytanie seryjnego mordercy, grającego z nim w niebezpieczne gierki - sprawą którą przed laty zarzucił z powodu zdrowia. Związek łączący mordercę z tropiącym go agentem przypominał relację Brudnego Harry'ego i Scorpio. Eastwood zaangażował się w prace nad książką udzielając autorowi paru wskazówek i poprawiając zakończenie, za co ten wyraził swe uznanie w podziękowaniach. Ale ostatecznie do produkcji doszło pięć lat później, bo książka wciąż nie była gotowa a Eastwood trafił na bardziej dostępny temat.

„Prawdziwa zbrodnia" autorstwa Andrew Klavana to historia rozwiązłego reportera, który ściga się z czasem, by tuż przed egzekucją udowodnić niewinność skazanego na śmierć. Prawa do książki zostały zakupione przez producenta „Akcji na Eigerze" Richarda Zanucka, przyjaciela Eastwooda, z którym jeździł na nartach. Scenariusz zafascynował Eastwooda postacią Steve'a Everetta, głównego bohatera filmu: *„Spodobał mi się pomysł, by zagrać życiowego rozbitka. Nie znoszę filmów, w których główny bohater jest tak doskonały, że aż nieprawdziwy. Od dziesięciu lat próbuję wcielać się w postacie, które mają na sumieniu różne grzeszki i nie są specjalnie zadowolone ze swego życia. Prawdziwe życie jest bardzo niedoskonałe, a* *my nie jesteśmy robotami. Popełniamy błędy, uczymy się na nich i idziemy do przodu - odwieczne koło grzechu i pokuty. Moim zdaniem najlepsze filmy to takie, które pokazują, jak unikać życiowych pułapek i znaleźć najlepszą drogę."*[619] Główny bohater był o połowę młodszy od niego, ale nie był to pierwszy raz, gdy dostosowywano pod niego fabułę filmu (wiek filmowej rodziny Everetta dopasowano do wieku rodziny Eastwooda). Przy innej okazji Eastwood wspominał, że człowiekiem, na którym się wzorował w kreowaniu Steve'a Everetta był Norman Mailer - kontrowersyjna postać amerykańskiej sceny pisarskiej i dziennikarz o burzliwym życiu prywatnym.

Historia opowiedziana w filmie została zainspirowana prawdziwymi wydarzeniami[620], kiedy osoba będąca w pobliżu miejsca zbrodni została uznana za mordercę i skazana na karę śmierci. Dziennikarzem, który pomógł go uniewinnić był Ray Herndon piszący dla Los Angeles Times. Jedynym dowodem uniewinniającym były zeznania świadka, którym był przejeżdżający kierowca ciężarówki. Herndond dzięki tej historii znalazł się w gronie finalistów do nagrody Pulitzera. Ale w książce, zdaniem Eastwooda, znajdowało się zbyt dużo monologów. Akcję przeniesiono z St. Louis do Oakland, bliższego Eastwoodowi logistycznie i emocjonalnie (kiedyś tam mieszkał kilka lat, a jeden z jego szkolnych kolegów był obecnie naczelnym Oakland Tribune), a redakcję Los Angeles Times zmieniono na Oakland Tribune. Do obsady zaangażowano Isaiaha Washingtona, a także Jamesa Woodsa i Diane Venorę (która grała wcześniej w „Birdzie"). W roli bezpośredniego szefa Eastwooda wystąpił Dennis Leary, który żartobliwie twierdzi, został zaangażowany tylko dlatego, że miał ładną twarz, a Eastwood chciał się od niego odróżnić[621]. W finałowej scenie w epizodzie sprzedawczyni pojawia się Lucy Liu, która wkrótce stała się sławą znaną z „Kill Billa" i „Aniołków Charliego".

Eastwood - podobnie jak filmowy Everett - ufał swojemu nosowi w sprawach reżyserii. Jeśli aktorom zdarzają się pomyłki i przejęzyczenia, zostawia je na taśmie, gdyż są bardziej wiarygodne od sztucznych dialogów. Po raz kolejny również po „Władzy absolutnej" Eastwood stosuje retrospekcje, co wkrótce również stanie się elementem jego stylu. Jedno wydarzenie - zbrodnia - jest tutaj powtarzane kilkakrotnie, za każdym razem z innej perspektywy, aż w końcu wszystkie szczegóły kryminalnej układanki stają się logiczne. Everett wie, że jest fatalnym mężem i ojcem, ale ma to gdzieś, podobnie jak w słowach piosenki autorstwa Eastwooda „Why Should I Care" śpiewa o tym Diana Krall. Eastwood motywację swojego bohatera widział następująco: *„Everett popełnił w życiu wiele błędów, nie traktował bliźnich zbyt dobrze i obawia się, że pozostawi po sobie tylko złe wspomnienia. Wtedy los podsuwa mu okazję na poprawienie siebie i świata. Traktuje to jako ostatnią szansę na uzyskanie zbawienia i decyduje się poświęcić wszystko, nawet własne życie, by uratować niewinnego człowieka."*[622] Film ten w pewien sposób jest zamaskowanym wyznaniem Eastwooda - któremu zdarzały się liczne romanse - na temat własnego życia: *„Nie mogę twierdzić, że jestem niewinny. Miałem chwile w swoim życiu, których wolałbym już nie przeżywać. (...) W zawodzie aktorskim człowiek przyspiesza od zera do stu mil na godzinę: od niezatrudnionego dostajesz angaż i podróżujesz po całym świecie, gdzie jesteś rozpoznawalny. Pokusy pojawiają się wszędzie i jeśli nie jesteś silny jak stal, albo niepewny swych relacji w domu, czy są tym czego oczekujesz... nie wiem. Nie byłem zbyt dojrzały."*[623]

„Prawdziwa zbrodnia" uchodzi pod pewnymi względami za rodzinny film Eastwooda. W książce główny bohater miał syna, ale Eastwood uznał że równie dobrze mogłaby to być córka. W ten sposób w filmie zagrała pięcioletnia Francesca (w „Honktytonk man" i „Linie" też grały małoletnie dzieci Eastwooda). Poza tym w roli walczącej z Everettem pani prokurator zagrała matka Franceski i jego była partnerka Frances

Fisher, a w epizodzie telewizyjnej dziennikarki pojawiła się jego żona Dina, prywatnie również dziennikarka (podobny epizod zagrała w „Krwawej profesji"). O całym przedsięwzięciu angażowaniu krewnych powiedział: *„Było to bardzo wygodne. Oczywiście jest to zasługa Diny. Jest wspaniała w jednoczeniu różnych elementów w mojej rodzinie."*[624] Jest to też jeden z pierwszych filmów Eastwooda - który deklaruje, że nie jest zwolennikiem żadnej religii - gdzie pojawia się postać katolickiego księdza ukazana w dość negatywny sposób. Grający w „Prawdziwej zbrodni" duchowny licząc na poklask i być może medialną sławę podczas publicznej egzekucji zmusza skazanego do spowiedzi. Postać niewspółczującego i obojętnego księdza pojawi się jeszcze w filmach „Za wszelką cenę" i „Gran Torino".

„Prawdziwa zbrodnia" trafiła do kin jesienią 1999 r. i spotkała się ze słabym odbiorem krytyków jak i widowni. Najmniej dochodowy film Eastwooda w tej dekadzie zarobił marne 17 milionów dolarów przy budżecie wynoszącym 55. Sam Eastwood wierzył w swoje dzieło: *„To w połowie studium charakteru, a w połowie zagadka kryminalna. Takich filmów już się nie robi - teraz zawsze ważniejsza jest akcja. Myślę, jednak, że są jeszcze tacy, którzy doceniają podobną fabułę, więc się nie zniechęcam."*[625] Odejście Terry'ego Semela i Roberta Daly'ego po dwudziestu latach pracy dla Warnera, nie miało nic wspólnego z porażką filmu ani ze wznowieniem sprawy wytoczonej przez Locke przeciwko wytwórni. Tak przynajmniej brzmiał oficjalny komunikat. Wkrótce doszło do szeroko komentowanej fuzji, która zdaniem dziennikarzy mogła prowadzić do monopolizacji przemysłu rozrywkowego w Stanach Zjednoczonych. Powstały koncern medialny Time-Warner-AOL zapowiadał poważne zmiany w dystrybucji oraz to, że Eastwood nie będzie już tak wpływowy jak dawniej.

W powstałym rok później pełnometrażowym dokumencie o jego karierze pt. „Clint Eastwood - Legenda kina" jego żona Dina mówiła o tendencjach męża w doborze filmów: *„Myślę, że Clint chce, by widziano w nim dziadka, kogoś bezbronnego, płaczącego nad losem córki. Takie właśnie ostatnio grał role. Myślę, że nie obchodzi go już, czy dobrze wypada na ekranie. Lubi powiedzenie: "Co mogą ci zrobić, gdy masz tyle lat?"*[626] Powiedzenie to Eastwood często przytacza przy okazji swych kolejnych, ryzykownych i często kontrowersyjnych filmów. W „Prawdziwej zbrodni" pojawiła się piosenka Diany Krall „Why should I Care", do której słowa napisał Eastwood wraz z Lindą Thompson i Carole Bayer Sager. Rok później wyreżyserował do niej swój pierwszy teledysk. Jazz nadal go nie opuszczał, bo jeszcze w 1998 roku został producentem wykonawczym dokumentu „Monterey Jazz Festival: 40 Legendary Years". W tym samym roku został też wyróżniony Honorowym Cezarem, nagrodą specjalną Francuskiej Akademii Filmowej. Wkrótce potem otrzymał biustonosz od klubu teatralnego Hasty Pudding z uniwersytetu na Harvardzie za wkład w światową rozrywkę - wyróżnienie, jakie otrzymują najbardziej męscy z męskich. Wśród laureatów tej nagrody są m.in.: Tom Cruise, Robert De Niro i Kevin Costner.

Po kolejnym filmowym niepowodzeniu, jakim była „Prawdziwa zbrodnia", kiedy zdawało się, że Eastwood jako reżyser utknął w martwym punkcie realizowania thrillerów na podstawie książek, doszło do nieoczekiwanej zmiany gatunku. Jego kolejnym dziełem miała być wymagająca efektów specjalnych produkcja „Kosmiczni kowboje", która miała stanowić połączenie komedii z filmem science-fiction. Eastwood już od prawie dekady rozwijał nowy typ starzejącego się bohatera, a jako jeden z nielicznych reżyserów analizował starość w swoich filmach i pokazywał różne ich oblicza. Tym razem przyszedł czas na emerytowanego kosmonautę. Inspiracją dla scenarzystów mógł być film Philipa Kaufmana „Pierwszy krok w kosmos" z 1983 r., który nie odniósł zbyt dużego sukcesu nie mając szans z takimi produkcjami jak

„Flashdance" czy „Powrót Jedi". Ale inspiracją mogła być też mająca faktycznie miejsce w 1998 roku wyprawa w przestrzeń kosmiczną byłego senatora Johna Glenna, który jako kosmonauta okrążał orbitę trzykrotnie jeszcze w 1962 roku. Zaprzeczał temu jednak sam Eastwood mówiąc: *„Właściwie prace nad 'Kosmicznymi kowbojami' rozpocząłem jeszcze zanim NASA wysłała Glenna powtórnie w kosmos. Lubię mówić, że NASA słysząc o naszych planach robienia takiego filmu wysłała Glenna, żeby zapewnić nam wiarygodność."*[627]

Fabuła była dość prosta. W 1958 roku, kiedy jeszcze wojsko zajmowało się próbnymi lotami w przestrzeń kosmiczną, zespół pilotów Dedal miał być pierwszym zespołem, mającym się znaleźć w kosmosie. Jednak na skutek polityki powołano w tym celu specjalną agencję, a zamiast ludzi w kosmos wysłano małpę. To wydarzenie po czterdziestu latach nadal męczy Franka Corvina, dowodzącego wtedy zespołem. Nieoczekiwanie trafia mu się szansa zebrania swojej ekipy i wyprawy w kosmos w celu naprawy starego satelity, który tylko on potrafi naprawić. Historia przypominała zatem obecne wtedy na ekranie takie filmy jak „Armageddon", „Kod Merkury" czy „Kontakt". Ironia polegała na tym, że bohaterowie filmu w latach 50-tych byli zbyt starzy, więc w kosmos wysłano małpę. W latach 90-tych nadal byli zbyt starzy, ale tylko oni znali zamierzchłą technologię z tamtych lat.

Scenarzyści filmu - Ken Kaufman i Howard Klausner - wspominali, że scenariusz powstał na długo przed wyprawą Glenna i pokazali go Eastwoodowi, którego największym zmartwieniem była skala przedsięwzięcia. Ciekawiło go, czy ktokolwiek uwierzy, że czwórka mężczyzn w wieku sześćdziesięciu paru lat może być wysłana w kosmos. Kilka miesięcy po tym jak Warner zakupił scenariusz NASA ogłosiła, że senator John Glenn, który jest starszy od Clinta, powróci w przestrzeń kosmiczną. Agencja nadzorowała kolejne wersje scenariusza od samego początku, pomagając w kwestiach programów kosmicznych, by jak najwiarygodniej oddać środowisko pracy. By uzyskać wiarygodność aktorzy korzystali z tego samego sprzętu co prawdziwi astronauci. Jak mówi dr Kathryn Clark z NASA: *„Nie jestem pewna, czy wiek ma jakiś wpływ na zdolność do spacerów w przestrzeni kosmicznej, może poza siłą, gdyż spacer jest trudny. Osobom wysokim na pewno jest łatwiej, bo dzięki długim kończynom mają większą siłę nacisku. Jeśli ktoś jest w dobrej kondycji fizycznej, wiek nie gra roli."*[628] Nie brakowało jej z pewnością siedemdziesięcioletniemu Eastwoodowi, który skusił się na zbadanie nieznanych sobie rewirów.

Tytuł nie bez przyczyny nawiązywał do najbardziej kojarzonego z Eastwoodem gatunku. *„Kowboje byli pionierami wyznaczającymi granice Ameryki. Współcześnie granicę taką stanowi kosmos, a zatem astronauci są kowbojami kosmosu"* [629] wyjaśniał reżyser, który zagrał również głównego bohatera. Do obsady zaprosił swoich przyjaciół z lat młodości: Jamesa Garnera (zagrali razem w jednym odcinku „Mavericka") oraz Donalda Sutherlanda (grali razem w „Złocie dla zuchwałych"). Czwartym członkiem zespołu Dedal został 15 lat młodszy od Eastwooda Tommy Lee Jones. W obsadzie znaleźli się również Marcia Gay Harden, James Cromwell i Rade Sherbedia.

W czasie kiedy na księżycu lądował Neil Armstrong, Eastwood i Donald Sutherland przebywali na planie filmowym „Złota dla zuchwałych" w Jugosławii. Siedząc przed telewizyjnym odbiornikiem w hotelu mogli podziwiać jedynie obrazy, gdyż na angielskie tłumaczenie słów 'mały krok dla człowieka, olbrzymi dla ludzkości' przyszło im poczekać do kolejnego dnia. Bohaterów zespołu Dedal w scenach retrospektywnych zagrali młodsi aktorzy, dubbingowani przez swych starszych odpowiedników. Co ciekawe postać młodego Franka Corvina poprzez czarnobiałe zdjęcia przypomina Eastwooda z lat młodości grającego pilota wojskowego w „Tarantuli" czy motocyklistę w serialu

„Highway Patrol". W historii jest też niezamierzone podobieństwo do westernu „Bez przebaczenia". Oba filmy pokazują jak starzy ludzie radzą sobie ze świadomością niepowodzeń z czasów młodości. W obu bohaterem jest postać mająca status sławy, która będąc na emeryturze podejmuje się ostatniej misji. Ale tylko Frank Corvin jest zdolny - poprzez podjęcie misji - naprawić błędy przeszłości. W filmie pojawiają się inne odniesienia do wcześniejszych obrazów Eastwooda takie jak: szympans mający lecieć w kosmos (Eastwood grał z orangutanem w dwóch filmach), James Garner jako fałszywy pastor przypominający postać Eastwooda z „Pioruna i Lekkiej Stopy", czy wspomniane już ujęcia z lat młodości nawiązujące „Tarantuli".

W ramach promocji misji kosmicznej bohaterowie filmu biorą udział w „Tonight show with Jay Leno". Popularny amerykański talk-show gościł na żywo w studio wszystkich czterech aktorów, którzy jednocześnie brali udział w zdjęciach do filmu jak i w jego promocji. Aktorzy przedstawili się więc publiczności nazwiskami swoich postaci, a jak później wspominał Jay Leno[630] wszystkie rozmowy były improwizowane. Nie zabrakło więc dowcipów prowadzącego: *„Chłopaki, wszyscy mieliście już przeszkolenie wojskowe? – To prawda, prawda. Byliśmy… - próbuje mówić Eastwood jako Corvin, na co wtrąca się Leno – Północ, czy Południe? Po której byliście stronie?"*.

Produkcja ta pod względem wizualnym była najbardziej wymagającą od czasów „Firefoxa" z 1980 roku. Nie korzystający od tamtej pory ze storyboardów Eastwood musiał zmierzyć się z technologią cyfrową i przygotować szczegółowe szkice dotyczące ujęć w przestrzeni kosmicznej. Operator Jack Green miał doświadczenie z grafiką komputerową zdobyte przy takich filmach jak „Twister" czy „Speed 2", ale dla Eastwooda kochającego energię pierwszych ujęć, trudne było filmowanie prób i kręcenie 35-40 ujęć dziennie: *„To dla mnie nowe* *doświadczenie. Jestem przyzwyczajony kręcić opowieści o postaciach i gnać naprzód. A tutaj przez te rzeczy [efekty wizualne] można niekiedy utknąć. (...) Słyszy się czasem straszne opowieści o firmach, które jednego dnia kręcą dwa, trzy ujęcia. To jest naprawdę dołujące."*[631] Montażysta Joel Cox wspomniał[632], że Eastwoodowi dopiero po dwudziestu latach przypomniało się, czemu po produkcji „Firefoxa" nie chciał więcej robić tak skomplikowanych filmów.

Wszystkie szczegóły techniczne były ustalane z agencją NASA, która użyczała również swoich obiektów na potrzeby filmowców. Eastwood zwrócił się nawet z prośbą o specjalne wytyczne od studia George'a Lucasa. Trudność polegała głównie na skoordynowaniu prac kilku ekip pracujących jednocześnie. Osobno kręcono tło przestrzeni kosmicznej, osobno aktorów, a jeszcze osobno ich ruchy w skafandrach, a we wszystkich ujęciach składowych oświetlenie i odbicie słoneczne musiało się zgadzać. Sceny, gdzie aktorzy w skafandrach poruszają się poza statkiem kręcono przy użyciu animowanych postaci, a następnie wklejono twarze aktorów za szkło hełmów. W efekcie powstały jedne z najlepszych i najbardziej poetyckich scen w kosmosie ostatniej dekady.

Ale film nie traktuje o efektach specjalnych, ani o misji do spełnienia. Tym co ujęło Eastwooda było pokazanie staruszków w pełni życia, którzy nadal wygłupiają się jak chłopcy - starzy dranie nadal są ujmujący i nadal mają swoje młodzieńcze fantazje. Niewiele różnią się od młodego zespołu, który towarzyszy im w ćwiczeniach, a ich bohaterstwo w finale nie jest efektem ich działania, lecz sposobu w jaki społeczeństwo patrzy na takie wydarzenia. Granie starzejących się postaci będących w jego wieku stało się już regułą w jego filmach, ale reżyser udowodnił teraz wynikami kasowymi, że dojrzałymi tematami i bohaterami jest w stanie przyciągnąć do kina również młodszą publiczność.

„Kosmiczni kowboje" przy budżecie 65 milionów dolarów zarobili 130 co było niemałym sukcesem, biorąc pod uwagę ostatnie klapy.

Wytwórnia Warner Bros. nie wierzyła w ten projekt licząc, że przynajmniej nie przyniesie strat, ale w efekcie okazało się, że film zarobił więcej niż dwie ostatnie produkcje Eastwooda razem wzięte. Poza tym miniona dekada cechowała się wyjątkowo doborową obsadą - Eastwood w starszym wieku nie bał już grać z lepszymi od siebie aktorami. W 2000 roku wyróżniono go prestiżowym dyplomem Centrum Johna F. Kennedy'ego. Donald Sutherland opowiedział tam anegdotę o tym, jak to każdy aktor w Stanach marzy, by otrzymać telefon od Eastwooda. Kiedy więc Eastwood do niego zadzwonił „*i powiedział: chcę cię mieć w swoim filmie, i wiesz, wynagrodzenie wynosi 100,000 dolarów.* Sutherland odpowiedział: *daj mi kilka dni na zebranie pieniędzy.*"[633]

Zazwyczaj starsi aktorzy starają się grywać młodszych od siebie (Eastwood też wyznawał kult młodości), a bycie aktorem w podeszłym wieku raczej ogranicza możliwości ról filmowych. Ale zasada ta zdaje się nie dotyczyć Eastwooda. Jak powiedział w jednym z wywiadów: „*Im starszy jesteś, tym więcej doświadczeń mają twoi bohaterowie*"[634] Większość z nich nękana żalem szuka odkupienia nie zawsze je odnajdując. Na pytanie czy identyfikuje się z którąkolwiek z granych przez siebie postaci powiedział: „*Robert Kincaid z 'Co się wydarzyło w Madison County' był mi najbliższy, choćby dlatego, że kiedyś taki byłem. Rozglądałem się i byłem na takim rozdrożu jak on. Jest mi zdecydowanie bliższy niż postacie, które kreowałem wcześniej. Odnalazłem też cząstki siebie w facetach z 'Bez przebaczenia' i 'Na linii ognia'*"[635]. Co ciekawe większość jego późniejszych postaci stanowią starszą odmianę człowieka akcji, jakiego Eastwood grał w przeszłości. Ale nie jest to ten sam bohater zdolny do heroicznych działań. Frank Horrigan z „Na linii ognia" nie przejawia cech Mściciela, czy Niesamowitego jeźdźca, a jego ciało potrzebuje ochrony w postaci kamizelki kuloodpornej. Tylko dzięki niej przeżywa, a swojego oprawcę zabija nie z własnej broni po wygłoszeniu twardej gadki, lecz dzięki wskazówkom nadawanym do snajperów przez ukryty mikrofon. Również złodziej Luther Whitney nie przerywa gwałtu będąc jego świadkiem w domu senatora. Eastwood - dawniej bez namysłu podejmujący działania - jako starzejący się bohater akcji nie obawia się konsekwencji zaniechania działania.

Jeszcze w trakcie pisania książki „Krwawa profesja" przez Michaela Connelly'ego Eastwood miał niemały wpływ na rozwój fabuły. To on zasugerował, żeby bohater książki nie uciekał do Meksyku, bo nie chciał kręcić filmu w dwóch lokacjach (co mogło być efektem wygody, ale również sprawowanej przez siebie funkcji w komisji stanowej gubernatora Kalifornii). Wskazówki udzielane pisarzowi były też merytoryczne, bo Eastwood proponował nowe rozwiązanie do sceny finałowej. Connelly mówił: *„Najważniejszą poprawką było uprowadzenie przez czarny charakter Gracielli i chłopca. Uznałem, że to dobre wskazówki, dlatego zamieściłem nazwisko Eastwooda w podziękowaniach."*[636]

Do prac przy scenariuszu zaangażował Briana Helgelanda, który pracował jako scenarzysta dla wytwórni Warner Bros. w latach 1992-1996. W ramach kontraktu miał do napisania dla wytwórni jeszcze jeden scenariusz. Eastwood, któremu spodobały się „Tajemnice Los Angeles" jego autorstwa, zaprosił go na plan kręconego wtedy filmu „Północ w ogrodzie dobra i zła" i zaproponował mu napisanie adaptacji „Krwawej profesji". Scenariusz powstał na przełomie 1996 i 1997, ale Eastwood - choć był zadowolony z pracy Helgelanda - powrócił do niego dopiero po sukcesie „Kosmicznych kowboi": *„Kupiłem prawa do książki, a Brian Helgeland napisał scenariusz, który ogromnie mi się spodobał, bo zauważyłem w nim szanse na rolę odrobinę odmienną od tych wszystkich ról detektywów z którymi kojarzono mnie od lat. (...) Scenariusz był ciekawą historią detektywistyczną o słabości zarówno fizycznej, jak psychicznej, którą ten facet musi pokonać. Gdy aktor napotyka rolę, w której musi pokonywać wiele przeszkód* *staje się ona od razu czymś dużo ciekawszym niż wałęsanie się po ulicach, rozwiązywanie spraw i ściganie się samochodami."*[637]

W filmie w jednej z ciekawszych ról w swojej karierze zagrał Jeff Daniels, którego Eastwood uważał za niedocenianego aktora potrafiącego grać szereg różnych ról - od kompletnego bufona po postać na krawędzi obłędu: *„Kinomanom trudno wyczytać z nich, do jakiej szufladki go przypasować, ale ja jestem jego wiernym fanem od wielu lat i uznałem, że będzie świetny w tej roli."*[638] Daniels - znany głównie z przeboju „Głupi i głupszy" z Jimem Carrey'em - przytoczył anegdotkę dotyczącą sceny z tamtego filmu, która wydarzyła się podczas turnieju golfowego Pebble Beach National Pro-Am: *„Clint Eastwood podszedł do mnie i powiedział, że miał taką przygodę. Chciał zrobić wrażenie na dziewczynie, zjadł na obiad jakieś świństwo, a gdy wieczorem po nią przyszedł, dostał rozwolnienia. Pomyślałem, że miło, że ktoś taki jak on, odnalazł w filmie ["Głupi i głupszy"] coś z życia."*[639]

W „Krawej profesji" zagrała też Anjelica Huston, córka Johna Hustona, która za rolę w reżyserowanym przez ojca „Honorze Prizzich" dostała Oskara. Anjelica zagrała lekarkę opiekującą się chorym na serce McCallebem granym przez Eastwooda: *„Wiele lat odwiedzałam ojca na intensywnej terapii, ponieważ był bardzo chory przez co najmniej 12 ostatnich lat życia. Widziałam, jak ojciec przechodził operację tętniaka serca. To, że Clint grał mojego ojca w "Białym myśliwym, czarnym sercu" w połączeniu ze wspomnieniami pobytu mego ojca w szpitalu tak dziwnie się ze sobą splotły. Także to, jakim Clint jest człowiekiem, jak się zachowuje jego spokój, jego opanowanie przypominają mi bardzo mego ojca."*[640] Do filmu zaangażowano ponadto latynoską aktorkę Wandę de Jesus, choć nie była to sugestia latynoskiej żony Eastwooda. De Jesus została wypatrzona w sztuce teatralnej PBS przez kierowniczkę castingu Phyllis Huffman, która od dwudziestu lat pracowała dla Eastwooda i przesłała mu taśmę z nagraniem. Aktorka wcieliła się postać Gracielli, siostry zamordowanej kobiety, której serce wszczepiono McCallebowi. W epizodycznej roli dziennikarki - podobnie jak w „Prawdziwej zbrodni" - pojawiła się Dina Eastwood.

Podobnie też jak w „Prawdziwej zbrodni" kluczowe morderstwo zostało dokonane w supermarkecie. Eastwood gra agenta FBI, który ze względu na swoje spektakularne akcje jest gwiazdą mediów, co budzi zawiść ze strony lokalnego policjanta (popularność medialna McCalleba przywołuje na myśl niesławę Brudnego Harry'ego, który w piątej części został zmuszony przez przełożonych do dobrych kontaktów z prasą). Cyfrowy zabójca z „Krwawej profesji" w swym przywiązaniu do prowadzącego śledztwo przypomina natomiast Scorpio.

W gotowym filmie zabrakło wielu wątków, które były zawarte w powieści. Książkowy McCalleb był wrabiany w zabójstwo, i znaleziono u niego broń z której zabito ofiary. Później na łodzi znaleziony też kolczyk i zdjęcie, co ponownie łączyło go ze zbrodnią. Prawdziwy zabójca z książki chciał mieć z nim nadal kontakt, ale potrzebował czegoś więcej od zwykłej rozgrywki - chciał, żeby McCalleb poczuł się jak ścigany. Największą zmianą jednak było to, że w książce mordercą nie był niepozorny Buddy Noone (jak „no one", bez jedynki), lecz James Noole („nul" jak zero), którego McCalleb wcześnie przesłuchiwał metodą hipnozy.

Światowa premiera „Krwawej profesji" odbyła się w Wenecji na Międzynarodowym Festiwalu Filmowym. Dwa lata wcześniej Eastwood został tu wyróżniony Honorowym Lwem Św. Marka za całokształt twórczości. Film nie trafił w gust publiczności, ale Eastwood nie narzekał: *„Jestem sam swoim krytykiem. (...) Innymi słowy, jeśli robię film jedyną osobą którą naprawdę chcę usatysfakcjonować jestem ja sam. Czy wyszło tak jak zamierzałem? Czy osiągnąłem swój cel?"*[641] I choć generalnie mówiło się, że Eastwood stracił swoją dawną formę, krytycy często pisali przychylne komentarze jak: *"Eastwood to silny macho. Przykuwa uwagę jak mało kto"* (Kenneth Turan, Los Angeles Times); *„Film trzyma na krawędzi i w* *niepewności*" (Joe Baltake, The Sacramento Bee) czy „*Jedna z najlepszych ról Eastwooda*" (Jack Garner, Rochester Democrat and Chronicle). Niektórzy, jak Metz[642] dopatrywali się nawet porównań do słynnego „Zawrotu głowy" Alfreda Hitchcocka, gdzie policjant również miał fizyczną przypadłość utrudniającą śledztwo.

Comeback bohatera w stylu Brudnego Harry'ego się nie udał. Najciekawszą krytykę filmu przedstawił chyba Michael Connelly, autor książkowego oryginału. Choć wymienił nazwisko Eastwooda w podziękowaniach, to był zniechęcony gotowym filmem na tyle, że umieścił o nim wzmiankę w kontynuacji losów Terry'ego McCalleba pt. „Kanał" w 2004 roku. W historii tej McCalleb zyskał niechcianą sławę po ekranizacji książki, do której udzielił praw, a o jego śmierci pisało sporo gazet. Był zły na sposób ujęcia tematu przez filmowców. Wściekły był też Buddy, z którego Eastwood w filmie uczynił mordercę (w książce jest on nadal przyjacielem Terry'ego). Kiedy McCalleb umiera to na jego pogrzebie - jak pisze Connelly - zjawia się nawet Clint Eastwood, który przylatuje swoim helikopterem. Ostatecznie śledztwo McCalleba przejmuje bohater wielu powieści Connelly'ego Harry Bosch.

„Krwawa profesja" została w wielu krajach niemalże niezauważona. Być może szefowie wytwórni doszli do wniosku, że film jest słaby i nie warto w niego pompować więcej pieniędzy na marketing. Pomijając fakt, że w Polsce film trafił od razu na rynek DVD i nie pokazywano go w kinach, również w Wielkiej Brytanii nie radził sobie dobrze. Eastwood pojechał do Londynu promować film, ale w kinach nie było plakatów a nieliczne seanse zwykle kończyły się po paru dniach od premiery. „Krwawa profesja", w przeciwieństwie do „Kowboi kosmosu" nie przyniosła spodziewanych profitów. Budżet filmu wynosił 50 milionów dolarów zaś sprzedaż biletów przyniosła jedynie 27 milionów. Eastwood obwiniał o porażkę nowy zarząd wytwórni Warnera, który nie zadbał o prestiżową nowojorską premierę i przedpremierowe pokazy dla krytyków. Ale wytwórnia pod nowym rządami była bardziej pochłonięta przygotowywaniem filmów rozrywkowych z serii Matrix, Harry Potter czy Władca Pierścieni, które przynosiły znacznie większe dochody niż ostatnie dokonania Eastwooda.

Jeszcze w 2000 roku w kinach pojawiły się takie produkcje jak „Misja na Marsa" czy „Czerwona Planeta" a Eastwood planował powrócić do kosmicznych terytoriów i zrealizować biografię Neila Armstronga na podstawie autoryzowanej biografii autorstwa Jamesa Hansena „First Man: A Life of Neil A. Armstrong". *„Miliony ludzi oglądało Neila Armstronga przechadzającego się po powierzchni Księżyca a miliony więcej widziało obrazy z tamtego wydarzenia. Jednakże Armstrong jest bardzo enigmatyczną postacią"*[643] tłumaczył swą fascynację Eastwood, który nie zamierzał grać w filmie. Sam zakup praw do książki nie był łatwy. Armstrong nie zgodził się na autoryzację wcześniejszych książek Stephena Ambrose'a i Jamesa Michenera. Początkowo odrzucił też prośbę Jamesa Hansena, ale pisarz tak bardzo naciskał i wysłał mu kilka swoich wcześniejszych publikacji, że Armstrong ostatecznie się zgodził, a autor zyskał ekskluzywny dostęp do jego prywatnego życia. W książce tej Hansen śledzi losy astronauty od pierwszych chwil jako pilota bojowego podczas wojny w Korei, o których mówił: *„To zwyczajne dzieciństwo, które stało się nadzwyczajnym życiem"*[644]. Projekt filmu, który ogłoszono w marcu 2003 rok ostatecznie upadł z nieznanych przyczyn. Po pięciu latach scenariusz został sprzedany wytwórni Universal, a w prasie pojawiała się wzmianka[645], że film jednak trafi na ekrany, ale nie w reżyserii Eastwooda. Do napisania scenariusza zaangażowano Nicolę Perlman. Niezrażony Eastwood miał w zanadrzu niedawno ukończony scenariusz Briana Helgelanda na podstawie innej bestsellerowej książki, który miał mu przywrócić chwałę jako reżyserowi, godną nagrodzonemu Oskarami „Bez przebaczenia".

Dziewczynko,

bycie twardą

to za mało.

„Za wszelką cenę"

(2004)

UDUCHOWIONY MORALISTA

Piano blues - Rzeka tajemnic

Za wszelką cenę

Oszukana - Medium

U progu nowego tysiąclecia gwiazda Eastwooda nadal nie traciła blasku. W 2001 roku grupa Gorillaz wypuściła singiel pod tytułem „Clint Eastwood", który stał się ogromnym przebojem na całym świecie. Piosenka stanowi mieszankę muzyki elektronicznej, hip-hopu, rocka i tematu muzycznego z filmu „Dobry, zły i brzydki". W słowach nie ma żadnego wyraźnego nawiązania do Eastwooda, bo tytuł jest rodzajem hołdu dla ulubionego aktora zespołu i stąd również w teledysku pojawiają się graficzne motywy inspirowane spaghetti-westernami. W 2005 roku grupa wydała kolejny album, gdzie znalazł się utwór „Dirty Harry", w którym artyści krytykowali politykę George'a Busha dotyczącą wojny w Iraku i po raz kolejny wyrażali swe uznanie dla legendy kina. Eastwood był pochłonięty lokalnymi sprawami.

W 2000 roku został pozwany do sądu w sprawie uchybień prawnych w prowadzonej przez siebie zabytkowym kompleksie restauracji i hotelu Mission Ranch, która nie była przystosowana do obsługi niepełnosprawnych. Zarzucano mu, że do restauracji można wejść jedynie po schodach, a toalety dla niepełnosprawnych znajdują się na zewnątrz budynku. The Wall Street Journal pisał „Brudny Harry chce zemsty, w waszyngtońskim stylu". Eastwood w odwecie zarzucał prawnikom, którzy pozywają jego i innych właścicieli małych firm, że chcą zyskać sobie reputację i odszkodowania, a później „jeżdżą wielkimi mercedesami"[646], podczas gdy osoby niepełnosprawne pozostają na wózkach. Zdecydował więc lobbować w Waszyngtonie za nową ustawą. Jego przekaz był krótki: nie był przeciwko niepełnosprawnym, ale przeciwko żądnym pieniędzy prawnikom. Według niego to prawo stanowiło problem i należało je zmienić. Przyznał też, że wydał już na związane ze sprawą opłaty pół miliona dolarów, choć cała sprawa - we wrażliwym na potrzeby niepełnosprawnych społeczeństwie - wzbudziła mnóstwo kontrowersji, co szczegółowo opisali autorzy książki „Make Them Go Away. Clint Eastwood, Christopher Reeve & The Case Against Disability Rights".

W roku 2001 roku gubernator stanu Kalifornia Gray Davis (a później jego następca Arnold Schwarzenegger) ogłosił nazwiska dwudziestu sześciu członków Kalifornijskiej Komisji Filmowej. Zadaniem komisji było zachęcanie filmowców do kręcenia filmów w Kalifornii (zamiast w tańszej Kanadzie czy Australii), aby doprowadzić do pobudzenia gospodarki i przywrócić zadłużonemu stanowi dawną świetność. Wśród członków komisji znaleźli się m.in. Danny De Vito (reżyser i niegdysiejszy partner filmowy Schwarzeneggera, „Bliźniacy", „Junior"), Lili Zanuck (producentka „Wożąc pannę Daisy" z Morganem Freemanem, żona Richarda D. Zanucka) oraz Clint Eastwood, idol gubernatora, który swój najnowszy film, „Krwawą profesję", kręcił właśnie w Kaliforni. Schwarzenegger prezentując swój program żartował: *„Tylko po to, żeby wam pokazać jakie talenty się tu zebrały, nasza trójka: Clint, Lili i ja, mamy razem trzy Oskary"*[647]. Oskary zdobyła oczywiście Lili Zanuck za produkcje „Wożąc pannę Daisy" i Eastwood za reżyserię i produkcję „Bez przebaczenia". Eastwood, niegdyś burmistrz Carmelu, który obiecał trzymać się z dala od polityki stwierdził: *„Myślę, że nikt z nas nie ma odpowiedzi jak nakłonić producentów, by zostali w Kaliforni, ale możemy przecież podwinąć rękawy i wszyscy poszukać właściwego rozwiązania."*[648] Jako członek komisji doprowadził do zablokowania budowy 16-milowej autostrady, która przecięłaby zabytkową plażę San Onofre. Eastwood udzielał się także jako mówca w inicjatywie Departamentu Spraw Wewnętrznych pod nazwą Take Pride in America, gdzie wzywał do odpowiedzialności za naturalne, kuturalne oraz historyczne zasoby kraju.

Chcąc lepiej przyczynić się do szerzenia świadomości o amerykańskiej kulturze, Eastwood zaangażował się w produkcję filmów dokumentalnych o znanych muzykach i filmowcach. W 2005 roku wyprodukował dokument Bruce'a Rickera, którego bohaterem był Budd Boetticher, reżyser westernów klasy B takich jak "Człowiek z Alamo" czy "Porwana przez Komanczów". Dokument był pokazywany w dwóch wersjach: jako 86-minutowy "Budd Boetticher: A Man Can Do That" oraz 56-miutowy "Budd Boetticher: An American Original". Narratorem był znany m.in. z „Władzy absolutnej" Ed Harris, a wśród wywiadów były rozmowy takimi osobistościami jak Peter Bogdanovich, Andrew Sarris, Quentin Tarantino, czy Paul Schrader.

Jeszcze przed ogromną fuzją w 1999 roku wytwórnia Warner Bros. tnąc koszty postanowiła zamknąć jedną z hal dźwiękowych, gdzie odbywały się nagrania do wielu filmów Eastwooda, a także takich klasyków jak „Casablanca" czy „Buntownik bez powodu". Eastwood namówił wytwórnię na odnowę, z czego się czuł się bardzo dumny, bo zależało mu na niej z powodów sentymentalnych. Hala zyskała jego nazwisko, o czym się przekonał dopiero podczas ceremonii otwarcia. Później żartował: *„Mogłem im kazać zmienić napis ze słynnej wieży na Eastwood Brothers, ale aż tak daleko się nie posunąłem"*[649]. Hala dźwiękowa im. Clinta Eastwooda już wkrótce została wykorzystana do realizacji jego pierwszego telewizyjnego dokumentu.

Był nim półtoragodzinny dokument „Piano Blues", który powstał na zamówienie Martina Scorsese produkującego siedmioodcinkowy serial dla telewizji PBS. Dwadzieścia lat wcześniej Scorsese, podobnie jak Eastwood, reżyserował jeden z odcinków telewizyjnego serialu „Amazing stories" dla Stevena Spielberga. Scorsese, który zaczynał karierę jako montażysta dokumentu „Woodstock", sam wyreżyserował jeden z odcinków serialu o bluesie, a oprócz Eastwooda w gronie wybrańców znaleźli się Charles Burnett, Mike Figgis, Marc Levin, Richard Pearce i Wim Wenders. Eastwood pracując nad dokumentem badał początki muzyki, która inspirowała go w młodości: *„W jakiś sposób zostałem aktorem. (...) Odszedłem od muzyki. Ale gdybym dalej ćwiczył, mógłbym dziś grać w jakichś barach, z podstawką na napiwki na górze pianina."*[650] Decyzją o samodzielnej reżyserii dokumentu nie zbył zdziwiony jego przyjaciel Bruce Ricker: *„Nikt nie naciska na Clinta. Clint robi to co zdecyduje w swoim wolnym czasie"*.[651]

Eastwood realizując swój odcinek wykorzystał rzadkie archiwalne nagrania, które towarzyszyły jego rozmowom przy pianinie z legendami gatunku. Wśród nich pojawiły się takie nazwiska jak Dave Brubeck, Ray Charles, Fats Domino, czy John Lee Hooker. Eastwood, będąc postacią scalającą cały film, był obecny na ekranie przy każdej rozmowie i nawet zagrał parę utworów: *„Blues był zawsze częścią mojego muzycznego życia a pianino miało w nim wyjątkowe miejsce, od kiedy moja mama przyniosła do domu wszystkie nagrania Fatsa Wallera. Muzyka była również ważną częścią moich filmów. Dokument ten daje mi szansę zrobienia filmu bardziej bezpośrednio związanego z tematem muzyki niż filmy fabularne, które robiłem do tej pory"*[652].

Przy okazji produkcji „Piano Blues" przytoczył pewną anegdotę z 1980 roku: *„Kiedyś, gdy kręciliśmy 'Jak tylko potrafisz' na równinach przy Grand Tetons w Wyoming, Fats Domino zaczął grać na pianinie 'I Want to Walk You Home'. Nagle na po drugiej stronie wzgórza pojawiło się jakieś dziesięć łosi. Przysłuchiwały się muzyce kiwając łbami, a gdy tylko Fats przestał grać odeszły. Były zafascynowane. Każdy lubi bluesa."*[653] Nawet Eastwood. I chociaż „Jak tylko potrafisz" był komedią o podróżującym z orangutanem kierowcy ciężarówek, który zarabiał na życie walką na pięści, film miał świetną ścieżkę dźwiękową zawierającą przeboje country. Jedną z piosenek zaśpiewał sam Ray Charles w towarzystwie Eastwooda. W 1984 r. do filmu „Gorący towar" przygotowano ścieżkę dźwiękową, na którą składały się specjalnie wybrane standardy bluesowe jak „Million Dollar Baby" śpiewane przez Ala Jarreau czy „Between the Devil and the Deep Blue Sea" w wykonaniu Eloise Laws.

Poza realizacją biograficznego filmu „Bird" o Charlie Parkerze z 1988 roku Eastwood angażował się w inne działania promujące jazz. Wyprodukował też dokumenty „Thelonious Monk: Straight, No Chaser", „Monterey Jazz Festival: 40 Legendary Years", a także wziął udział w specjalnym wydarzeniu na swoją cześć jakim był koncert w Carnegie Hall zarejestrowany przez ekipę Bruce'a Rickera. Był to rodzaj wyrażenia wdzięczności za włączanie do swoich filmów muzyki jazzowej. W wywiadzie dla PBS Eastwood opowiadał: *„Gdy byłem dzieckiem, muzyka była stale obecna w moim życiu. (...) Nauczyłem się grać na pianinie. (...) Opowiadałem historie za pomocą pianina na długo zanim zacząłem reżyserować. W moich filmach lubię zamieszczać obraz pianisty: siada do klawiatury, gra, opowiada historię, a kiedy wstaje i wychodzi pozwala muzyce mówić samej za siebie."*[654] „Piano Blues", siódmy i ostatni odcinek serii „Blues" został wyemitowany czwartego października 2003 r. Eastwood już wtedy pracował nad kolejnym filmem, gdzie podjął kolejną próbę rezygnacji z aktorstwa na rzecz reżyserii. Była to adaptacja „Rzeki tajemnic" Dennisa Lehane'a, do której scenariusz powstał jeszcze przed realizacją „Krwawej profesji".

„'Rzeka tajemnic' zwyczajnie wydała mi się interesująca, więc ją przeczytałem i od razu polubiłem. Nawet dialogi były świetne."[655] - tłumaczył Eastwood. *„Opowieści o morderstwach dotyczą zazwyczaj rozwiązywania*

tajemnicy tylko jednej zbrodni. Jednak w tym przypadku fabuła mówi o tym, jak sama zbrodnia zmienia życia wszystkich zamieszanych osób. Widać, jak olbrzymie, nawet w wiele lat po fakcie, są zniszczenia w życiu tych osób. To tragiczne koło - każdy z tych mężczyzn ma za sobą jakieś nierozwiązane problemy. Wszyscy przeżyli w przeszłości potężny szok."[656] Dennis Lehane, choć dotąd nie mógł poszczycić się ekranizacją żadnej ze swoich książek, był niechętny temu, żeby ktokolwiek brał się za filmowanie „Rzeki tajemnic". Kiedy jego agentka dzwoniła do niego z propozycja ekranizacji, nie chciał z nikim rozmawiać. Przebieg jednej z rozmów według Lehane'a wyglądał mniej więcej tak: *„Zadzwoniła i powiedziała „Jest tu ktoś, z kim powinieneś porozmawiać." Chciałem powiedzieć „Przecież ci mówiłem, żeby..." kiedy mi przerwała „To Clint Eastwood". „Och, odbiorę telefon."*[657]

Eastwood zauważył, że Lehane był bardzo podekscytowany tym, że ktoś zamierza adaptować jego książkę na film. Kiedy doszło do tematu wyboru odpowiedniego scenarzysty, wspomniał nazwisko Briana Helgelanda (nagrodzonego Oskarem za „Tajemnice Los Angeles"), na którego Lehane od razu przystał. Eastwood pracował z nim, przy „Krwawej profesji". Helegeland wspominał: *„W tamtym momencie Eastwood przygotowywał się do kręcenia 'Krwawej profesji' i chciał wiedzieć kiedy skończę 'Rzekę tajemnic', bo chciał ją kręcić w tym samym czasie."*[658]. Namówiony do lektury książki, którą wedle słów reżysera czytało się jak film, przygotował gotowy scenariusz w zaledwie dwa tygodnie.

Do filmowej adaptacji wprowadzono drobne zmiany. Książkowy Jimmy Markus w filmie nosi nazwisko Marcum. Usunięto też wzmiankę o relacji między postacią graną przez Seana Penna a jego ojcem, która zajmowała zbyt wiele stron. Helgeland skupił się na scenach, które dotyczyły wszystkich trzech głównych bohaterów, lub przynajmniej dwójki z nich. Była też mała zmiana w scenie, gdy młody Dave wsiada do samochodu porywaczy. Jeden z mężczyzn się odwraca, a na palcu jego dłoni widać pierścień biskupi. W książce nie było sugestii, że postać ta jest księdzem, ale zdjęcia do filmu odbywały się w środku skandalu w archidiecezji Bostonu. Zdarzenie inicjujące książkę - porwanie młodego Dave'a przez dwóch pedofilów podających się za policjantów - było oparte na prawdziwym przypadku, gdy Dennis Lehane jako dziecko został surowo zganiony przez matkę, za to że wsiadł do auta dwóch mężczyzn podających się za policjantów[659]. Eastwood, który do tematu porwanego dziecka powrócił pięć lat później w „Oszukanej", przyznał: *„Mówiąc prawdę, nie mam pojęcia dlaczego robię to czy tamto, dlaczego pewne historie czy postacie mnie fascynują. Wierzę jednakże, że każdy z nas nosi w sobie mniejsze bądź większe brzemię z przeszłości. (…) Wszystko, czego się doświadcza w dzieciństwie kształtuje charakter w ten czy inny sposób. Ciężko wyizolować jedno wydarzenie, które na mnie wpłynęło. Ale miałem swoje mini-traumy, więc jestem w stanie współczuć komuś, kto cierpi z powodu znacznie większej traumy."*[660]

Od czasu filmu „Bez przebaczenia" Eastwood w swoich filmach coraz częściej przedstawiał złamanie męskiej dumy i zacieranie granic między dobrem i złem. Niegdysiejszy Brudny Harry miał obecnie zupełnie inne podejście do przemocy: *„Zafrapowało mnie też, jak dalece jedno jedyne wydarzenie może wpłynąć na całe życie człowieka. (…) Nikt nie przejmuje się, jak by należało, ofiarami zabójstw i cierpieniami ich rodzin. Nikt nie zastanawia się, jak wstrząsa to ich egzystencją. Ludzie zazwyczaj chorobliwie fascynują się seryjnymi mordercami. Nie mam pojęcia, dlaczego tak jest."*[661]

Jego entuzjazmu odnośnie scenariusza nie podzielali jednak kierownicy studia Warner Bros. Podobał im się, ale uważali, że film będzie niedochodowy. Eastwood w programie Charliego Rose'a zabawnie wspominał swój pitching: *„Przede wszystkim to jest wytwórnia, która produkuje i dystrybuuje takie filmy jak Władca Pierścieni, Harry Potter czy Matrix, filmy które nazywają 'wysokopomysłowymi' z przeogromną masą akcji. A* *tu nagle zjawia się gość i mówi: 'Mam tutaj taką rzecz o uprowadzonym facecie. Później ci faceci się spotkają.' Już bardziej ich nie mogłem zniechęcić".*[662] Eastwood dostał wolną rękę w poszukiwaniu innej wytwórni. Był związany ze studiem Warnera od 1975 r., ale pod nowym kierownictwem był tylko jednym z wielu ambitnych reżyserów usiłujących wyżebrać trochę gotówki. Sam nie zmieniał swoich zainteresowań: *„To naprawdę świetny materiał dla aktorów, bo film nie koncentruje się na efektach specjalnych. Nie ma tu żadnych trików wizualnych, wszystko jest prawdziwe, fotografowane tak jak wygląda. To po prostu dobre staroświeckie wspólne granie."*[663] Ostatecznie udało mu się pozyskać do koprodukcji wytwórnię Village Roadshow, ale z projektem wrócił do Warnera, który zgodził się wyłożyć brakujące pieniądze. Producenci naciskali na niego, żeby kręcił zdjęcia w taniej lokacji jaką było Toronto. Ponieważ akcja książki toczyła się w Bostonie, Eastwood - który dotąd niechętnie wyjeżdżał poza granice Kalifornii, a dodatkowo jako członek komisji filmowej miał zachęcać do kręcenia w tym stanie – teraz uznał, że najlepiej będzie nakręcić właśnie w Bostonie.

Do udziału w filmie zaprosił - jak sam twierdził - najlepszych aktorów, którzy skończyli czterdziestkę. W rolach głównych zagrali więc Sean Penn, Tim Robbins i Kevin Bacon. Warto zauważyć, że wszyscy trzej mieli już na swoim koncie samodzielne reżyserskie dokonania, a Eastwood też przecież zaczynał od aktorstwa. Sean Penn pracował z Jackiem Nicholsonem przy „Obietnicy" i „Obsesji", Kevin Bacon reżyserował film telewizyjny „Losing Chase", a Tim Robbins „Dead Man Walking", w którym zagrała jego żona, Susan Sarandon i Sean Penn. Praca Eastwooda z aktorami była więc znacznie ułatwiona. Jak mówił w wywiadzie z Charlie Rose'em: *„Fakt, że wszyscy trzej reżyserowali wcześniej filmy to właściwie zaleta, bo uważam, że każdy aktor powinien w pewnym momencie swojego życia wyreżyserować film, a każdy reżyser zagrać. W ten sposób lepiej można* *zrozumieć, na czym polega proces. Często się słyszy o aktorach spóźniających się na zdjęcia, ale nigdy nie są to aktorzy, którzy reżyserowali, bo taki aktor rozumie problemy produkcyjne. Dla mnie to było wspaniałe, bo wszyscy rozumieli ten język i niewiele trzeba było dyskutować."*[664]

Eastwood wspominał też, że od dłuższego czasu chciał współpracować z Kevinem Baconem, jednym z najbardziej niedocenianych aktorów. Jego nazwisko zostało nawet zapożyczone do pewnej gry „Sześć stopni oddalania Kevina Bacona", która polegała na tym, że każdego człowieka na Ziemi można poznać z innym za pomocą najwyżej sześciu pośredników. Bacon przygotowując się do roli policjanta w „Rzece tajemnic" podjął pracę w Policji Stanowej Massachusetts. Pewne źródła jednak donoszą, że na początku do roli Seana został wybrany Michael Keaton, który odbył kilka spotkań połączonych z czytaniem scenariusza, nawiązał kontakt z policją stanową a nawet mieszkał parę tygodni w Bostonie. Jednak na miesiąc przed rozpoczęciem zdjęć Keaton rzekomo pokłócił się z reżyserem i w ciągu tygodnia zastąpił go Bacon.[665]

W dalszej kolejności do filmu zostały zaproszone Laura Linney, która grała wcześniej z Eastwoodem w „Doskonałym świecie", oraz Marcia Gay Harden, która grała wcześniej w „Kowbojach kosmosu" i zdobyła Oskara za „Pollocka" Eda Harrisa. Obie aktorki wiedziały więc już doskonale jakimi metodami na planie posługuje się Eastwood: *„Postać którą gra Laura Linney niemal staje się pod koniec filmu Lady Makbet. Nie ma wątpliwości, że to ona nosi spodnie. Rozgrzesza swojego męża, który kogoś zabił, rozgrzesza go ze wszystkiego by przywrócić go do normalności. Wiele postaci, które sam grałem w przeszłości również były rozgrzeszane w przeszłości – fizycznie bądź uczuciowo. Wierzę, że kobiety są znacznie silniejsze od mężczyzn w wielu aspektach. To, co w nich najbardziej podziwiam to ich genialna zdolność do trzymania wszystkiego razem."* [666]

W roli Whiteya, policyjnego partnera postaci granej przez Kevina Bacona, pojawił się Lawrence Fishburne, choć nazwisko postaci sugerowałoby raczej inny wybór obsadowy. Fishburne - szerzej znany jako Morfeusz z nielubianej, bądź niezrozumianej przez Eastwooda trylogii Matrix - został włączony do filmu, gdy inny faworyt Forest Whitaker (zdobywca Złotej Palmy za rolę w filmie „Bird") miał zbyt napięty grafik. Poza tym w filmie pojawił się autor książki Dennis Lehane jako członek rady miasta wiwatujący na paradzie w kabriolecie. Ciekawostką dla fanów było to, że małą rolę sprzedawcy zagrał Eli Wallach. W chwili kręcenia 88-letni Wallach, uznany nowojorski wychowanek Actors' Studio oraz pamiętny Tuco z filmu „Dobry, Zły i Brzydki", wciąż grywał w spektaklach teatralnych i w filmach (ostatnio m.in. w „Wall Street 2: Pieniądz nie śpi" i „Autor: widmo"). Nie został jednak uwzględniony w napisach końcowych na własne życzenie. Nie chciał też być wymieniany w materiałach prasowych. Jak sam wspomina[667], Eastwood zadzwonił do niego i prosił go o zagranie małej rólki. Wallach się wahał, ale Eastwood go przekonywał, że to będzie jak zlot kombatantów. Wallach zgodził się na jeden dzień zdjęciowy pod warunkiem, że jego nazwisko nie będzie publikowane, gdyż chciał widzom zrobić niespodziankę.

Eastwood nie naciskał na swoich aktorów z próbami scenariuszowymi. Wolał, żeby wszystko wypadło naturalnie, jak za pierwszym podejściem, dlatego zrezygnował z prób. Aktorzy jednak spotykali się codziennie w hotelowych pokojach na przerabianie scenariusza. Ponieważ sam miał ogromne doświadczenie jako aktor wiedział, które czynniki są w tym zawodzie najbardziej szkodliwe. Jego specyficzny styl reżyserii oparty na jazzie zakładał, że każdy wykonuje swe obowiązki instynktownie, czyli trochę jak w orkiestrze: *„Jeśli byś kiedykolwiek wybrał się na sesję muzyczną zauważysz, że muzycy siadają i* *zaczynają grać, a każdy jeden wie co ma robić. Oczywiście czytają nuty, ale dyrygent zawsze może ulepszyć wykonanie, i to samo można odnieść do reżyserowania filmów."*[668]

Tim Robbins, reżyser filmu „Dead man walking", doceniał to podejście: *„Wszystko co widać na ekranie robiliśmy w jednym bądź dwóch dublach. Nigdy nie przekroczyliśmy dwóch. Radość polega na tym, że wiem iż muszę się naprawdę mocno zagłębić w swoją rolę. Ale wiem, że nie muszę tego robić przez dwadzieścia ujęć"*.[669] Eastwood powoływał się na doświadczenia z planu filmowego Vittorio De Siki, u którego zagrał w 1966 roku w „Czarownicach": *„On nigdy nie zużywał choćby cala taśmy więcej, niż zamierzał wykorzystać. Jesteś w środku kwestii, a on mówi „Stop!". Pytam: „Mogę chociaż dokończyć zdanie?". A on na to: „Nie, to mi nie będzie potrzebne"*.[670]

Sean Penn, który miał za sobą reżyserowanie paru filmów powiedział: *„Gdybym miał dwie sekundy na opisanie w jaki sposób Clint robi film powiedziałbym: w jakiś sposób macha ręką i film się sam robi. (...) Stara dyskusja o tym, że praca reżysera polega na zapewnieniu aktorom dobrego środowiska wydaje się jego darem, który przyszedł mu bez wysiłku. Jak robi film z takim poziomem opanowania, nie mogę tego rozgryźć."*[671] Nie mniej istotne jest, że Eastwood zawsze pracuje z tą samą ekipą. Kiedy scenarzysta Brian Helgeland pojawił się na planie filmowym w południowym Bostonie uśmiechnął się do jednego z szoferów mówiąc, że to już jego drugi film z Eastwoodem. *„To miło - odpowiedział tamten - Ja z nim pracuję już chyba przy czternastym."*[672] Bacon wspomina, że kręcąc finałową scenę, gdy patrzył na postać graną przez Penna, a następnie mierzył do niej z palca niczym z pistoletu, miał wątpliwości co do znaczenia sceny. Czy publiczność poprawnie odczyta to, że go jeszcze dopadnie. Czy może raczej pomyśli, że wszystko to zostanie rozmyte pod mostem Rzeki Tajemnic i że nigdy już nie poruszą tej kwestii. Eastwood odparł: *„Cóż, sądzę, że publiczność musi sama zdecydować."*[673]

Swoje swobodne podejście do filmu Eastwood zawdzięczał też doświadczeniem zdobytym pod kierunkiem mentora, Dona Siegela: *„Czasem mówię: 'Zobaczmy, co się stanie. Po prostu kręćmy.' Trzeba pozwolić, by to się rozwinęło. Don Siegel nazywał to rozwikłaniem. Mówił: Zobaczmy, jak rozwikła się ta scena."*[674] Kevin Bacon, który wcześniej bez powodzenia próbował swych sił jako reżyser, zachwycony obserwacją Eastwooda na planie postanowił powrócić do reżyserowania. W rozmowie z Charlie Rose'em[675] mówił, że był zdumiony tym, że można kierować ludźmi tak płynnie i gładko, bez awantur. Kiedy po „Rzece tajemnic" zabrał się za film „Loverboy" w 2005 roku uznał, że tylko Eastwood może w ten sposób reżyserować, gdyż sam dał się ponownie targać emocjom, a na planie znowu pojawiły się krzyki i wszystkich gonił czas.

Eastwood twierdzi, że sekret polega na wzajemnym szacunku i… technice. Wszyscy członkowie ekipy noszą słuchawki z odbiornikiem radiowym, więc nigdy nie ma otwartej linii i głośnych nawoływań przez walkie-talkie. Przed laty zauważył jak agenci Tajnych Służb w Waszyngtonie (sam grał jednego z nich w filmie „Na linii ognia") są ze sobą w stałym, ale też bezszelestnym kontakcie za pomocą dousznych słuchawek. *„Postanowiłem więc zamówić taki zestaw z jakiego korzystały Tajne Służby. Każdy powinien mieć możliwość komunikowania się bez tych wrzasków i krzyków. Od tamtej pory tak właśnie pracuję. Wszyscy w ekipie noszą słuchawki, więc mogą mówić naprawdę cicho 'kręcimy'. I panuje cisza."*[676] Robert Lorenz, który zaczynał karierę jako drugi asystent reżysera przy „Co się wydarzyło w Madison County", a z czasem został producentem (na planie poznał swą przyszłą żonę Melissę, asystentkę produkcji) zauważył: *„Plany zdjęciowe często są tak ciche, że niewtajemniczonym ciężko się zorientować, czy jesteśmy w trakcie ujęcia, czy już po. Często pytają: czy teraz kręciliście próbę, czy* *może kręcicie teraz? Ale na tym polega jego metoda, by uwaga wszystkich skupiała się na tym, co znajduje się przed kamerą."*[677]

Film „Rzeka tajemnic" został nakręcony w sumie w trzydzieści dziewięć dni. Eastwood, zapewne chcąc podkreślić swój osobisty wkład w film (lub zrekompensować brak występu w filmie) był narratorem w reklamującym film teaserze. Cały film był montowany dziesięć dni nim powstała w pełni satysfakcjonująca go wersja. Zapytany w wywiadzie przez Anthony Minghellę o tajemnicę tak szybkiego tempa mówił: *„Brałem komputer na ranczo w Carmelu, rano siadałem do roboty, potem grałem w golfa, a wieczorem znów pracowałem. Czasami ślęczeliśmy do 10 czy 11 wieczór. Minghella: 'To zupełnie przerażająca część tej rozmowy! "Montuję przez tydzień, a popołudniami gram w golfa"! Eastwood: No co, trzeba się przecież rozluźnić, zapomnieć o robocie, a potem do niej wrócić."*[678] Jego sposób pracy potwierdza wieloletni montażysta Joel Cox pracujący dla Eastwooda od 1976 r.: *„Zazwyczaj nie jeżdżę na zdjęcia, bo Clint chce, żebym najpierw obejrzał materiał, a potem całą noc rozmawiamy o tym co oglądałem. (...) Clint jest w stanie nakręcić dwie, trzy sceny dziennie. Jeśli scena jest kompletna, montuję ją pracując tuż przy nim. (...) Kiedy kończy zdjęcia, a ja montaż, co następuje zwykle parę tygodni po skończeniu zdjęć, jedziemy do niego do Carmel, gdzie dokonujemy poprawek."*[679]

Zaangażowanie Eastwooda w film tym razem wykraczało znacznie dalej. Dotąd często komponował motyw przewodni dla swoich filmów, który następnie był aranżowany przez Lenniego Niehausa. Przy „Rzece tajemnic" po raz pierwszy został wymieniony w czołówce jako kompozytor oryginalnej ścieżki dźwiękowej. Zapytany o to, jak pracuje jako muzyk powiedział: *„Na pełnym luzie. Obowiązuje zasada, że ścieżka dźwiękowa jest tylko elementem wspierającym i nie powinna dominować nad treścią filmu. Napisałem już muzykę do kilku moich produkcji. Ścieżka dźwiękowa do "Bez przebaczenia" powstała nawet przed nakręceniem samego filmu. W* *przypadku "Rzeki tajemnic" miało to miejsce podczas końcowego montażu. Usiadłem do fortepianu, skoncentrowałem się na duchu i atmosferze filmu i zacząłem improwizować melodie. Z tego wyłoniły się motywy i wariacje, które później nagrałem z Bostońską Orkiestrą Symfoniczną."*[680]

Lennie Niehaus, stały kompozytor filmów w Malpaso od 1984 roku, przyznał, że do jego zadań należy zapisanie muzyki Eastwooda w postaci nut, kiedy on ją gra na pianinie. Niehaus zapewnił też, że Eastwood, który w przypadku „Rzeki tajemnic" sharmonizował melodie w triady, jest bardzo świadomym kompozytorem, który wiedział jak triady mogą odzwierciedlać przeplatające się związki między trzema głównymi postaciami. Do pomocy Eastwood zaprosił swojego syna Kyle'a, który przygotował fragment hip-hopowej muzyki pojawiającej się w tle w trakcie filmu, a także grany na saksofonie kawałek bluesowy w scenie w barze pod koniec filmu.

„Rzeka tajemnic" otwierała 41. Festiwal Filmowy w Nowym Jorku. Miesięcznik Premiere uznał film za jeden z „Dwudziestu najbardziej przecenianych filmów wszechczasów"[681], ale wielu krytyków przyznawało, że Eastwood stworzył swe najwybitniejsze dzieło od czasu „Bez przebaczenia". Z pewnością nie oczekiwałaby tego, nieżyjąca już Pauline Kael, zaprzysięgła przeciwniczka filmów Eastwooda, która widziała w nim *„starzejącego się ładnego chłopca, obdarowanego artystę estradowego z przesadzonymi pretensjami artystycznymi."*[682] „Rzeka tajemnic" jest niemal kompletnym odwróceniem tematu z niesławnego „Brudnego Harry'ego", bo mścicielem w tym filmie jest Jimmy Markum, ojciec który stracił ukochaną córkę. Wierzy on, że żądając sprawiedliwości, należy ją samemu wymierzyć. Najgorsze jest jednak to, że o ile tolerujemy gdy jedna gwiazda kina zabija na ekranie drugą gwiazdę, to przeżywamy szok, gdy jedno dziecko zabija drugie.

Autor eseju "'It Came From The Mystic" zauważa, że w historii kina tylko Charlie Chaplin miał podobny do Eastwooda problem: był uważany przez publiczność za ikonę, a jednocześnie był artystą, który miał coś ważnego do przekazania. Dostrzega też w filmie Eastwooda nawiązania do dzieła Sergio Leone „Dawno temu w Ameryce". Obydwa dotykają pewnej tajemnicy, ale mają też takie wspólne elementy jak: utracone dzieciństwo, upływ czasu, ucieczka w wyobraźnię, zbrodnia, przemoc, zdrada, przyjaźń i poczucie wiecznego powrotu[683]. Z kolei scenę komunii świętej monotowaną naprzemiennie z morderstwem Eastwood tworzy nawiązanie do słynnej sekwencji z "Ojca chrzestnego". Eastwood, odcinając się od filmów w których sam promował przemoc, i komentując pośrednio masakrę w szkole w Columbine, gdzie dwójka dzieciaków urządziła masakrę, mówił: „*Dorastałem oglądając Bogarta i Cagneya. Czy ich przemoc sprawiła, że chciałem wszystkich wyzabijać? Nie. Ludziom o zdrowej psychice to nie przeszkadza. A ci chłopacy z Columbine? Od początku coś z nimi było nie tak. Można śmiało założyć, że dzieci stykają się z przemocą za każdym razem, kiedy sięgają do Starego Testamentu. Tam jest dopiero zagłada!*"[684] Zabierając głos podczas konferencji prasowej swojego filmu potępiał wojnę w Iraku i bronił stanowiska Seana Penna, który osobiście pojechał do Bagdadu spotkać się z Husajnem.

„Rzeka tajemnic" zdobyła imponującą liczbę nagród, a Eastwood po raz kolejny po „Bez przebaczenia" zdobył nominację do Oskara. Statuetkę jednak odebrali (podobnie jak wręczone im wcześniej Złote Globy) Sean Penn i Tim Robbins za swe najlepsze role. W Cannes film zdobył Złotą Muszlę, nagrodę Jury, zaś w Łodzi zdjęcia Toma Sterna nominowano do Złotej Żaby.[685] Po ceremonii wręczenia Oskarów w marcu 2003 roku, gdy zdawało się że Eastwood zakończył już karierę aktorską, został on uhonorowany Nagrodą za Życiowe Osiągnięcia od Gildii Aktorów Kinowych, a w kwietniu tego samego roku Henry Mancini

Institute wręczyło mu Hank Award, która stanowi wyróżnienie za wybitne zasługi dla amerykańskiej muzyki. Później jeszcze w 2004 roku „Rzeka tajemnic" zdobyła we Francji Cezara w kategorii Najlepszy film zagraniczny. Warner włożył cały wysiłek w promocję „Władcy pierścieni: Powrótu króla" co w efekcie przyniosłu mu 11 Oskarów, ale „Rzeka tajemnic" i tak zarobiła niezłe 156 milionów dolarów, udawadniając że Eastwood prostą historią potrafi przyciągnąć do kina masę ludzi, i to bez konieczności grania głównej roli. Ale nie zamierzał rezygnować ani z aktorstwa, ani z muzyki, co znalazło swój wyraz w kolejnym filmie, w którym powrócił do gry aktorskiej. Wszystko zaczęło się gdy producent Albert S. Ruddy otrzymał telefon od swojej znajomej, Anjeliki Huston, która poleciła mu książkę „Rope Burns. Stories from the corner" F.X Toole'a. Dodała, że jeśli nie będzie płakał, nie musi oddzwaniać. Ruddy przeczytał książkę jednego wieczoru i miał łzy w oczach. Postanowił jak najszybciej znaleźć jej autora.

F. X. Toole (prawdziwe nazwisko Jerry Boyd) był zawodowym opatrywaczem ran podczas pojedynków bokserskich i nieudacznikiem życiowym zostawionym przez trzy żony. Spisywał on swoje wspomnienia i przemyślenia w formie opowiadań i spędził 40 lat na próbach wydania książki. Udało mu się to dopiero, gdy miał 70 lat. Ruddy zadzwonił do agenta Toole'a, gdzie się dowiedział, że autor w żadnym wypadku nie podpisze kontraktu z Hollywood. Był podczas negocjacji z HBO, która chciała wykupić wszystkie jego opowiadania, by na ich podstawie nakręcić serię filmów promujących boks. Ostatecznie Albert S. Ruddy zadzwonił do Toole'a i umówili się do baru: *„Podczas spotkania odsłoniłyśmy irlandzkie dusze. Spiliśmy się przez cztery godziny. W końcu powiedział: dobra, dostaniecie te prawa. Dwa miesiące później dzwoni do mnie Paul Haggis, a byłem producentem „Strażnika Teksasu", gdzie Paul kończył pierwsze scenariusze. Szukał długo tego scenariusza. Zaproponował, że ponieważ pokochał tekst sam* *napisze scenariusz i wyreżyseruje."*[686] W 2002 roku F.X. Toole zmarł, nie doczekawszy się premiery filmu a jego zbiór opowiadań wydano ponownie pod tytułem „Million Dollar Baby".

Producent Tom Rosenberg po przeczytaniu scenariusza wysłał go do Hilary Swank: *„Nie chciałem żeby ktoś tylko udawał walkę, ćwiczył choreografię. Ona miała stać się prawdziwym bokserem. Tylko ona mogła być na tyle zdeterminowana"*[687] Swank dostała Oskara za rolę w „Nie czas na łzy", a swoje sportowe predyspozycje udowodniłą wcześniej w „Karate Kid IV". Początkowo w filmie miała grać Sandra Bullock, która wystąpiła w filmie Haggisa „Miasto gniewu", ale termin jej zdjęć do innej produkcji był kolidujący. Haggis liczył na reżyserię filmu, lecz kiedy do projektu dołączył Clint Eastwood, było jasne jak potoczą się losy. Haggis nie miał żalu: *„To była dla mnie trudna chwila, te dziesięć minut. Stwierdziłem oczywiście, że mu ustąpię. Jak często trafia się okazja, żeby współpracować z Clintem Eastwoodem?"*[688] Haggisa, późniejszego zdobywcę Oskara za „Miasto gniewu", najbardziej zdziwiło to, że przyjął jego pierwszy szkic scenariusza bez żadnych zastrzeżeń.

Początkowo projekt nosił tytuł „Rope Burns", tak jak zbiór opowiadań, jednak z czasem zaczęto używać nazwy jednego z opowiadań - „Million Dollar Baby" (piosenka o tym tytule pojawiła się w filmie „Gorący towar"). Scenariusz trafił do Warner Bros. jeszcze zanim Eastwood się nim zainteresował, ale go odrzucono. Eastwood wspominał: *„Zdumiało mnie to, że nie była to tylko opowieść bokserska, które zresztą bardzo lubię, ale również historia miłosna. Mamy tu człowieka, który ma problemy w relacjach ze swoją córką które są bardzo trudne, i znajduje jakby przyrodnią córkę w tej dziewczynie, która tak bardzo chce zawojować świat jako bokser."*[689] Ale nie udało mu się przekonać szefów studia, bo uważali że to film o boksie, który nikogo nie zainteresuje. Podobnie było z pitchingiem „Rzeki tajemnic", którą uważano za zbyt mroczną, a która nie zdążyła jeszcze wejść do kin i potwierdzić swojej wartości. Warner zaproponował, że w ostateczności mogą kupić prawa do krajowej dystrybucji, więc Eastwood szukał szczęścia w innych wytwórniach. Niektóre zachęcajały go od lat do realizowania filmów u siebie, jednak kiedy przedstawiał im koncept „Za wszelką cenę" odpowiadali zawiedzeni: *„Ah, myśleliśmy raczej o czymś w stylu Brudny Harry powraca z emerytury"*[690]. W wywiadzie dla New York Times'a nie krył żalu: *„Wielu ludzi to odrzucało. Nie wchodziłem z Magnum .44 robiąc swój gatunek. W moim wieku szukam rzeczy, które trochę bardziej mnie ciekawią."*[691] W innym z wywiadów mówił: *„Gdzieś w głęboko w mojej duszy jest buntownik. Ilekroć ktoś mówi mi, że jest taki a taki trend, ja idę w przeciwnym kierunku. Nie znoszę idei trendów. Nie znoszę imitacji. Mam szacunek dla indywidualności. Dostałem się tu gdzie jestem przez taką walkę. Zawsze uważałem siebie za zbyt indywidualistycznego, by być prawicowcem bądź lewicowcem"*.[692]

W końcu zainteresowanie wyraził Tom Rosenberg z niezależnej wytwórni Lakeshore Enertainment, lecz nie było go stać na wyłożenie 30 milionów dolarów. Zgodził się tylko na połowę. Eastwood wrócił więc do Warnera i namówił ich, żeby wyłożyli brakującą połowę dzieląc ryzyko z drugą wytwórnią. Była to tak mała suma w porównaniu do „Władcy pierścieni", że właściwie nikt z wytwórni nie dbał o to, co Eastwood zrobi z pieniędzmi[693]. Kiedy rozpoczął się etap preprodukcji „Za wszelką cenę" Eastwood był już po gali oskarowej, gdzie „Rzeka tajemnic" przyniosła mu duże uznanie w środowisku filmowym. Po przerwie aktorskiej w poprzednim filmie, postanowił zagrać główną rolę męską. *„W „Rzece tajemnic" nie wystąpiłem. To była duża przyjemność robić film z młodymi aktorami i pomyślałem, że jestem szczęśliwy będąc tylko za kamerą. A później nagle pojawił się scenariusz „Za wszelką cenę" i pomyślałem: jestem w tym samym wieku co ten gość. Gdy żyje się odpowiednio długo zaczyna się rozumieć problemy rodzin innych ludzi i można sobie narysować w głowie obraz dlaczego* *miał skomplikowaną relację ze swoją córką."*[694] O swojej postaci powiedział: *„Jest irlandzkim katolikiem, w nieco podeszłym wieku, ma starą salę do ćwiczeń. Ma również problemy moralne z własną religią a także dość skomplikowane stosunki z rodziną. Jest człowiekiem poszukującym czegoś."*[695]

Hillary Swank przez cztery miesiące trenowała kilka godzin dziennie, by przygotować się odpowiednio do roli. Do tego doszły treningi na siłowni na nabranie masy mięśniowej, podnosiła ciężary i boksowała na ringu. Eastwood był nią zachwycony: *„Nigdy wcześniej nie pracowałem z Hilary, ale spotkałem ją kilka razy i miałem przeczucie, sądząc tylko po sposobie, w jaki się porusza, że ma w sobie coś ze sportsmenki. Nie miałem wątpliwości co do jej umiejętności aktorskich, ale ta rola wymagała od niej takiże intensywnej pracy nad sylwetką. Udało jej się to, bo Hilary to nieprawdopodobnie pracowita i zawzięta osoba."*[696] Trenerką Swank została Lucija Rijker, holenderska bokserka której koleje losy były bardzo podobne do granej przez Swank postaci. Riker zwana „najniebezpieczniejszą kobietą na świecie" z zerem przegranych walk na koncie była na tyle dobra i przekonująca, że stała się jej filmową przeciwniczką Swank. Wysiłek Swank na treningu się opłacił, bo rola, jak się później okazało, przyniosła jej drugiego Oskara (ubocznym efektem były zdrowotne problemy z dietą oraz rozpad małżeństwa).

Do drugoplanowej roli Scrapa, asystenta na ringu, który jest też narratorem opowieści, zaangażowano Morgana Freemana, który grał wcześniej w „Bez przebaczenia". Również Freeman zdobył Oskara za rolę w tym filmie. Eastwood wyjaśniał później: *„Moja teoria na temat prowadzenia aktorów polega na powstrzymywaniu swojego ego. Wywodzę się ze środowiska aktorów. Zdaję sobie sprawę z jego istnienia i szanuję ich poczucie pewności i niepewności. Pewność siebie jest potrzebna, a niepewności należy eliminować. Pozwalam więc aktorom wnosić własne pomysły. Jeśli przynoszą coś dobrego, to zostajemy przy tym, a jeśli nie jest aż tak dobre, to wprowadzam poprawki."*[697]

Realizacja przebiegała bardzo sprawnie, co zdziwiło Toma Rosenberga, który dotąd nie pracował przy filmach Eastwooda: *„Pierwszego dnia zbiórka ekip była o 10, początek zdjęć 10.15. Już mi coś nie pasowało. Przyjechałem o 9.30. Mieliśmy krótka odprawę, cały plan był już gotowy. O 10.03 zrobił pierwszą próbę, a o 10.08 zaczął kręcić. Już wiedziałem, że to będzie inna praca."*[698] Film nakręcono w 37 dni, a Eastwood, podobnie jak przy „Rzecze tajemnic" skomponował całą ścieżkę dźwiękową. Wyjątkowy klimat filmu tak tłumaczył: *„Każdy umie zapłakać na planie. Wystarczy sobie przypomnieć jakieś nieprzyjemne zdarzenie w swoim życiu. Dlatego kluczem jest to, czego nie widać. Ja często używam w tym celu świateł. Czasem nie oświetlam aktorów zbyt dobrze, żeby część ich gry pozostała ukryta. To pobudza wyobraźnię."*[699]

Albert S. Ruddy wspominał o pierwszej wersji montażowej, którą zobaczył: *„Clint chciał mi coś pokazać. A to była wersja bez muzyki, efektów synchronicznych. Bez niczego. Siła tego obrazu była ogromna. Wszyscy wyszli ze łzami w oczach. A nikt wcześniej nie planował tej premiery jeszcze w tym roku."*[700] To właśnie na jego głosie Eastwood stylizował swój charkliwy głos Frankiego w filmie. Nagle okazało się, że film ma spore szanse w oskarowej rywalizacji. Morgan Freeman mówił: *„Nie sądzę, by ktokolwiek o tym myślał. Oskary to jest konkurs. Nikt nie robi filmu dla konkursu. Z jednej strony robimy to, co sprawia nam przyjemność, a z drugiej jest to nasz zawód. Jesteśmy profesjonalistami. Podchodzić do tego pod kątem, czy to zdobędzie Oskara czy nie jest, powiedziałbym, nieproduktywne. Ja przynajmniej nigdy tak nie myślę."*[701]

W mediach w tym czasie było głośno o Terry Schiavo, kobiecie która od 1990 roku żyła w stanie wegetatywnym. W 2005 roku jej mąż podjął decyzję o zaprzestaniu jej sztucznego odżywiania. Na mocy wyroku sądowego 18 marca zaprzestano podtrzymywania jej stanu i po dwóch tygodniach Schiavo zmarła. Jej rodzina była przeciwna tej decyzji. W amerykańskim społeczeństwie rozpoczął się spór między konserwatystami a liberałami. Kobieta była trzykrotnie odłączana od odżywiania a później podłączana decyzjami kolejnych sądów. W wyniku sekcji okazało się, że połowa jej mózgu uległa uszkodzeniu, a pozbawiona licznych neuronów nie była w stanie komunikować się z otoczeniem i żadna rehabilitacja nie mogła jej pomóc. Film Eastwooda był bojkotowany przez grupy chrześcijańskie za promocję „pomagania w samobójstwie". W prasie pojawiły się artykuły, że Eastwood lubi wywoływać kontrowersje. Paul Haggis wspominał: *„Pamiętam jak film ukazał się w kinach i prawica celowała w Clinta mówiąc: "cóż, widzicie, to są powody dlaczego jest tak dużo ludzi którzy chcą popełnić samobójstwo", albo "ta cała eutanazja, która psuje nasze społeczeństwo, bierze się z filmów takich jak ten". Tacy ludzie lubią zagarnąć cześć uwagi mediów dla siebie a nie ma nic prostszego niż atakowanie filmu czy osobistości. Albo kogoś takiego jak Clint, który ma duży dorobek."*[702]

Roger Ebert wspominał, że tego samego roku do Oskara były nominowane aż dwa filmy podejmujące kontrowersyjną tematykę, bo obok dzieła Eastwooda w kategorii najlepszy film zagraniczny pojawił się „W stronę morza" Alejandro Amenabara. Była to prawdziwa opowieść o sparaliżowanym pisarzu, który przez trzydzieści lat walczył z hiszpańskim rządem o to by mieć prawo umrzeć, nawet jeśli nie życzyli sobie tego najbliżsi mu ludzie. Ebert wspomniał, że w tym czasie jednym z największych hitów kinowych był kolejny film o pomaganiu w samobójstwie - "Pasja" Mela Gibsona - sugerując że eutanazja może stać się kolejnym modnym tematem filmów w Hollywood[703]. Tłumaczył jednak, że oczywiście Jezus poświęcał się dla większej sprawy, a ludzie którzy mu w tym pomagali podążali za rozkazami z góry, świadomie lub też nie. Jeszcze przed rozpoczęciem gali oskarowej pod budynkiem Kodaka aktywiści nosili tablice z napisami "nie dla zemsty Eastwooda"[704] odnosząc się do jego złej reputacji w środowisku niepełnosprawnych, a także przeciwko Ebertowi, który popularyzował – ich zdaniem – filmy o zabijaniu niepełnosprawnych. Najczęściej jednak używano słowa „zemsta" (wyrokiem sądu z 2000 r. Eastwood musiał dostosować swoją restaurację w Carmelu dla niepełnosprawnych).

Eastwood nie czuł potrzeby wyjaśniania kontrowersji: „*Wielu ludzi po obejrzeniu filmu sądziło że jestem za eutanazją. oczywiście że nie jestem. Ale dramat filmowy doprowadza nas do ostatecznej próby: co byśmy zrobili w tej sytuacji. Widzimy faceta który niszczy siebie i swoją duszę angażując się w to.*"[705] Ponieważ w filmie pojawia się postać księdza, któremu postać grana przez Eastwooda ciągle zadaje niewygodne pytania na temat wiary, reżyser był też oskarżany o krytykę katolicyzmu, choć nie identyfikował się z żadnym wyznaniem: „*Z całą pewnością nie odczuwam pokory przed jakimś wielkim Bogiem, a już zupełnie nie chcę mieć nic wspólnego z Kościołem. Ale odczuwam pokorę wobec piękna i wobec tego, że my, ludzie mamy zdolność rozpoznawania tego piękna. Co sprawia, ze wzruszam się do łez, słuchając Charlie'ego Parkera? Albo patrząc na Góry Skaliste? Czy stworzył je Bóg? Niech pan zapyta papieża, on na pewno to wie. Mnie jest wszystko jedno*"[706].

Co ciekawe Eastwood w swoim filmie, pomimo licznych afer krytykujących kler, przedstawia księdza w sposób bardzo przyzwoity jako dobrego człowieka. Grany przez Eastwooda Frankie codziennie rano chodzi na mszę i codziennie wieczorem się modli od 23 lat, w czym ojciec Horvak dopatruje się noszenie wielu win. A kiedy Frankie zwraca się do niego o poradę, ksiądz odpowiada nie w ortodoksyjny sposób zgodnie z doktryną kościoła, lecz zgodnie z własną mądrością, co Frankie przyjmuje na siebie. W programie Billa O'Reilly Eastwood odpowiadając na zarzuty o pranie mózgu przez przedstawianie racji dwóch stron mówił: „*Właściwie ksiądz ma rację. Gdy wypowiada swoje zdanie na temat eutanazji, mówi Frankiemu, że będzie zgubiony gdzieś głęboko wewnątrz samego siebie na zawsze. I ma absolutną rację.*"[707]

Nastawienie scenarzysty do postaci nie musiało być jednak chrześcijańskie. Paul Haggis lubił podejmować w swoich scenariuszach kontrowersyjne tematy czyniąc z dobrych bohaterów złoczyńców i odwrotnie (w „Mieście gniewu" policjant grany przez Matta Dillona molestuje kobietę w jednej scenie, a w innej ją ratuje z wypadku, w „W dolinie Elah" Tommy Lee Jones odkrywa że jego zmarły syn jako bohater wojenny prowadził sadystyczne tortury). W 2011 roku sensacją w Stanach było to, że Paul Haggis wystąpił z sekty Scjentologów. Mimo, że był mniej znanym członkiem sekty niż Tom Cruise czy John Travolta, przynależał do niej przez 35 lat. Nie przeszkadało mu to w pisaniu intrygujących scenariuszy (w swoim dorobku miał również udział w restarcie serii o Jamesie Bondzie), ale kiedy odkrył że sporo członków społeczności jest zmuszana do niewolniczej pracy na rzecz bogatszych współwyznawców uznał, że musi coś z tym zrobić[708].

Eastwood uważał, że to media źle postrzegają jego film, który jest historią sukcesu a nie opowieścią o eutanazji, dlatego dystansował się od działań swojego bohatera: *„W swoich filmach wysadzałem ludzi z magnum 44, ale to nie znaczy że uważam, że to jest dobry sposób postępowania w życiu."*[709] Variety, odnosząc się do tematyki i jego dokonań, napisało: *„pozostając na topie, gdy wielu jego rówieśników już dawno zawiesiło rękawice Eastwood kolejny raz nokautuje"*[710] O'Reilly pytał go jak się czuje z takim uwielbieniem okazywanym przez krytyków, którzy przez trzydzieści lat kariery nie mogli go znieść za zabijanie ludzi. Eastwood żartował: "*Cóż, byłem wtedy młodszy i ładniejszy. Łatwo nienawidzić takiego faceta.*[711]

"Za wszelką cenę" zdobyło Złoty Glob w kategorii najlepszy film, nagrodę za całokształt dokonań od Stowarzyszenia Amerykańskich Reżyserów, a także cztery Oskary: dla najlepszego filmu, reżysera, aktora drugoplanowego i aktorki. Eastwood zdobył również nominację dla najlepszego aktora, a po raz drugi otrzymał jednocześnie dwie nagrody jako producent i reżyser. Jako jedyny z pięciu nominowanych za najlepszą rolę grał postać fikcyjną (innymi nominowanymi byli aktorzy odgrywając Raya Charlesa, Howarda Hughesa, Jamesa Barrie, Paula Rusesabagina). Na gali wręczenia Oskarów Eastwood pojawił się ze swoją matką, której oficjalnie podziękował za dobre geny. W wieku 75 lat był w końcu najstarszym laureatem Oskara w historii. Rok później, w wieku 97 lat Francesca Ruth Wood zmarła. W wywiadzie dla GQ, które uznało go za Mężczyznę Roku Eastwood mówił niejako nawiązując do bohatera swojego filmu: *„Wiedziałem, że matka jest już w podeszłym wieku, więc spodziewałem się jej śmierci. Kiedy ktoś ma 97 lat zaczynasz się zastanawiać. Moje ostatnie słowa do niej brzmiały: Daj spokój. Jeszcze trzy lata i będziesz mieć duże stulecie. Ale ona tego nie chciała. Spytałem lekarza czy jest możliwość podtrzymania jej przy życiu, ale on odparł, że to ją jeszcze bardziej zdenerwuje. Więc uznałem, że nie mogę zmieniać jej życzeń.*[712] Ojciec Eastwooda zmarł w 1970 roku, a drugi mąż jego matki, John Belden Wood w lutym 2004 roku po 32 latach małżeństwa.

Pomimo słabego otwarcia film wkrótce stał się przebojem box-office'u. Miał duży ładunek emocjonalny a oskarowe zwycięstwo i kontrowersje wokół tematu tylko mu pomogły. „Za wszelką cenę" zarobiło ponad 216 milionów dolarów, z czego połowę poza Ameryką, a w Stanach był wyświetlany w kinach przez ponad pół roku. Haggis zauważył, że nie bez powodu film był przebojem: *„Jeśli kto inny reżyserowałby ten film, nie sądzę by zyskał tyle uwagi, bo w końcu to jest film o boksie. Film o kobiecym boksie, o dziewczynie która pod koniec postanawia umrzeć. Kto chciałby zobaczyć taki film? Ale wystarczy, że reżyserem jest Clint Eastwood i ludzie robią się bardzo ciekawi."*[713]

Z autorem „Za wszelką cenę" Eastwood pracował jeszcze dwukrotnie przy filmach wojennych o Iwo Jimie. Natomiast po wojennej dylogii kolejnym jego dziełem była „Oszukana" (inny film Universalu z

Eastwoodem z 1971 r. nosił tytuł "Oszukany"). Tytuł w oryginale nawiązywał do irlandziej baśni o potworze porywającym w nocy dzieci, zostawiającym na ich miejsce swoje potworki. Film podczas premierowego pokazie na festiwalu w Cannes nosił też chwilowo nazwę "The Exchange", lecz Eastwood uznał, że "Changeling" będzie bardziej odpowiedni.

„Oszukana" to historia oparta na faktach, która wydarzyła się w Los Angeles w latach dwudziestych. Christine Collins była matką samotnie wychowującą syna, który pewnego dnia zniknął. Kiedy policja znalazła dzieciaka i publicznie przekazała go matce, ta odkryła, że to nie jest jej syn. Policja, nie chcąc by podważano jej autorytet wsadziła ją nawet do domu dla psychicznie chorych. Ostatecznie przy pomocy radiowego pastora detektywi odkryli, że jej prawdziwy syn został zamordowany przez porywacza dzieci na farmie kurczaków. Dzieckiem, które podawało się za Waltera był 12-letni Arthur Hutchens, który chciał przyjechać do Hollywood mając nadzieję na spotkanie ulubionego aktora Toma Mixa. W przydrożnej kawiarni w Illinois, ktoś zwrócił uwagę, że chłopiec jest bardzo podobny do porwanego Waltera Collinsa z Los Angeles. Niedługo potem Hutchens zgłosił się na policję jako zaginiony Walter, zmuszając tym samym Christine Collins, aby zapłaciła za jego bilet do Los Angeles, a także zapewniła mu mieszkanie i wyżywienie. Jego działania zapoczątkowały łańcuch wydarzeń, które na zawsze zmieniły politykę władz Los Angeles.[714]

Historia była szeroko opisywana przez ówczesną prasę, lecz wkrótce pojawił się kryzys i Ameryka miała ważniejsze problemy. Scenariusz opowiada o losach silnej kobiety, która walczy o niezależnośc w społeczeństwie rządzonym przez mężczyzn i chyba to najbardziej ujęło Eastwooda by włączyć się w produkcję filmu. „*Mieszkałem krótko w Los Angeles przez rok na początku lat trzydziestych. Mój ojciec pracował wtedy na stacji, tam się urodziła moja siostra. Miasto było znacznie mniejsze, bez wieżowców. Największym budynkiem był ratusz."*[715] Zresztą historia przypominała „Za wszelką cenę", gdzie kobieta również kwestionowała reguły ustalone przez mężczyzn. Scenariusz przeczytał podczas lotu z berlińskiego festiwalu.

Pomysł na scenariusz powstał w latach siedemdziesiątych. J. Michael Straczynski dowiedział się, że miasto planuje zniszczyć dokumenty w sprawie porwania syna Collins, zawierające niebezpieczne informacje. Zaintrygowała go historia Chirstine Collins i zaczął szukać w aktach sądowych szczegóły sprawy. Później recenzent polskiej gazety "Co jest grane" przyznał filmowi jedynie trzy gwiazdki, gdyż cała historia wydawała mu się tak dziwaczna, że aż nieprawdopodobna i nie uwierzył w nią. Straczynski spędził kilkanaście miesięcy na przekopywaniu się przez policyjne notatki, artykuły prasowe i akta sądowe, gdyż również nie mógł uwierzyć w tamte wydarzenia. Na podstawie szerokiego researchu obejmującego 6000 stron dokumentów przygotował drobiazgowy scenariusz, którego pisanie zajęło mu rok. Eastwood wspomina: *„Wycinki z Los Angeles Times i The Herald z tamtych lat poprzypinał do odwrotnych stron scenariusza. Wyglądało na to, że był to bardzo okropny okres. Zrobił też wspaniałą rzecz ukazując opowieść kobiety jako przeciwniczki opowieści o zbrodni. Ludzie w tamtych czasach nie mieli telewizji i Internetu, więc nikt sobie nie wyobraża jak wiele spraw zostało zamiecionych pod stół"*[716]. W rezultacie film rozpoczyna się napisem "true story", zamiast "based on a true story".

Prawa do historii odnawiano kilka razy, ale film nigdy nie powstał. Straczynski po sukcesach w telewizji z serialem "Babylon V" napisał scenariusz na nowo i pokazał Ronowi Howardowi, który kręcił "Kod Da Vinci". Początkowo to on miał reżyserować, ale zaangażował się w realizację filmu "Frost/Nixon" i pozostał jedynie producentem "Oszukanej". Jego wspólnik Brian Grazer pokazał scenariusz Eastwoodowi. Był to pierwszy od ponad trzydziestu lat film Eastwooda produkowany dla wytwórni Universal, który po porażce finansowej filmów wojennych o Iwo Jimie zawiesił współpracę z Warnerem.

„Oszukana" w swym klimacie miała przypominać Złoty Okres Hollywood pokazany w takich filmach jak "Chinatown" czy "Tajemnice Los Angeles", gdzie również odkrywano mechanizmy korupcji. Eastwood mówił: *„Nie wierzę, by kiedykolwiek istniał złoty okres w Los Angeles. Na pewno nie dla tej kobiety"*[717]. Zachowanie policji pokazuje jak w tamtym okresie traktowano kobiety - jeśli ktoś był samotną matką nie był traktowany poważnie. Kiedy strażnik mówi do Christine: *Coś z tobą nie tak. Jesteś zbyt niezależna* – to wiemy, że nigdy by do tego nie doszło, gdyby żyła z ojcem dziecka. Eastwooda pociągała możliwość ukazania w swoim dziele silnej kobiety wzorem dawnych gwiazd filmowych: *„...filmy na których się wychowywałem miały bardzo silną prezencję kobiet – czy były to „Ich noce" czy „Przeminęło z wiatrem" – im bardziej silna postać kobieca tym lepsza przeciwwaga dla postaci męskiej. Pamiętam że w latach pięćdziesiątych był bardzo depresyjny okres dla kobiet. Były ukazywane jak dziewczyny z sąsiedztwa w kucykach i dżinsach i kompletnie bez ducha."*[718]

Ponieważ Los Angeles mocno zmieniło się od lat dwudziestych, zdjęcia kręcono w podmiejskich rejonach San Dimas, San Bernardino i w Pasadenie. Na potrzeby produkcji wyszukano przygotowano specjalne kostiumy z epoki oraz uliczki, na których rozłożono tory i wpuszczono zabytkowe tramwaje. By przyspieszyć tempo zdjęć Eastwood namówił Micheala Owensa by - podobnie jak przy „Sztandarze chwały" - użyć rotoskopii, zamiast blue-screenu, który jest trudny od oświetlenia i pochłania dużo czasu. Rotoskopii, która jest droższa od bluescreenu, można zaś używać już na etapie montażu, kiedy nie trzeba opłacać licznej ekipy. W postprodukcji dodano do obrazu generowane komputerowo tła, pojazdy, a nawet przechadzających się w dalekim planie cyfrowych statystów.

O główną rolę Christine Collins ubiegały się Hilary Swank i Reese Witherspoon jeszcze w momencie, kiedy film miał robić Ron Howard. To on zasugerował Eastwoodowi Angelinę Jolie, której uroda świetnie pasowałaby do tamtych czasów, a Eastwood się z nim zgodził: „*Bardzo ją lubiłem - lubiłem ją jako aktorkę i jako matkę, bardzo znaną matkę, ale zauważyłem, że chciałaby poznać więcej szczegółów na temat tej postaci.*"[719] Jolie początkowo była sceptycznie nastawiona: "*Czytając scenariusz chciałam się trzymać jak nadalej od tego, bo nie mogłam znieść myśli, że coś mogłoby się stać moim dzieciom. Nie chciałam tych scen. Ale nie mogłam ich zapomnieć. Zauważyłam, że sama zaczęłam rozmawiać o tym z ludźmi. W końcu szansa pracy z Clintem była czymś czego chciałam.*"[720]

Eastwood nie widział dla siebie roli, bo w końcu fabuła koncetrowała się na kobiecie. W roli pomagającego jej pastora zagrał John Malkovich, który wcześniej pojawił się w "Na linii ognia". Był to już trzeci film pod rząd, w którym Eastwood nie występował. Zamiast tego jego obecność można wyczuć poprzez skomponowane przez niego melodie. Zapytany dlaczego podjął się roli kompozytora mówił: „*Kiedy kręcimy, czasami słyszę w swojej głowie melodię, która może pasować do danej sceny. Poźniej piszę muzykę, kiedy montujemy film.*"[721] Kiedy indziej wspomniał: "*Wszystko co robię jako reżyser jest oparte na tym co wolę jako aktor*"[722]

Eastwood tłumaczył, że czasami - zamiast kręcić w tradycyjnym podejściu najpierw ujęcie sytuujące - woli kręcić najpierw zbliżenia i plany bliskie: „*... lubię rejestrować kiedy aktorzy nadal myślą i formułują w swoim umyśle odczucia, bo w końcy na czym polega aktorstwo? Próbujesz oddać wrażenie, że twoja natychmiastowa myśl przechodzi w natychmisatowy dialog i emocję, a kiedy masz to robić dwadzieścia razy, robi się to trudne. Oczywiście, aktor może to zrobić, posiada do tego niezbędne techniki by ciągle powtarzać, ale jakoś jest tam mały błysk, który sie w pewnym momencie traci.*"[723] Nie wahał się również pokazać sceny śmierci. „*Jeśli popierasz karę śmierci, Gordon Northcott* *byłby idealnym kandydatem. W doskonałym świecie kara śmierci byłaby odpowiednim rozwiązaniem dla takiego mordercy. Przynajmniej chciałbym w to wierzyć. Niezależnie od tego, czy jesteś za czy przeciw to musisz przyznać, że jest coś barbarzyńskiego w publicznych egzekucjach. (...) po takim spektaklu jaki spokój odnajdziesz? Dlatego chciałem nakręcić tę scenę z dużym realizmem."*[724]. Eastwood mógł się w ten sposób świadomie odnieść do egzekucji Saddama Husajna, która była szeroko prezentowana w mediach, ale też krytykowana jako niepotrzebna.

„Oszukana" pokazywała jak daleko media wspomagane przez skorumpowany rząd mogły manipulować historią, żeby pokazać obraz daleki od prawdy, chociażby fabrykując scenę spotkania matki z synem na dworcu kolejowym. Film zyskał bardzo pochlebne recenzje krytyków i startował w konkursie podczas festiwalu w Cannes. "Oszukana" nie dostała głównej nagrody być może dlatego, gdyż szefem jury był Sean Penn, który dostał Oskara za "Rzekę tajemnic". Eastwood komentował: *"Byłem szefem jury w 1994 roku i wiem jak wygląda ocenianie. Członkowie jury mają różne opinie i jest tam dwadzieścia filmów w konkursie. „Rzeka tajemnic" była bardzo dobrze przyjęta rok temu i to mi wystarczy. Jeśli "Oszukana" dostanie takie samo zainteresowanie będę szczęśliwy. Sprawa nagrody jest drugorzędna."*[725] Podczas festiwalu odbył się też pokaz specjalny odnowionej wersji „Brudnego Harry'ego" oraz projekcja filmu Richarda Schickela o historii studia Warner Bros. "You must remember this", którego Eastwood - ostatecznie został uhonorowany na festiwalu specjalnym wyróżnieniem - był narratorem i producentem.

Universal liczył, że ograniczona liczba projekcji spowoduje dużą popularność filmu poprzez pocztę pantoflową i odzew ze strony dojrzałych widzów spoza przedziału 18-25 lat. Jesienią „Oszukana" trafiła na Festiwal w Nowym Jorku, ale wtedy większą uwagę wzbudzał kolejny film Eastwooda „Gran Torino", którego produkcja trwała wyjątkowo krótko. Wielu wróżyło Eastwoodowi Oskary, szczególnie, że po dobrym przyjęciu przez krytyków szansę miał też "Gran Torino". Ostatecznie "Oszukana" była nominowana do Oskara za zdjęcia, scenografię i główną rolę dla Angeliny Jolie, lecz skończyło się na nominacjach. Nominację do Złotego Globu zyskała zaś muzyka Eastwooda do "Oszukanej". Film z budżetem 55 milionów dolarów zarobił łącznie 135, czego nikt prawie nie zauważył, bo w kinach wkrótce pojawił się jeden z najbardziej dochodowych filmów Eastwooda - "Gran Torino". Film ten okazał się na tyle popularny, że Eastwood trafił do dziesiątki najbardziej kasowych aktorów roku wg magazynu Forbes, i to w wieku 80 lat. Następnie wyreżyserował słabo przyjęty film biograficzny o Mandeli, a w 2010 roku sięgnął po nieznaną sobie tematykę życia po śmierci (producenci opisywali scenariusz go jako coś w stylu "Szóstego zmysłu") pod tytułem "Medium".

Scenariusz został napisany jako odreagowanie traumy po stracie bliskiego przyjaciela przez Petera Morgana, autora filmów „Królowa", „Frost/Nixon" i „Ostatni król Szkocji". Był to jego pierwszy tak osobisty i pozbawiony polityki tekst, który też nie wyrokował większych nadziei. Była to historia trójki bohaterów z różnych części świata, którzy chcą się dowiedzieć czy istnieje życie po śmierci. Za najbardziej tajemniczą uchodzi postać grana przez Matta Damona, gdyż jest pracownikiem fabryki mającym zdolność widzenia umarłych. Drugi wątek dotyczy francuskiej dziennikarki, która przeżyła tsunami i niemal zetknęła się ze śmiercią. Akcja trzeciego równoległego wątku rozgrywa się w Londynie, gdzie dwunastolatek traci swego brata bliźniaka w zamachu terrorystycznym i próbuje szukać z nim jakiegokolwiek kontaktu w zaświatach.

Eastwood już kilkakrotnie dotykał tematów mistycznych jako reżyser a w jego filmach pojawiały się duchy i istoty z zaświatów. W 1972 roku grał tytułowego „Mściciela", który rzekomo z zaświatów przybył dokonać zemsty na mieszkańcach małego miasteczka na Dzikim Zachodzie za zlinczowanie szeryfa (co było nawiązaniem do klasyka „W samo południe"). W „Niesamowitym jeźdźcu" grał pastora, który dzięki biblii i rewolwerowi pomaga pewnej rodzinie w walce z właścicielem kopalni złota. I o ile gatunkowy płaszczyk westernu dobrze służyło tym historiom, to już zajmowanie się tematyką stricte spirytystyczną prowadziło publiczność do zakłopotania. W 1986 r. wyreżyserował dla Spielberga jeden ze słabszych odcinków miniserialu „Niesamowite opowieści". Harvey Keitel grał tam malarza, który po stracie żony nie może odnaleźć się w życiu. Dopiero kiedy tworzy jej portrety, ona za sprawą tajemniczej siły ożywa. Również film „Północ w ogrodzie dobra i zła", gdzie reżyser portretował barwną społeczność Savannah i kult voodoo, wzbudzał mieszane uczucia.

Eastwood od lat uważa się za agnostyka, który woli skupiać się na sprawach doczesnych. *"Nie mógłbym uwierzyć, że Bóg jest wielkim sadystą na niebie, który czerpie przyjemność z tego, że jak się coś schrzani to on go ukarze. To jest sposób trzymania ludzi w ryzach."*[726] Sformalizowana religia nigdy nie była mu czymś bliskim. Jego rodzice byli protestantami, ale należeli do różnych odłamów. *"Kiedy mieszkaliśmy w Redding, chodziliśmy do kościoła metodystów, w Oakland do prezbiteriańskiego. Przez jakiś czas mieszkałem z babcią w Hayward bo rodzice jeździli za pracą, a w tamtym czasie nie było zasiłków dla bezrobotnych więc miałem duże rozbicie."*[727]

Peter Morgan licząc na jakąś reakcję przesłał scenariusz do swojego agenta, który przekazał go do Kathleen Kennedy. Widząc podobieństwo do "Szóstego zmysłu" przekazała go M. Night Shyamalanowi, a kiedy rozmawiała z nim przez telefon na planie czwartej odsłony "Indiany Jonesa" projektem zainteresował się Spielberg, który przeczytał uważnie tekst sugerując kilka poprawek. Później uznał, że jego poprawki zepsuły jednak scenariusz i postanowił pokazać go

Eastwoodowi. Jemu spodobał się sposób w jaki Peter Morgan włączył w fikcyjną historię prawdziwe wydarzenia jak tsunami z 2004 roku na Oceanie Indyjskim czy zamach terrorystyczny w Londynie.

Do "Medium" Eastwood po raz drugi po "Invictusie - Niepokonanym" zaangażował Matta Damona. Początkowy grafik zdjęć kolidował z grafikiem Damona, który sugerował reżyserowi, żeby zaangażował Christiana Bale'a, Caseya Afflecka, Haydena Christensena lub Josha Brolina. Zamiast tego Eastwood tak zmienił harmonogram, że Damon kręcił swoje zdjęcia w dwóch odstępach czasowych i nie kolidowało to z „Władcami umysłów". *„Matt jest klejnotem pracy. Wielu innych liczyłoby strony w scenariuszu i patrzyło na to w ten sposób: cóż, są tu trzy historie a ja jestem tylko w jednej z nich. On widział wartość całego projektu, sam jest scenarzystą i naprawdę lubił tą historię."*[728] Chociaż postać Damona jest pracownikiem fabryki z Chicago, sceny kręcono w San Francisco z praktycznych powodów takich jak pogoda w styczniu, a także bliskość lokacji. Resztę zdjęć kręcono m.in. w Alpach, na Hawajach i w Londynie.

Zgodnie z hitchcockowską zasadą film zaczyna od czegoś w stylu trzesięnia ziemi, a właściwie ataku tsunami. Pierwsza sekwencja rzeczywiście robi wrażenie, lecz później pojawia się wrażenie, jakby była wmontowana z innej produkcji. Eastwood stopniowo buduje napięcie niespiesznie prowadząc do wyjaśnienia relacji między trójką oddalonych od siebie bohaterów. Cała sekwencja, w której grana przez Cecile de France dziennikarka spaceruje po plaży i zostaje zaatakowana przez fale, miała trwać w filmie dziewięć minut. Jak zwykle zajmował się nią Michael Owens, który pracował już przy "Kosmicznych kowbojach" i "Listach z Iwo Jimy". Owens pomógł rozpisać, które ujęcia trzeba nakręcić na żywo, a które można wygenerować komputerowo. Zdjęcia kręcono w olbrzymim zbiorniku wodnym, w którym ekipa była zanurzona po szyję w wodzie. Tło dograno na specjalnie ucharakteryzowanej plaży Maui. Dzięki firmie

Scanline można było ustawiać parametry symulacji wody z oceanu na bazie klatek kluczowych, zamiast zdawać się na przypadkowość praw fizyki. Reżyser mógł więc interaktywnie ustawiać ruch i kierunek fal, które zalewały filmową rzeczywistość. Efekty CGI z wodą są zawsze trudne do zrealizowania, a w tym wypadku ekipa nie dysponowała gotowymi materiałami. Rozrysowując szczegółowy plan i każde ujęcie oparto się na amatorskich nagraniach z Tajlandii z 2004 r., bo CGI - jak mówił Owens - może być najdroższą rzeczą na świecie, jeśli się jej odpowiednio nie przygotuje. W sekwencji pojawili się też statyści, ale ich nagranie "na żywo" zostało zastąpione przez cyfrowych dublerów, co umożliwiło lepszą interakcję z falami wody. Najtrudniejsze w przechwytywniu obrazu było poradzenie sobie z tym, jak dana osoba się zachowuje podczas pływania, jeśli właściwie nie znajduje się w wodzie. Jak przyznaje Eastwood, praca nad sekwencją otwierającą przypominała układankę do której ciągle dokładało się nowe elementy. Scanline dodała też do filmu efekty, które sugerowały obecność duchów w poszczególnych scenach: *"Rozmawiałem z wieloma ludźmi, którzy twierdzili że mieli doświadczenia śmierci i obrazowali to w bardzo podobny sposób, ale sam nie wiem... trzeba samemu pomyśleć jak to może wyglądać, trzeba to stworzyć w swojej wyobraźni."*[729]

Peter Morgan widział w filmie raczej historię przypominającą "Bezsenność w Seatlle", gdzie mężczyzna i kobieta na dwóch końcach świata zostają połączeni poprzez niezwykłe okoliczności. Jako ateista wolał zostawić domniemanie życia pośmiertnego widowni, podczas gdy Eastwood wprowadził do filmu cieniste postacie w białym świetle. Po premierze Eastwood mówił: *"Nie wiem czy film zmienił mój sposób patrzenia na to czy istnieje życie po śmierci czy nie. Ale na pewno mnie uświadomiło, że jest wiele ludzi którzy w to wierzą. Niemal każda religia podchwyciła tą myśl, i nie wiem czy jest to z powodu ludzkiego pragnienia życia po śmierci. Jest to pewien rodzaj fantazji ponieważ nie chcemy, żeby nasz pociąg się zatrzymał."*[730]

Eastwood odnalazł w tej trójwątkowej opowieści nawiązanie do europejskiej tradycji nowel filmowych, nazywając „Medium": "*czymś w stylu wielu francuskich filmów, które powstawały w przeszłości, gdzie historie nakładają się na siebie, a przeznaczenie prowadzi każdą z osób do drugiej*"[731]. Stąd też może nasuwa się skojarzenie z dziełami Kieślowskiego, gdzie Matt Damon jako pracownik fabryki ma przemyślenia dotyczące przeznaczenia i tajemnicy łączenia się dusz, a postać reporterki grana przez Cecile de France (również ma na imię Marie) widzi swoje plakaty w Paryżu, zupełnie jak Irene Jacob w „Czerwonym". Irocznie, 15 lat wcześniej Eastwood jako szef jury w Cannes nie przyznał Złotej Palmy Kieślowskiemu tłumacząc, że nie rozumie europejskiego kina. Podjęcie w „Medium" tematu życia po śmierci mogłoby być odczytywane jako osobista refleksja nad egzystencją, bo Eastwood osiągnął wiek, kiedy większość myśli o nieuchronnej śmierci. Ale nie on. Jeśli co roku nie nakręci jednego filmu, w następnym kręci dwa. W jednym z telewizyjnych programów gośćmi byli Matt Damon i Eastwood, który mówił: "*Próbuję robić różne rzeczy na tym etapie życia. Robiłem sequele, robiłem dużo filmów gdy byłem młodszy i to było zabawne, ale to już nie dla mnie.*" "*Porno!*" - proponował Matt Damon. Zawsze opanowany z uśmiechem odparł "*Dla mnie już trochę za późno*".[732]

Film o 50 milionowym budżecie zarobił 105 milionów. Eastwood nieszczególnie dbał o to, co widzowie pomyślą o filmie. Twierdził, że zawsze zaskakuje go odbiór publiczności. "*Teraz dzieciaki nie potrafią pójść nigdzie bez swoich Blackberrich pisząc smsy. Jeśli ludzie pójdą na ten film, będą musieli się w niego zanurzyć. Jeśli nie, będą musieli zobaczyć coś innego.*"[733] "Medium" był pokazywany na festiwalu w Toronto i w Nowym Jorku, gdzie wzbudził mieszane reakcje. W październiku 2010 trafił do dystrybucji kinowej. Był to jego pierwszy od ośmiu lat film, który nie zdobył żadnej nominacji do Oskara.

W 1963 roku wydano długogrającą płytę "Rawhide's Clint Eastwood Sings Cowboy Favorites", na której znalazło się aż dwanaście utworów w jego wykonaniu. Niemal pięćdziesiąt lat później, kiedy aktor gościł w telewizyjnym show Jaya Leno dowcipny prezenter przypomniał mu o dawno zapomnianych nagraniach wyjmując okładkę płyty z jego podobizną. Eastwood zarzekał się, że to jego syn, Kyle - nota bene, muzyk jazzowy. Wątpliwości rozwiało odtworzenie płyty, do której Eastwood zanucił w końcu zapamiętane słowa ku wielkiemu aplazuowi widowni.

Rok wcześniej, Eastwood wręczał specjalnego Oskara dla Ennio Morricone za całokształt twórczości. Morricone skomponował muzykę do pięciu filmów z Eastwoodem począwszy od "Za garśc dolarów" a skończywszy na "Na linii ognia". Podczas ceremonii, gdy Morricone wygłaszał swą przemowę po włosku, Eastwood tłumaczył ją na angielski (czytając oczywiście z telepromtera). 2007 rok pod względem muzyki był dla Eastwooda bardzo obfity. Otrzymał doktorat honorowy Uniwersytetu w Berkeley podczas Monterrey Jazz Festival za osiągnięcia na polu muzyki (zamierzał studiować muzykę na uniwersytecie w Seattle, lecz został powołany do wojska). Być może jest to jedno z najważniejszych wyróżnień w jego karierze biorąc pod uwagę jego wkład w rozwój muzyki.

W sierpniu skomponował muzykę do "Grace odeszła", filmu którego nie reżyserował, ani nie produkował. Zagrał tm znany z "Północy w ogrodzie dobra i zła" John Cusack. Bohaterem "Grace odeszła" jest grany przez niego ojciec dwóch córek, którego żona została zabita podczas pełenienia służby w Iraku. Nie wiedząc jak opowiedzieć dzieciom o stracie zabiera je w długą podróż samochodem. Historię początkowo miał reżyserować Rob Reiner, ale kiedy z nieznanych przyczyn odszedł w czasie preprodukcji jego miejsce zajął scenarzysta James C. Strouse. Film trafił na festiwal Sundance, zdobył nagrodę publiczności i za scenariusz oraz został zakupiony za 4 miliony dolarów przez Harveya Weinsteina, który odszedł z Miramaxu. Oryginalną muzykę napisał Max Richter, która była obecna w filmie aż do czasu premiery. Richter był debiutantem, którego muzykę dotąd można było usłyszeć w "Stranger Than Fiction". Co ciekawe, film miał okazję zobaczyć Clint Eastwood, któremu tak się spodobał, że zaoferował sie napisać nową ścieżkę dźwiękową! Być może oryginalna nie wydawała mu się dość dobra, ale jak dotąd Eastwood nie pisywał muzyki do nie swoich filmów. Szczególnie, że oferował swą usługą początkującemu twórcy niezależnemu. Powstał w ten sposób też tytułowy utwór "Grace is Gone" - bluesowa ballada wykonana przez Jamiego Culluma. Słowa napisała Carole Bayer Sager a muzykę Clint Eastwood. Utwór ten zdobył statuetkę Satellite Awards dla najlepszej piosenki, był też nominowany do Złotego Globu, a Eastwood zyskał nominację za najlepszą ścieżkę dźwiękową. Były to dwie jedyne nominacje filmu Strouse'a do tej nagrody.

W 2007 roku wyprodukował kolejny jazzowy dokument Bruce'a Rickera. "Tony Bennett: The Music Never Ends" poświęcony legendzie piosenkarzy. Wśród wywiadów pojawiły się rozmowy z takimi filmowcami jak Martin Scorsese, Mel Brooks, i Alec Baldwin. Narratorem był Anthony Hopkins. W specjalnym wydaniu na dvd dołączono występ Bennetta na Monterey Jazz Festival z 2005 roku oraz ponadpółgodzinną rozmowa Bennetta z Eastwoodem. Do jednych z ulubionych tekściarzy Bennetta należał Johnny Mercer, który napisał dla niego 42 piosenki i stał się bohaterem kolejnego filmu Eastwooda dwa lata później. Z okazji stulecia urodzin artysty na zamówienie stacji PBS powstał dokument "Johnny Mercer: The Dream's on Me" - biografia autora przebojów dla takich artystów jak: Ella Fitzgerald, Fred Astaire, Frank Sinatra, Duke Ellington, Dinah Shore, Barbra Streisand, Rosemary Clooney, Tony Bennett, Nat King Cole, czy Audrey Hepburn. Mercer był mocno związany z Hollywood, musicalami i radiem, co okazało się bardzo przydatne w produkcji. Eastwood mówił: "*Wiele z tego co można zrobić w filmie dokumentalnym jest dyktowane materiałem archiwalnym. A Mercer często występował w telewizji i był fascynującym facetem*".[734] Dziesięć lat wcześniej Eastwood kręcił "Północ w ogrodzie dobra i zła" w domu Mercera w Savannah, wybudowanym przez jego dziadka. Zresztą Eastwood go uwielbiał bo album z tego filmu poświęcony jest Mercerowi, a składa się na niego 14 utworów artysty wykonanych przez współczesnych muzyków sceny jazz i pop. W dokumencie Bruce'a Rickera pojawiają się wyrażając hołd dla artysty Bono, Jamie Cullum, Blake Edwards czy John Williams w rozmowie z Eastwoodem. Co więcej, utwór "Moon River" w filmie śpiewa jego córka, Morgan Eastwood (zagrała już mały epizod w "Za wszelką cenę"), a akompaniuje jej przyrodni brat, Kyle. Było to bardzo rodzinne granie w nomen omen Hali dźwiękowej im. Eastwooda. Na tym jednak nie kończyły się muzyczne fascynacje Eastwooda.

W kolejnym roku Eastwood produkuje jeszcze jeden film Rickera "Dave Brubeck: In His Own Sweet Way". Bohaterem jest muzyk jazzowy i kompozytor Dave Brubeck, a film dokumentuje początki jego kariery oraz jego ostatnią pracę nad Cannery Row Suite od momentu prób aż po finałowe wykonanie na Monterey Jazz Festival. W chwili tworzenia filmu Brubeck miał 90 lat. Kiedy się urodził, Louis Armstrong nie zdążył jeszcze uformować swojej grupy Hot Five, Duke Ellington wciąż był nieznanym muzykiem, a Charlie Parker miał trzy miesiące. Brubeck czasem nie dowierzając jak duży kawał historii muzyki stanowi zauważył: *„Mam plakat z Columbia Records na którym są Miles Davis, Charlie Mingus, Ellington, Count Basie – wszyscy z tego plakatu nie żyją. Tylko ja zostałem."*[735] Oprócz zrobienia tego dokumentu Eastwood dołączył do specjalnej rady programowej do której należą też George Lucas, Quincy Jones, Sting i Yo-Yo Ma. Jej członkowie chcą wzbudzić świadomość o Brubeck Institute i spuściźnie artysty oraz jego muzyki.

Nic dziwnego, że zamiłowanie do muzyki przejął jego syn Eastwooda. Kyle miał jakieś siedem lat, gdy ojciec zabrał go po raz pierwszy na Monterey Jazz Festival: "*Muzyka zawsze była ważna w mojej rodzinie. Rodzice dali mi poczucie smaku do muzyki i miłość do jazzu od najmłodszych lat.*"[736] W 1982 roku musiał nauczyć się paru chwytów gitarowych do filmu "Honkytonk man", w którym występował wraz z ojcem. Od tamtej pory nie rozstawał się z gitarą. Już w wieku osiemnastu lat eksperymentował z gitarą elektryczną urządzając jamsessions z kolegami ze szkoły średniej i próbując powtarzać przeboje Led Zeppelin. Dzięki pomocy przyjaciół ojca zapoznał się też z jazzem. Poznał takich artystów jak Ray Brown, John Clayton, Dizzy Gillespie, Stan Getz, Buddy Rich, Ella Fitzgerald, Sarah Vaughan. Mógł też wiele się od nich nauczyć, jak podczas realizacji filmu "Bird", gdzie kompozytorem był Lennie Niehaus. Jeden z jego pierwszych utworów "Red Zone" znalazł się w filmie "Żółtodziób". Kyle przez dwa lata studiował filmoznawstwo, ale zrezygnował z kariery filmowej i postanowił skupić się na muzyce. Został muzykiem sesyjnym i założył Kyle Eastwood Quartet. W 1998 roku wytwórnia Sony wydała jego pierwszy album "From There To Here". Od tamtej pory wydał jeszcze trzy albumy, na jednym z nich w piosence "Paris Blue" pojawiła się jego dziewięcioletnia córka Graylen, a w utworze "Big Noise" słychać pogwizdującego ojca.

Karierę filmową próbowała za to robić córka Eastwooda Alison, która grała u niego wcześniej w filmach „Lina" i „Północ w ogrodzie dobra i zła". W 2008 odbyła się premiera debiutu reżyserskiego Alison Eastwood „Rails & Ties", gdzie wystąpili Marcia Gay Harden i Kevin Bacon (grali też w "Rzece tajemnic"). I chociaż nie był to film produkowany przez Eastwooda, w skład ekipy wchodzili stali współpracownicy Eastwooda, a muzykę do napisał brat reżyserki, Kyle, który często pisał ścieżki dźwiękowe do filmów ojca.

Często filmy Eastwooda toczą się dwadzieścia parę minut bez muzyki. Sam nie przepada za ścieżkami dźwiękowymi w stylu Johna Williamsa, które trwają niemal tyle samo czasu co całe filmy, dyktując właściwy odbiór emocjonalny: "*Muzyka powinna rozszerzać dramaturgię, niezależnie od tego, powinna być bardzo subtelna. Widziałem wiele filmów, gdzie pojawia się muzyka w momentach, kiedy wolałbym ciszę.*"[737] Eastwood uważa, że jeśli gra aktorska jest dobra i się sprawdza, nie trzeba muzyki. Ma duże zamiłowanie dla wielu klasycznych kompozytorów jak Brahms, Wagner, Beethoven czy Chopin: "*Wiele kawałków które napisałem jest bardzo szopenowskich. Myślę, że to jeden z najbardziej inspirujących mnie kompozytorów.*"[738]. W wywiadzie dla Vanity Fair mówił, że gdy podróżuje często zabiera ze sobą elektryczne pianino: "*Zazwyczaj gram każdego dnia. Zazwyczaj codziennie piszę coś nowego. Nie gram po to, żeby wykonywać muzykę na żywo, ale myślę, że mógłbym podciągnąć pewne rzeczy gdybym musiał. Zazwyczaj robię to tylko dla swojej satysfakcji i zebrania materiału.*" [739] Biorąc pod uwagę liczne wyróżnienia za jego kompozycje i zaangażowanie w popularyzację jazzu można się spodziewać autorskiej płyty z kompozycjami Eastwooda.

Tuż po premierze "Medium" Eastwood rozpoczął pracę nad biografią J. Edgara Hoovera, w którego wcielił się Leonardo Di Caprio, a parę miesięcy później media ujawniły, że Eastwood będzie kręcił z Beyonce kolejną wersję musicalu "Narodziny gwiazdy". Skąd na to bierze siły po przekroczeniu osiemdziesiątki? Dwa razy dziennie przez dwadzieścia minut medytuje - jego przygoda z TM (medytacja trasncendentalna) rozpoczęła się jeszcze w 1970 roku. To mu pomaga pozbierać myśli. W wywiadzie dla GQ mówił: „*Medytacja daje mi tylko siłę polegania na sobie samym. Uprawiam ją od czterdziestu lat. Ale nie wychodzę z nią i nie sprzedaję jej innym. Dużo ludzi szuka znaczenia w inny sposób, krzycząc na uliczy czy cokolwiek co mu odpowiada. Albo podrywając dziewczyny*"[740]

Kiedy pracuje, rano wizualizuje sekwencje, które ma do nakręcenia. Nikt nie zna jego telefonu, nawet on sam. „*Używam telefonu tylko wtedy, kiedy potrzebuję do kogoś zadzwonić. Potem go wyłączam... to bardzo ekonomiczne dla baterii*"[741]

Jest zadowolony, że jego żona nawiązała świetny kontakt z jego byłymi partnerkami: „*Nie ma żadnych pretensji do moich poprzednich związków. Przyjaźni się z każdym co pozwala utrzymać tą dysfunkcyjną rodzinę razem.*[742]" Kiedy Frances Fisher, jego była partnerka, sparzyła się podczas pożaru w Kanadzie w 2001 roku, Eastwoodowie polecieli tam od razu i przewieźli ją do szpitala. Wdzięczny za swój los Eastwood nie zamierza marnować swojego życia i ma w planach dalsze projekty. Nie przejmuje się krytyką, gdyż jak sam mówi: „*Nawet ludzie, którzy mówią o tobie dobrze mogą być w błędzie.*"[743]

Czy kiedyś

natknęliście się na kogoś z

kim lepiej

nie zadzierać?

To właśnie ja.

„Gran Torino"

(2008)

Wojna i Polityka

Sztandar chwały - Listy z Iwo Jimy

Gran Torino

Invictus-Niepokonany - J. Edgar

11 września 2001 roku miał miejsce pamiętny terrorystyczny zamach na Amerykę. Cały świat zjednoczył się w wojnie z terroryzmem. W hołdzie dla nowojorskich ofiar wielu artystów wystąpiło podczas America: Tribute to Heroes ze swoimi występami i przemówieniami. Byli wśród nich Willie Nelson, Muhhamad Ali oraz Clint Eastwood. Program był transmitowany do 210 krajów świata, a spotkanie otwierali Tom Hanks i Steven Spielberg. Celine Dion zaśpiewała "God Bless America". Eastwood w swym przemówieniu powiedział: "*Cele zamachowców były nie tylko symbolami Ameryki, ale były jej duchem, a ich ofiarami jest nasze 300 milionów narodu. (...) Terroryści postrzegali nas jako naród strachliwy, wątpliwy i skory do wycofania się. Zostawili nas zranionymi, ale odzyskamy siłę i powstaniemy, nie ulegniemy im. Terroryści chcieli 300 milionów ofiar, ale zyskali 300 milionów bohaterów.*"[744]

Eastwood nigdy nie przepadał za polityką. Pierwszy raz głosował podczas wojny w Korei na Eisenhowera, który był dla Amerykanów bohaterem II wojny światowej. Dlatego Eastwood został Republikaniniem. Później wspierał rząd Nixona będąc w jego radzie artystycznej, ale zdarzało mu się też popierać Demokratów. Był też blisko zaprzyjaźniony z prezydentem Reaganem, dawnym aktorem. W czasie jego prezydentury często wymieniali ze sobą telefony. Zresztą to za sugestią Reagana Eastwood zgodził się kandydować na burmistrza Carmelu, i pełnił ten urząd przez dwa lata. Nie zamierzał jednak brnąć dalej w politykę tak jak inny jego przyjaciel Arnold Schwarzenegger, który w latach 2003-2011 był popierającym politykę Busha gubernatorem Kalifornii.

Ówczesna ekipa prezydencka była bardzo krytykowana, m.in. przez lewicującego Michaela Moore'a. Eastwood był przeciwny prowokacjom jakich dopuszczał się Moore, który poszedł do domu Charltona Hestona i robiąc z nim wywiad ukazał go w niekorzystnym świetle. Eastwood powiedział, że on na miejscu Hestona zastrzeliłby Moore'a. Niemniej nie popierał działań bushowskiej administracji, która postanowiła najechać Afganistan, a później Irak. "*Nie rozumiałem dlaczego dokonaliśmy inwazji i nadal nie rozmiem. (...) Chcę, żeby amerykańscy i brytyjscy żołnierze odnieśli sukces, ale Afganistan zawsze był trudny. Rosjanie, którzy żyją z nim po sąsiedzku nie odnieśli zwycięstwa, więc co my tam robimy.*"[745] Sean Penn w ramach pacyfistycznej misji zgodził się pojechać do Bagdadu na spotkanie z Saddamem. Eastwood oświadczył, że go popiera i gdyby sam był młodszy pojechałby z nim. Zamiast tego nakręcił antywojenny film "Sztandar chwały", o którym powiedział: „*Jest to patriotyczna opowieść o pokoleniu, któremu przyszło składać największą ofiarę dla kraju. Jak widzowie to przyjmą, to zależy tylko od nich. Ważne jest by poznać tamto pokolenie. Ono... obecnie od wielu lat żyjemy w tym kraju we względnym komforcie, ale w okresie II wojny światowej kraj wydobył się z Kryzysu. Okres Wielkiego Kryzysu nie był najłatwiejszy dla Amerykanów.*"[746]

Kiedy w 2004 roku Eastwood świętował zdobycie Oskarów przez Seana Penna i Tima Robbinsa, podszedł do niego Steven Spielberg z ofertą nie do odrzucenia. Spielberg, który przyjaźnił się z Eastwoodem od ponad trzydziestu lat, zaproponował mu realizację filmu wojennego o Iwo Jimie, którego sam nie chciał robić żeby się nie powtarzać po „Szeregowcu Ryanie" i serialu „Kompania braci". Spielberg miał go wyprodukować i początkowo zaangażował się do prac nad scenariuszem Williama Broylesa. Jednak przeniesienie ponad 500-stronicowej książki na scenariusz nie było łatwym zadaniem. Książka opowiadała historię chronologicznie: najpierw o doświadczeniach żołnierzy podczas wojny, a następnie o podróży przez Stany w celu zbierania pieniędzy na obligacje wojenne. Eastwood mówi: „*Byłem dzieckiem, kiedy trwała bitwa o Iwo Jimę. Pamiętam o akcji zbierania pieniędzy i potrzebie wysiłku dla wojny. Wtedy ludzie byli tuż po Wielkim Kryzysie, byli przyzwyczajeni do pracy za nic.*" [747]

Spielbergowi nie podobał się tekst Broylesa, więc Eastwood zaproponował Paula Haggisa., który wcześniej pracował przy „Za wszelką cenę". W latach czterdziestych powstał dość propagandowy film „Piaski z Iwo Jimy", gdzie główną rolę grał John Wayne, który podtrzymywał w nim amerykańskie status quo, a Eastwoodowi w swym dziele zależało na ukazaniu tragedii wojny. Zresztą zawsze w swych filmach zajmował stanowisko przeciwne Wayne'owi. Haggis wspomina: „*Clint od początku mówił, że nie chce w filmie niczego w stylu 'zabijmy jeszcze więcej Azjatów' Johna Wayne'a*". [748] Podczas prac nad scenariuszem Eastwood był czasie zajęty zdjęciami do swego kolejnego oskarowego hitu, „Za wszelką cenę". Producent Robert Lorenz mówił: „*.Pamiętam bal gubernatorski po Oskarach w 2004 kiedy „Rzeka tajemnic" dostała nominację. A byliśmy w fazie preproduckji „Za wszelką cenę". Clint powiedział mi ze Steven zaoferował mu reżyserię. Pamiętam jego uśmiech. Powiedział: duża sprawa, bardzo duża. Zaczęliśmy nad tym pracować jeszcze w trakcie „Za wszelką cenę"*[749]. W sumie rozwijanie scenariusza zajęło dwa lata i zaowocowało aż czterema wersjami.

Eastwood do filmu zaangażował mało znane twarze, gdyż żołnierze którzy brali udział w inwazji mieli średnio po 19 lat i aktorzy ich odtwarzający powinni być równie nieznani publiczności. W obsadzie znaleźli się: Ryan Phillippe - wystąpił wcześniej w „Mieście gniewu" Haggisa, Barry Pepper - grał w „Trzech pogrzebach Melquiadesa Estrady" Tommy'ego Lee Jonesa, a Adam Beach, który wcielił się rolę Iry Hayesa, wystąpił wcześniej w „Szyfrach wojny". Historia Hayesa była już tematem filmu „Outsider" z Tony Curtisem, a Eastwood postanowił wziąć do filmu Adama Beacha bo był prawdziwym Indianinem. Zresztą był to jeden z niewielu filmów, gdzie Indianin miał do zagrania prawdziwe i uniwersalne ludzkie emocje zamiast stoickiego spokoju o czym wspominał Beach w dokumencie „Reel Injun". Dla Eastwooda ważna była istota bohaterstwa: *„Bardzo ważny w tym filmie jest aspekt heroizmu i to co go kształtuje, bo w obecnych czasach każdy jest uważany za bohatera. W latach czterdziestych żyli ludzie, którzy dokonywali nadzwyczajnych rzeczy. Kiedy dorastałem sam szukałem bohaterów. Byli to Patton, Eisenhower, ale też kilku aktorów. Teraz ludzie są gwiazdami tylko dlatego że są jakimiś spadkobiercami."*[750]

Film miał budżet 55 milionów dolarów i była to jak dotąd największa produkcja Eastwooda biorąc pod uwagę jej rozmach. Reżyser miał luźny pomysł, żeby na potrzeby filmu najechać ponownie wyspę, szczególnie że gubernator Iwo Jimy zarządzający nią z Tokio był filmowcem i też coś pisał. Zgodził się na zdjęcia, choć uznano, że lepiej będzie kręcić na Islandii, która przypominała wyglądem Iwo Jimę, a było tam więcej możliwości manewru (Iwo Jima od czasu wojny stanowił pamiątkę po bohaterskiej śmierci i była ziemią uznawaną za świętą). Robotnicy spędzili dwa tygodnie kopiąc w złożach piasku na Islandii i rozkopując wydmy żeby przenieść cztery miliony metrów sześciennych czarnego piasku na wysokość 5 metrów i 230 szerokości co miało stworzyć płaskowyż.

Ekipa przez dwa dni ćwiczyła z 500 statystami. Do filmu zaangażowano wojskowego konsultanta technicznego z marines Jima Devera, który zajmował się zawodowo tym fachem od 15 lat, a wcześniej pracował przy „Wzgórzu złamanych serc". Większość aktorów po raz pierwszy przechodziło taką musztrę pod obstrzałem. Grający sierżanta Mike'a Stranka (który brał udział w kilku kampaniach wcześniej) Barry Pepper, grał wcześniej w „Szeregowcu Ryanie". Był zatem w pewnym sensie - podobnie jak odtwarzana przez niego postać - weteranem posiadającym wojenne doświadczenie filmowe, i uczył młodszych kolegów jak mają się zachowywać na polu bitwy.

By ułatwić zdjęcia Eastwood wyposażył część statystów w cyfrowe kamery umieszczone w ładownicach. Miały one zebrać dodatkowy subiektywny materiał filmowany „od środka" akcji. Eastwood powiedział statystom, żeby nosili je nie poświęcając im dużej uwagi. Gdyby w pobliżu nastąpiła jakaś eksplozja mogli je porzucić. Kamery były wodoodporne, więc spokojnie mogły wylądować w wodzie. Nie tłumaczył statystom czemu mają nosić ładownice, bo nie chciał żeby świadomie planowali, co mają kręcić zamiast grać. Poza tym cała ekipa została ubrana w mundury wojskowe z epoki, lecz nie tylko po to, by poczuć klimat filmu, lecz na wypadek, gdyby zostali przypadkowo sfilmowani przez inne kamery.

Ponieważ budżet nie pozwalał na rozbudowane efekty specjalne na planie, postanowiono użyć techniki CGI. Michael Owens wspomina: *„Clint był przekonany, że kręcenie na niebieskim tle w połączeniu z efektami wizualnymi do pewnego stopnia pozbawi film spontaniczności i tonacji prawdziwego planu. Przeszkadzalibyśmy Tomowi i Clintowi w ich stylu zdjęć, co byłoby dużą przeszkodą w możliwościach manewru"*[751] Użyto więc rotoskopii, która jest bardziej pracochłonna, ale przynosi lepsze efekty. Żeby wiedzieć gdzie się co znajduje na planie i jednocześnie w środowisku graficznym 3d na ekranie komputera, na planie umieszczono znaczniki w kształcie słupków ustawione w równej odległości od siebie. To pozwalało dokładnie określić odległość aktorów względem prawdziwych i wykreowanych obiektów, bo wyspa i wzgórze łącznie z oceanem, wybrzeżem i wydmami zostały stworzone w komputerze. Na etapie montażu dodano sztucznie generowane okręty wojenne, pojazdy oraz oddziały żołnierzy, które wyposażone w sztuczną inteligencję zyskały indywidualne cechy motoryczne. Sekwencja inwazji na Iwo Jimę robi bardzo realistyczne wrażenie mimo, że przy jej filmowaniu użyto wielu ujęć w całości generowanych cyfrowo (jak ujęcia z punktu widzenia pilota atakującego myśliwca).

W końcowych etapach procesu Digital Intermediate Eastwood bawił się kolorami rozpoznając wiele możliwości tego procesu. Sprawił na przykład, że John Bradley w swych późniejszych latach umierający na szpitalnym łóżku zyskał bardziej blady odcień skóry i wyglądał na bliskiego śmierci. „*Piasek na wyspie był bardzo ciemny, ale kiedy się go w pewnym stopniu saturowało a w innych obszarach odsyciło, stawał się bardzo mroczny. Nie chciałem, żeby to wyglądało zbyt pięknie. To nie jest jeden z tych filmów, gdzie przemoc jest zabawna i śmieszna.* "[752] Muzykę do filmu komponował Kyle Eastwood i Michael Stevens, ale w filmie znalazł się też utwór Dinah Shore „I'll walk alone", którego pierwsze wersy a'capella śpiewa szepcząc sam Eastwood, co jest też pewnym nawiązaniem do wojny secesyjnej z filmu „Oszukany" z 1971 roku, gdzie również nucił piosenkę z czołówki.

Na słynnej fotografii z Iwo Jimy nie widać twarzy żadnego z żołnierzy więc teoretycznie rząd mógł wziąć dowolnych ludzi jako bohaterów wojennych. Zamiast tego odnaleziono wszystkich żyjących z tej fotografii i uczyniono z nich celebrytów objeżdżających kraj. Eastwood mówił: „*Osobistościami stali się ludzie którzy nie czuli się sławni. Stawiasz ich na Times Square, tysiące ludzi wokół, straszny tłum i widzisz co to zrobiło z tymi. Pod jaką musieli być presją. Byli na samym szczycie sławy, a potem oczywiście kiedy skończyła się wojna wszystko zniknęło. Jak by coś wyłączono i kazano im znów być normalnymi ludźmi. Ta zmiana musiała być dla nich szokiem.*"[753]

Eastwood dostrzegał też w filmie nawiązanie do wojny w Iraku, w przypadku kreacji fałszywych bohaterów. Bohaterowie Iwo Jimy, którymi stali się wbrew swej woli żołnierze z pamiętnej fotografii przywołują skojarzenie z szeregową Jessiką Lynch, młodą medyczką, która po porwaniu w pierwszych dniach operacji w Iraku została uratowana i okrzyknięta bohaterką za dzielną walkę. Eastwood zauważył: „*Chcieli z niej zrobić Supermenkę, stojącą z wielkim karabinem i wybijającą innych żołnierzy. Oczywiście tak nie było, a ona czuła się jak idiotka. Czuła się tak jak faceci w tym filmie, ponieważ wiedzieli, że prawdziwymi bohaterami byli ci, którzy zginęli na wyspie.*"[754] Dziennikarz William Beard zauważył natomiast nawiązanie do "Bez przebaczenia": „*"Sztandar chwały" jest niezwykłym filmem Eastwooda z typowymi dla niego tematami: sztucznością i konstrukcją mitu. Nie miało znaczenia co tak naprawdę wydarzyło się na Iwo Jimie. Znaczenie miało tylko to, co ludzie myśleli, że się zdarzyło i jaki obraz z tego zapamiętają, jaki mit z tego powstanie. Było to więc bardzo spójne z rzeczami które Eastwood badał jako reżyser przez długi czas swojej kariery.*" [755]

Ale nie był to jedyny film o Iwo Jimie jaki miał powstać. Podczas spotkań ze Spielbergiem i Haggisem dotyczącym scenariusza oraz tego jak powinien wyglądać film Eastwood powiedział, że chce pojechać na Iwo Jimę żeby obejrzeć wyspę, na której znajdowało się 18 mil tuneli i pięć tysięcy grot skalnych. Kiedy już na niej wylądował zaczął zastanawiać się jak wyglądała bitwa z punktu widzenia Japończyków: "*Wspiąłem się na górę i wszedłem do jaskiń. Tunele były wielkości kominka domowego. Zacząłem się interesować kim byli ci ludzie. Przeczytałem materiały o generale Kuribayashim i baronie Nishim. Ci ludzie żyli w Ameryce i mieli tam przyjaciół, przy małych zmianach w polityce mogliby nadal pozostać przyjaciółmi.*[756] Odkrył też, że powstała książka o Kuribayashim na podstawie listów, które generał pisał do swojej rodziny, niektóre jeszcze sprzed rozpoczęcia wojny. W książce znalazły się też jego rysunki i szkice. Kuribayashi niegdyś studiował na Harvardzie, kupił w Stanach auto i podróżował po kraju. Nie wierzył, że Japonia wypowie wojnę tak wielkiemu państwu, ale kiedy dostał rozkaz obrony wyspy musiał go wykonać.

Eastwood ponownie poprosił o pomoc w napisaniu scenariusza Paula Haggisa. Nie miał jednak wystarczającej ilości pieniędzy z poprzedniego filmu, a Haggis z braku czasu zaproponował wychowaną w Stanach Japonkę, która napisała już kilka scenariuszy. Iris Yamashita sugerowała opowiedzieć historię z punktu widzenia młodego szeregowca. Na podstawie szkicu Haggisa napisała scenariusz "Black Sand, Red Sun", który bardzo się spodobał Eastwoodowi. Polecił jej pisać dalej i sam tymczasem poleciał na Islandię kręcić "Sztandar chwały". Jednak nawet podczas pracy przy zdjęciach pamiętał o kolejnym filmie: *„W weekendy, wieczorami, kiedy miałem wolną chwilę i chciałem odpocząć od tego co robiłem czytałem scenariusz"*[757]. W czasie zdjęć kręcił parę ujęć do drugiego filmu szepcząc do sekretarki planu, żeby wpisała te ujęcia do drugiego projektu. Kiedy „Sztandar chwały" został już zmontowany i wszedł w etap dodawania efektów wizualnych, co wymagało mnóstwa czasu, Eastwood rozpoczął zdjęcia do drugiego filmu. Ponieważ budżet filmu był wyjątkowo skromny (19 milionów dolarów), zdjęcia kręcono na plaży w Malibu. Ekipa tylko na jeden dzień poleciała na Iwo Jimę nagrać kilka ujęć generała Kuribayashi dla kluczowych scen.

Do roli generała Kuribayashi Eastwood wybrał Kena Watanabe, japońskiego aktora który był nieznany w Stanach dopóki nie dostał nominacji do Oskara za film "Ostatni samuraj", gdzie grał obok Toma Cruise'a (później wystąpił jeszcze we "Wspomnieniach Gejszy" i "Batman: początek"). Watanabe, gdy dowiedział się, że Eastwood kręci "Sztandar chwały", prosił swego agenta o zabezpieczenie dla niego roli. Ale wtedy nie było w obsadzie żadnych Japończyków. Natomiast kiedy Eastwood tworzył "Listy z Iwo Jimy" Watanabe dostał główną rolę z marszu. Aktorzy nie otrzymywali zbyt szczegółowych wskazówek od reżysera, który w stylu zen udzielał zagadkowych odpowiedzi w rodzaju:

"Scenariusz jest jak płynąca rzeka. Tak długo jak płynie do oceanu, nie jest ważne jakie napotka przeszkody na drodze."[758]

Dodatkowa trudność językowa polegała na tym, że w tamtych latach Japończycy posługiwali się innym dialektem niż współcześnie. Na planie było kilku starszych aktorów, którzy byli tego świadomi. Kiedy więc nagrywano dialogi do filmu trzeba było pilnować, by aktorzy mówili w odpowiednim dialekcie. *"Uznałem, że to fascynujące zrobić "Listy z Iwo Jimy" w kompletnie innej kulturze i języku. Oczywiście, nie rozumiałem co aktorzy mówili na planie, ale te wszystkie włoskie filmy które robiłem w latach sześćdziesiątych nauczyły mnie, że aktorstwo to aktorstwo."* [759] A ponieważ wszyscy aktorzy w filmie mówili po japońsku Eastwood polecił montażyście skupić się na rytmie wypowiedzi. Kiedy później przyszło do tłumaczenia dialogów okazało się, że tylko w paru przypadkach zabrakło paru słów, a dialogi w większości były zgodne ze scenariuszem. Czterdzieści lat wcześniej Eastwood grał w Hiszpanii w spaghetti-westernie „Za garść dolarów", gdzie był jedyną osobą na planie mówiącą po angielsku. Film był później dubbingowany, ale praca z aktorami posługującymi się innym językiem przydała mu się przy realizacji filmu z Japończykami.

Eastwood był zdziwiony tym, jak mało młodzi Japończycy wiedzieli o wojnie. Nie uczono ich o tym w szkole, a żaden z jego aktorów nie wiedział nic o Iwo Jimie. *"Pomyślałem, że to ważne opowiedzieć tę historię dla Japonii, bo było to o ludziach, którzy dokonali ostatecznego poświęcenia dla swojego kraju. Myślę że jest to również ważne w aspekcie międzynarodowym, żeby zdać sobie sprawę że wojna jest niepoważnym zajęciem, a ludzie próbują się zabijać gdzie w innych okolicznościach mogliby być przyjaciółmi."*[760]

W filmie jest też nawiązanie do dzieł Kurosawy poprzez to, że bohaterem jest wieśniak - „everyman" - podobnie jak w „Ukrytej fortecy", a w wypadku filmu Eastwooda fortecę stanowiła góra Suribachi. Poza tym wykorzystano efekt montażowego przejścia o nazwie Wipe, z którego Kurosawa bardzo często korzystał w swych filmach. *"Jestem miłośnikiem Akiry Kurosawy. Jego samurajski film "Straż przyboczna" stał się "Za garść dolarów". Mój podziw dla niego jako reżysera poprowadził moją karierę przez filmy Leone aż tutaj. Okoliczności sprawiły, że zatoczyłem koło."*[761] Później podczas oficjalnej premiery w Tokio w rozmowie z dziennikarzem żartował: *„Cóż, kocham Japonię. Pierwszy raz tu byłem w '62 roku, jeszcze zanim się urodziłeś. Byłem tylko mlodym facetem z telewizyjnego serialu, ale dobrze tu wrócić jako starszy człowiek, jako japoński reżyser."*[762] Neil King, autor książki "Heroes in hard times" zauważył: *"Ciężko jest znaleźć inną reżyserską karierę taką jak ta, gdzie im starszy jest człowiek, tym robi lepsze filmy."*[763]

„Sztandar chwały" niestety nie odniósł takiego sukcesu jak „Szeregowiec Ryan" (5 Oskarów i 216 milionów dolarów ze sprzedaży biletów). Ale tam gwiazdą był przecież Tom Hanks, a tu nie było nikogo znanego. Kiedy "Sztandar chwały" nie był w stanie zdobyć widowni zarabiając jedynie 33 miliony dolarów w Stanach (66 mln na świecie), studio Warner zdecydowało wypuścić "Listy z Iwo Jimy" w grudniu 2006 r. zamiast planowanej lutowej premiery. Eastwood zaprzeczył, że zmiana terminu ma coś wspólnego z pozycjonowaniem filmu by zdobył nagrody. Twierdził, że "Listy z Iwo Jimy" zostały wpuszczone do kin, tylko dlatego że były już gotowe: *"Rzeczy takie jak nagrody żyją swoim własnym żyiem. Nie można nic z tym zrobić, nie można tego wymusić."*[764]

"Listy z Iwo Jimy" zarobiły w sumie 68 milionów dolarów (czyli tyle samo co „Sztandar chwały", choć dysponowano trzy razy mniejszym budżetem) i były nominowane w kategorii najlepszy film obcojęzyczny zdobywając Złoty Glob. Eastwood zyskał nominację za reżyserię, ale z powodu nieanglojęzyczności jego dzieło nie mogło być nominowane w kategorii najlepszy film. Mimo iż „Sztandar chwały" był uważany jeszcze przed produkcją za oskarowego faworyta zyskał tylko nominacje do Oskara za dźwięk i montaż dźwięku. W pierwszej kategorii przegrał z „Listami z Iwo Jimy", a w kategorii montaż dźwięku z „Dreamgirls" - historią czarnoskórego zespołu dziewczęcego. „Listy z Iwo Jimy" okazały się również w tym wypadku o tyle lepszym filmem, że zyskały nominacje za: najlepszą reżyserię, najlepszy film i najlepszy scenariusz. Krytycy chwalili Eastwooda za odwagę robienia filmu w obcym języku, studium wojny oraz ukazanie punktu widzenia wroga, coś czego dotąd nie robili amerykańscy reżyserzy.

6 grudnia 2006 w The California Museum for History, Women and the Arts Maria Shriver wraz z mężem, gubernatorem Arnoldem Schwarzeneggerem otworzyli Kalifornijską Galerię Sław (The California Hall of Fame). Pośród nazwisk takich jak Ronald Reagan, Walt Disney czy rodzin Hearstów i Packardów, którym dedykowano poszczególne ekspozycje, znalazł się Clint Eastwood. W muzeum znalazły się takie eksponaty jak: scenariusz filmu "Bez przebaczenia", list od Paula Newmana, kostiumy z filmów "Brudny Harry", "Bez przebaczenia" i "Za wszelką cenę", reżyserski fotel, magazyn People, a także cztery zdobyte przez Eastwooda Oskary. W lipcu 2006 otrzymał nagrodę im. Stanleya Kubricka przyznawaną przez Brytyjską Akademię Filmową. Szef BAFTA/LA Peter Morris powiedział: "*Clint Eastwood to wielka ikona kina i niespożyta siła twórcza, która sprawdza się zarówno przed, jak również za kamerą. To dla nas wielki honor móc wyróżnić go jedną z naszych najważniejszych nagród.*"[765] Do tej pory nagrody te otrzymali m.in. Tom Cruise, Tom Hanks, Michael Caine i Martin Scorsese.

W lutym 2007 portret Eastwooda trafił na konkurs fotograficzny World Press Photo. Fotografia Damona Wintera z "The Los Angeles Times" zajęła pierwsze miejsce w kategorii "Portrait Singles". Tymczasem „Listy z Iwo Jimy" były pokazywane podczas konkursu festiwalu w Berlinie. W dowód uznania dla jego zasług w 2007 roku Prezydent Francji Jacques Chirac wręczył mu najwyższe państwowe odznaczenie - Order Kawalerski Legii Honorowej - uzasadniając: "*Po tej stronie Atlantyku ucieleśnia pan to, co najlepsze w Hollywood. We Francji pańskie filmy mają miliony widzów, ponieważ są one mocne, ale nie nazbyt proste, przystępne, ale nie cyniczne*"[766]. W kolejnych wyborach prezydenckich Eastwood był - podobnie jak rząd Francji - przeciwko polityce Busha: *„Głosowałem na McCaina, ale nie dlatego że był Republikaninem, ale ponieważ był na wojnie w Wietnamie i pomyślałem, że może rozumieć lepiej wojnę w Iraku niż ktoś kto nie był. W wielu sprawach się z nim nie zgadzałem."* [767]

Tymczasem sprawa filmów o Iwo Jimie była nadal żywa. Spike Lee w maju 2008 w Cannes promował „Cud w St. Anna", swój film opowiadający o czarnoskórej dywizji walczącej w Niemczech i Włoszech podczas II wojny światowej. Skrytykował „Sztandar chwały", ponieważ nie grali w nim czarnoskórzy, i oskarżył Eastwooda o brak wierności historycznej. Eastwood uważał, że byłoby bez sensu na siłę wprowadzać czarnoskórych tam, gdzie ich nie było. Za pośrednictwem dziennikarzy w Cannes wdał się w nim potyczkę, każąc mu się zamknąć: *„Słyszałem już narzekania Lee gdy nakręciłem „Birda". Nie potrafił zrozumieć, dlaczego taki film robił biały. Ale byłem jedynym, który go w końcu zrobił, oto dlaczego. Mógł się ruszyć i nakręcić swój"*.[768] Jakby w odpowiedzi o rasistowskie zarzuty Eastwood pracował wkrótce nad filmem o zatwardziałym rasiście polskiego pochodzenia. Faktem jednak jest, że Eastwood jako jeden z nielicznych reżyserów od początku kariery w swych filmach obsadza przedstawicieli mniejszości narodowych i różnych ras w pozytywnych rolach, za co w 1988 roku otrzymał specjalną nagrodę NAACP (Krajowe Stowarzyszenie Postępu Ludzi Kolorowych). Jak sam mówił: *„Nigdy nie dochodzisz do punktu gdzie jesteś profesorem i myślisz: teraz osiądę na laurach. Jesteś wiecznym studentem, ciągle idącym do przodu."*[769] Tuż po ukończeniu zdjęć do „Oszukanej" przymierzał się do realizacji dużego filmu o Nelsonie Mandeli, ale produkcja została opóźniona o kilka miesięcy. Dysponując wolnym czasem Eastwood postanowił zrealizować inny, znacznie skromniejszy kameralny film.

Na początku lat 90-tych Nick Schenk, kiedy pracował w fabryce Forda w Minnessocie, zetknął się z kulturą Hmongów. Ta mniejszość etniczna zamieszkująca górzyste regiony Azji Południowo-Wschodniej pomagała Stanom Zjednoczonym w walce z Wietnamem. W uznaniu zasług wielu jej członków Hmongowie zyskali azyl w USA. Kiedy Schenk postanowił napisać scenariusz o owdowiałym weteranie wojny z Korei, uczynił jego sąsiadami właśnie Hmongów, a tworząc postać głównego bohatera oparł ją o wspomnienia tych, których znał z fabryki: *"Dużo rozmawiałem z tymi ludźmi, a oni opowiadali mi rzeczy, których nie powiedzieliby żonie czy dzieciom"*.[770]

Spece z branży filmowej przekonywali go, że głównym bohaterem nie może być stary człowiek, bo nikt tego filmu nie będzie chciał zobaczyć. Starzy ludzie nie chodzą do kina, a młodzi nie chcą oglądać staruszków. Scenariusz debiutanta trafił do Billa Gerbera z Warner Bros. który pokazał go Eastwoodowi. Eastwood nabył scenariusz w lutym, a już w wakacje kręcił zdjęcia. Ponieważ czuł, że jest to dla niego świetna rola, postanowił wystąpić pomimo obietnic, że kończy z aktorstwem: *"Fajnie jest wystąpić w wieku 78 lat w filmie, który okazał się większym sukcesem niż „Za wszelką cenę". Nie wiem jednak, czemu tak się stało, i to właśnie sprawia, że praca przy filmie jest tak dużym wyzwaniem. Nigdy nie wiadomo nic na pewno i codziennie można nauczyć się czegoś nowego."*[771]

Wytwórnia sugerowała, by film kręcić w Michigan ze względu na zwrot podatków, bo władze stanu chciały przyciągnąć więcej filmowców. Scenariusz był co prawda osadzony w Minnesocie, ale Michigan jeszcze bardziej podkreślało industrialne środowisko emerytowanego pracownika fabryki samochodów, które tak dobrze kontrastowało z modą na polityczną poprawność. *"Dużo ludzi jest znudzonych polityczną poprawnością. Pokazuję tu faceta z innego pokolenia. Pokazuję sposób w jaki mówi. Nasz kraj przeszedł długą drogę w relacjach międzyrasowych, ale pewne rzeczy nie wracają. Teraz każdy chce być taki... wrażliwy."*[772] Grany przez niego Walt Kowalski mimo początkowej niechęci zaprzyjaźnia się z będącym Hmongiem młodym Thao, któremu pomaga w walce z gangiem. W obsadzie wykorzystano naturszczyków, prawdziwych Hmongów. Większość z nich nawet nie mówiła po angielsku, ale dla Eastwooda po zrealizowaniu "Listów z Iwo Jimy" nie stanowiło to problemu: *"Wskazywałem im znaczniki podczas drogi – takie aktorstwo dla opornych. I kręciłem zdjęcia tak szybko, żeby nie mieli zbyt dużo możliwości na myślenie"*[773].

„Gran Torino" pod pewnymi względami był rodzinnym filmem Eastwooda. W w niewielkiej roli pojawił Scott Eastwood, syn ze związku z Jacelyn Reeves, grający Treya, chłopaka siostry Thao. Steve grał też wcześniej w kilku scenach w "Sztandarze chwały", i wystąpił później także w "Invictusie". Muzykę do filmu skomponował Kyle Eastwood do spółki z Michaelem Stevensem. Tytułowy utwór zaśpiewał Jamie Cullum, jeden z popularnych jazzmanów młodego pokolenia, a piosenkę na początku intonuje sam Eastwood, co jest nawiązaniem do „Oszukanego" i „Sztandaru chwały".

Film powstał w ciągu 32 dni. Producent Robert Lorenz wspomina: *"Clint lubi zaczynać zdjęcia o 10 rano a kończyć o 17, co dla mnie było niesłychane. Byłem przyzwyczajony zaczynać o 6.30 i kręcić do późnej nocy."*[774] Żeby przyspieszyć prace nad ukończeniem „Gran Torino", w którym Eastwod grał przecież główną rolę, postanowiono użyć cyfrowych kamer, dzięki czemu montażysta mógł montować film na planie. Tom Stern podczas prac nad "Gran Torino" zauważył: *"Cyfrowe kręcenie interesuje Clinta z punktu widzenia przechwytywania obrazu mniej inwazyjnego dla aktorskiego wykonania. Jeśli kamera jest mniejsza i cichsza, można nią kręcić w nieskończoność bez potrzeby przeładowywania taśm".* Na większą szybkość składało się też korzystanie z dwóch montażystów. Podczas zdjęć Gary Roach i Joel Cox cięli materiał na bieżąco, co pozwalało obejrzeć próbną wersję już kilka dni po skończeniu zdjęć.

W mediach mówiło się, że film jest szóstą częścią Brudnego Harry'ego. Walt Kowalski nie jest może Callahanem, ale również jest zmęczony polityką władz. Eastwood dodaje: *"To nie jest ten sam facet. Harry z pewnością nie wytrzymałby tak długo".*[775] Eastwood już po raz czwarty grał weterana wojny z Korei, wcześniej w filmach "Piorun i Lekka stopa" gdzie grał emerytowanego rabusia bankowego, we "Wzgórzu złamanych serc" grał szkolącego rekrutów sierżanta, a we "Władzy absolutnej" złodzieja diamentów. Stąd też wśród rekwizytów filmowych pojawiły się nawiązania: zdjęcie z Korei pochodzi z filmu „Złoto dla zuchwałych", a medal za odwagę pochodził ze „Wzgórza złamanych serc". Jest to też trzeci film (po „Oszukanym" i „Honkytonk man"), w którym postać grana przez Eastwooda umiera (a pierwszy, w którym ginie w wynik postrzelenia). Po raz pierwszy też śmierć głównego bohatera nie przeszkodziła w sukcesie kinowym.

Lee Pfeiffer z magazynu Cinema Retro[776] zauważył, że „Gran Torino" ma dużo nawiązań do filmu „Rewolwerowiec" Dona Siegela, gdzie grał umierający na raka John Wayne, wtedy również 78-letni.W obu filmach starzejący się bohater nawiązuje przyjaźń z młodszym chłopcem (w filmie Siegela był to Ron Howard, późniejszy reżyser „Frost/Nixon" i producent „Oszukanej"), który zostaje wprowadzony w zdeprawowany styl życia. W obu filmach jest też silna postać kobiety należąca do rodziny chłopca, która namawia bohatera do bycia mentorem - w filmie Siegela grała ją Lauren Bacall. Główny bohater chce dożyć swych ostatnich dni w samotności, ale zostaje wbrew swojej woli wciągnięty w świat przemocy, by bronić tych na których mu zależy. Co więcej, w „Rewolwerowcu" są sceny, gdzie postać Wayne'a poniża chłopca przy swym koledze granym przez Johna Carradine'a, a w „Gran Torino" fryzjer pomaga Waltowi we wprowadzeniu Thao w świat prawdziwych mężczyzn poprzez rzucane sobie wzajemnie etnicznych zniewag. John Wayne dostaje troche współczucia i porad ze strony lekarza, którego grał James Stewart. W „Gran Torino" taką rolę pełni Christopher Carley jako ksiądz. Największą zbieżnością jest jednak tragiczny finał. „Gran Torino" jest więc nie tylko nawiązaniem do swojego mentora, Dona Siegela, ale również do Johna Wayne'a, z którego karierą często porównywano Eastwooda.

Popularność „Gran Torino" paradoksalnie można tłumaczyć niepopularnymi poglądami szerzonymi przez głównego bohatera: żyjącego wojennymi wspomnieniami rasistę Walta Kowalskiego. Uwikłani w polityczną poprawność Amerykanie, jak uważa Eastwood, stracili dawnego ducha walki, zdolność walenia pięścią w stół i mówienia prawdy, stali się miękcy, zagubieni i pozbawieni własnego zdania, tak jak syn Kowalskiego z filmu: *„Ludzie stracili poczucie humoru. Dawniej stale nabijaliśmy się z ludzi innych ras. Dziś można je opowiadać tylko z ręką na ustach, żeby nie być posądzonym o rasizm. Spędzamy zbyt dużo czasu i energii na próbie bycia politycznie poprawnymi we wszystkim."*[777] "Gran Torino" bywał nazywany przez komentatorów pierwszym filmem ery Baracka Obamy, który w 2008 roku wygrał wybory prezydenckie. Obama chciał zerwać z krytykowaną polityką Busha a już parę miesięcy później w 2009 roku dostał pokojową nagrodę Nobla: *„Urzekło mnie, że Obama ma multikulturowe pochodzenie. Sądziłem, że to wspaniałe, bo moja żona jest również mieszanego pochodzenia. Ale czułem że jest też żółtodziobem i okazało się, że nie ma doświadczenia w podejmowaniu decyzji."* [778]

Swojsko brzmiące nazwisko Kowalski mogłoby tylko podtrzymywać stereotypy na temat rasizmu Polaków. Cynthia Zawatski z

Kongresu Polonii Amerykańskiej po obejrzeniu filmu wystosowała list do mediów, w którym uznała postać graną przez Eastwooda za bohatera Polonii, wierne odbicie ludzi żyjących w okolicach Detroit, których jest już coraz mniej, a którzy swoją siłą budowali potęgę Ameryki[779]. Podziękowała Eastwoodowi za podarowanie polskiej społeczności w Ameryce legendy, która choć ma cięty humor, przypomina jej o korzeniach. Małgorzata Sadowska zauważyła: *„Nad bohaterami i historiami, które opowiada, bez wątpienia krąży westernowy duch. Bo czyż nie jest Walt Kowalski rewolwerowcem zabłąkanym wśród Indian, którymi najpierw gardzi, potem ich poznaje, by w końcu stanąć w ich obronie?"*[780]

Notabene Kowalski to również nazwisko innego, poruszającego się sportowym samochodem buntownika, bohatera kultowego filmu z lat siedemdziesiątych pt. „Znikający punkt". Trudno powiedzieć, ile nazwisko i samochód mają wspólnego z filmem Eastwooda, ale nazwisko to nosił również grany przez Marlona Brando - symbol buntu lat pięćdziesiątych - Stanley z „Tramwaju zwanego pożądaniem". Eastwood sam od lat ma opinię buntownika, który zawsze idzie pod prąd i nie rozumie skąd współcześnie duże współczucie dla ludzi: *„Wszyscy teraz mają zwyczaj mówić: dobra, ale jak sobie poradzimy z tym psychologicznie? W tamych czasach uderzało się prześladowcę i biło się z nim na pięści"*.[781]

Premiera „Gran Torino" została szybko ustalona na 12 grudnia w ograniczonej liczbie kopii, bo miała dać szansę na Oskara, a platformowanie zachęcić do pozytywnych przekazów ustnych. W weekend otwarcia film zarobił 29,5 miliona dolarów (tyle co w sumie prawie każdy ostatni film Eastwooda), a ostatecznie zarobił 270 mln stając się jego najbardziej dochodowym dziełem. Miał to być zresztą ostatni aktorski film Eastwooda co z pewnością pomogło w kampanii reklamowej: *"Ktoś mnie kiedyś pytał co jeszcze zagram i odpowiedziałem, że nie wiem ile jest ról dla 78-letnich facetów. Nie ma nic złego w graniu lokajów. Ale dopóki nie pojawi się coś wyjątkowo wyzywającego, to wolę pozostać za kamerą."*[782] Ostatecznie Eastwood był nominowany do Złotego Globu nie za rolę, lecz za... najlepszą piosenkę. Amerykański Instytut Filmowy uznał "Gran Torino" za jeden z dziesięciu najlepszych filmów roku. Eastwood nie był nominowany do Oskara, gdyż członkowie Akademii mogli uznać film za zbyt niewygodny. *"Trzy moje ostatnie filmy były nominowane z pięcu jakie zrobiłem. Po prostu robię filmy najlepsze jak potrafię. Reszta to sprawy polityki i pozerstwa. Nie jestem w tym zbyt dobry. Myślę, że nasze przesłanie było tak dobre jak każde inne tego roku."*[783] Zdobył za to nagrodę za najlepszy film zagraniczny w ramach Włoskich Nagród Filmowych w Mediolanie oraz Cezara we Francji (wcześniej nagrodę tą zdobyły filmy: "Rzeka tajemnic" i "Za wszelką cenę"). Zresztą Francuzi od dawna go uwielbiali. W 2009 roku podczas paryskiej premiery "Gran Torino" dyrektor festiwalu w Cannes Gilles Jacob wręczył Eastwoodowi Złotą Palmę za całokształt twórczości. Dotychczas w historii festiwalu otrzymał ją jedynie Ingmar Bergman i Woody Allen. Była to pozaregulaminowa nagroda festiwalu, której nie wręczono mu podczas imprezy w maju, gdyż pokazywał wtedy w konkursie „Oszukaną" (za co dostał wyróżnienie honorowe).

Eastwood jeszcze kończąc prace nad „Gran Torino" szykował się do produkcji wielkiego filmu o Nelsonie Mandeli. Zdjęcia zaczęły się w marcu 2009. Morgan Freeman, grający w "Bez przebaczenia" i "Za wszelką cenę", od dłuższego czasu interesował się polityką Nelsona Mandeli, z którym się przyjaźnił. Wraz ze swoją wspólniczką Lori McCreary pracowali przez wiele lat nad filmem o jego życiu. Początkowo chcieli zaadaptować jego autobiografię "Long Walk to Freedom", ale ponieważ historia objemowała wiele dekad, pojawiły się problemy w przeniesniu jej na ekran. Książkę "Playing the enemy" Johna Carlina Freeman przeczytał jeszcze przed powstaniem scenariusza autorstwa południowoafrykańskiego pisarza Anthony Peckhama i od razu zobaczył w niej dobry materiał na film.

Namówiony do reżyserii Eastwood zgodził się bez wahania: "*Nie jestem stroną obiektywną, ale uważam, że świat potrzebuje teraz takiej opowieści. Wszyscy są teraz tacy pokręceni. Nikt nie wie dokąd zmierza. Zdaje się jakby Ameryka była w stanie chorobowym z powodu recesji. Myślę, że nasi politycy mogą się dużo nauczyć od Mandeli. (...) Stajemy się coraz bardziej niedojrzali jako naród. Pokolenie które wygrało II wojnę światową odeszło, a teraz mamy do czynienia z bandą nastoletnich cymbałów*"[784]. Jego rozgoryczenie obecną polityką nie miało granic. Na temat kryzysu ekonominczego powiedział *„Jest takie powiedzenie, że jeśli nie pamięta się o historii, to ona może się powtórzyć i to prawda. Teraz powtarzamy historię. Mamy to na co zasłużyliśmy."*[785]

Producentem filmu został Morgan Freeman, który miał się wcielić w rolę prezydenta. Kiedyś Mandela zapytany kogo by widział w swojej roli wskazał właśnie na Freemana. Prezydent spotkał się z filmowcami, gdzie podczas rozmowy mógł poznać młodszego tylko o 13 lat Eastwooda, który później zauważył: *"...wszyscy byli za nim, wszyscy mu pomagali a on wiedział jak budować ducha wspólnoty wśród ludzi, a teraz kiedy patrzymy na liderów inspiracyjnych, on był wyjątkowy w tym okresie historii, i jest to historia warta opowiedzenia."*[786] Podczas wywiadu dla GQ asystentka przypomniała Eastwoodowi, że musi kończyć i pójść do lekarza. Zapytany przez dziennikarza o co chodzi odpowiedział: *"Muszę zrobić badania dla ubezpieczalni zanim wyjadę kręcić kolejny film. Chcą pewnie zobaczyć, czy jeszcze żyję."*[787]

Film, którego pierwotny tytuł brzmiał "The Human Factor" powstawał głównie w Cape Town w RPA, gdzie udało się uzyskać ulgi produkcyjne. Ekipa była tak mała, że nie było widać ciężarówek ze sprzętem ani przyczep aktorskich. W pobliżu planu była tylko zbudowana baza, gdzie czasem zbierali się gapie. Budżet wynosił 50 milionów, z czego 5 udało się odliczyć od podatku. Laurence Mitchell, szef Cape Film Commission, uważał, że "*biorąc pod uwagę status gwiazdy [jaką jest Eastwood], jest to na pewno jeden z największych filmów kręconych w południowej Afryce.*"[788] Paul Haggis (nagrodzony Oskarem za "Miasto gniewu"), który pracował przy scenariuszach trzech filmów Eastwooda, będąc u niego na planie zauważył: "*Jego ekipa pracuje z nim od tak wielu lat i poruszają się tak szybko. To zadziwiające zobaczyć tylu facetów w wieku 70-ciu i 80-ciu lat, którzy są szybsi niż ekipy złożone z 20-sto i 30-latków*[789]. Szybkie tempo pracy wymusza na aktorach solidne przygotowanie, bo jak wspomina jeden z aktorów: "*Jeśli przebywasz w przyczepie, właściwie jest szansa, że nakręcą bez ciebie ujęcie, którego nie byłeś integralną częścią*"[790].

W filmie obok Freemana w roli kapitana narodowej drużyny wystąpił Matt Damon, który przefarbował włosy na blond i przytył, by upodobnić się do oryginału. Ale i tak był znacznie mniejszy od Francois Pienaara, który miał 190cm. Mieszkańcy Cape Town uważali, że jeśli wybrano Damona, to reszta drużyny powinna być karłami. Dużo śmiechu też wzbudziła kontuzja aktora, której nabawił się nie trafiając w piłką i kopiąc murawę. Ponieważ wzrost Damona był problematyczny dla Pienaara, Eastwood zadbał by filmować Damona z odpowiednich kątów.

Morgan Freeman i Matt Damon zgodnie podkreślali profesjonalizm reżysera. Matt Damon wspomina: "*To niezwykłe. Przebywasz na innych planach filmowych i zawsze masz wrażenie jakbyś był na pogotowiu ratunkowym. To napięcie przekłada się na grę aktorską i sam film. A u Eastwooda wszystko jest spokojnie. Podchodzi czasem do nas, żeby udzielić paru wskazówek, sugestii*[791]". Freeman zauważył też, że jego ulubiony reżyser: "*…oczekuje od ciebie, że wiesz co robisz, a sam się wycofuje do tyłu, żebyś mógł grać (…) Myślę, że jego plan filmowy działa jak dobrze naoliwiona maszyna. Wyobraź sobie siebie* *jako kapitana statku, który płynie dobrze, a ty nic nie robisz. Zbierasz tylko pochwały za to, że wszystko idzie sprawnie.*[792]"

Praca filmowca musi być dla Eastwooda powołaniem, bo coraz częściej włącza do niej swoją liczną rodzinę. Jednego z zawodników zagrał syn Eastwooda, 23-letni Scott Reeves. Na planie w Afryce była obecna też jego żona Dina, która zajmowała się wspieraniem lokalnego sierocińca w Cape Town. Kiedy odkryła grupę Overtone, zaprosiła ich do wykonania muzyki, a sama zajęła się też napisaniem słów do motywu przewodniego. Muzykę do filmów ojca - również w tym przypadku - od kilku lat komponuje Kyle Eastwood. Do muzykalnych członków rodziny zalicza się też najmłodsza córka Morgan, która w pojawiła się z Kyle'em w produkowanym przez ojca dokumencie "Johnny Mercer: The Dream's on Me". Zresztą rodziny tworzą się też wśród ekipy Eastwooda. Jeden z pianistów, którzy grali muzykę do filmu, Michael Lang jest synem jednego z dawnych producentów Eastwooda, Jenningsa. Ostrzyciel Bill Coe ożenił się Gail Carrol-Coe, która jest mikserem dźwięku, a ich syn pracuje jako asystent w pionie operatorskim.

Na początku sierpnia, dwa miesiące po powrocie z RPA, był już gotowy montaż filmu, który wymagał jeszcze dodania przez Michaela Owensa około 600 efektów wizualnych. Eastwood wyjechał wtedy do Londynu kręcić kolejny film "Medium". Niczym Spielberg, któremu na plan "Listy Schindlera" do Polski przesyłano przez satelitę kolejne wersje montażowe "Parku Jurajskiego", Eastwood przebywając na planie w Londynie otrzymywał przez Internet kolejne wersje efektów wizualnych z meczu rugby. Przy „Invictusie" poza multiplikowaniem tłumu na trybunach stadionu (z 2 tysięcy statystów powstało 62 tysiące) używano CGI do ucharakteryzowania piłkarzy o krew, pot i błoto na ich twarzach. Usunięto też oznaki renowacji stadionu po remoncie z 2008 roku. Zafascynowany pracą Eastwooda Matt Damon (podobnie jak wcześniej

Tim Robbins czy Sean Penn) wyraził chęć reżyserowania w podobnym stylu - skoro Eastwood zaczął w wieku 40 lat to on też chciałby mieć taką zachwycającą karierę: "*Rozmawiałem z kilkoma ludźmi, których szanuję jak Ben Affleck i George Clooney i oni też biorą przykład z Clinta*[793]".

"Invictus - Niepokonany", dla którego punkt wyjścia stanowią Mistrzostwa Świata w rugby w 1995 r. oczywiście nie jest w stanie podsumować wszystkiego, co wydarzyło się w RPA w ostatnich latach. Tak jak alegoryczny film science-fiction "Dystrykt 9", który pokazywał na przykładzie kosmitów, że większość czarnej populacji kraju żyje w ubóstwie, panuje epidemia AIDS, i powszechne są ataki na imigrantów. Ale podobnie jak obecny prezydent RPA, również Mandela miał sporo problemów z kobietami, co zauważył Eastwood, starając się nakreślić wiarygodny portret polityka: "*Ten człowiek miał również wiele wad. Nie poświęcał swoim dzieciom zbyt wiele uwagi. Miał też problemy z kobietami. Myślę, że to lubił… choć to chyba nic złego*[794]". Właściwie "Invictus - Niepokonany" - jak zauważył jeden z zagranicznych krytyków - to "*kolejne przedstawienie męskości skrojonej przez reżysera na własne podobieństwo*[795]". Eastwood, który w wywiadach coraz więcej mówił na temat swojej młodości, przyznał: "*Skończyłem już z uganianiem się za spódniczkami. Żyję szczęśliwie w stanie monogamii. Nigdy nie sądziłem, że do tego dojdzie, ale stało się. (…) Myślę, że kiedy człowiek jest młodszy, za bardzo rządzą nim hormony. Powodem zdobycia kolejnych dziewczyn - podobnie jak zdobycia Everestu - staje się to, że one istnieją*[796]".

Premiera filmu odbyła się w grudniu 2009 roku poprzedzona wieloma artykułami prasowymi i sesjami zdjęciowymi z Morganem Freemanem i Mattem Damonem. Film zyskał nominację do Oskara dla Damona i Freemana, oraz nominację do Złotego Globu dla obu aktorów i dla Eastwooda za reżyserię. „Invictus" zdobył jedynie nagrodę Krajowej

Rady Krytyków dla Freemana i Eastwooda, ale zarobił 120 milionów dolarów.

Wytwórnia Warner Bros. świętując 35-lecie współpracy z Eastwoodem przygotowała specjalny zestaw kolekcjonerski jego filmów. W skład zestawu oprócz 35 filmów z Eastwoodem wchodził też pełnometrażowy dokument "The Eastwood Factor", którego narratorem był Freeman, a reżyserem Richard Schickel, historyk kina, biograf i przyjaciel Eastwooda. Zapytany w jednym z wywiadów o to, czy Eastwood cierpi na syndrom Johna Wayne'a i Cary'ego Granta, grających zawsze ten sam typ bohaterów, który nie odbiegał od ich prywatnego wizerunku odpowiedział: *„Czasem ponownie wracam do jego starych filmów, takich jak "Brudny Harry". Uważam, że to jest aktorstwo. W prawdziwym życiu jest ironicznym, dowcipnym człowiekiem. Nie jest twardzielem. Więc kiedy mówi w filmie "zrób mi przyjemność" to jest to gra aktorska"*[797]. Sam Eastwood, który od wielu lat bezskutecznie ogłasza koniec występów aktorskich, dowcipnie komentuje: *"Nigdy nie wiem, kiedy zagram ostatnią rolę, ale nie pisze się wielu wspaniałych ról dla ludzi w moim wieku i jestem szczęśliwy z powrotu za kamerę. Nie muszę nosić krawata, nikt mi nie mówi "to nie pasuje" i jest tyle innych wyzwań. (...) Ale jestem jak "Szczęki 2". Kiedy ci się już zdaje, że możesz spokojnie wrócić do wody...*[798]*"*

Amerykański Instytut Filmowy w czerwcu 2009 roku podczas uroczystości zakończenia semestru przekazał Eastwoodowi honorowy dyplom ukończenia szkoły filmowej. *„Nigdy nie uczęszczałem do szkoły filmowej ponieważ takowych nie było gdy rozpoczynałem swoją karierę. Jednak po nakręcaniu ponad 50 filmów jako aktor i 30 jako reżyser pomyślałem, że mógłbym w końcu ukończyć studia związane z moim zawodem"*[799] - powiedział odbierając dyplom uczelni w miasteczku uniwersyteckim AFI. Poprzednie honorowe dyplomy ukończenia szkoły Amerykańskiego Instytutu

Filmowego odebrali wcześniej Robert Altman, Roger Corman i Norman Jewison.

W 2010 roku magazyn AARP, który dociera do 35 milionów czytelników w wieku powyżej pięćdziesięciu lat, ogłosił nazwiska dziesięciu osobowości „wykorzystujących swoją energię, kreatywność i pasję, by uczynić świat lepszym". W gronie dziesięciu laureatów wyróżnienia The Inspire Awards znalazł się Clint Eastwood., co tłumaczono tym, że w wieku, gdy większość jego rówieśników w Hollywood skupia się na wnukach i golfie, Eastwood nie ustaje w poszukiwaniu trudnych i kontrowersyjnych tematów do sfilmowania. *„Powodem, dla którego nie przeszedłem na emeryturę jest to, że każdego dnia mogę nauczyć się czegoś nowego. Chodzi o rozwijanie się, stałe parcie do przodu*[800]". Idąc w ślad za tymi słowami Eastwood zrealizował film o dotykający problemu życia po śmierci „Medium", do którego zdjęcia powstawały na Hawajach, w Alpach, Londynie, San Francisco i w Paryżu, gdzie w przerwie między zdjęciami odbierał kolejne honory.

Eastwood nie bez powodu nazywa Francję swoim drugim domem. Po Złotej Palmie za całokształt twórczości przyszła kolej na inne nagrody. W październiku był pierwszym twórcą nagrodzonym statuetką Prix Lumiere podczas inauguracji Grand Lyon Film Festival, w mieście gdzie narodziło się kino braci Lumiere. Eastwood dziękował wynalazcom mówiąc: *„Zawdzięczam im ponad pięćdziesiat lat zatrudnienia"*.[801] Twórcami festiwalu Lumiere 2009 byli Thierry Fremaux, dyrektor artystyczny festiwalu w Cannes oraz Bertrand Tavernier, reżyser filmu o "Około północy". Podczas ceremonii dla trzytysięcznej widowni pojawiły się klipy z filmów Eastwooda a jego syn wystąpił ze swoim jazzowym zespołem. Eastwood jako honorowy gość otwierał też rozgrywki francuskiej ligi piłki nożnej wykonując pierwsze kopnięcie na boisku w Lyonie. W listopadzie kolejny francuski prezydent Nicolas Sarkozy, odznaczył Eastwooda

Orderem Komandora Legii Honorowej. Było to już trzecie wyróżnienie dla Eastwooda przez francuski rząd (Order Legii Honorowej składa się z pięciu klas: najwyższą rangę ma Krzyż Wielki z gwiazdą, następnie Oficerski Wielki z gwiazdą, Komandorski, Oficerski, a na samym końcu lokuje się Kawalerski). Eastwood żartował, że przy kolejnym francuskim wyróżnieniu będzie już mówił płynnie w języku Galów.

Ale został także doceniony we własnym kraju. Magazyn GQ wybrał go Człowiekiem Roku. W lutym 2010 prezydent Barack Obama odznaczył go wraz z Bobem Dylanem nagrodą za działalność w sztuce określając jego filmy jako: "*eseje o indywidualności, gorzkie prawdy i esencję tego co znaczy być Amerykaninem.*"[802] We wrześniu 2010 roku Rabbi Marvin Hier, założyciel Centrum Simona Wiesenthala i Muzeum Tolerancji uhonorował Eastwooda specjalnym wyróżnieniem, który był: "*doskonałym wyborem dla tej nagrody, która celebruje tych których praca dodaje blasku w temacie akceptacji, tolerancji i wybaczenia.*" Jako reżyser Eastwood krytykował męską przemoc ("Rzeka tajemnic", "Bez przebaczenia"), badał potrzebę wojny ("Listy z Iwo Jimy", "Sztandar chwały"), nietolerancję rasową ("Gran Torino", "Invictus-Niepokonany") i doceniał nietradycyjny model rodziny ("Doskonały świat", "Za wszelką cenę").[803] W grudniu otrzymał też nagrodę Museum Moving Image. Nie chcąc tracić werwy zabrał się do kolejnego projektu.

W dokumencie "The Eastwood Factor" swą decyzję o dalszych produkcjach tak tłumaczył: "*Nadal pracuję i wszyscy się dziwią czemu to robię w tym wieku. Ale robię to bo ciągle pojawiają się nowe opowieści, nowe książki, scenariusze które są interesujące i warte zrobienia. I dopóki ludzie chcą żebym je robił to będę je kręcić*"[804]. Takim tematem była biografia J. Edgar Hoovera, który został w wieku 29 lat dyrektorem FBI i służył ośmiu amerykańskim prezydentom. Sprawiało to, że był jak mówi Eastwood: „*najpotężniejszym człowiekiem w kraju w czasie, kiedy Ameryka była najpotężniejszym krajem na świecie."*[805] Scenariusz napisał Dustin Lance Black, który w 2008 roku otrzymał Oskara za „Obywatela Milka" z Seanem Pennem. Eastwood spędził sporo czasu na czytaniu materiałów, z których korzystał scenarzysta tworząc historię. Odwiedził też różne osoby w Waszyngtonie chcąc dowiedzieć się, jak się pracowało z Hooverem: *„Jeśli się robi biografię, trzeba próbować pozostać tak bliskim rzeczywistości jak to możliwe. Ale nigdy się nie wie co tamtej osobie chodzi po głowie. Można tylko wiedzieć o czym myśleli inni, którzy go otaczali."*[806] Jeszcze przed powstaniem film wzbudzał kontrowersje, gdyż dziennikarze podejrzewali, że na jaw wyjdzie ukryty homoseksulalizm Hoovera, jego związek z najbliższym współpracownikiem oraz skłonność do przebieranek w damskie ubrania.

Postać Hoovera, który bez skrupułów wykorzystywał posiadaną władzę, narzucała skojarzenia z Brudnym Harry'm oraz Małym Billem z „Bez przebaczenia", którzy jako stróże prawa często przekraczali swoje uprawnienia: *„Można powiedzieć, że Hoover też był taki. Jestem pewny, że też miał swoje ekscesy... Miał sporo świetnych pomysłów - nowoczesne metody śledcze. Ale również uwielbiał chwałę jaką z tego miał."*[807] W filmie główną rolę zagrał polecony przez Matta Damona Leonardo Di Caprio, a obok niego w obsadzie znaleźli się Judi Dench, Naomi Watts, Armie Hammer i Ken Howard.

Jeszcze w tym samym roku Eastwood zapowiedział realizację kolejnego remaku musicalu „Narodziny gwiazdy", gdzie miała zagrać Beyonce: *„Nie wiem, jak długo będzie mi się chciało pracować. Myślę, że aktywne życie to sposób, żeby być w formie. Trzeba coś robić, nie można usiąść, oklapnąć. Wielu ludzi czeka na emeryturę. Chce siedzieć, pić piwko i patrzeć na zachodzące słońce. Fajna sprawa, ale ja bym nie chciał. Jeden dzień bym wytrzymał, ale następnego już bym się nudził."*[808]

Możliwe, że jego karierę będzie kontynuował coraz bardziej pewny swojego talentu syn, Scott Reeves. W 2006 roku w wieku dwudziestu lat zaczął grać w filmach początkowo posługując się nazwiskiem matki, gdyż nie chciał by agenci sugerowali się sławą jego ojca do którego jest bardzo podobny. Scott wychowywał się częściowo na Hawajach u matki, a częściowo w Carmelu. Dopiero po epizodach w „Sztandarze chwały" i „Gran Torino" oraz uznaniu za role w filmach "An American Crime" i "Pride" zaczął posługiwać się nazwiskiem Eastwood, twierdząc że chciał udowodnić czy na to zasługuje. Wkrótce zagrał też z Lauren Bacall w "The Lion of Judah" oraz większą rolę "Invictusie - Niepokonanym" Eastwooda. Ale, jak wspomina, ojciec nie zamierza mu ułatwiać startu: "*Nie chce, żeby ktokolwiek myślał, że udziela mi zapomogi. Powiedział: jeśli jest ktoś lepszy od ciebie to cię nie zatrudnię, więc lepiej zagraj najlepiej jak potrafisz.*"[809]

Joe Queenan z dziennika Guardian[810] przygotowując profil Eastwooda z okazji jego osiemdziesiątych urodzin zauważył, że jego niezwykła kariera nie ma sobie równych. Zaczynając jako aktor szybko stał się popularny i uwielbiany, tak jak niegdyś Cary Grant czy James Cagney. Ale podobnie jak Paul Newman zyskał na tym, że sława przyszła trochę później, a nie we wczesnej młodości jak u Toma Cruise'a lub Johna Travolty, bo Eastwood jeszcze w wieku 29 lat kopał baseny. Natomiast popularność wyniesiona z telewizyjnego serialu przełożyła się na jego bliższą więź emocjonalną z publicznością, kiedy już został reżyserem, a którą nie mogą poszczycić się ani Spielberg, Scorsese czy Coppola. "*Reżyserzy tracą parę zwykle koło sześćdziesiątki. Są albo zbyt bogaci, albo nie są zdolni do pracy. W końcu jest to osłabiająca fizycznie praca. To dlatego 'Gran Torino' zadziwia mnie. Eastwood ma 80 lat i nadal jest zdolny robić takie filmy.*" - argumentował dalej Queenan.

Z kolei w artykule zamieszczonym w magazynie Variety[811] Peter Bart porównując kariery popularnych aktorów, którzy z upływem lat przeistoczyli się w reżyserów (Clinta Eastwooda, Roberta Redforda i

Warrena Beatty'ego) zauważył ciekawą prawidłowość. O ile każdy z nich dostał przynajmniej raz statuetkę Oskara za któryś z reżyserowanych przez siebie filmów ("Czerwoni" Beatty'ego i "Zwyczajni ludzie" Redforda), to jedynie Eastwood był zdolny corocznie przygotowywać kolejne filmy, a każdy kolejny jest lepszy od poprzedniego. Znający prywatnie wspomnianych twórców autor artykułu zauważa, że Redford i Beatty zbyt dużo czasu spędzają na dyskusjach nad kolejnymi projektami, a wrodzony perfekcjonizm nie pozwala im ruszyć z żadnym. Beatty nie zagrał w niczym od ośmiu lat, nie reżyserował od jedenastu. Redford poniósł porażkę filmem "Ukryta strategia" i nie podejmuje kolejnych prób reżyserskich, poświęcając się niemal wyłącznie stworzonemu przez siebie festiwalowi Sundance. Tytuł artykułu "No talk, all action" świetnie się odnosi nie tylko do opanowanej do perfekcji aktorskiej gry Clinta Eastwooda, ale również do jego luźnego stylu reżyserowania. Kiedy zdobył Złoty Glob za „Listy z Iwo Jimy" spotkał się z Warrenem Beatty: *„Warren podszedł do mnie na ceremonii Złotych Globów i spytał jak to robię, że pracuję nad dwoma filmami w roku. Ale kiedy dorastałem, Howard Hawks i Raoul Walsh czy inni reżyserzy robili kilka filmów rocznie. Drobnostka. Dzisiaj każdy uważa, że to niewykonalne. (...) Niektórzy z reżyserów filmów klasy B dostawali scenariusz w piątek a poniedziałek przedstawiano im obsadę i zaczynali zdjęcia. I tak pracowali. To tak jak z byciem z muzykiem: jeśli grasz każdego dnia, twój ustnik jest silny. Ale jeśli grasz raz na dwa lata, musisz wszystko zaczynać od początku."*[812]

Kariera Eastwooda - obejmująca reżyserowanie i granie w filmach - jest wyjątkowa pod względem czasu trwania, ilości filmów ale również ich gatunkowej różnorodności. Wśród jego ostatnich dokonań znajdują się zarówno komedia science fiction, melodramat, jak i poważny film wojenny. W historii aktorów będących własnymi reżyserami, którzy byli równie popularni można powołać się jedynie na przykład Charliego

Chaplina i Orsona Wellesa. Ale popularność Chaplina trwała tylko dwie dekady dopóki odgrywał rolę trampa, a jego późniejszymi filmami już mało kto się interesował. Welles z kolei był ofiarą własnego geniuszu, uwikłanym po kapitalnym debiucie w niekończące się problemy z producentami. Eastwoodowi z pewnością było łatwiej, kiedy sam zaczął produkować swoje filmy. Poza tym - jak twierdzi Richard Schickel, jego biograf i przyjaciel - Eastwood jest w stanie pracować przy tylu filmach, ponieważ sam nie pisze scenariuszy, co jest emocjonalnie bardzo ciężkim zajęciem[813]. Nie ma drugiego reżysera, który tak konsekwentnie pracowałby w Hollywood. Martin Scorsese i Steven Spielberg, którzy swe filmy zaczynali kręcić w latach siedemdziesiątych, mają na koncie tyle samo produkcji co Eastwood, lecz oni nie grali głównych ról w swoich filmach. Kevin Costner czy Mel Gibson, choć mają na swym koncie Oskara i kasowe widowiska, bardzo rzadko siadają za kamerą. Zaś Woody Allen, który podobnie jak Eastwood co roku kręci nowy film i gra w nim pierwsze skrzypce, nie odchodzi poza stworzony przez siebie format kameralnej komedii obyczajowej, której głównym atutem są dialogi.

Sam Eastwood porównując się do innych reżyserów mówi: *Billy Wilder przestał reżyserować, kiedy przekroczył sześćdziesiątkę. Oto facet, który zrobił kilka wspaniałych filmów i żył jeszcze długo aż do dziewięćdziesiątki. Na co do cholery zmarnował tyle lat?*[814]

PRZYPISY

Pisząc książkę korzystałem z wielu źródeł, by jak możliwie wiarygodnie przedstawić bohatera książki. Niestety życie celebryty ma to do siebie, że sporo faktów może być tworem wyobraźni marketingowców, może być podkoloryzowane przez samego zainteresowanego, lub przeinaczone przez ludzi mu nieprzychylnych. Stąd też moja interpretacja może być odebrana jako dyskusyjna, ale zachęcam do prześledzenia źródeł informacji. Materiały zagraniczne - w przypadku braku dostępnych polskojęzycznych cytatów - tłumaczyłem samodzielnie, mam nadzieje możliwie wiernie oddając sens tych wypowiedzi.

Poniżej podaję źródła cytowanych wypowiedzi, liczb, faktów i danych. Podkreśleniem oznaczyłem źródła audiowizualne: filmy dokumentalne, reportaże, wywiady czy komentarze na DVD; natomiast niebieskim podkreśleniem oznaczyłem źródła odnoszące się do informacji dostępnych w Internecie. W przypadku artykułów, bądź fragmentów książek dostępnych również w Sieci, starałem się podać internetowy odpowiednik, by ułatwić Czytelnikowi wyśledzenie danej informacji w szerszym kontekście.

Niestety niektóre z internetowych źródeł w trakcie powstawania książki lub tuż po jej ukończeniu stały się już nieaktualne, na co nie miałem wpływu. Wydawcy mogą zmieniać strukturę i nazwy plików - wtedy można poszukać danej informacji korzystając ze strony głównej danego serwisu i dedykowanej wyszukiwarki; ale niestety niektóre witryny są likwidowane lub zmieniają/usuwają pewne treści. Część z tych źródeł została zarchiwizowana w postaci cytatów na forum www.clinteastwood.net lub też pod adresem www.eastwood.stopklatka.pl na mojej stronie poświęconej Eastwoodowi. Jako doskonałe źródło nie tylko wiedzy, ale również dalszych odniesień do artykułów polecam też na bieżąco aktualizowaną encyklopedię Wikipedia: http://en.wikipedia.org/wiki/Clint_Eastwood

[1] http://www.clinteastwood.org/forums/index.php?action=printpage;topic=618.0

[2] „Przemoc jest wredna", „Forum" nr 44/2003, s. 50

[3] B. Weinraub, "Wywiad Playboya: Clint Eastwood", „Playboy" 1997 r., nr 07, s. 49-58

[4] http://www.gq.com/entertainment/men-of-the-year/2009/badass/clint-eastwood-legend-invictus-director

[5] „Wodzem jestem ja", „Forum" nr 12/2009

[6] S. Orlin "Ciągle tu jestem!", "Cinema Polska" 2003 r. nr 12, s. 44-47

[7] http://www.eastwood.stopklatka.pl/cz-niebrzydki.html

[8] „Wodzem jestem ja", „Forum" nr 12/2009

[9] http://www.dailymail.co.uk/home/moslive/article-1347108/Clint-Eastwood-80-A-school-reunion-There-wouldnt-anybody-there.html

[10] M. Clinch, *Clint Eastwood*, Londyn 1994, s. 15

[11] S. Orlin "Ciągle tu jestem!", "Cinema Polska" 2003 r. nr 12, s. 44-47

[12] http://www.clinteastwood.net/

[13] I. Johnstone, *The Man With No Name*, London 1988, s. 12

[14] R. Schickel, *Clint Eastwood. A Biography*, New York 1996, s. 56

[15] „Wodzem jestem ja", „Forum" nr 12/2009

[16] P. McGilligan, *Clint. The Life and Legend*, London 2000, s. 58

[17] M. Clinch, *Clint Eastwood*, Londyn 1994, s. 31

[18] R. Schickel, *Clint Eastwood. A Biography*, New York 1996, s. 68

[19] R. Schickel, *Clint Eastwood. A Biography*, New York 1996, s. 68

[20] P. McGilligan, *Clint. The Life and Legend*, London 2000, s. 61

[21] *Za drzwiami Actors Studio: Clint Eastwood*, reż. J. Wurtz, 2004

[22] R. Schickel, *Clint Eastwood. A Biography*, New York 1996, s. 71

[23] R. Schickel, *Clint Eastwood. A Biography*, New York 1996, s. 75

[24] R. Schickel, *Clint Eastwood. A Biography*, New York 1996, s. 74

[25] http://www.usatoday.com/life/movies/news/2010-10-13-eastwood13_CV_N.htm

[26] P. McGilligan, *Clint. The Life and Legend*, London 2000, s. 74

[27] M. Eliot, *Amerykański buntownik. Życie Clinta Eastwooda*, Wrocław 2009, s. 40

[28] *Clint Eastwood – legenda kina*, reż. B. Ricker, 2000

[29] P. McGilligan, *Clint. The Life and Legend*, London 2000, s. 112

[30] R. Schickel, *Clint Eastwood. A Biography*, New York 1996, s. 72

[31] M. Eliot, *Amerykański buntownik. Życie Clinta Eastwooda*, Wrocław 2009, s. 41

[32] http://www.imdb.com/name/nm0000142/bio#trivia

[33] I. Johnstone, *The Man With No Name*, London 1988, s. 24

[34] J. Fayard „Who can stand 32,580 seconds of Clint Eastwood?", „LIFE", 23 Lip 1971, s. 44

[35] P. McGilligan, *Clint. The Life and Legend*, London 2000, s. 87

[36] R. Schickel, *Clint Eastwood. A Biography*, New York 1996, s. 94

[37] R. Schickel, *Clint Eastwood. A Biography*, New York 1996, s. 95

[38] H. Hughes *Aim for the Heart* London 2009, s. xxiv

[39] M. Clinch, *Clint Eastwood*, Londyn 1994, s. 30

[40] http://henrysheehan.com/essays/def/eastwood.html

[41] www.rawhide.com

[42] www.rawhide.com

[43] P. McGilligan, *Clint. The Life and Legend*, London 2000, s. 101

[44] www.rawhide.com

[45] www.rawhide.com

[46] M. Clinch, *Clint Eastwood*, Londyn 1994, s. 41

[47] http://www.pbs.org/wnet/americanmasters/episodes/clint-eastwood/filmmaker-interview-director-bruce-ricker-and-writer-david-kehr/584/

[48] www.rawhide.com

[49] http://en.wikipedia.org/wiki/Rawhide_(TV_series)

[50] P. McGilligan, *Clint. The Life and Legend*, London 2000, s. 98

[51] P. McGilligan, *Clint. The Life and Legend*, London 2000, s. 109

[52] P. McGilligan, *Clint. The Life and Legend*, London 2000, s. 108

[53] M. Eliot, *Amerykański buntownik. Życie Clinta Eastwooda*, Wrocław 2009, s. 39

[54] P. McGilligan, *Clint. The Life and Legend*, London 2000, s. 109

[55] P. McGilligan, *Clint. The Life and Legend*, London 2000, s. 106

[56] *Clint Eastwood – legenda kina*, reż. B. Ricker, 2000

[57] *Za drzwiami Actors Studio: Clint Eastwood*, reż. J. Wurtz, 2004

[58] http://directorsguild.org/news/dgaq_306/feat_eastwood-0306.php3

[59] P. McGilligan, *Clint. The Life and Legend*, London 2000, s. 110-111

[60] B. Weinraub, "Wywiad Playboya: Clint Eastwood", „Playboy" 1997 r., nr 07, s. 49-58

[61] M. Eliot, *Amerykański buntownik. Życie Clinta Eastwooda*, Wrocław 2009, s. 56

[62] P. McGilligan, *Clint. The Life and Legend*, London 2000, s. 120

[63] R. Schickel, *Clint Eastwood. A Biography*, New York 1996, s. 118

[64] R. Schickel, *Clint Eastwood. A Biography*, New York 1996, s. 118

[65] P. McGilligan, *Clint. The Life and Legend*, London 2000, s. 115

[66] www.rawhide.com

[67] P. McGilligan, *Clint. The Life and Legend*, London 2000, s. 116

[68] M. Clinch, *Clint Eastwood*, Londyn 1994, s. 46

[69] P. McGilligan, *Clint. The Life and Legend*, London 2000, s. 124

[70] R. Schickel, *Clint Eastwood. A Biography*, New York 1996, s. 151

[71] D. Thompson, *Clint Eastwood. Człowiek wart milliard dolarów*, Warszawa 2007, s. 95

[72] Cz. Michalski, *Western i jego bohaterowie*, WAiF, Warszawa 1972

[73] *Komentarz* na płycie *A Fistful of Dollars*, Special Edition DVD, MGM 2006

[74] *Tre Voci/Three Voices* na płycie *A Fistful of Dollars*, Special Edition DVD, MGM 2006

[75] R. Schickel, *Clint Eastwood. A Biography*, New York 1996, s. 140

[76] R. Schickel, *Clint Eastwood. A Biography*, New York 1996, s. 138

[77] *Tre Voci/Three Voices* na płycie *A Fistful of Dollars*, Special Edition DVD, MGM 2006

[78] M. Clinch, *Clint Eastwood*, Londyn 1994, s. 50

[79] http://www.clinteastwood.net/biography/index2.asp

[80] *A Few Weeks in Spain* na płycie *A Fistful of Dollars* Special Edition DVD, MGM 2006

[81] P. McGilligan, *Clint. The Life and Legend*, London 2000, s. 128

[82] *A New Kind of Hero* na płycie *A Fistful of Dollars* Special Edition DVD, MGM 2006

[83] http://www.rzeczpospolita.pl/dodatki/plus_minus_031115/plus_minus_a_13.html

[84] *Za drzwiami Actors Studio: Clint Eastwood*, reż. J. Wurtz, 2004

[85] *A Few Weeks in Spain* na płycie *A Fistful of Dollars* Special Edition DVD, MGM 2006

[86] P. McGilligan, *Clint. The Life and Legend*, London 2000, s. 147

[87] *A New Kind of Hero* na płycie *A Fistful of Dollars* Special Edition DVD, MGM 2006

[88] *Clint Eastwood – legenda kina*, reż. B. Ricker, 2000

[89] http://western.oeiizk.waw.pl/biografie/Clint_Eastwood/clint_eastwood.htm

[90] P. McGilligan, *Clint. The Life and Legend*, London 2000, s. 133

[91] R. Schickel, *Clint Eastwood. A Biography*, New York 1996, s.. 146

[92] R. Schickel, *Clint Eastwood. A Biography*, New York 1996, s. 146

[93] *A New Kind of Hero* na płycie *A Fistful of Dollars* Special Edition DVD, MGM 2006

[94] http://www.clinteastwood.net/timeline/index2.asp

[95] *Clint Eastwood – legenda kina*, reż. B. Ricker, 2000

[96] *A New Standard* na płycie *For A Few Dollars More*, Special Edition DVD, MGM 2006

[97] P. McGilligan, *Clint. The Life and Legend*, London 2000, s. 137

[98] *A New Kind of Hero* na płycie *A Fistful of Dollars* Special Edition DVD, MGM 2006

[99] *Once Upon a Time: Sergio Leone*, reż. H. Hill, 2003

[100] http://en.wikipedia.org/wiki/Techniscope

[101] P. McGilligan, *Clint. The Life and Legend*, London 2000, s. 134

[102] R. Schickel, *Clint Eastwood. A Biography*, New York 1996, s. 153

[103] R. Schickel, *Clint Eastwood. A Biography*, New York 1996, s. 155

[104] P. McGilligan, *Clint. The Life and Legend,* London 2000, s. 145
[105] R. Schickel, *Clint Eastwood. A Biography,* New York 1996, s. 156
[106] P. McGilligan, *Clint. The Life and Legend,* London 2000, s. 145
[107] M. Clinch, *Clint Eastwood,* Londyn 1994, s. 60
[108] H. Hughes *Aim for the Heart* London 2009, s. 12
[109] *Komentarz* na płycie *For A Few Dollars More* Special Edition DVD, MGM 2006
[110] *Komentarz* na płycie *For A Few Dollars More* Special Edition DVD, MGM 2006
[111] *Tre Voci* na płycie *For A Few Dollars More* Special Edition DVD, MGM 2006
[112] P. McGilligan, *Clint. The Life and Legend,* London 2000, s. 148
[113] *Komentarz* na płycie *A Fistful of Dollars,* Special Edition DVD, MGM 2006
[114] M. Eliot, *Amerykański buntownik. Życie Clinta Eastwooda,* Wrocław 2009, s. 83
[115] „Niesamowity Clint", „Film" 8/97, s. 92
[116] R. Schickel, *Clint Eastwood. A Biography,* New York 1996, s. 168
[117] M. Clinch, *Clint Eastwood,* Londyn 1994, s. 64
[118] P. McGilligan, *Clint. The Life and Legend,* London 2000, s. 154
[119] *The Leone Style* na płycie *The Good, The Bad, and The Ugly,* Special Edition DVD, MGM 2007
[120] H. Hughes *Aim for the Heart* London 2009, s. 15
[121] *Komentarz* na płycie *For A Few Dollars More* Special Edition DVD, MGM 2006
[122] *Clint Eastwood – legenda kina,* reż. B. Ricker, 2000
[123] R. Schickel, *Clint Eastwood. A Biography,* New York 1996, s. 149
[124] http://western.oeiizk.waw.pl/biografie/spaghetti/spaghetti.htm
[125] http://western.oeiizk.waw.pl/biografie/spaghetti/spaghetti.htm
[126] R. Turner *The Good, The Bad, And the Ugly,* "Entertainment Weekly", 2004-06-14

[127] http://159.54.226.237/04_issues/040125/040125clint_eastwood.html

[128] http://www.privateclubs.com/archives/2003-sept-oct/life_interview_clint_eastwood.htm
[129] P. McGilligan, *Clint. The Life and Legend,* London 2000, s. 136
[130] I. Johnstone, The Man With No Name, London 1988, s. 43
[131] P. Douglas *Clint Eastwood : Movin' On* Star Books/W.H.Allen & Co Ltd 1975, s. 37
[132] M. Clinch, *Clint Eastwood,* Londyn 1994, s. 111
[133] P. McGilligan, *Clint. The Life and Legend,* London 2000, s. 196
[134] D. Thompson, *Clint Eastwood. Seks i sława,* Warszawa 1993, s. 123
[135] R. Schickel, *Clint Eastwood. A Biography,* New York 1996, s. 186
[136] P. McGilligan, *Clint. The Life and Legend,* London 2000, s. 164
[137] P. McGilligan, *Clint. The Life and Legend,* London 2000, s. 164
[138] H. Hughes *Aim for the Heart* London 2009, s. 19
[139] H. Hughes *Aim for the Heart* London 2009, s. 21
[140] P. McGilligan, *Clint. The Life and Legend,* London 2000, s. 165
[141] P. McGilligan, *Clint. The Life and Legend,* London 2000, s. 162
[142] *Clint Eastwood: The Man from Malpaso,* reż. G. Feldman, 1993
[143] R. Schickel, *Clint Eastwood. A Biography,* New York 1996, s. 197
[144] *Clint Eastwood – legenda kina,* reż. B. Ricker, 2000
[145] R. Schickel, *Clint Eastwood. A Biography,* New York 1996, s. 197
[146] D. Thompson, *Clint Eastwood. Seks i sława,* Warszawa 1993, s. 25
[147] R. Schickel, *Clint Eastwood. A Biography,* New York 1996, s. 201
[148] R. Schickel, *Clint Eastwood. A Biography,* New York 1996, s. 203
[149] R. Schickel, *Clint Eastwood. A Biography,* New York 1996, s. 207
[150] *On location: Where Eagles Dare* na płycie *Tylko dla orłów,* Warner Home Video 2003
[151] *Clint Eastwood – legenda kina,* reż. B. Ricker, 2000
[152] http://www.dailymail.co.uk/home/moslive/article-1347108/Clint-Eastwood-80-A-school-reunion-There-wouldnt-anybody-there.html
[153] R. Schickel, *Clint Eastwood. A Biography,* New York 1996, s. 212
[154] R. Schickel, *Clint Eastwood. A Biography,* New York 1996, s. 215
[155] R. Schickel, *Clint Eastwood. A Biography,* New York 1996, s. 217
[156] M. Clinch, *Clint Eastwood,* Londyn 1994, s. 90
[157] R. Schickel, *Clint Eastwood. A Biography,* New York 1996, s. 221
[158] http://en.wikipedia.org/wiki/All_Singing,_All_Dancing
[159] D. Siegel, *A Siegel Film,* London 1996, s.324
[160] M. Clinch, *Clint Eastwood,* Londyn 1994, s. 5
[161] R. Schickel, *Clint Eastwood. A Biography,* New York 1996, s. 226
[162] R. Schickel, *Clint Eastwood. A Biography,* New York 1996, s. 227
[163] R. Schickel, *Clint Eastwood. A Biography,* New York 1996, s. 227

[164] R. Schickel, *Clint Eastwood. A Biography*, New York 1996, s. 230
[165] P. McGilligan, *Clint. The Life and Legend*, London 2000, s. 181
[166] R. Schickel, *Clint Eastwood. A Biography*, New York 1996, s. 231
[167] R. Schickel, *Clint Eastwood. A Biography*, New York 1996, s. 232
[168] M. Clinch, *Clint Eastwood*, Londyn 1994, s. 94
[169] P. McGilligan, *Clint. The Life and Legend*, London 2000, s. 182
[170] M. Clinch, *Clint Eastwood*, Londyn 1994, s. 96
[171] P. McGilligan, *Clint. The Life and Legend*, London 2000, s. 182
[172] R. Schickel, *Clint Eastwood. A Biography*, New York 1996, s. 271
[173] M. Eliot, *Amerykański buntownik. Życie Clinta Eastwooda*, Wrocław 2009, s. 117
[174] M. Clinch, *Clint Eastwood*, Londyn 1994, s. 96
[175] D. Siegel, *A Siegel Film*, London 1996, s. 341
[176] *Clint Eastwood – legenda kina*, reż. B. Ricker, 2000
[177] *Clint Eastwood. Interviews* R. E. Kapsis, K. Coblentz (red.), Jackson 1999, s. 11
[178] W. Beard *Persistence of Double Vision. Essays on Clint Eastwood* Alberta 2000, s. 121
[179] R. Schickel, *Clint Eastwood. A Biography*, New York 1996, s. 237
[180] R. Schickel, *Clint Eastwood. A Biography*, New York 1996, s. 238
[181] P. McGilligan, *Clint. The Life and Legend*, London 2000, s. 187
[182] W. Beard *Persistence of Double Vision. Essays on Clint Eastwood* Alberta 2000, s. 124
[183] *Clint Eastwood – legenda kina*, reż. B. Ricker, 2000
[184] *Clint Eastwood – legenda kina*, reż. B. Ricker, 2000
[185] *Zagraj dla mnie Misty – wspomnienia* na płycie *Zagraj dla mnie Misty*, 2004 Universal Pictures (Poland)
[186] I. Johnstone, *The Man With No Name*, London 1988, s. 74
[187] M. Eliot, *Amerykański buntownik. Życie Clinta Eastwooda*, Wrocław 2009, s. 122
[188] P. McGilligan, *Clint. The Life and Legend*, London 2000, s. 189
[189] P. McGilligan, *Clint. The Life and Legend*, London 2000, s. 192
[190] D. Thompson *Clint Eastwood. Człowiek wart milliard dolarów*, Warszawa 2007, s. 64
[191] R. Schickel, *Clint Eastwood. A Biography*, New York 1996, s. 248
[192] *Zagraj dla mnie Misty – wspomnienia* na płycie *Zagraj dla mnie Misty*, 2004 Universal Pictures (Poland)
[193] *Clint Eastwood. Interviews* R. E. Kapsis, K. Coblentz (red.), Jackson 1999, s. 97
[194] *Zagraj dla mnie Misty – wspomnienia* na płycie *Zagraj dla mnie Misty*, 2004 Universal Pictures (Poland)
[195] *Zagraj dla mnie Misty – wspomnienia* na płycie *Zagraj dla mnie Misty*, 2004 Universal Pictures (Poland)
[196] *Production notes* na płycie *Zagraj dla mnie Misty*, 2004 Universal Pictures (Poland)
[197] *Clint Eastwood: The Man from Malpaso*, reż. G. Feldman, 1993
[198] *Production notes* na płycie *Zagraj dla mnie Misty*, 2004 Universal Pictures (Poland)
[199] *Clint Eastwood – legenda kina*, reż. B. Ricker, 2000
[200] *Clint Eastwood. Interviews* R. E. Kapsis, K. Coblentz (red.), Jackson 1999, s. 19
[201] M. Clinch, *Clint Eastwood*, Londyn 1994, s. 147
[202] *Production notes* na płycie *Zagraj dla mnie Misty*, 2004 Universal Pictures (Poland)
[203] *Clint Eastwood. Interviews* R. E. Kapsis, K. Coblentz (red.), Jackson 1999, s. 15
[204] *Eastwood after hours*, Reż. Bruce Ricker, 2002
[205] *Zagraj dla mnie Misty – wspomnienia* na płycie *Zagraj dla mnie Misty*, 2004 Universal Pictures (Poland)
[206] P. McGilligan, *Clint. The Life and Legend*, London 2000, s. 194
[207] „Wodzem jestem ja", „Forum" nr 12/2009
[208] *Za drzwiami Actors Studio: Clint Eastwood*, reż. J.Wurtz, 2004
[209] D. Thompson, *Clint Eastwood. Seks i sława*, Warszawa 1993, s. 120
[210] *Clint Eastwood. Interviews* R. E. Kapsis, K. Coblentz (red.), Jackson 1999, s. 3
[211] W. Beard *Persistence of Double Vision. Essays on Clint Eastwood* Alberta 2000, s. 126
[212] *Clint Eastwood. Interviews* R. E. Kapsis, K. Coblentz (red.), Jackson 1999, s. 13
[213] M. Carlson *The Pocket Essentials : Clint Eastwood* Pocket Essentials Herts 2002, s. 40
[214] W. Beard *Persistence of Double Vision. Essays on Clint Eastwood* Alberta 2000, s. 125
[215] *Uwiedzeni. Misty, Don i Clint* na płycie *Zagraj dla mnie Misty*, 2004 Universal Pictures (Poland)
[216] W. Beard *Persistence of Double Vision. Essays on Clint Eastwood* Alberta 2000, s. 117
[217] R. Schickel, *Clint Eastwood. A Biography*, New York 1996, s. 294
[218] D. Thompson, *Clint Eastwood. Człowiek wart milliard dolarów*, Warszawa 2007, s. 204
[219] P. McGilligan, *Clint. The Life and Legend*, London 2000, s. 231
[220] P. Douglas *Clint Eastwood : Movin' On* Star Books/W.H.Allen & Co Ltd 1975, s 113
[221] R. Schickel, *Clint Eastwood. A Biography*, New York 1996, s. 295
[222] D. Thompson, *Clint Eastwood. Seks i sława*, Warszawa 1993, s. 45
[223] *Clint Eastwood. Interviews* R. E. Kapsis, K. Coblentz (red.), Jackson 1999, s. 101
[224] M. Clinch, *Clint Eastwood*, Londyn 1994, s. 149
[225] P. McGilligan, *Clint. The Life and Legend*, London 2000, s. 231

[226] *Clint Eastwood. Interviews* R. E. Kapsis, K. Coblentz (red.), Jackson 1999, s. 38
[227] T. Jopkiewicz, „Kultura" 23-24 maja 1998, s. 6
[228] *Clint Eastwood. Interviews* R. E. Kapsis, K. Coblentz (red.), Jackson 1999, s. 52
[229] R. Schickel, *Clint Eastwood. A Biography,* New York 1996, s. 255
[230] *Clint Eastwood. Interviews* R. E. Kapsis, K. Coblentz (red.), Jackson 1999, s. 4
[231] W. Beard *Persistence of Double Vision. Essays on Clint Eastwood* Alberta 2000, s. 132
[232] M. Carlson *The Pocket Essentials : Clint Eastwood* Pocket Essentials Herts 2002, s. 43
[233] R. Schickel, *Clint Eastwood. A Biography,* New York 1996, s. 285
[234] P. McGilligan, *Clint. The Life and Legend,* London 2000, s. 218
[235] http://henrysheehan.com/essays/def/eastwood.html
[236] P. McGilligan, *Clint. The Life and Legend,* London 2000, s. 219
[237] R. Schickel, *Clint Eastwood. A Biography,* New York 1996, s. 285
[238] *Clint Eastwood. Interviews* R. E. Kapsis, K. Coblentz (red.), Jackson 1999, s. 50
[239] *Clint Eastwood. Interviews* R. E. Kapsis, K. Coblentz (red.), Jackson 1999, s. 100
[240] *The American Film Institute Salute to Clint Eastwood*, reż. L. J. Horvitz, 1996
[241] *Za drzwiami Actors Studio: Clint Eastwood*, reż. J. Wurtz, 2004
[242] *Clint Eastwood. Interviews* R. E. Kapsis, K. Coblentz (red.), Jackson 1999, s. 63
[243] R. Schickel, *Clint Eastwood. A Biography,* New York 1996, s. 289
[244] M. Clinch, *Clint Eastwood,* Londyn 1994, s. 142
[245] http://henrysheehan.com/essays/def/eastwood.html
[246] *Clint Eastwood. Interviews* R. E. Kapsis, K. Coblentz (red.), Jackson 1999, s. 70
[247] L. Engel *Clint Eastwood, Actor and Director: New Perspectives,* Salt Lake City 2007, s. 105
[248] L. Engel *Clint Eastwood, Actor and Director: New Perspectives,* Salt Lake City 2007, s. 146
[249] http://henrysheehan.com/essays/def/eastwood.html
[250] L. Engel *Clint Eastwood, Actor and Director: New Perspectives*, Salt Lake City 2007, s. 139
[251] http://www.usaweekend.com/04_issues/040125/040125clint_eastwood.html
[252] T. Jopkiewicz „Z przebaczeniem i bez", „Kino" 2/2005
[253] *Clint Eastwood. Interviews* R. E. Kapsis, K. Coblentz (red.), Jackson 1999, s. 29
[254] *Za drzwiami Actors Studio: Clint Eastwood*, reż. J. Wurtz, 2004
[255] P. McGilligan, *Clint. The Life and Legend,* London 2000, s. 262
[256] M. Eliot, *Amerykański buntownik. Życie Clinta Eastwooda*, Wrocław 2009, s. 164
[257] P. McGilligan, *Clint. The Life and Legend,* London 2000, s. 263
[258] R. Schickel, *Clint Eastwood. A Biography,* New York 1996, s. 327
[259] http://www.sensesofcinema.com/2003/great-directors/eastwood/
[260] *Making Blood Work* na płycie *Blood Work*, Warner Home Video, 2004
[261] *Clint Eastwood. Interviews* R. E. Kapsis, K. Coblentz (red.), Jackson 1999, s. 56
[262] *Clint Eastwood: The Man from Malpaso*, reż. G. Feldman, 1993
[263] *Clint Eastwood. Interviews* R. E. Kapsis, K. Coblentz (red.), Jackson 1999, s. 65
[264] *Clint Eastwood. Interviews* R. E. Kapsis, K. Coblentz (red.), Jackson 1999, s. 68
[265] *Clint Eastwood. Interviews* R. E. Kapsis, K. Coblentz (red.), Jackson 1999, s. 23
[266] http://henrysheehan.com/essays/def/eastwood.html
[267] *Hell Hath No Fury: The Making Of The Outlaw Josey Wales* na płycie *The Outlaw Josey Wales*, 2005 Warner Bros. Entertainment Inc.
[268] L. Engel *Clint Eastwood, Actor and Director: New Perspectives*, Salt Lake City 2007, s. 38
[269] M. Carlson *The Pocket Essentials : Clint Eastwood* Pocket Essentials Herts 2002, s. 52
[270] *Clint Eastwood – legenda kina*, reż. B. Ricker, 2000
[271] *Clint Eastwood – legenda kina*, reż. B. Ricker, 2000
[272] R. Schickel, *Clint Eastwood. A Biography,* New York 1996, s. 338
[273] http://www.shockya.com/news/2011/01/09/the-coens-top-5-western-films
[274] http://pl.wikipedia.org/wiki/Prawa_Mirandy
[275] *The Long Shadow of Dirty Harry* na płycie *Dirty Harry (Two-Disc Special Edition)*, Warner Home Video 2008
[276] *The Long Shadow of Dirty Harry* na płycie *Dirty Harry (Two-Disc Special Edition)*, Warner Home Video 2008
[277] *The Long Shadow of Dirty Harry* na płycie *Dirty Harry (Two-Disc Special Edition)*, Warner Home Video 2008
[278] *Dirty Harry: The Original* na płycie *Dirty Harry (Two-Disc Special Edition)*, Warner Home Video 2008
[279] *Clint Eastwood – legenda kina*, reż. B. Ricker, 2000
[280] *The Craft of Dirty Harry* na płycie *The Dead Pool (Deluxe Edition)*, Warner Home Video 2008
[281] http://www.mtv.com/movies/news/articles/1589746/story.jhtml
[282] *The Long Shadow of Dirty Harry* na płycie *Dirty Harry (Two-Disc Special Edition)*, Warner Home Video 2008
[283] *The Long Shadow of Dirty Harry* na płycie *Dirty Harry (Two-Disc Special Edition)*, Warner Home Video 2008
[284] *Dirty Harry: The Original* na płycie *Dirty Harry (Two-Disc Special Edition)*, Warner Home Video 2008
[285] I. Johnstone, The Man With No Name, London 1988, s. 85

[286] R. Schickel, *Clint Eastwood. A Biography*, New York 1996, s. 266
[287] *Interview gallery* na płycie *Dirty Harry (Two-Disc Special Edition)*, Warner Home Video 2008
[288] *The Long Shadow of Dirty Harry* na płycie *Dirty Harry (Two-Disc Special Edition)*, Warner Home Video 2008
[289] *The Long Shadow of Dirty Harry* na płycie *Dirty Harry (Two-Disc Special Edition)*, Warner Home Video 2008
[290] *Interview gallery* na płycie *Dirty Harry (Two-Disc Special Edition)*, Warner Home Video 2008
[291] http://www.clinteastwood.net/
[292] *Za drzwiami Actors Studio: Clint Eastwood* (2004), reż. J. Wurtz
[293] P. McGilligan, *Clint. The Life and Legend*, London 2000, s. 212
[294] R. Schickel, *Clint Eastwood. A Biography*, New York 1996, s. 279
[295] P. McGilligan, *Clint. The Life and Legend*, London 2000, s. 212
[296] *Clint Eastwood. Interviews* R. E. Kapsis, K. Coblentz (red.), Jackson 1999, s. 157
[297] *Clint Eastwood – legenda kina*, reż. B. Ricker, 2000
[298] http://www.clinteastwood.net/biography/index3.asp
[299] *A Moral Right: The Politics of Dirty Harry*na płycie *Magnum (Deluxe Edition)*, Warner Home Video 2008
[300] B. Weinraub, "Wywiad Playboya: Clint Eastwood", "Playboy" 1997 r., nr 07, s. 49-58
[301] I. Johnstone, *The Man With No Name*, London 1988, s. 86
[302] P. McGilligan, *Clint. The Life and Legend*, London 2000, s. 212
[303] *The Long Shadow of Dirty Harry* na płycie *Dirty Harry (Two-Disc Special Edition)*, Warner Home Video 2008
[304] http://wn.com/clint_eastwood_introduces_dirty_harry_at_cannes
[305] *A Moral Right: The Politics of Dirty Harry*na płycie *Magnum (Deluxe Edition)*, Warner Home Video 2008
[306] *Clint Eastwood – legenda kina*, reż. B. Ricker, 2000
[307] *Dirty Harry: The Original* na płycie *Dirty Harry (Two-Disc Special Edition)*, Warner Home Video 2008
[308] W. Beard *Persistence of Double Vision. Essays on Clint Eastwood* Alberta 2000, s. 19
[309] *A Moral Right: The Politics of Dirty Harry*na płycie *Magnum (Deluxe Edition)*, Warner Home Video 2008
[310] *Komentarz* na płycie *Magnum (Deluxe Edition)*, Warner Home Video 2008
[311] *Dirty Harry: The Original* na płycie *Dirty Harry (Two-Disc Special Edition)*, Warner Home Video 2008
[312] *Interview gallery* na płycie *Dirty Harry (Two-Disc Special Edition)*, Warner Home Video 2008
[313] http://www.guardian.co.uk/film/2009/jan/29/magnum-force-the-musical
[314] P. McGilligan, *Clint. The Life and Legend*, London 2000, s. 273
[315] http://www.the-dirtiest.com/fargo.htm
[316] P. McGilligan, *Clint. The Life and Legend*, London 2000, s. 276
[317] R. Schickel, *Clint Eastwood. A Biography*, New York 1996, s. 340
[318] R. Schickel, *Clint Eastwood. A Biography*, New York 1996, s. 385
[319] *Za drzwiami Actors Studio: Clint Eastwood*, reż. J. Wurtz, 2004
[320] P. McGilligan, *Clint. The Life and Legend*, London 2000, s. 349
[321] *Clint Eastwood – legenda kina*, reż. B. Ricker, 2000
[322] *The Craft of Dirty Harry* na płycie *The Dead Pool (Deluxe Edition)*, Warner Home Video 2008
[323] *The Evolution of Clint Eastwood* na płycie *Sudden Impact (Deluxe Edition)*, Warner Home Video 2008
[324] *The Evolution of Clint Eastwood* na płycie *Sudden Impact (Deluxe Edition)*, Warner Home Video 2008
[325] *The Evolution of Clint Eastwood* na płycie *Sudden Impact (Deluxe Edition)*, Warner Home Video 2008
[326] M. Carlson *The Pocket Essentials : Clint Eastwood* Pocket Essentials Herts 2002, s. 62
[327] P. McGilligan, *Clint. The Life and Legend*, London 2000, s. 352
[328] R. Schickel, *Clint Eastwood. A Biography*, New York 1996, s. 386
[329] Gilligan 352, R. Schickel, *Clint Eastwood. A Biography*, New York 1996, s. 387
[330] *Komentarz* na płycie *Sudden Impact (Deluxe Edition)*, Warner Home Video 2008
[331] D. Thompson, *Clint Eastwood. Seks i sława*, Warszawa 1993, s. 89
[332] *Clint Eastwood. Interviews* R. E. Kapsis, K. Coblentz (red.), Jackson 1999, s. 147
[333] http://www.the-dirtiest.com/vanhorn.htm
[334] *Komentarz* na płycie *The Dead Pool (Deluxe Edition)*, Warner Home Video 2008
[335] *Komentarz* na płycie *The Dead Pool (Deluxe Edition)*, Warner Home Video 2008
[336] R. Schickel, *Clint Eastwood. A Biography*, New York 1996, s. 432
[337] *Komentarz* na płycie *Magnum (Deluxe Edition)*, Warner Home Video 2008
[338] *The Long Shadow of Dirty Harry* na płycie *Dirty Harry (Two-Disc Special Edition)*, Warner Home Video 2008
[339] *The Long Shadow of Dirty Harry* na płycie *Dirty Harry (Two-Disc Special Edition)*, Warner Home Video 2008
[340] *Interview gallery* na płycie *Dirty Harry (Two-Disc Special Edition)*, Warner Home Video 2008
[341] M. Carlson *The Pocket Essentials : Clint Eastwood* Pocket Essentials Herts 2002, s. 11
[342] *Clint Eastwood. Interviews* R. E. Kapsis, K. Coblentz (red.), Jackson 1999, s. 29
[343] http://www.the-dirtiest.com/ric.htm
[344] http://www.the-dirtiest.com/legacy.htm
[345] http://www.imdb.com/name/nm0000142/bio#trivia
[346] R. Schickel, *Clint Eastwood. A Biography*, New York 1996, s. 283
[347] L. Engel *Clint Eastwood, Actor and Director: New Perspectives*, Salt Lake City 2007, s. 171

[348] P. Bogdanovich, „Brudny Harry u spowiedzi", „Forum" nr 40/2005
[349] M. Eliot, Amerykański buntownik. Życie Clinta Eastwooda, Wrocław 2009, s. 152
[350] R. Schickel, *Clint Eastwood. A Biography*, New York 1996, s. 298
[351] *Clint Eastwood. Interviews* R. E. Kapsis, K. Coblentz (red.), Jackson 1999, s. 195
[352] B. Weinraub, "Wywiad Playboya: Clint Eastwood", "Playboy" 1997 r., nr 07, s. 49-58
[353] http://www.time.com/time/magazine/article/0,9171,912077,00.html
[354] H. Hughes *Aim for the Heart* London 2009, s. 166
[355] *Clint Eastwood: The Man from Malpaso*, reż. G. Feldman, 1993
[356] *Clint Eastwood: The Man from Malpaso*, reż. G. Feldman, 1993
[357] http://www.imdb.com/name/nm0000142/bio#trivia
[358] *Clint Eastwood: The Man from Malpaso*, reż. G. Feldman, 1993
[359] R. Schickel, *Clint Eastwood. A Biography*, New York 1996, s. 309
[360] R. Schickel, *Clint Eastwood. A Biography*, New York 1996, s. 311
[361] R. Schickel, *Clint Eastwood. A Biography*, New York 1996, s. 305
[362] http://www.guardian.co.uk/film/2007/feb/25/clinteastwood.oscars
[363] http://www.gq.com/entertainment/men-of-the-year/2009/badass/clint-eastwood-legend-invictus-director
[364] J. H. Foote *Clint Eastwood: Evolution of a Filmmaker* Praeger 2008, s. 24
[365] P. McGilligan, *Clint. The Life and Legend*, London 2000, s. 243
[366] P. McGilligan, *Clint. The Life and Legend*, London 2000, s. 252
[367] I. Johnstone, *The Man With No Name*, London 1988, s. 109
[368] *Za drzwiami Actors Studio: Clint Eastwood*, reż. J. Wurtz, 2004
[369] F. Plaza *Clint Eastwood/Malpaso*, Berkeley 1991, s. 70
[370] D. Thompson, *Clint Eastwood. Człowiek wart milliard dolarów*, Warszawa 2007, s. 68
[371] P. McGilligan, *Clint. The Life and Legend*, London 2000, s. 247
[372] P. McGilligan, *Clint. The Life and Legend*, London 2000, s. 251
[373] *The Evolution of Clint Eastwood* na płycie *Sudden Impact (Deluxe Edition)*, Warner Home Video 2008
[374] P. McGilligan, *Clint. The Life and Legend*, London 2000, s. 255
[375] *Clint Eastwood. Interviews* R. E. Kapsis, K. Coblentz (red.), Jackson 1999, s. 202
[376] M. Clinch, *Clint Eastwood*, Londyn 1994, s. 201
[377] „Niesamowity Clint", „Film" 8/97, s. 93
[378] D. Thompson, *Clint Eastwood. Seks i sława*, Warszawa 1993, s. 50
[379] *Clint Eastwood. Interviews* R. E. Kapsis, K. Coblentz (red.), Jackson 1999, s. 59
[380] http://www.clinteastwood.org/forums/index.php?action=printpage;topic=829.0
[381] R. Schickel, *Clint Eastwood. A Biography*, New York 1996, s. 345
[382] *Clint Eastwood. Interviews* R. E. Kapsis, K. Coblentz (red.), Jackson 1999, s. 60
[383] R. Schickel, *Clint Eastwood. A Biography*, New York 1996, s. 345
[384] R. Schickel, *Clint Eastwood. A Biography*, New York 1996, s. 346
[385] R. Schickel, *Clint Eastwood. A Biography*, New York 1996, s. 348
[386] R. Schickel, *Clint Eastwood. A Biography*, New York 1996, s. 348
[387] R. Schickel, *Clint Eastwood. A Biography*, New York 1996, s. 346
[388] *Clint Eastwood. Interviews* R. E. Kapsis, K. Coblentz (red.), Jackson 1999, s. 112
[389] *Clint Eastwood. Interviews* R. E. Kapsis, K. Coblentz (red.), Jackson 1999, s. 61
[390] P. McGilligan, *Clint. The Life and Legend*, London 2000, s. 284
[391] D. Thompson, *Clint Eastwood. Seks i sława*, Warszawa 1993, s. 55
[392] *The Playboy Interviews. The Directors*, S. Randall (Red.), Milwaukee 2006, s. 129
[393] P. McGilligan, *Clint. The Life and Legend*, London 2000, s. 305
[394] F. Plaza *Clint Eastwood/Malpaso*, Berkeley 1991, s. 104
[395] http://www.clinteastwood.org/forums/index.php?topic=3590.0;wap2
[396] R. Schickel, *Clint Eastwood. A Biography*, New York 1996, s. 358
[397] R. Schickel, *Clint Eastwood. A Biography*, New York 1996, s. 360
[398] R. Schickel, *Clint Eastwood. A Biography*, New York 1996, s. 361
[399] http://www.cinemaretro.com/index.php?/archives/3817-sequel-to-escape-from-alcatraz-being-pitched.html
[400] http://www.the-dirtiest.com/enforcer_suntimes.htm
[401] http://www.dailymail.co.uk/home/moslive/article-1347108/Clint-Eastwood-80-A-school-reunion-There-wouldnt-anybody-there.html
[402] R. Schickel, *Clint Eastwood. A Biography*, New York 1996, s. 358
[403] S. Locke *The Good, The Bad & The Very Ugly* William Morrow and Company, Inc. 1997, s. 186
[404] M. Eliot, *Amerykański buntownik. Życie Clinta Eastwooda*, Wrocław 2009, s. 238
[405] „Muscle & Fitness" 1/1988

[406] „Muscle & Fitness" 1/1991
[407] *Clint Eastwood. Interviews* R. E. Kapsis, K. Coblentz (red.), Jackson 1999, s. 109
[408] *Clint Eastwood. Interviews* R. E. Kapsis, K. Coblentz (red.), Jackson 1999, s. 77
[409] D. Thompson, *Clint Eastwood. Seks i sława*, Warszawa 1993, s. 51
[410] D. Thompson, *Clint Eastwood. Seks i sława*, Warszawa 1993, s. 51
[411] P. McGilligan, *Clint. The Life and Legend*, London 2000, s. 298
[412] P. McGilligan, *Clint. The Life and Legend*, London 2000, s. 299
[413] D. Thompson, *Clint Eastwood. Człowiek wart milliard dolarów*, Warszawa 2007, s. 162
[414] L. Engel *Clint Eastwood, Actor and Director: New Perspectives*, Salt Lake City 2007, s. 119
[415] L. Engel *Clint Eastwood, Actor and Director: New Perspectives*, Salt Lake City 2007, s. 122
[416] L. Engel *Clint Eastwood, Actor and Director: New Perspectives*, Salt Lake City 2007, s. 122
[417] *Clint Eastwood. Interviews* R. E. Kapsis, K. Coblentz (red.), Jackson 1999, s. 67
[418] L. Engel *Clint Eastwood, Actor and Director: New Perspectives*, Salt Lake City 2007, s. 128
[419] *Hell Hath No Fury: The Making Of The Outlaw Josey Wales* na płycie *The Outlaw Josey Wales*, 2005 Warner Bros. Entertainment Inc.
[420] W. Beard *Persistence of Double Vision. Essays on Clint Eastwood* Alberta 2000, s. 26
[421] D. Thompson, *Clint Eastwood. Seks i sława*, Warszawa 1993, s. 55
[422] *Clint Eastwood. Interviews* R. E. Kapsis, K. Coblentz (red.), Jackson 1999, s. 106
[423] *Clint Eastwood. Interviews* R. E. Kapsis, K. Coblentz (red.), Jackson 1999, s. 126
[424] *Clint Eastwood. Interviews* R. E. Kapsis, K. Coblentz (red.), Jackson 1999, s. 77
[425] L. Engel *Clint Eastwood, Actor and Director: New Perspectives*, Salt Lake City 2007, s. 186
[426] *The American Film Institute Salute to Clint Eastwood*, reż. L. J. Horvitz, 1996
[427] M. Clinch, *Clint Eastwood*, Londyn 1994, s. 204
[428] H. Hughes *Aim for the Heart* London 2009, s. 119
[429] P. McGilligan, *Clint. The Life and Legend*, London 2000, s. 325
[430] P. McGilligan, *Clint. The Life and Legend*, London 2000, s. 328
[431] P. McGilligan, *Clint. The Life and Legend*, London 2000, s. 328
[432] H. Hughes *Aim for the Heart* London 2009, s. 117
[433] *Clint Eastwood: The Man from Malpaso*, reż. G. Feldman, 1993
[434] P. McGilligan, *Clint. The Life and Legend*, London 2000, s. 342
[435] *Clint Eastwood. Interviews* R. E. Kapsis, K. Coblentz (red.), Jackson 1999, s. 151
[436] H. Hughes *Aim for the Heart* London 2009, s. 138
[437] *Clint Eastwood. Interviews* R. E. Kapsis, K. Coblentz (red.), Jackson 1999, s. 108
[438] R. Schickel, *Clint Eastwood. A Biography*, New York 1996, s. 369
[439] R. Schickel, *Clint Eastwood. A Biography*, New York 1996, s. 368
[440] *Clint Eastwood – legenda kina*, reż. Bruce Ricker, 2000
[441] *Clint Eastwood. Interviews* R. E. Kapsis, K. Coblentz (red.), Jackson 1999, s. 204
[442] B. Weinraub, "Wywiad Playboya: Clint Eastwood", "Playboy" 1997 r., nr 07, s. 49-58
[443] *Clint Eastwood. Interviews* R. E. Kapsis, K. Coblentz (red.), Jackson 1999, s. 98
[444] *Clint Eastwood. Interviews* R. E. Kapsis, K. Coblentz (red.), Jackson 1999, s. 197
[445] P. McGilligan, *Clint. The Life and Legend*, London 2000, s. 329
[446] *Clint Eastwood. Interviews* R. E. Kapsis, K. Coblentz (red.), Jackson 1999, s. 225
[447] *Clint Eastwood. Interviews* R. E. Kapsis, K. Coblentz (red.), Jackson 1999, s. 155
[448] D. Thompson, *Clint Eastwood. Seks i sława*, Warszawa 1993, s. 60
[449] *The Eastwood Factor*, reż. R. Schickel, 2010
[450] R. Schickel, *Clint Eastwood. A Biography*, New York 1996, s. 391
[451] P. McGilligan, *Clint. The Life and Legend*, London 2000, s. 364
[452] P. McGilligan, *Clint. The Life and Legend*, London 2000, s. 363
[453] W. Beard *Persistence of Double Vision. Essays on Clint Eastwood* Alberta 2000, s. 23
[454] *Clint Eastwood. Interviews* R. E. Kapsis, K. Coblentz (red.), Jackson 1999, s. 33
[455] *Clint Eastwood. Interviews* R. E. Kapsis, K. Coblentz (red.), Jackson 1999, s. 86
[456] R. Schickel, *Clint Eastwood. A Biography*, New York 1996, s. 397
[457] *Clint Eastwood. Interviews* R. E. Kapsis, K. Coblentz (red.), Jackson 1999, s. 123
[458] I. Johnstone, *The Man With No Name*, London 1988, s. 159
[459] http://www.imdb.com/name/nm0000142/bio#trivia
[460] I. Johnstone, *The Man With No Name*, London 1988, s. 150
[461] http://www.todays-woman.net/article1813.html
[462] M. Clinch, *Clint Eastwood*, Londyn 1994, s. 244
[463] R. Schickel, *Clint Eastwood. A Biography*, New York 1996, s. 412
[464] D. Thompson, *Clint Eastwood. Seks i sława*, Warszawa 1993, s. 76
[465] R. Schickel, *Clint Eastwood. A Biography*, New York 1996, s. 415
[466] P. McGilligan, *Clint. The Life and Legend*, London 2000, s. 391
[467] P. McGilligan, *Clint. The Life and Legend*, London 2000, s. 391

[468] http://www.clinteastwood.net/
[469] http://www.usaweekend.com/04_issues/040125/040125clint_eastwood.html
[470] R. Schickel, *Clint Eastwood. A Biography,* New York 1996, s. 421
[471] *Clint Eastwood. Interviews* R. E. Kapsis, K. Coblentz (red.), Jackson 1999, s. 150
[472] R. Schickel, *Clint Eastwood. A Biography,* New York 1996, s. 423
[473] W. Beard Persistence of Double Vision. Essays on Clint Eastwood Alberta 2000, s. 37
[474] D. Thompson, *Clint Eastwood. Seks i sława*, Warszawa 1993, s. 81
[475] D. Thompson, *Clint Eastwood. Seks i sława*, Warszawa 1993, s. 83
[476] I. Johnstone, *The Man With No Name*, London 1988, s. 158
[477] *Clint Eastwood. Interviews* R. E. Kapsis, K. Coblentz (red.), Jackson 1999, s. 89
[478] D. Thompson, *Clint Eastwood. Seks i sława*, Warszawa 1993, s. 91
[479] *The American Film Institute Salute to Clint Eastwood*, reż. L. J. Horvitz, 1996
[480] http://www.independent.co.uk/arts-entertainment/films/features/buddy-van-horn-my-life-as-clint-eastwoodrsquos-stuntman-2045628.html
[481] R. Schickel, *Clint Eastwood. A Biography,* New York 1996, s. 439
[482] R. Schickel, *Clint Eastwood. A Biography,* New York 1996, s. 440
[483] John Baxter, *Spielberg. Nie autoryzowana Biografia*.Wrocław 2000, s. 436
[484] D. Thompson, *Clint Eastwood. Seks i sława*, Warszawa 1993, s. 72
[485] http://www.youtube.com/watch?v=N1bc-p_YRck
[486] www.clinteastwood.org/forums/index.php?PHPSESSID=mihgsknkb9rie7njv5bfkk89a3&topic=229.msg
[487] B. Weinraub, "Wywiad Playboya: Clint Eastwood", "Playboy" 1997 r., nr 07, s. 49-58
[488] D. Thompson, *Clint Eastwood. Seks i sława*, Warszawa 1993, s. 120
[489] P. McGilligan, *Clint. The Life and Legend,* London 2000, s. 331
[490] R. Schickel, *Clint Eastwood. A Biography,* New York 1996, s. 371
[491] *Clint Eastwood. Interviews* R. E. Kapsis, K. Coblentz (red.), Jackson 1999, s. 182
[492] http://henrysheehan.com/essays/def/eastwood.html
[493] J. H. Foote *Clint Eastwood: Evolution of a Filmmaker* Praeger 2008, s. 60
[494] L. Engel *Clint Eastwood, Actor and Director: New Perspectives*, Salt Lake City 2007, s. 147
[495] *Clint Eastwood. Interviews* R. E. Kapsis, K. Coblentz (red.), Jackson 1999, s. 115
[496] P. McGilligan, *Clint. The Life and Legend,* London 2000, s. 375
[497] *Clint Eastwood. Interviews* R. E. Kapsis, K. Coblentz (red.), Jackson 1999, s. 135
[498] *Clint Eastwood. Interviews* R. E. Kapsis, K. Coblentz (red.), Jackson 1999, s. 28
[499] D. Thompson, *Clint Eastwood. Seks i sława*, Warszawa 1993, s. 66
[500] B. Benoliel, *Masters of cinema. Clint Eastwood,* Paryż 2010, s. 50
[501] http://henrysheehan.com/essays/def/eastwood.html
[502] D. Thompson, *Clint Eastwood. Człowiek wart milliard dolarów*, Warszawa 2007, s. 188
[503] R. Schickel, *Clint Eastwood. A Biography,* New York 1996, s. 402
[504] R. Schickel, *Clint Eastwood. A Biography,* New York 1996, s. 401
[505] L. Engel *Clint Eastwood, Actor and Director: New Perspectives*, Salt Lake City 2007, s. 148
[506] P. McGilligan, *Clint. The Life and Legend,* London 2000, s. 378
[507] D. Thompson, *Clint Eastwood. Seks i sława*, Warszawa 1993, s. 71
[508] *Clint Eastwood. Interviews* R. E. Kapsis, K. Coblentz (red.), Jackson 1999, s. 197
[509] H. Hughes *Aim for the Heart* London 2009, s. 38
[510] *The Craft of Dirty Harry* na płycie *The Dead Pool (Deluxe Edition)*, Warner Home Video 2008
[511] *The Craft of Dirty Harry* na płycie *The Dead Pool (Deluxe Edition)*, Warner Home Video 2008
[512] *Clint Eastwood. Interviews* R. E. Kapsis, K. Coblentz (red.), Jackson 1999, s. 142
[513] http://directorsguild.org/news/dgaq_306/feat_eastwood-0306.php3
[514] *Clint Eastwood. Interviews* R. E. Kapsis, K. Coblentz (red.), Jackson 1999, s. 159
[515] *Clint Eastwood. Interviews* R. E. Kapsis, K. Coblentz (red.), Jackson 1999, s. 143
[516] R. Schickel, *Clint Eastwood. A Biography,* New York 1996, s. 428
[517] R. Schickel, *Clint Eastwood. A Biography,* New York 1996, s. 432
[518] M. Carlson *The Pocket Essentials : Clint Eastwood* Pocket Essentials Herts 2002, s. 72
[519] *Clint Eastwood. Interviews* R. E. Kapsis, K. Coblentz (red.), Jackson 1999, s. 158
[520] H. Hughes *Aim for the Heart* London 2009, s. 142
[521] *Clint Eastwood. Interviews* R. E. Kapsis, K. Coblentz (red.), Jackson 1999, s. 184
[522] D. Thompson, *Clint Eastwood. Seks i sława*, Warszawa 1993, s. 104
[523] *Clint Eastwood. Interviews* R. E. Kapsis, K. Coblentz (red.), Jackson 1999, s. 160
[524] *Clint Eastwood. Interviews* R. E. Kapsis, K. Coblentz (red.), Jackson 1999, s. 162
[525] http://www.imdb.com/name/nm0000142/bio#trivia
[526] D. Thompson, *Clint Eastwood. Seks i sława*, Warszawa 1993, s. 104
[527] S. Locke *The Good, The Bad & The Very Ugly* William Morrow and Company, Inc. 1997, s. 157
[528] R. Schickel, *Clint Eastwood. A Biography,* New York 1996, s. 449

[529] *Clint Eastwood. Interviews* R. E. Kapsis, K. Coblentz (red.), Jackson 1999, s. 6
[530] *The Eastwood Factor*, reż. R. Schickel, 2010
[531] D. Thompson, *Clint Eastwood. Seks i sława*, Warszawa 1993, s. 104
[532] B. Weinraub, "Wywiad Playboya: Clint Eastwood", "Playboy" 1997 r., nr 07, s. 49-58
[533] J. H. Foote *Clint Eastwood: Evolution of a Filmmaker* Praeger 2008, s. 92
[534] *Clint Eastwood: The Man from Malpaso*, reż. G. Feldman, 1993
[535] D. Thompson, *Clint Eastwood. Człowiek wart milliard dolarów*, Warszawa 2007, s.169
[536] http://www.psychologytoday.com/articles/pto-19930101-000019.html
[537] *All on Accounta pullin' a Trigger* na płycie *Unforgiven*, Two-Disc Special Edition, Warner Home Video 2002
[538] *Clint Eastwood. Interviews* R. E. Kapsis, K. Coblentz (red.), Jackson 1999, s. 192
[539] http://directorsguild.org/news/dgaq_306/feat_eastwood-0306.php3
[540] *Eastwood on Eastwood* na płycie *Unforgiven*, Two-Disc Special Edition, Warner Home Video 2002
[541] *Clint Eastwood. Interviews* R. E. Kapsis, K. Coblentz (red.), Jackson 1999, s. 177
[542] *Eastwood & Co.: Making Unforgiven* na płycie *Unforgiven*, Two-Disc Special Edition, Warner Home Video 2002
[543] M. Clinch, *Clint Eastwood*, Londyn 1994, s. 293
[544] M. Clinch, *Clint Eastwood*, Londyn 1994, s.295
[545] R. Schickel, *Clint Eastwood. A Biography*, New York 1996, s. 465
[546] B. Benoliel, *Masters of cinema. Clint Eastwood*, Paryż 2010, s. 36
[547] P. McGilligan, *Clint. The Life and Legend*, London 2000, s. 473
[548] P. McGilligan, *Clint. The Life and Legend*, London 2000, s. 475
[549] *Clint Eastwood. Interviews* R. E. Kapsis, K. Coblentz (red.), Jackson 1999, s. 213
[550] *Komentarz* na płycie *Unforgiven (Two-Disc Special Edition)*, Warner Home Video 2002
[551] *The Evolution of Clint Eastwood* na płycie *Sudden Impact (Deluxe Edition)*, Warner Home Video 2008
[552] R. Schickel, *Clint Eastwood. A Biography*, New York 1996, s. 459
[553] L. Engel *Clint Eastwood, Actor and Director: New Perspectives*, Salt Lake City 2007, s. 160
[554] *Clint Eastwood. Interviews* R. E. Kapsis, K. Coblentz (red.), Jackson 1999, s. 185
[555] W. Beard *Persistence of Double Vision. Essays on Clint Eastwood* Alberta 2000, s. 46
[556] J. Półtorak, *Clint Eastwood – jak być twardzielem? Bezimienny, Brudny Harry i Stary Wyga jako przykłady filmowych wizerunków męskości*, UJ ISzA Kraków 2005
[557] *Clint Eastwood. Interviews* R. E. Kapsis, K. Coblentz (red.), Jackson 1999, s. 208
[558] http://www.empireonline.com/features/clint-eastwood-on-clint-eastwood/default.asp
[559] *Clint Eastwood. Interviews* R. E. Kapsis, K. Coblentz (red.), Jackson 1999, s. 212
[560] *Clint Eastwood. Interviews* R. E. Kapsis, K. Coblentz (red.), Jackson 1999, s. 198
[561] „The Hollywood Reporter", March 11, 1993, p. 56
[562] M. Clinch, *Clint Eastwood*, Londyn 1994, s. 299
[563] P. McGilligan, *Clint. The Life and Legend*, London 2000, s. 480
[564] R. Schickel, *Clint Eastwood. A Biography*, New York 1996, s. 477
[565] *Komentarz* na płycie *In the Line of Fire (Special Edition)*, Sony Pictures 2001
[566] W. Beard *Persistence of Double Vision. Essays on Clint Eastwood* Alberta 2000, s. 38
[567] P. McGilligan, *Clint. The Life and Legend*, London 2000, s. 480
[568] D. Thompson, *Clint Eastwood. Człowiek wart milliard dolarów*, Warszawa 2007, s. 173
[569] R. Schickel, *Clint Eastwood. A Biography*, New York 1996, s. 482
[570] *Clint Eastwood. Interviews* R. E. Kapsis, K. Coblentz (red.), Jackson 1999, s. 237
[571] L. Engel *Clint Eastwood, Actor and Director: New Perspectives*, Salt Lake City 2007, s. 179
[572] *The Evolution of Clint Eastwood* na płycie *Sudden Impact (Deluxe Edition)*, Warner Home Video 2008
[573] L. Engel *Clint Eastwood, Actor and Director: New Perspectives*, Salt Lake City 2007, s. 191
[574] W. Beard *Persistence of Double Vision. Essays on Clint Eastwood* Alberta 2000, s. 92
[575] B. Benoliel, *Masters of cinema. Clint Eastwood*, Paryż 2010, s. 60
[576] P. McGilligan, *Clint. The Life and Legend*, London 2000, s. 489
[577] http://jam.canoe.ca/Movies/Artists/E/Eastwood_Clint/1997/11/16/758125.html
[578] B. Weinraub, "Wywiad Playboya: Clint Eastwood", „Playboy" 1997 r., nr 07, s. 49-58
[579] P. McGilligan, *Clint. The Life and Legend*, London 2000, s. 494
[580] J. H. Foote *Clint Eastwood: Evolution of a Filmmaker* Praeger 2008, s. 109
[581] R. Schickel, *Clint Eastwood. A Biography*, New York 1996, s. 485
[582] D. Thompson, *Clint Eastwood. Człowiek wart milliard dolarów*, Warszawa 2007, s. 175
[583] R. Schickel, *Clint Eastwood. A Biography*, New York 1996, s. 489
[584] P. McGilligan, *Clint. The Life and Legend*, London 2000, s. 496
[585] P. McGilligan, *Clint. The Life and Legend*, London 2000, s. 498
[586] http://www.cbsnews.com/stories/2004/01/27/60II/main596292.shtml
[587] www.clinteastwood.net/ownwords/

[588] *Clint Eastwood – legenda kina*, reż. B. Ricker, 2000
[589] *Za drzwiami Actors Studio: Clint Eastwood*, reż. J. Wurtz, 2004
[590] http://www.imagesjournal.com/issue04/features/eastwood.htm
[591] http://archive.sensesofcinema.com/contents/01/12/unforgiven.html
[592] J. Baxter, *Spielberg. Nie autoryzowana Biografia*. Wrocław 2000, s. 533
[593] H. Hughes *Aim for the Heart* London 2009, s. 111
[594] R. Schickel, *Clint Eastwood. A Biography*, New York 1996, s. 494
[595] R. Schickel, *Clint Eastwood. A Biography*, New York 1996, s. 490
[596] http://pl.wikipedia.org/wiki/Nagroda_im._Irvinga_G._Thalberga
[597] P. McGilligan, *Clint. The Life and Legend*, London 2000, s. 508
[598] P. McGilligan, *Clint. The Life and Legend*, London 2000, s. 513
[599] „Kobieta i Styl" nr 7/8 (85), lipiec-sierpień '98, s. 92
[600] P. McGilligan, *Clint. The Life and Legend*, London 2000, s. 523
[601] P. McGilligan, *Clint. The Life and Legend*, London 2000, s. 523
[602] *Clint Eastwood. Interviews* R. E. Kapsis, K. Coblentz (red.), Jackson 1999, s. 228
[603] *Clint Eastwood – legenda kina*, reż. B. Ricker, 2000
[604] P. McGilligan, *Clint. The Life and Legend*, London 2000, s. 524
[605] http://www.deseretnews.com/article/518818/CLINT-USES-HIS-COOL-TO-RULE-THE-MOVIE-SET.html
[606] P. McGilligan, *Clint. The Life and Legend*, London 2000, s. 525
[607] P. McGilligan, *Clint. The Life and Legend*, London 2000, s. 525
[608] P. McGilligan, *Clint. The Life and Legend*, London 2000, s. 520
[609] L. B. Hobson „Eastwood ages with grace", „Express Writer", November 16, 1997
[610] L. Braun „Steely glint masks sharp Clint", „Toronto Sun", November 17, 1997
[611] L. B. Hobson „Eastwood ages with grace", „Express Writer", November 16, 1997
[612] http://film.onet.pl/wiadomosci/o-produkcji,1,3798365,wiadomosc.html
[613] http://film.onet.pl/wiadomosci/o-produkcji,1,3798365,wiadomosc.html
[614] L. Braun „Steely glint masks sharp Clint", „Toronto Sun", November 17, 1997
[615] P. McGilligan, *Clint. The Life and Legend*, London 2000, s., 533
[616] P. McGilligan, *Clint. The Life and Legend*, London 2000, s. 538
[617] *Clint Eastwood. Interviews* R. E. Kapsis, K. Coblentz (red.), Jackson 1999, s. 237
[618] D. Thompson *Clint Eastwood. Człowiek wart milliard dolarów*, Warszawa 2007, s. 183
[619] http://www.eastwood.stopklatka.pl/cz-czystyharry.html
[620] *The Scene Of Crime* na płycie *True Crime*, Warner Home Video, 1999
[621] *True Crime: True Stories* na płycie *True Crime*, Warner Home Video, 1999
[622] http://www.eastwood.stopklatka.pl/cz-czystyharry.html
[623] http://findarticles.com/p/articles/mi_m1285/is_/ai_54793374
[624] http://findarticles.com/p/articles/mi_m1285/is_/ai_54793374
[625] D. Thompson *Clint Eastwood. Człowiek wart milliard dolarów*, Warszawa 2007, s. 182
[626] *Clint Eastwood – legenda kina*, reż. B. Ricker, 2000
[627] L. B. Hobson "Eastwood blasts off", "Calgary Sun", July 29, 2000
[628] *Back At The Ranch* na płycie *Space Cowboys*, 2001 Warner Home Video
[629] L. B. Hobson "Eastwood blasts off", "Calgary Sun", July 29, 2000
[630] *Tonight On Leno* na płycie *Space Cowboys*, 2001 Warner Home Video
[631] *Back At The Ranch* na płycie *Space Cowboys*, 2001 Warner Home Video
[632] *Up Close with The Editor* na płycie *Space Cowboys*, 2001 Warner Home Video
[633] *Interviews du Charlie Rose Show: Clint Eastwood* na płycie *Mystic River Edition 2 DVD*, Warner Home Video France 2004
[634] http://archive.sensesofcinema.com/contents/01/12/unforgiven.html
[635] http://findarticles.com/p/articles/mi_m1285/is_/ai_19121820
[636] M. Carlson *The Pocket Essentials: Clint Eastwood*, Pocket Essentials Herts 2002, s. 90
[637] *Making Blood Work* na płycie *Blood Work*, Warner Home Video, 2004
[638] *Making Blood Work* na płycie *Blood Work*, Warner Home Video, 2004
[639] *Still Dumb After All These Years: retrospective documentary* na płycie *Dumb and Dumber – Unrated*, 2006 New Line Home Video
[640] *Making Blood Work* na płycie *Blood Work*, Warner Home Video, 2004
[641] http://www.cbsnews.com/stories/2004/01/27/60II/main596292.shtml
[642] L. Engel *Clint Eastwood, Actor and Director: New Perspectives*, Salt Lake City 2007, s. 211
[643] http://www.cinematical.com/2008/04/02/neil-armstrong-biopic-finally-on-the-way/
[644] http://findarticles.com/p/articles/mi_qn4188/is_20030314/ai_n11382219/

[645] Neil Armstrong Biopic Finally on the Way by Eugene Novikov Apr 2nd 2008 // 12:32PM
[646] http://www.makethemgoaway.com/eastwoodreevexcerpt.html
[647] http://story.news.yahoo.com/news?tmpl=story&u=/nm/20040415/film_nm/politics_california_film_dc_2
[648] http://story.news.yahoo.com/news?tmpl=story&u=/nm/20040415/film_nm/politics_california_film_dc_2
[649] *The Eastwood Factor*, reż. R. Schickel, 2010
[650] http://www.boston.com/news/globe/living/articles/2003/10/08/eastwoods_score_plumbs_depths/
[651] http://www.clinteastwood.org/forums/index.php?action=printpage;topic=618.0
[652] http://www.pbs.org/theblues/aboutfilms/eastwood.html
[653] http://www.pbs.org/theblues/aboutfilms/eastwoodinterview.html
[654] http://www.pbs.org/theblues/aboutfilms/eastwoodinterview.html
[655] http://www.dga.org/news/v28_3/craft_eastwood.php3
[656] http://www.stopklatka.pl/film/film.asp?fi=12341&sekcja=2
[657] *Mystic River: Sous La Surface* na płycie *Mystic River Edition 2 DVD*, Warner Home Video France 2004
[658] http://www.clinteastwood.org/forums/index.php?topic=1504.0
[659] http://www.imdb.com/title/tt0327056/trivia
[660] http://www.clinteastwood.org/forums/index.php?topic=1764.0
[661] „Przemoc jest wredna", „Forum" nr 44/2003, s. 50
[662] *Interviews du Charlie Rose Show: Clint Eastwood* na płycie *Mystic River Edition 2 DVD*, Warner Home Video France 2004
[663] *Mystic River: de la page a l'ecran* na płycie *Mystic River Edition 2 DVD*, Warner Home Video France 2004
[664] http://www.bbc.co.uk/films/2003/10/10/clint_eastwood_mystic_river_interview.shtml
[665] http://www.imdb.com/title/tt0327056/trivia
[666] http://www.clinteastwood.org/forums/index.php?topic=1764.0
[667] http://www.npr.org/features/feature.php?wfId=1905485
[668] http://www.bbc.co.uk/films/2003/10/10/clint_eastwood_mystic_river_interview.shtml
[669] *Mystic River: de la page a l'ecran* na płycie *Mystic River Edition 2 DVD*, Warner Home Video France 2004
[670] http://www.newsweek.pl/artykuly/kwiat-ich-sekretu,20506,1
[671] http://www.miami.com/mld/miamiherald/entertainment/6990239.htm
[672] http://www.clinteastwood.org/forums/index.php?topic=1504.0
[673] *Mystic River: Sous La Surface* na płycie *Mystic River Edition 2 DVD*, Warner Home Video France 2004
[674] *Mystic River: de la page a l'ecran* na płycie *Mystic River Edition 2 DVD*, Warner Home Video France 2004
[675] *Interviews du Charlie Rose Show: Kevin Bacon* na płycie *Mystic River Edition 2 DVD*, Warner Home Video France 2004
[676] http://www.dga.org/news/v28_3/craft_eastwood.php3
[677] http://www.dga.org/news/v28_3/craft_eastwood.php3
[678] http://www.clinteastwood.org/forums/index.php?topic=1504.0
[679] http://www.dga.org/news/v28_3/craft_eastwood.php3
[680] S. Orlin "Ciągle tu jestem!", "Cinema Polska" 2003 r. nr 12, s. 44-47
[681] http://www.imdb.com/title/tt0327056/trivia
[682] http://www.sensesofcinema.com/2004/feature-articles/mystic_river/
[683] http://www.sensesofcinema.com/2004/feature-articles/mystic_river/
[684] http://www.usaweekend.com/04_issues/040125/040125clint_eastwood.html
[685] http://pl.wikipedia.org/wiki/Rzeka_tajemnic
[686] *Okiem producentów* na płycie *Za wszelką cenę – ekskluzywne wydanie dwupłytowe*, 2006 Bestfilm
[687] *Okiem producentów* na płycie *Za wszelką cenę – ekskluzywne wydanie dwupłytowe*, 2006 Bestfilm
[688] D. Thompson *Clint Eastwood. Człowiek wart milliard dolarów*, Warszawa 2007, s. 18

[689] *Oskarowy wywiad* na płycie *Za wszelką cenę – ekskluzywne wydanie dwupłytowe*, 2006 Bestfilm
[690] http://www.imdb.com/name/nm0000142/bio
[691] http://www.sify.com/movies/eastwood-movie-tough-guy-to-oscar-winning-director-news-hollywood-kkfv7Ragifc.html
[692] http://www.imdb.com/name/nm0000142/bio#trivia
[693] http://www.time.com/time/magazine/article/0,9171,1029865,00.html
[694] http://www.brightlightsfilm.com/47/clint.htm
[695] *Oskarowy wywiad* na płycie *Za wszelką cenę – ekskluzywne wydanie dwupłytowe*, 2006 Bestfilm
[696] http://www.stopklatka.pl/film/film.asp?fi=20514&sekcja=3
[697] *Oskarowy wywiad* na płycie *Za wszelką cenę – ekskluzywne wydanie dwupłytowe*, 2006 Bestfilm
[698] *Okiem producentów* na płycie *Za wszelką cenę – ekskluzywne wydanie dwupłytowe*, 2006 Bestfilm
[699] *Oskarowy wywiad* na płycie *Za wszelką cenę – ekskluzywne wydanie dwupłytowe*, 2006 Bestfilm
[700] *Okiem producentów* na płycie *Za wszelką cenę – ekskluzywne wydanie dwupłytowe*, 2006 Bestfilm
[701] *Oskarowy wywiad* na płycie *Za wszelką cenę – ekskluzywne wydanie dwupłytowe*, 2006 Bestfilm
[702] *The Business End: Violence in Cinema* na płycie *The Enforcer (Deluxe Edition)*, Warner Home Video 2008
[703] http://rogerebert.suntimes.com/apps/pbcs.dll/article?AID=/20050210/EDITOR/50210001
[704] http://www.newmobility.com/articleView.cfm?id=994&srch=Disability%20Rights
[705] *The Eastwood Factor*, reż. R. Schickel, 2010
[706] http://www.eastwood.stopklatka.pl/cz-wodzem.html
[707] http://www.foxnews.com/story/0,2933,148802,00.html
[708] http://www.newyorker.com/reporting/2011/02/14/110214fa_fact_wright
[709] http://www.imdb.com/news/sb/2005-01-27
[710] H. Hughes *Aim for the Heart* London 2009, s. 160
[711] http://www.foxnews.com/story/0,2933,148802,00.html
[712] http://www.gq.com/entertainment/men-of-the-year/2009/badass/clint-eastwood-legend-invictus-director
[713] *The Evolution of Clint Eastwood* na płycie *Sudden Impact (Deluxe Edition)*, Warner Home Video 2008
[714] http://www.filmweb.pl/film/Oszukana-2008-293878/pressbook
[715] www.lemonde.fr/cgi-bin/ACHATS/acheter.cgi?offre=ARCHIVES&type_item=ART_ARCH_30J&objet_id=1036282&clef=ARC-TRK-NC_01
[716] http://www.gq.com/entertainment/men-of-the-year/2009/badass/clint-eastwood-legend-invictus-director
[717] www.lemonde.fr/cgi-bin/ACHATS/acheter.cgi?offre=ARCHIVES&type_item=ART_ARCH_30J&objet_id=1036282&clef=ARC-TRK-NC_01
[718] http://www.psychologytoday.com/articles/pto-19930101-000019.html
[719] http://www.buzzine.com/2008/10/angelina-jolie-clint-eastwood-interview/
[720] J. H. Foote *Clint Eastwood: Evolution of a Filmmaker* Praeger 2008, s. 181
[721] http://www.ifa-amsterdam.com//IOTW/IOTW10.htm
[722] http://www.telegraph.co.uk/culture/film/starsandstories/3563202/Clint-Eastwood-on-Changeling-Angelina-Jolie-a-fine-actress-hampered-by-beauty.html
[723] http://www.buzzine.com/2008/10/angelina-jolie-clint-eastwood-interview/
[724] www.lemonde.fr/cgi-bin/ACHATS/acheter.cgi?offre=ARCHIVES&type_item=ART_ARCH_30J&objet_id=1036282&clef=ARC-TRK-NC_01
[725] www.lemonde.fr/cgi-bin/ACHATS/acheter.cgi?offre=ARCHIVES&type_item=ART_ARCH_30J&objet_id=1036282&clef=ARC-TRK-NC_01
[726] http://news.yahoo.com/s/ap/20101012/ap_en_mo/us_film_clint_eastwood_5
[727] http://www.chron.com/disp/story.mpl/ent/7254475.html
[728] http://www.latimes.com/entertainment/news/music/la-et-clint-eastwood-20100909,0,7943805.story
[729] www.albertalocalnews.com/reddeeradvocate/entertainment/Eastwood_on_prolific_stretch_105268928.html
[730] http://www.dailymail.co.uk/home/moslive/article-1347108/Clint-Eastwood-80-A-school-reunion-There-wouldnt-anybody-there.html

[731] http://www.dailymail.co.uk/tvshowbiz/article-1248239/All-work-play-Oscar-nominee-Matt-Damon-films-new-Clint-Eastwood-thriller-London.html

[732] http://www.thestar.com/entertainment/tiff/tiffnews/article/862669--clint-eastwood-does-he-feel-lucky

[733] http://www.chron.com/disp/story.mpl/ent/7254475.html

[734] http://www.usatoday.com/life/music/news/2009-11-03-mercer03_ST_N.htm

[735] http://www.telegraph.co.uk/culture/music/worldfolkandjazz/8167458/Dave-Brubeck-the-jazz-giant-who-inspired-Clint.html

[736] http://en.wikipedia.org/wiki/Kyle_Eastwood

[737] http://www.boston.com/news/globe/living/articles/2003/10/08/eastwoods_score_plumbs_depths/

[738] http://www.vanityfair.com/culture/features/2008/12/eastwood200812

[739] http://www.vanityfair.com/culture/features/2008/12/eastwood200812

[740] http://www.gq.com/entertainment/men-of-the-year/2009/badass/clint-eastwood-legend-invictus-director

[741] http://www.csmonitor.com/2006/1222/p11s02-almo.html

[742] http://www.parade.com/celebrity/2008/12/clint-eastwood.html

[743] http://www.edrive.com/edrive03/celebs/clint-eastwood/bio.html

[744] P. Warren James *Globalism, nationalism, tribalism: bringing theory back*,Pine Forge Press, 2006 s. 27

[745] http://www.dailymail.co.uk/home/moslive/article-1347108/Clint-Eastwood-80-A-school-reunion-There-wouldnt-anybody-there.html

[746] *Wstep Clinta Eastwooda* na płycie *Sztandar Chwały*, 2007 Warner Home Video

[747] http://entertainment.timesonline.co.uk/tol/arts_and_entertainment/article661880.ece

[748] *Słowa na stronie* na płycie *Sztandar Chwały*, 2007 Warner Home Video

[749] *Realizacja Epopei* na płycie *Sztandar Chwały*, 2007 Warner Home Video

[750] http://entertainment.timesonline.co.uk/tol/arts_and_entertainment/film/article632888.ece

[751] *Efekty wizualne* na płycie *Sztandar Chwały*, 2007 Warner Home Video

[752] http://digitalcontentproducer.com/di/depth/video_clint_goes_digital/

[753] *Sześciu odważnych ludzi* na płycie *Sztandar Chwały*, 2007 Warner Home Video

[754] http://entertainment.timesonline.co.uk/tol/arts_and_entertainment/article661880.ece

[755] *The Evolution of Clint Eastwood* na płycie *Sudden Impact (Deluxe Edition)*, Warner Home Video 2008

[756] http://www.indielondon.co.uk/Film-Review/letters-from-iwo-jima-clint-eastwood-interview

[757] http://theenvelope.latimes.com/awards/oscars/env-en-cover13dec13,0,4891133.story?coll=env-home-subfeaturebar

[758] http://www.variety.com/article/VR1118011860?refCatId=1236

[759] http://entertainment.timesonline.co.uk/tol/arts_and_entertainment/article661880.ece

[760] http://entertainment.timesonline.co.uk/tol/arts_and_entertainment/article661880.ece

[761] http://www.scenta.co.uk/entertainment/interviews/cit/1701863/i-figured-id-retire-gradually-just-ride-off-into-the-sunset-.htm

[762] *November 2006 World Premiere Coverage AT Budo-kan In Tokyo* na płycie *Letters From Iwo Jima, Two-Disc Special Edition*, 2007 Warner Bros. Entertainment Inc.

[763] *The Evolution of Clint Eastwood* na płycie *Sudden Impact (Deluxe Edition)*, Warner Home Video 2008

[764] http://today.msnbc.msn.com/id/16284880/ns/today-entertainment/

[765] http://www.stopklatka.pl/wydarzenia/wydarzenie.asp?wi=32428

[766] http://www.dziennikpolski24.pl/pl/aktualnosci/kultura/68472-eastwood-z-legia-honorowa.html

[767] http://www.dailymail.co.uk/home/moslive/article-1347108/Clint-Eastwood-80-A-school-reunion-There-wouldnt-anybody-there.html

[768] M. Eliot, *Amerykański buntownik. Życie Clinta Eastwooda*, Wrocław 2009, s. 311

[769] http://www.allbusiness.com/trends-events/historical-events-world-war-ii/14720895-1.html

[770] http://www.nytimes.com/2008/12/14/movies/14head.html?pagewanted=1&_r=2

[771] http://www.dziennik.pl/kultura/film/article346566/Eastwood_To_przyjemnosc_zagrac_rasiste.html

[772] http://thescotsman.scotsman.com/scotsmanmagazine/Interview-Clint-Eastwood.4871005.jp

[773] http://www.nytimes.com/2008/12/14/movies/14head.html?pagewanted=1&_r=2

[774] http://www.variety.com/article/VR1118011858.html?categoryId=3824&cs=1

[775] *The Eastwood Factor*, reż. R. Schickel, 2010

[776] http://www.cinemaretro.com/index.php?/archives/2730-lee-pfeiffer-on-gran-torino-a-late-career-triumph-for-clint-eastwood.html

777 http://www.thefreelibrary.com/Eastwood+thinks+political+correctness+has+made+society+humourless.-a0212324523

778 http://www.dailymail.co.uk/home/moslive/article-1347108/Clint-Eastwood-80-A-school-reunion-There-wouldnt-anybody-there.html

779 http://canadafreepress.com/index.php/article/8497

780 http://www.przekroj.pl/ludzie_sylwetki_artykul,4381.html

781 http://www.nydailynews.com/gossip/2008/12/13/2008-12-13_why_clint_eastwood_thinks_america_is_ful.html

782 http://www.nytimes.com/2008/12/14/movies/14head.html?pagewanted=1&_r=2

783 http://www.guardian.co.uk/film/2009/feb/14/clint-eastwood-gran-torino

784 http://www.gq.com/entertainment/men-of-the-year/2009/badass/clint-eastwood-legend-invictus-director

785 http://www.guardian.co.uk/film/2009/feb/14/clint-eastwood-gran-torino

786 http://www.buzzine.com/2008/10/angelina-jolie-clint-eastwood-interview/

787 http://www.gq.com/entertainment/men-of-the-year/2009/badass/clint-eastwood-legend-invictus-director

788 http://www.imdb.com/title/tt1057500/trivia

789 http://www.canada.com/entertainment/2367337/story.html

790 http://www.variety.com/article/VR1118011860.html?categoryid=3824&ref=ra&cs=1

791 http://www.canada.com/entertainment/2367337/story.html

792 http://www.canada.com/entertainment/2367337/story.html

793 http://www.3news.co.nz/Matt-Damon-wants-to-be-the-next-Clint-Eastwood/tabid/209/articleID/121055/Default.aspx?ArticleID=121055

794 http://www.gq.com/entertainment/men-of-the-year/2009/badass/clint-eastwood-legend-invictus-director

795 http://www.laweekly.com/2009-12-10/film-tv/invictus-all-39-s-well-that-ends-well/

796 http://www.gq.com/entertainment/men-of-the-year/2009/badass/clint-eastwood-legend-invictus-director

797 http://www.cinemaretro.com/index.php?/archives/4315-cinema-retro-exclusive-richard-schickel-discusses-his-new-clint-eastwood-documentary.html

798 http://www.telegraph.co.uk/culture/film/7104464/Clint-Eastwood-Dirty-Harry-turns-80.html

799 http://www.stopklatka.pl/wydarzenia/wydarzenie.asp?wi=55801

800 http://www.aarpmagazine.org/people/inspire_awards_2010_eastwood.html

801 http://www.variety.com/article/VR1118010093?refCatId=19

802 http://politifi.com/news/Dylan-Eastwood-get-White-House-awards-224604.html

803 http://latimesblogs.latimes.com/culturemonster/2010/09/museum-of-tolerance-to-honor-clint-eastwood-in-november.html

804 *The Eastwood Factor*, reż. R. Schickel, 2010

805 http://theclinteastwoodarchive.blogspot.com/2011/02/hollywood-icon-lays-down-law.html

806 http://theclinteastwoodarchive.blogspot.com/2011/02/hollywood-icon-lays-down-law.html

807 http://theclinteastwoodarchive.blogspot.com/2011/02/hollywood-icon-lays-down-law.html

808 *Za drzwiami Actors Studio: Clint Eastwood*, reż. J. Wurtz, 2004

809 http://www.interviewmagazine.com/film/scott-eastwood/

810 http://www.guardian.co.uk/film/2010/apr/26/clint-eastwood-profile

811 http://www.variety.com/article/VR1117999715

812 http://www.guardian.co.uk/film/2007/feb/25/clinteastwood.oscars

813 R. Schickel, *Clint. A Retrospective*, New York 2010, s. 22

814 http://www.popmatters.com/pm/article/67278-hanging-tough-with-the-old-master-clint-eastwood/

6134948R00280

Printed in Great Britain
by Amazon.co.uk, Ltd.,
Marston Gate.